国家重点研发计划项目课题“社会信用治理范式研究”
（2022YFC3303200）阶段性成果

第五届“信用法治·韶山论坛”
优秀论文集

顾敏康◎主　编

湘潭大學出版社
XIANGTAN UNIVERSITY PRESS

主编简介

顾敏康

顾敏康，1962 年生于上海，教授，香港太平绅士，湖北省政协第十二届委员，湘潭大学法学学部部长、信用风险管理学院院长，湖南省法学会社会信用体系法治保障研究会名誉会长，全国哲学社会科学“研究阐释党的十九届四中全会精神国家社科基金重大项目”《完善诚信建设长效机制的立法研究》首席专家。

曾任香港城市大学法律学院副院长和教授、德国波鸿鲁尔大学法律系访问学者、奥地利维也纳大学访问教授、新加坡国立大学访问研究员、上海华东政法大学第一届“上海东方学者”讲座教授、粤港澳大湾区联合调解研究院名誉院长、河北省高级人民法院专家咨询委员会法学类专家委员、河北雄安新区中级人民法院专家咨询委员会委员、苏州国际商事法庭专家委员会委员、香港世界贸易组织研究中心研究员兼副主任、香港“一带一路”国际研究院研究员、香港基本法教育协会执行会长、香江智汇副会长兼秘书长、中国国际经济贸易仲裁委员会、深圳国际仲裁院等多家机构仲裁员、香港国际争议解决及专业谈判研究院顾问。

序

2022年12月10日，第五届“信用法治·韶山论坛”在湘潭大学隆重举行。来自全国政法系统、高等院校、科研机构、期刊、报社等单位近200名专家学者共同研讨中国社会信用立法及相关执法实践中的重点、难点问题，为中国信用法治建设注入新动能。

湘潭大学副校长盛明科主持开幕式。时任湘潭大学校长李伯超、湖南省发展和改革委员会副主任杜中华、国家发展改革委财政金融和信用建设司信用处处长吴丕达、国家市场监管总局信用监管司副司长周卫军、国家公共信用信息中心副主任王淼、第十三届全国人大监察和司法委员会委员谢勇等分别在线上发言。

本次论坛特设置了主题征文和特别分论坛征文两个颁奖环节。主题征文评出获奖论文一等奖2篇、二等奖5篇、三等奖10篇，特别分论坛征文评出一等奖3篇、二等奖6篇、三等奖12篇。同时还设置了第二届“信风杯”信用教育创意作品大赛颁奖环节，评出一等奖6篇(件)、二等奖12篇(件)、三等奖18篇(件)、优秀奖30篇(件)。论坛设主旨演讲环节和三个分论坛环节。主旨演讲环节邀请到了王欣新、吴晶妹、王伟、门中敬、石新中和王贵国等知名学者分享他们的独到见解。三个分论坛共有二十位讲者发表了他们的观点，并与大家进行了深入讨论。

湘潭大学已经连续五年成功举办“信用法治·韶山论坛”，已经在国内树立了品牌形象，产生了比较广泛的社会影响。通过举办论坛，湘潭大学信用风险管理学院也不断扩大影响力，成为我国信用法治研究的“领头羊”。

2023年3月3日，由暨南大学朱义坤教授牵头承担的“跨部门跨地域社会信用治理关键技术研究与应用示范”项目启动会暨跨部门跨地域社会信用治理专题论坛在广东省江门市举行。该项目联合国内9家优势单位，旨在探索以信用为特色的综合社会治理体系，打造数字化下社会信用治理“枫桥经验”创新样板，助力提升社会治理的速度、精度、温度。湘潭大学信用风险管理学院不仅积极参与申报联络工作，而且承担了课题“社会信用治理范式研究”，充分显示了实力与能力。

为夯实专业建设基础，提高人才培养质量，加强信用法治学术交流，2022年5月30日，湘潭大学信用风险管理学院举办首届“信用风险管理与法律防控”专业建设院长论坛。论坛由我本人主持，广州商学院法学院、河南财政金融学院法学院、宿迁学院商学院、福建技术师范学院文化传媒与法律学院、广东金融学院信用管理学院、安顺学院政法学院以及湘潭大学信用风险管理学院全国七所设有信用风险管理与法律防控专业的学院院长和专业负责人全部参会，会上倡议成立“信用法治教育联盟”。2023年5月13日，第二届全国“信用风险管理与法律防控”专业建设院长论坛在广州召开。全国十二家开设信用风险管理与法律防控专业的高校决定组建全国高校信用法治教育联盟，就信用法治人才培养、课程体系建设、学术研究开展、实践基地打造等内容建立常态化协同机制。会议选举湘潭大学信用风险管理学院为全国信用法治教育联盟会长和秘书处单位。

目前，我国国家层面的社会信用立法工作正在稳步推进，前景乐观。2022年11月14日，《中华人民共和国社会信用体系建设法（向社会公开征求意见稿）》发布。2023年9月发布的“十四届全国人大常委会立法规划”披露：《社会信用建设法》已经从第三类项目（立法条件尚不完全具备、需要继续研究论证的立法项目）上升为第二类项目（需要抓紧工作、条件成熟时提请审议的法律草案）。这给予学习和研究信用法治的人士莫大鼓舞。

就是在这种背景下,我们隆重推出《第五届“信用法治·韶山论坛”优秀论文集》。本论文集共收录了十六篇优秀论文,大致可以分为几类:(一)关于失信惩戒法律问题;(二)关于社会信用立法;(三)关于信用信息法律问题;(四)关于信用监管法律问题。

蒋都都和李思瑾的“列入行政性失信惩戒名单的行政诉讼救济困境及破解——基于92份裁判文书的分析”指出当前列入行政性失信惩戒名单的行政诉讼,行政相对人胜诉率极低,且未经人民法院实体审查的案件占比较高,主要原因是法官对“列入行为”存在理解偏差,未能准确认定“列入并公开失信惩戒名单”行为的法律性质,导致对“一行为一诉”案件受理原则的适用存在偏差。这说明我国法院需要加强信用法治宣传教育工作。论文的贡献不仅在于指出法官对信用法治的认识问题,还建议设立创新的配套制度。

古雪的“信用评分的算法挑战及制度因应”指出算法是信用评分机制的核心要素,进而在厘清信用评分与算法关系的基础上,深入揭示算法带给信用评分的各类风险,对信用评分面向算法挑战作出制度回应,从而促进新的治理模式下信用评分制度的优化。

李华圆的“失信被执行人联合惩戒的正当、合法性检视与规范构造”以《关于对失信被执行人实施联合惩戒的合作备忘录》为切入点,发现虽然大多数惩戒措施具有位阶适当的规范来源,但也同样存在具有创设效果的惩戒措施,可能缺乏法律依据,不符合依法治国的精神,为此有针对性地提出合法性补强建议。

贺译葶的“基于非正式规则实施失信联合惩戒之正当性及其限制”也是聚焦失信联合惩戒,讨论了几个重点问题:失信联合惩戒主体是否可基于道德规范、行为惯例、习俗及传统文化等非正式规则实施惩戒?哪些惩戒行为可基于非正式规则做出?其正当性何在?基于非正式规则实施失信联合惩戒应当受到哪些必要限制?这些问题均引人关注!

吴堉琳的“中国社会信用立法研究回顾与展望”提出了社会信用立法研究思路,即可由微观、中观、宏观三个层面扩展研究空间:

微观上,可关注社会信用立法创新与社会信用立法质量提升的可能方向与实现机理;中观上,可探讨社会信用立法与社会信用法律体系构建完善之间的内在关联,实现社会信用立法与其他立法的协调、衔接;宏观上,可从国家治理现代化出发,探讨社会信用立法在国家治理中的作用发挥机制等。

关于欧平和陆银清的“‘衡平居次’:个人破产程序中亲属债权清偿规制构建”入选,大家可能有些意外。其实,国家层面的个人破产立法与社会信用体系建设密切相关。本文虽然聚焦如何规范债务人亲属债权,但对合理解决受偿程序,挽回债务人信用具有价值和意义。

宋阳的“失信联合惩戒检察监督:理论基础、实践考量与规则设计”认为失信联合惩戒作为一种创新性制度,存在两大问题:一方面,外部监督制约机制缺位,使行政机关在失信联合惩戒中游离于法律监督和法律责任之外,导致行政机关与失信相对人之间的权利义务失衡;另一方面,因其程序规则和救济规则的缺失和救济制度的模糊,失信相对人救济之路布满荆棘。而新时代检察机关法律监督应该向失信联合惩戒延伸,并对行政检察监督进行制度的创新和职能的适度扩张,属于前瞻性的文章。

孙铭杰的“政务诚信清单治理制度:功能定位与衔接方案”指出政务诚信是社会信用体系建设的首要任务,但现实与理想严重脱节。作者认为有必要发挥清单治理制度的独特功能,助力实现政务诚信。而为了更好地保护公民的信赖利益,政务诚信清单治理制度不仅应当包括正面清单,还包括负面清单,颇有新意。

何绮静的“行政违法信息记入企业信用档案的法律规制”认为行政违法信息记入企业信用档案实际上是由行政主体实施的征信行为。作者根据行政违法信息记入企业信用档案措施的实施现状及行为性质,认为该措施在主体、内容、程序等方面存在问题,进而提出规范建议。

张路和胡秀菊的“论我国公共信用信息归集目录存在之问题

及解决”认为现有的公共信用信息归集目录存在信用信息与非信用信息区分模糊、信用信息分类不统一和信用信息分类的实质不合理性等问题,进而提出应以“履行义务状态说”为社会信用的认定标准,排除道德义务影响,并对法定与约定义务的标准与范围进行明确。以“归集主体”和“信用信息内容、性质”为标准,将社会信用信息分为公共信用信息与非公共信用信息,并将公共信用信息按“四分法”进行贯彻及类型化,解决公共信用信息归集目录中存在的问题。

杨海波和刘谢慈的“智能合约技术自证与国家信用认证的融通——以批量化解金融借贷纠纷为导向”指出区块链智能合约对网络赋强公证具有安全保障技术优势,但有必要从网络赋强公证的核心程序出发,将“债权文书公证阶段”和“申请赋予强制执行力阶段”有效衔接,构建合法合规、合理的智能合约－网络赋强公证一体化基本范式,实现区块链智能合约技术自证与国家信用认证之双重保障。

张路和王立颖的“征信机构个人信息侵权损害赔偿责任研究”指出了征信机构作为特殊的信息处理者,在运用传统的归责原则与四要件对其个人信息侵权损害赔偿责任进行分析时,产生了一系列问题:第一,一元归责原则难以适应不同的侵权情况;第二,出现了新的个人信息侵权行为;第三,征信机构个人信息侵权损害后果难以认定;第四,侵权行为与损害后果之间的因果关系难以证成;第五,过错要件认定困难。论文为解决这些问题提供了具体办法,具有重要参考价值。

郑令晗和欧阳婷婷的“我国信用奖惩地方立法的实证研究——以22份省级信用法规为样本”是又一实证研究的典范。论文以22份省级信用法规为研究样本,发现使用的立法工具较单一,信用奖惩法律规范集中运用权威工具和激励工具;守信激励与失信惩戒推进力度不一,立法存在“轻激励,重惩戒”的倾向;立法关注问题较为全面,但具体的法规内容有待细化。论文在此基础上提出了有针对性的解决思路。

申江华的“限制失信人高消费边界问题研究”认为限制失信人高消费由司法审判权派生而来,但在实行过程中出现权力边界不清问题,具体为限制范围过广、限制主体范围过多、入侵私法领域过深等方面,提出以私权优位主义为原则、以比例原则为标准确定限制失信人高消费权力的具体边界。

肖仕刚的“认缴资本视阈下有限责任公司股东人合性的商事信用考究”从《公司法》角度研究商事信用与信用法治协同问题,创新性地提出建构商事信用激励与失信风险预防的反信用约束机制,在维持有限责任公司人合性与实现股权财产价值利益、公司债权人利益保护之间寻求最佳平衡点。

陈韵欣和蒋都都的“市场监管领域信用监管措施的行政行为法检视及其完善”指出信用监管是市场监管领域创新的重要成果,但在实践中,信用监管存在缺乏法律依据、标准不一、自由裁量权过大导致监管权过度涉入私权领域等问题。论文针对问题提供解决思路。

也许大家已经发现,这些论文的作者有老师、学生,有硕士生、博士生。这一方面说明了评审人在筛选论文过程中只看论文质量,不看论文作者;另一方面也说明了信用法治发展时间不长,存在问题较多,成熟观点不多,大家都有平等参与讨论的机会,为国家信用法治的发展贡献智慧。毫无疑问,出版此论文集也定能为大家进一步学习与研究信用法治提供素材和拓展思路。

最后,我要感谢湘潭大学出版社为此论文集出版所付出的辛勤劳动。虽然编辑人员都十分小心,但在编辑过程中仍可能存在不当之处,恳求大家批评指正。

顾敏康教授

湘潭大学法学学部部长、信用风险管理学院院长

2023年6月8日

目　录

列入行政性失信惩戒名单的行政诉讼救济困境及破解*

——基于92份裁判文书的分析

蒋都都　李思瑾**

摘　要：当前，列入行政性失信惩戒名单的行政诉讼，行政相对人胜诉率极低，且未经人民法院实体审查的案件占比较高。列入行政性失信惩戒名单的行政诉讼救济困境，主要表现在三个方面：一是法院将部分"列入行为"排除在受案范围之外；二是对"列入行为"的程序合法性审查不足；三是对"一行为一诉"原则未能准确适用，使得行政相对人无法获得应有的救济。

* 基金项目：2019年度湖南省教育厅科学研究优秀青年项目"论失信惩戒的法律性质及其界限"（19B545）；湖南省哲学社会科学基金青年项目"社会信用法的理论体系建构"（19YBQ098）；国家社科基金重大项目"完善诚信建设长效机制的立法研究"（20ZDA056）。

** 蒋都都，男，湖南邵阳人，湘潭大学法学部/信用风险管理学院，硕士生导师，主要研究方向为行政法、宪法学、信用法。地址：湖南省湘潭市雨湖区湘潭大学永雄楼704，邮编：411105，电子信箱：jiangdudu827@163.com。

李思瑾，女，陕西延安人，湘潭大学信用风险管理学院硕士研究生，主要研究方向为行政法、信用法。

困境产生的原因主要在于法官对“列入行为”存在理解偏差,未能准确认定“列入并公开失信惩戒名单”行为的法律性质,导致对“一行为一诉”案件受理原则的适用存在偏差。破解这一困境,需要确认“列入并公开失信惩戒名单”的行政处罚性质,明确行政相对人的诉讼请求适用“一行为一诉”的例外裁判规则以及加强对列入并公开行为的程序合法性审查,从而化解行政诉讼救济困境。

关键词:行政性失信惩戒;失信惩戒;黑名单;受案范围;一行为一诉

2016年5月国务院印发的《关于建立完善守信联合激励和失信联合惩戒制度加快推进社会诚信建设的指导意见》根据实施领域将失信惩戒分为行政性失信惩戒、市场性失信惩戒、行业性失信惩戒、社会性失信惩戒。其中,行政性失信惩戒措施作为行政权力的一部分,存在被滥用的可能性,在实践中行政性失信惩戒措施也呈现泛化趋势,其合法性受到学界和实务界越来越多的关注。与此同时,该文件对失信主体可以采取的救济措施提供了政策指引,包括了异议、投诉和支持行政复议、行政诉讼等方式。然而,行政性失信惩戒的相关制度尚处于探索阶段,被惩戒人在寻求行政诉讼救济时面临多重掣肘。行政性失信惩戒措施种类繁多,本文以列入行政性失信惩戒名单行为作为研究对象,探究列入行政性失信惩戒名单行为的行政诉讼救济现状,着眼于破解行政性失信惩戒相关规则缺失所导致的行政诉讼救济困境,以期对司法机关处理列入行政性失信惩戒名单行为相关的行政诉讼有所裨益。

一、列入行政性失信惩戒名单的行政诉讼裁判文书筛选及裁判类型

(一)行政诉讼裁判文书的筛选与说明

根据当前列入行政性失信惩戒名单的实践形式,本文以“黑名单”与“失信惩戒”为关键词在中国裁判文书网上进行检索,共检索到985份裁判文书,在此检索基础上选取与文章主题相关的有效裁判文书。

1. 以“黑名单”为关键词,设置案件类型为行政案件,在中国裁判文书网上进行搜索,截至2022年4月18日,得到了956份裁判文书。通过逐一阅读,去除重复和无关裁判文书,得到85份可作为本文样本的裁判文书。在956份裁判文书中,之所以有871份裁判文书经过筛选而被排除,是因为这些裁判文书仅仅在案件事实叙述中涉及“黑名单”,行政相对人并没有针对“黑名单”提出相应的诉讼请求,行政诉讼围绕其他诉讼请求展开,人民法院的裁判文书均未对列入“黑名单”行为进行合法性审查。比如,871份裁判文书中有318份是关于自然人被他人假冒身份信息注册公司,公司在后续生产经营过程中因失信行为被行政机关纳入“黑名单”,而被他人假冒身份信息的自然人因被注册为法定代表人或股东,也被行政机关拉入“黑名单”。但被假冒身份信息的自然人仅以撤销公司的设立登记或者撤销法定代表人、股东等身份的登记为诉讼请求,裁判文书不涉及列入“黑名单”行为的合法性审查。因此,这类含“黑名单”内容的裁判文书被排除在本文样本的筛选范围之外。

2. 以“失信惩戒”作为关键词,将案件类型设置为行政案件,在中国裁判文书网上进行搜索,截至2022年4月18日,得到了29份裁判文书,通过逐一阅读,去除无关和重复裁判文书22份,可作为

样本的裁判文书7份(见表1)。

表1 "失信惩戒"有效裁判文书的统计情况

裁判文书名称	当事人的诉讼请求	法院判决结果
黄龙、浙江省人民政府金融行政管理(金融)二审行政裁定书	请求确认浙江省人民政府于2020年3月对黄龙作出的恶意逃废债的行政处罚行为违法并予以撤销。	一审人民法院认为无充分证据证明原告所诉的行政处罚行为存在,不符合起诉条件。二审人民法院认为恶意逃废债借款人信息转送中国人民银行征信中心的行为具有明显的行政机关作出的内部以及过程性行为的特征,不属于受案范围,驳回起诉。
吕荣亮二审行政裁定书	请求撤销镇信认字(2018)1号《严重失信信访人认定通知书》行政处罚行为。	二审人民法院认为诉讼请求属于行政机关针对信访事项作出的登记、受理、交办、转送、复查、复核意见等,不属于人民法院行政诉讼受案范围。
游可方不履行法定职责二审行政裁定书	请求判决南通市人民政府履行法定职责,对南通市第二中学的严重失信行为予以惩戒。	一审人民法院不予立案,二审人民法院驳回上诉,维持原判。
凤阳县天龙水利建筑工程有限公司、宣城市宣州区公共资源交易监督管理局水利行政管理(水利)二审行政判决书	请求撤销宣州区公管局、宣州区水利局联合作出的《关于对六安市水利水电建筑工程公司等2家企业列入黑名单的通报》。	一审人民法院认为列入黑名单并公示是对当事人行为进行客观地记录及广而告之,不符合行政处罚的特征,且行政处罚应由法律、法规、规章予以设定,故天龙公司认为案涉通报行为程序违法的理由不能成立,驳回诉讼请求。二审人民法院认为列入黑名单行为为行政处理,也需要遵循正当程序,因此撤销原判,确认列入黑名单的行政行为违法。

续表

裁判文书名称	当事人的诉讼请求	法院判决结果
成都安彼隆建设监理有限公司、南充市住房和城乡建设局城乡建设行政管理:其他(城建)二审行政裁定书	请求撤销 2017 年 11 月 28 日市住建局向上诉人寄达的《关于不良行为记录告知函》中有关上诉人的责任认定和扣分处罚决定。	一审人民法院认为安彼隆公司收到市住建局寄送的《关于不良行为记录告知函》说明安彼隆公司失信扣减分值是市住建局以生效行政处罚决定认定的事实为依据,其本身并不具有行政处罚的性质,安彼隆公司所诉行政处罚行为并不存在,驳回起诉。二审人民法院认为《关于不良行为记录告知函》中关于上诉人不良行为扣分记录,对上诉人的权利义务产生了实际影响,故被上诉人向上诉人作出的不良行为扣分记录可诉,因此撤销原判,发回重审。
江苏东方鹏程建设有限公司与盐城经济技术开发区建设局一审行政裁定书	请求撤销“将原告列入全省(江苏)限制市场准入企业名单”的失信惩戒行为。	驳回起诉,人民法院认为原告错列被告且坚持诉讼。
杭州天恒投资建设管理有限公司与丽水市住房和城乡建设局一审行政判决书	请求撤销被告对原告作出的“列入建设市场不良行为记录名单”及“两年内不得在丽水市范围内承接业务”的行政行为。	人民法院认为不良行为记录公示是对当事人行为进行客观地记录及公示,不符合行政处罚的特征,且行政处罚应由法律、法规、规章予以设定,故原告认为被告程序违法的理由不能成立,不予支持,因此驳回诉讼请求。

通过两次检索及筛选,共得到了 92 份裁判文书样本,以行政性失信惩戒名单所涉及的领域为标准,样本裁判文书可分为涉及

列入信访领域、拖欠农民工工资领域和被假冒身份信息列入行政性失信惩戒名单，以及其他领域（包括建筑领域、安全生产领域、教育培训机构领域等，鉴于这些领域案件数量相对少，为方便行文统筹为其他领域）的行政性失信惩戒名单，这四类裁判文书数量分别为20份、22份、19份、31份。根据这些裁判文书，可以一窥目前列入行政性失信惩戒名单的行政诉讼裁判概貌，了解列入行政性失信惩戒名单行政诉讼的基本裁判路径。

（二）行政诉讼裁判类型及说明

从总体裁判结果来看，未经实体审理的案件占比较大。92份有效裁判文书中，有55份裁判文书未经人民法院的实体审理，占比60%，仅有37份裁判文书经过了人民法院的实体审理，占比40%。

其中，55份裁判文书未经人民法院的实体审理，包括了43份裁判文书被人民法院判决驳回起诉，11份裁判文书对行政相对人请求撤销列入行政性失信惩戒名单行为的诉讼请求未予理涉，1份裁判文书二审裁定发回重审（一审裁定驳回起诉）。在被人民法院判决驳回起诉的43份裁判文书中，人民法院认为列入行政性失信惩戒名单行为不属于受案范围的具体理由不同，包括了以信访处理事项、过程性和内部性行政行为以及程序性的告知行为为由，排除在受案范围之外。在37份经过了人民法院实体审理的裁判文书中，包括了20份裁判文书被人民法院判决驳回诉讼请求（2份裁判文书二审裁定发回重审，一审判决驳回诉讼请求）、5份裁判文书确认列入行政性失信惩戒名单行为违法以及12份裁判文书撤销列入行政性失信惩戒名单行为。92份裁判文书中，仅有12份裁判文书是人民法院支持了行政相对人的诉讼请求，占全部样本裁判文书的13%，所占比重较低（见图1），凸显了行政相对人的行政诉讼救济困境。

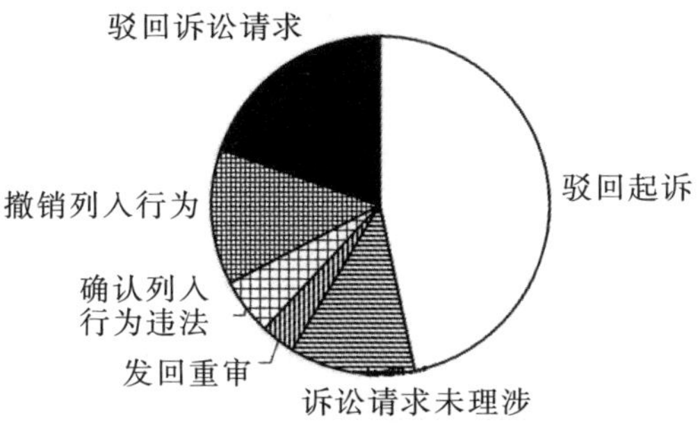

图1　总体裁判类型

二、列入行政性失信惩戒名单的行政诉讼救济困境

(一)"列入行为"行政诉讼的受案范围之困

行政诉讼的受案范围意味着行政相对人就一定范围内的行政争议请求法院救济的可得性。在检索的92份裁判文书中,23份裁判文书认为列入行政性失信惩戒名单行为属于信访处理行为、程序性的告知行为或者过程性和内部性行政行为,不对公民、法人或者其他组织的权利义务产生实际影响,将其排除在受案范围之外。由此,行政相对人对列入行政性失信惩戒名单行为所产生的行政争议,无法通过行政诉讼获得救济。

1. 以信访处理行为为由,排除在受案范围之外

对于列入信访领域的行政性失信惩戒名单,20份裁判文书均无一例外地认为列入行政性失信惩戒名单不属于受案范围,裁定驳回起诉。在王道秉诉滨海县公安局、滨海县信访局、滨海县人民政府东坎街道办事处其他行政行为案①、刘洪美诉淮安市信访局行

① 王道秉诉滨海县公安局、滨海县信访局、滨海县人民政府东坎街道办事处其他行政行为案,江苏省盐城市中级人民法院(2019)苏09行终301号行政裁定书。

政撤销案①、吕荣亮诉镇江市人民政府、镇江市信访局其他行政行为案②等多份裁判文书中，人民法院均认为行政相对人被认定为严重失信信访人，属于信访工作机构处理信访事项的行为，不属于行政诉讼的受案范围。当行政相对人被列入严重失信信访人名单，只能通过行政途径，即异议的方式，获得救济。但是，根据地方政府规范性文件关于信访人信用管理实施办法的规定，例如《扬州市信访人信用管理实施办法（试行）》第六条③、第七条④规定了县级信访部门或市级职能部门提出拟评定严重失信信访人名单，报送市信访工作联席会议办公室初审，初审通过后再提交评审委员会评定。同时，该办法也规定了信访人对公布的信息有异议的，可以向市信访联席会议办公室提出异议，由其进行核查、更正。当行政相对人被列入严重失信信访人名单时，市信访联席会议办公室既参与评定又是异议处理者，这种“既当裁判者又当运动员”的做法，不利于行政相对人通过行政途径获得权利救济。此时，如果行政诉讼又将列入信访领域的行政性失信惩戒名单行为排除在受案范围之外，行政相对人将无法通过诉讼手段获得权利救济。“无救济则无权利”，在救济途径匮乏的情况下，难以保障被列入行政性失信惩戒名单的行政相对人的权利。

---

① 刘洪美诉淮安市信访局行政撤销案，江苏省淮安市中级人民法院（2019）苏08行终243号行政裁定书。

② 吕荣亮诉镇江市人民政府、镇江市信访局其他行政行为案，江苏省高级人民法院（2019）苏行终1518号行政裁定书。

③ 《扬州市信访人信用管理实施办法（试行）》第六条规定：县级信访部门或市级职能部门提出拟评定严重失信信访人名单，报送市信访工作联席会议办公室初审。报送初审前，县级信访部门或市级职能部门书面函告信访人，并进行一次约谈提醒。经过约谈，信访人认识到错误并作出诚信承诺的，县级信访部门或市级职能部门暂缓报送。再次发生严重失信行为的，立即启动报送程序。

④ 《扬州市信访人信用管理实施办法（试行）》第七条规定：市信访工作联席会议办公室初审通过后，及时提交评定委评定。

笔者认为法院应当将列入信访领域的行政性失信惩戒名单行为纳入受案范围。其原因在于,列入信访领域的行政性失信惩戒名单行为不同于信访处理行为。信访处理行为是指行政机关针对信访事项作出的登记、受理、交办、转送、复查、复核意见等行为,该行为不可诉的核心在于其对信访人实体权利义务关系不产生实际影响,对信访人不具有强制力。但是,列入信访领域的行政性失信惩戒名单,在向社会公开情况下,会对行政相对人的名誉、信誉产生影响。不仅如此,根据多地关于信访人失信惩戒的规定[①],列入严重失信信访人名单的人会被采取列为重点监控和监督检查对象、提请撤销相关荣誉称号、取消参与评优及评先资格、取消政府优惠政策支持和资金补助、限制参加政府投资项目招投标等多项惩戒措施。这些惩戒措施严重影响了信访人的权益,已经突破了信访处理行为不可诉的核心理由。因此,列入信访领域的行政性失信惩戒名单——该“列入行为”对行政相对人的实体权利义务关系产生了重大影响,应当属于行政诉讼的受案范围。

2. 以告知行为为由,排除在受案范围之外

在成都新航标教育咨询有限公司诉成都市锦江区教育局教育

---

① 《宿迁市信访人严重失信个人黑名单认定与发布管理办法(试行)》《扬州市信访人信用管理实施办法(试行)》《淮安市信访人信用管理实施办法(试行)》《泰州市信访人失信惩戒办法》《镇江市严重失信行为信访人信用管理实施办法(试行)》《绍兴市信访人信用管理实施办法》《宁波市信访人信用管理实施办法(试行)》等,例如《泰州市信访人失信惩戒办法》对严重失信信访人采取以下惩罚措施:(一)列为重点监控和监督检查对象;(二)向社会公开失信信息,实施“黑名单”管理;(三)提请撤销相关荣誉称号,取消参与评优、评先资格;(四)取消政府优惠政策支持和资金补助;(五)限制参加政府投资项目招投标;(六)签订“调解书”“协议书”“保证书”等且相关要求兑现到位后又无故反悔继续信访,涉访人民政府或部门(单位)依法起诉失信信访人要求返还财产、退还所得,法院判决或裁定后拒不返还的,按照规定程序列入失信被执行人名单库,由法院按照相关规定予以惩戒;(七)市、市(区)政府信访工作机构和其他政府工作部门(单位)不再受理、不再重复转办(交办)以同一事实和理由提出的信访事项;(八)法律、法规、规章及上级文件规定的其他惩戒措施。

行政管理案①中，原告请求人民法院撤销成都市锦江区教育局将其列入校外培训机构"黑名单"的行为，二审人民法院认为锦江区教育局发布锦江区校外培训机构"黑名单"系依照国务院办公厅《关于规范校外培训机构发展的意见》的规定，将调查的锦江区范围内无办学资质和有不良办学行为的校外培训机构向公众进行告知，属于对当事人的权利义务不产生实际影响的程序性告知行为，由此裁定锦江区教育局发布校外培训机构"黑名单"的行为不属于行政诉讼的受案范围。在该裁判文书中，人民法院对行政相对人所诉的"列入行为"理解存在偏差，行政相对人请求撤销列入"黑名单"行为，法院应针对"列入行为"作出法律性质认定，却落脚于公布"黑名单"行为，并对其法律性质认定为程序性告知行为，将其排除在受案范围之外。在本案中，根据国务院办公厅《关于规范校外培训机构发展的意见》的规定，"对未经批准登记、违法违规举办的校外培训机构，予以严肃查处并列入黑名单，并将黑名单信息纳入全国信用信息共享平台，按有关规定实施联合惩戒"。锦江区教育局将成都新航标教育咨询有限公司列入"黑名单"，并将该信息共享至全国信用信息共享平台，实施联合惩戒，对行政相对人的权利义务产生了实际影响，并非不影响实际权利义务关系的不可诉的程序性告知行为。

3. 以过程性和内部性行政行为为由，排除在受案范围之外

在黄龙诉浙江省人民政府金融行政管理案②中，经法院查明中国人民银行征信中心出具的黄龙个人信用报告(商业银行版)中的相应内容显示为"惩戒类别:黑名单;惩戒决定书编号:《关于转送

① 成都新航标教育咨询有限公司诉成都市锦江区教育局教育行政管理案，四川省成都市中级人民法院(2020)川01行终546号行政裁定书。

② 黄龙诉浙江省人民政府金融行政管理案，浙江省高级人民法院(2020)浙行终1921号行政裁定书。

第三批 P2P 网络借贷恶意逃废债借款人信息的函》;惩戒内容:恶意逃废债借款人名单;惩戒机构名称:浙江省互金整治办”。二审法院认为浙江省互金整治办将恶意逃废债借款人信息转送中国人民银行征信中心的行为具有明显的行政机关作出的内部以及过程性行为的特征,认定行政相对人之诉请不符合起诉条件,裁定驳回起诉。内部性行政行为之所以不属于受案范围,在于对外不发生法律效力,不对公民、法人或者其他组织合法权益产生影响。虽然恶意逃废债借款人名单起初可能为内部性行政行为,但是当行政相对人的信用报告已经完整显示惩戒内容等诸多事项的情况下,该名单的性质已经发生了转变,已从内部性行政行为转变为外部性行政行为,且对行政相对人的权益产生了重大影响,具有可诉性。行政过程性行为不可诉,是因为可诉的行政行为需要具备成熟性和终结性,而作出行政行为之前所需要进行的准备、论证、研究、层报、咨询等过程性行为,尚不具备最终的、对外的法律效力。过程性行为的效力通常为最终的行政行为所吸收和覆盖,当事人可以通过最终行政行为的起诉获得救济。显然,在行政相对人个人信用报告上显示出的失信惩戒信息为最终的行政行为,并非为行政机关内部用于论证、层报、咨询等过程性行为。因此,恶意逃废债借款人名单并非为行政过程性行为和内部性行政行为,而是最终的行政行为和外部性行政行为,应当属于行政诉讼的受案范围。

(二)“列入行为”行政诉讼的程序合法性审查之困

在法院认定属于受案范围后列入行政性失信惩戒名单的行政诉讼案件,还存在另一个困境:未能对列入行政性失信惩戒名单行为的程序合法性进行必要的审查。行政机关作出列入行政性失信惩戒名单或“黑名单”决定的过程忽视行政程序,行政相对人的法律程序权利不能获得有效保障。而行政诉讼的功能之一是监督行政机关依法行使职权,对"列入行为"程序合法性审查的缺失,无法实现监督功能,更无法保障行政相对人的救济权利。

1. 拖欠农民工工资领域"列入行为"告知程序的审查问题

对于列入拖欠农民工工资领域的行政性失信惩戒名单,人力资源保障部出台了《拖欠农民工工资"黑名单"管理暂行办法》《拖欠农民工工资失信联合惩戒对象名单管理暂行办法》[①]。根据《拖欠农民工工资"黑名单"管理暂行办法》第六条[②]规定,行政机关将用人单位列入拖欠农民工工资"黑名单"应当遵循告知程序。然而,不少裁判文书中显示人民法院对"列入行为"告知程序的合法性审查不足。在河南富裕建设工程有限公司诉周口市人力资源和社会保障局、周口市人民政府劳动和社会保障行政管理案[③]中,根据案件事实,周口市人力资源和社会保障局在作出列入拖欠农民工工资"黑名单"决定之前并未作出列入拖欠农民工工资"黑名单"告知书,但二审人民法院认为行政机关将行政相对人列入"黑名单",事实清楚,适用法律正确,径直作出了驳回诉讼请求的判决,并未对"列入行为"的程序合法性问题进行审查。在洛阳市河阳建设工程有限公司诉孟津县人力资源和社会保障局劳动和社会保障

---

① 《拖欠农民工工资"黑名单"管理暂行办法》(部门规范性文件)与《拖欠农民工工资失信联合惩戒对象名单管理暂行办法》(部门规章)目前都现行有效,对同一事项存在不同规定。此外,《拖欠农民工工资失信联合惩戒对象名单管理暂行办法》于2022年1月1日施行,但本文所检索的该类案例均发生在2022年之前,因而本部分分析不涉及该办法。

② 《拖欠农民工工资"黑名单"管理暂行办法》第六条规定:人力资源社会保障行政部门将用人单位列入拖欠工资"黑名单"的,应当提前书面告知,听取其陈述和申辩意见。核准无误的,应当作出列入决定。列入决定应当列明用人单位名称及其法定代表人、其他责任人姓名、统一社会信用代码、列入日期、列入事由、权利救济期限和途径、作出决定机关等。

③ 河南富裕建设工程有限公司诉周口市人力资源和社会保障局、周口市人民政府劳动和社会保障行政管理案,河南省周口市中级人民法院(2021)豫16行终60号行政判决书。

行政管理案①中，被告由于不可抗力的影响，于2020年3月25日向原告送达4号行政处理决定、4号行政处罚决定、4号列入“黑名单”决定书。被告在作出列入拖欠农民工工资“黑名单”决定之前，未作出列入“黑名单”告知书，原告无法正常行使陈述、申辩的权利。若相对人未行使抗辩权，行政机关即作出限制或剥夺其合法权益的决定，该决定应属无效。② 在该裁判文书中，人民法院认为4号列入“黑名单”决定书的行政行为程序轻微违法，但对原告权利义务不产生实际影响，判决确认列入拖欠工资“黑名单”的行政行为违法，却未撤销列入拖欠农民工工资“黑名单”的行为。在海盐县广丰学校诉海盐县人力资源和社会保障局劳动和社会保障行政管理案③中，被告作出列入拖欠农民工工资“黑名单”的决定时，未告知申请行政复议或提起行政诉讼的救济途径，存在程序违法行为。人民法院应当判决确认列入拖欠农民工工资“黑名单”行为违法，但是由于未充分审查“列入行为”的程序合法性，就作出了驳回诉讼请求的判决。江苏金厦建设集团有限公司诉晋中市人力资源和社会保障局劳动和社会保障行政管理案④，也存在相同的情况。简而言之，司法实践对列入拖欠农民工工资“黑名单”行为告知程序的合法性审查不足，在应当判决撤销“列入行为”的情况下，仅判决确认“列入行为”违法或者驳回诉讼请求；在应当确认“列入行为”违法的情况下，判决驳回诉讼请求，使得行政相对人无法获得

① 洛阳市河阳建设工程有限公司诉孟津县人力资源和社会保障局劳动和社会保障行政管理案，洛阳铁路运输法院(2020)豫7102行初145号行政判决书。

② 姜明安主编：《行政法与行政诉讼法》，北京大学出版社、高等教育出版社2011年版，第334页。

③ 海盐县广丰学校诉海盐县人力资源和社会保障局劳动和社会保障行政管理案，浙江省嘉兴市秀洲区人民法院(2020)浙0411行初10号行政判决书。

④ 江苏金厦建设集团有限公司诉晋中市人力资源和社会保障局劳动和社会保障行政管理案，山西省晋中市中级人民法院(2019)晋07行终154号行政判决书。

应有的救济，也无法实现行政诉讼监督行政机关依法行使职权的功能。

2. 拖欠农民工工资领域之外的"列入行为"的审查问题

涉及其他领域的列入行政性失信惩戒名单行为，行政相对人一般会主张"列入行为"是行政处罚行为，并以行政机关作出"列入行为"未履行行政处罚的法定程序，请求人民法院撤销该列入决定。在前述检索到的有效裁判文书中，仅有 1 份裁判文书认定为行政处罚，并以未履行行政处罚程序判决撤销"列入行为"，其他裁判文书中人民法院很少将"列入行为"认定为行政处罚。在杭州天恒投资建设管理有限公司诉丽水市住房和城乡建设局其他行政行为案①中，被告以原告未依法依约履行监理职责，虚报工程量约 120 万元，严重侵犯了业主的合法权益为由，将其列入建设市场不良行为记录名单。原告主张不良行为记录属行政处罚，被告未履行行政处罚决定的法定程序，请求人民法院撤销列入建设市场不良行为记录名单的行为。人民法院认为，不良行为记录及公示是对当事人行为进行客观地记录及公示，不符合行政处罚的特征，且行政处罚应由法律、法规、规章予以设定，故判决驳回诉讼请求。人民法院对"列入行为"的法律性质作出排他性的认定，并以"列入行为"不属于行政处罚，无须履行行政处罚的程序较为简略的方式对"列入行为"的合法性审查一笔带过。

在法律对列入行政性失信惩戒名单行为尚未作出法律性质认定的情况下，人民法院也不倾向于对"列入行为"的法律性质作出认定，在此基础上，自然也导致人民法院缺乏对"列入行为"的程序合法性进行审查。在莒县华泰橡胶有限公司与莒县环境保护局行

---

① 杭州天恒投资建设管理有限公司诉丽水市住房和城乡建设局其他行政行为案，浙江省丽水市莲都区人民法院(2014)丽莲行初字第 39 号行政判决书。

政撤销二审行政判决书中，莒县环境保护局因莒县华泰橡胶有限公司炭黑加工项目未取得环境影响评价批准文件就擅自投入建设和生产而将其列入企业环境“黑榜”名单。其后，莒县华泰橡胶有限公司从相关新闻中得知其被列入“黑榜”名单，请求法院撤销莒县环境保护局发布的“黑榜”。一、二审法院均根据《环境保护法》(2014 年修订)第五十四条的规定[①]认为莒县环境保护局将具备环境违法事实的莒县华泰橡胶有限公司列入“黑榜”名单报送有关部门并向社会公布的行为，具有事实和法律依据且不违反法定程序，判决驳回诉讼请求。但是，《环境保护法》(2014 年修订)第五十四条仅规定了环境保护主管部门应当将企业的环境违法信息记入社会诚信档案，及时向社会公布，并未规定记入社会诚信档案应当遵循的程序。根据案件事实，莒县华泰橡胶有限公司从相关新闻中得知其被列入“黑榜”名单，莒县环境保护局将其列入“黑榜”名单之前并未履行告知程序，人民法院对列入“黑榜”名单行为的程序合法性审查并不充分。人民法院根据《环境保护法》(2014 年修订)第五十四条的规定，认为莒县环境保护局将莒县华泰橡胶有限公司列入“黑榜”名单不违反法定程序，缺乏法律依据。

(三)“列入行为”案件“一行为一诉”原则适用之困

在行政诉讼案件中，起诉条件要求被诉行为一般是一个行政机关作出的一个行政行为，或两个及两个以上的行政机关作出的同一个行政行为。尽管公民、法人或其他组织在起诉时可以提出多项具有内在逻辑牵连的诉讼请求，但作为诉讼请求基础的被诉

---

① 《环境保护法》(2014 年修订)第五十四条第二、三款规定：县级以上人民政府环境保护主管部门和其他负有环境保护监督管理职责的部门，应当依法公开环境质量、环境监测、突发环境事件以及环境行政许可、行政处罚、排污费的征收和使用情况等信息。县级以上地方人民政府环境保护主管部门和其他负有环境保护监督管理职责的部门，应当将企业事业单位和其他生产经营者的环境违法信息记入社会诚信档案，及时向社会公布违法者名单。

行政行为只能为一个,此即通常所谓的"一行为一诉"的行政诉讼立案受理原则。[①] 行政相对人因同一违法事实,被行政机关处罚后,又被列入行政性失信惩戒名单,行政相对人在起诉时可能会提起两项诉讼请求:第一是撤销行政机关作出的行政处罚,第二是撤销该行政机关作出的列入行政性失信惩戒名单行为。面对行政相对人的两项诉讼请求,有的人民法院以违反了"一行为一诉"的案件受理原则为由,驳回起诉;有的人民法院并不认为行政相对人的诉讼请求违反"一行为一诉"的案件受理原则,并在裁判理由中对两项诉讼请求逐一作出说明。

这一争议表现在拖欠农民工工资领域和被假冒身份信息列入行政性失信惩戒名单的案件中。在淮北市天元建设工程有限公司诉淮北市杜集区人力资源和社会保障局、淮北市杜集区人民政府劳动和社会保障行政管理案[②]中,被告淮北市杜集区人力资源和社会保障局(以下简称为杜集区人社局)对淮北市天元建设工程有限公司(以下简称为天元公司)作出拖欠农民工工资"黑名单"事先告知书〔杜人社监告字(2019)12 号〕,随后又作出 3 号"黑名单"决定、2 号行政处罚决定。二审人民法院认为,"一行为一诉"是人民法院受理行政案件的基本原则,亦即通常情况下,在一个行政案件中,被诉行政行为仅为一个行政行为。法院指出虽然 2 号处罚决定和 3 号"黑名单"决定都是因为天元公司拖欠农民工工资这一事实而引发,但杜集区人社局分别依据《劳动保障监察条例》和《拖欠农民工工资"黑名单"管理暂行办法》对天元公司作出 2 号处罚决

---

① 李纬华,易旺:《"一行为一诉"原则的适用》,载《人民司法》2019 年第 32 期,第 93 页。

② 淮北市天元建设工程有限公司诉淮北市杜集区人力资源和社会保障局、淮北市杜集区人民政府劳动和社会保障行政管理案,安徽省濉溪县人民法院(2020)皖 0621 行初 74 号行政判决书。

定和 3 号“黑名单”决定，两个决定在处罚事实认定、法律适用、程序方面均有不同，天元公司因两个决定所承担的法律后果亦有不同，故天元公司诉讼请求包括两个行政行为和法律关系，天元公司在一个案件中对两个行政行为提起诉讼，违反了“一行为一诉”的行政诉讼案件受理原则，不符合受理条件，裁定驳回起诉。在蒋烨烽诉句容市人力资源和社会保障局行政监督案①中，人民法院也认为当事人的两项诉讼请求，即依法撤销被告作出的被诉指令书和撤销列入拖欠农民工工资的“黑名单”，系不同的法律关系，因此，撤销列入拖欠农民工工资“黑名单”的诉讼请求不予理涉。

但在深圳市鹏伟达电器有限公司诉深圳市宝安区应急管理局行政处罚案②、安阳市神州化工机械厂诉安阳市殷都区人力资源和社会保障局劳动和社会保障行政管理案③等裁判文书中，人民法院并不认为行政相对人的两项诉讼请求违反了“一行为一诉”的案件受理原则，并逐一作出裁判。

在被他人假冒身份信息列入行政性失信惩戒名单的裁判文书中，未经法院实体审理的裁判文书占比较大，也是因为人民法院对行政相对人的诉讼请求是否违反“一行为一诉”案件受理原则存在争议。但与列入拖欠农民工工资领域行政性失信惩戒名单相关的裁判文书不同的是，被假冒身份信息的自然人提出的诉讼请求，一是撤销公司的设立登记或者撤销法定代表人、股东等身份的登记，二是请求人民法院消除行政相对人在工商系统中的不良记录。在 31 份裁判文书中，17 份裁判文书中人民法院明确指出行政相对人

---

① 蒋烨烽诉句容市人力资源和社会保障局行政监督案，江苏省镇江市中级人民法院(2020)苏 11 行终 7 号行政裁定书。

② 深圳市鹏伟达电器有限公司诉深圳市宝安区应急管理局行政处罚案，广东省深圳市中级人民法院(2020)粤 03 行终 1328 号行政判决书。

③ 安阳市神州化工机械厂诉安阳市殷都区人力资源和社会保障局劳动和社会保障行政管理案，河南省安阳市中级人民法院(2020)豫 05 行终 157 号行政判决书。

的诉讼请求违反“一行为一诉”的案件受理原则,或者未明确提出违反“一行为一诉”的案件受理原则但只对行政相对人的第一项诉讼请求作出处理,忽视行政相对人的第二项诉讼请求;14 份裁判文书中的人民法院认为行政相对人的诉讼请求没有违反“一行为一诉”的案件受理原则,对行政相对人的两项诉讼请求逐一进行裁判,并说明理由。司法实践对行政相对人的两项诉讼请求是否违反“一行为一诉”案件受理原则存在争议,无法形成类案类判,行政相对人的权利是否可以得到救济,会因行政相对人起诉的法院不同而有所不同,缺少应有的可预见性与安定性。

三、列入行政性失信惩戒名单行政诉讼救济困境的原因

司法实践将部分列入行政性失信惩戒名单行为排除在受案范围之外、对列入行政性失信惩戒名单行为的程序合法性审查不足,是因为其对行政相对人所诉的“列入行为”存在理解上的偏差、未能准确认定列入并公开行政性失信惩戒名单行为的法律性质。而司法实践对行政相对人的诉讼请求是否违反“一行为一诉”案件受理原则存在争议,则是因为对该原则的适用存在偏差。

(一)司法实践对“列入行为”法律性质的认定失准

1. 司法实践对“列入行为”的理解存在偏差

在部分裁判文书中,行政相对人以撤销列入行政性失信惩戒名单行为作为诉讼请求时,人民法院会以程序性的告知行为或者信访处理行为为由,驳回起诉。人民法院驳回起诉的核心理由是将列入行政性失信惩戒名单行为理解为对行政相对人的权利义务不产生实际影响的行为。但行政相对人对列入行政性失信惩戒名单行为提起诉讼,意欲撤销行政机关所作出的使其名誉及其他相关权利受到限制或者损害的行为,原因在于该行为体现了强烈的制裁性或者惩戒性。在此种行政诉讼中,行政相对人的诉讼请求

实际指向撤销行政机关作出的列入并公开行政性失信惩戒名单的行为，并非仅指向单纯的列入或公开行为。单纯的列入行政性失信惩戒名单行为是行政机关通过调查、整理和评价信息之后才作出具有价值判断和选择的行政意思表示，属于具体行政行为。[①] 单纯的公开行政性失信惩戒名单行为是执行法律法规规定（信息主动公开）的行为，其主观上不具备为当事人发生、消灭、变更、撤销权利与（或）义务的意思表示。[②] 至于被列入失信“黑名单”的主体因信息公开而遭受来自市场和社会的惩戒，发生名誉和信用贬损的扩大化，并不受行政机关意思表示支配。单纯的列入行政性失信惩戒名单的行为或者公开行政性失信惩戒名单的行为均不具有强烈的制裁性或者惩戒性，行政相对人只有在列入并公开行政性失信惩戒名单的情况下，其被列入行政性失信惩戒名单的事实才会被社会不特定人所知晓，其名誉权益才会受到损害，此时则体现出了制裁性或者惩戒性。人民法院对于行政相对人诉讼请求的对象——“列入行为”的理解发生了偏差，行政相对人真正的诉求是撤销列入并公开行政性失信惩戒名单的行为。

2. 司法实践未能准确认定“列入行为”的法律性质

部分司法实践在正确理解行政相对人诉讼请求的基础上，未能准确认定列入并公开行政性失信惩戒名单行为的法律性质。首先，对于列入信访领域的行政性失信惩戒名单，司法实践过度拘泥于列入的领域，没有将列入并公开行政性失信惩戒名单行为与信访处理行为进行区分。其次，对于一些领域的列入行政性失信惩戒名单行为，司法实践对“列入行为”和公开行为分别进行认定，未

---

① 蒋都都，封星琦：《行政性失信惩戒的法律控制》，载《法治论坛》2021 年第 2 期，第 63－76 页。

② 蒋都都，封星琦：《行政性失信惩戒的法律控制》，载《法治论坛》2021 年第 2 期，第 63－76 页。

对列入并公开行为作出整体的法律性质认定。例如，在凤阳县天龙水利建筑工程有限公司诉宣城市宣州区公共资源交易监督管理局、宣城市宣州区水利局水利行政管理案①、杭州天恒投资建设管理有限公司诉丽水市住房和城乡建设局其他行政行为案②中，行政相对人起诉撤销列入行政性失信惩戒名单的行为，人民法院认为列入“黑名单”并公示是对当事人行为进行客观记录及广而告之。在这两份裁判文书中，人民法院准确理解了行政相对人的诉讼请求。从目的来看，行政相对人请求撤销列入行政性失信惩戒名单的行为，实质上请求撤销列入并公开行政性失信惩戒名单行为。但是人民法院对“列入行为”和公开行为分别予以认定，未对列入并公开的行为作出整体的法律性质认定。最后，司法实践将列入并公开行政性失信惩戒名单行为的法律性质认定为行政处理行为，例如，在凤阳县天龙水利建筑工程有限公司诉宣城市宣州区公共资源交易监督管理局、宣城市宣州区水利局水利行政管理案③中，人民法院将列入并公开行政性失信惩戒名单行为的法律性质认定为行政处理行为，产生这种认定的原因包括，第一，列入并公开行政性失信惩戒名单的行为会使行政相对人的声誉、资格及财产等合法权益受到限制或者剥夺，直接影响了行政相对人的实体权益。第二，该行为无法定性为行政处罚行为，因为其不属于法定行政处罚种类，且不属于法律、法规规定的其他行政处罚。第三，

---

① 凤阳县天龙水利建筑工程有限公司诉宣城市宣州区公共资源交易监督管理局、宣城市宣州区水利局水利行政管理案，安徽省宣城市中级人民法院(2019)皖18行终145号行政判决书。

② 杭州天恒投资建设管理有限公司诉丽水市住房和城乡建设局其他行政行为案，浙江省丽水市莲都区人民法院(2014)丽莲行初字第39号行政判决书。

③ 凤阳县天龙水利建筑工程有限公司诉宣城市宣州区公共资源交易监督管理局、宣城市宣州区水利局水利行政管理案，安徽省宣城市中级人民法院(2019)皖18行终145号行政判决书。

行政机关作出列入并公开行政性失信惩戒名单行为所依据的规范性文件中，规定了“黑名单”是指各方责任主体和从业人员违反法律法规和政策规定，应当予以处理时所采用的一种法律手段，因此，列入并公开行政性失信惩戒名单的行为属于行政处理行为。但是，行政处理行为的范围过于宽泛，涵盖了行政处罚、行政强制、行政指导、行政许可、行政确认等多种行政行为，对列入行政性失信惩戒名单行为法律性质的认定过于模糊，缺乏进一步的明确。

（二）司法实践对“一行为一诉”案件受理原则的适用存在偏差

在因拖欠农民工工资和被假冒身份信息列入行政性失信惩戒名单的案件中，人民法院对行政相对人提出的两项诉讼请求作出了不同的裁判，除少部分人民法院对行政相对人的两项诉讼请求均作出了裁判外，其他人民法院要么以行政相对人的诉讼请求违反“一行为一诉”的案件受理原则，驳回起诉；要么虽未明确提出违反“一行为一诉”的案件受理原则，但只对行政相对人的第一项诉讼请求作出处理，忽视行政相对人的第二项诉讼请求。司法实践中的两种做法反映人民法院对“一行为一诉”案件受理原则的适用存在偏差。前者裁判的适用偏差表现为，如果人民法院仍然认为违反了“一行为一诉”案件受理原则，人民法院应当进行必要的指导和释明，以便协助诉讼能力不足的公民、法人或其他组织在一个行政案件中恰当确定一个被诉行政行为。但是在司法实践中，人民法院并未进行指导与释明，而是直接以违反了“一行为一诉”案件受理原则为由，驳回起诉。后者裁判的适用偏差表现为，人民法院只考虑了“一行为一诉”裁判规则中的一般规定，尚未考虑到是否适用例外规定。人民法院认为行政相对人的两项诉讼请求是以两个行政行为作为依据，违反了“一行为一诉”的一般裁判规定，但并未考虑到两项诉讼请求指向的两个行政行为是否“存在关联事实等特殊情况”以及“出于诉讼经济的便宜考虑”是否可以在一个行政案件中将两个行政行为列为被诉行政行为？

目前，司法实践对“一行为一诉”案件受理原则适用的偏差体现在因拖欠农民工工资和被假冒身份信息列入行政性失信惩戒名单两个领域，随着行政性失信惩戒名单在其他领域的应用，该种偏差也很有可能拓展到其他领域。根据《国务院办公厅关于进一步完善失信约束制度构建诚信建设长效机制的指导意见》中提出的“严格规范失信行为认定依据”，行政机关认定失信行为必须以具有法律效力的文书为依据，如生效的司法裁判文书和仲裁文书、行政处罚和行政裁决等行政行为决定文书，以及法律、法规或者党中央、国务院政策文件规定可作为失信行为认定依据的其他文书。当行政处罚和行政裁决等行政行为决定文书作为认定失信行为的依据之一，“一行为一诉”案件受理原则在司法实践适用的偏差将拓展到其他领域。因此，应当对“一行为一诉”案件受理原则适用的偏差予以纠正，以便形成类案类判。

四、列入行政性失信惩戒名单行政诉讼救济困境之破解

（一）明确“列入并公开行政性失信惩戒名单”的法律性质

目前，学界对列入并公开行政性失信惩戒名单的法律性质尚处于讨论之中，其观点可以分为两类。其一，有学者将列入并公开行政性失信惩戒名单分为了“列入行为”和公布行为，并分别认定两个行为的法律性质，但对于这两个行为的法律性质，不同学者也持不同观点。范伟博士以行政过程论为视角，将行政黑名单制度解剖为“拟列入行为”“列入行为”“公布行为”“惩戒行为”四种过程行为。“列入行为”依照有无“列入决定”，分别属于具体行政行

为和内部行政行为,公布行为定性为行政事实行为。[①] 彭錞博士将列入"黑名单"行为和公布"黑名单"行为均定性为行政处理行为,将"列入行为"定性为行政处理行为,是因为其超越了简单的违法信息记录,根据违法信息记录对当事人添加了一个新的法律评价,对其权益造成负面影响。[②] 将公布行为定性为行政处理行为,是因为该行为不仅是公布相对人违法信息,更是公开作出新的法律评价,且触发一系列限制其权益的惩戒行为。[③]

其二,也有学者将列入并公开行政性失信惩戒名单作为一个行为整体,作出行政处罚的法律性质认定。胡建淼教授认为行政机关将公民列入"黑名单",只要是以公民违法为前提,并直接导致公民声誉、人身权、财产权等合法权益受到限制或者剥夺的,就是一种行政处罚,并且将"黑名单"上网公布,属于行政处罚中的精神罚。[④] 谭冰霖认为列入"黑名单"行为可分为两类:一是列入但不公开,仅限信息查询或者共享使用,为政府信息共享和查询的范畴;二是列入并公布,会因当事人相关信息向全社会公布而减损当事人的利益,属于"通报批评"类行政处罚。[⑤] 门中敬教授认为"列入失信人名单"行为是对失信行为的事实认定,是进一步采取联合惩戒措施的前提,不宜将其视为独立的行政行为类型。"列入失信人名单并对社会公布"行为可以作为独立的行政行为,根据针对的不

---

① 范伟:《行政黑名单制度的法律属性及其控制——基于行政过程论视角的分析》,载《政治与法律》2018 年第 9 期,第 93 页。

② 彭錞:《失信联合惩戒行政诉讼救济困境及出路》,载《东方法学》2021 年第 3 期,第 183 页。

③ 彭錞:《失信联合惩戒行政诉讼救济困境及出路》,载《东方法学》2021 年第 3 期,第 184 页。

④ 胡建淼:《"黑名单"管理制度——行政机关实施"黑名单"是一种行政处罚》,载《人民法治》2017 年第 5 期,第 83 页。

⑤ 谭冰霖:《处罚法定视野下失信惩戒的规范进路》,载《法学》2022 年第 1 期,第 37 页。

同失信人类型分为两类:一类是针对不履行法定义务失信人的“列入失信人名单并对社会公布”行为,属于特殊的行政强制执行种类;另一类是针对违法行为失信人作出的“列入失信人名单并对社会公布”行为,属于法律制裁之外的附随性或补充性的行政制裁措施。[①]

笔者认为行政相对人针对列入行政性失信惩戒名单行为而提起诉讼,意欲撤销行政机关所作出的使行政相对人名誉权益受到损害的行为,是基于该行为强烈的制裁性或者惩戒性。所以,行政相对人的诉讼请求指向撤销行政机关作出的列入并公开行政性失信惩戒名单的行为,并非指向单纯的“列入行为”或者公开行为。因此,在司法实践的语境下,应当从整体角度出发,讨论列入并公开行政性失信惩戒名单行为的法律性质。

列入并公开行政性失信惩戒名单行为属于行政处罚理论中的申诫罚。[②] 制裁性和惩罚性是行政处罚区别于其他行政行为的显著特点。[③] 制裁性是指对违反行政管理秩序的相对人的人身自由、财产、名誉或者其他权益的限制或者剥夺,或者科以新的义务。根据《民法典》第一千零二十四条的规定,名誉是对民事主体的品德、声望、才能、信用等的社会评价。行政机关将行政相对人列入行政性失信惩戒名单并向社会公开,降低了行政相对人所享有的品德、声望、信用等社会评价,对其名誉权益产生了损害,属于行政主体通过威慑精神、减损声誉的手段对当事人施加的制裁和惩罚。惩罚性是指行政处罚的直接目的是对违法者予以惩戒和教育,使其

---

① 门中敬:《失信联合惩戒措施的类型及行为属性》,载《山东大学学报(哲学社会科学版)》2021 年第 6 期,第 82 页。

② 此处需要与以“黑名单”为基础的失信联合惩戒相区别,如果后续其他部门或主体根据该“黑名单”再采取其他措施,则已经不仅仅是“列入黑名单”的问题了。

③ 张晓莹:《行政处罚视域下的失信惩戒规制》,载《行政法学研究》2019 年第 5 期,第 136 页。

以后不再犯。随着我国市场经济的发展，社会分工达到一定的精细程度，市场的发展大大超出本地的范围时，对市场主体而言，信用评价对其有着非同寻常的意义，甚至成为其在社会生存的根本。[①] 当信用评价为市场主体在社会生存的根本时，行政机关通过列入并公开行政性失信惩戒名单行为的方式，实现对行政相对人的惩戒和教育。当失信成本大于违法成本时，市场主体出于理性经济人的考虑，行为上趋利避害的选择，可以实现惩罚性所要求的"使其以后不再犯"的目的。列入并公开行政性失信惩戒名单的行为并非属于行政强制执行措施。因为行政强制执行实质上是一个"后行政行为"，需要以"前行政决定"的不实现为前提，而且它可以持续地实施下去直到"前行政决定"顺利实现，但列入并公开行政性失信惩戒名单并不以"前行政决定"存在为必要，也不是持续性行为，而是一次性行为。

因此，司法实践应当对列入并公开行政性失信惩戒名单行为作整体理解，并将其定性为行政处罚行为，不能因列入行政性失信惩戒名单的领域不同，对其法律性质作出不同的认定，也不能作出是否属于受案范围的不同认定，应当将列入信访领域的行政性失信惩戒名单行为也纳入受案范围。

（二）明确"一行为一诉"的例外裁判规则

最高人民法院公报案例（2019）最高法行终 1 号[②]形成了有关"一行为一诉"的裁判规则，该裁判规则不仅包括了一般裁判规则，还包括了例外裁判规则。例外裁判规则适用于无法律规定的情况下，如果存在关联事实等特殊情况及出于诉讼经济的便宜考虑，可

---

① 石新中：《论信用概念的历史演进》，载《北京大学学报（哲学社会科学版）》2007 年第 6 期，第 125 页。

② 本案为马生忠与宁夏回族自治区固原市人民政府行政批复宁夏回族自治区固原市住房和城乡建设局房屋拆迁行政裁决案。

以在一个行政案件中将两个或两个以上的行政行为列为被诉行政行为。

无论是因拖欠农民工工资被列入行政性失信惩戒名单,还是因被假冒身份信息被列入行政性失信惩戒名单,行政相对人提起的两项诉讼请求指向两个行政行为,显然不符合"一行为一诉"的一般裁判规则。那么是否符合"一行为一诉"的例外裁判规则？行政相对人提起的两项诉讼请求均属于无法律规定的情况,需要进一步考量两项诉讼请求是否存在关联事实或者出于诉讼经济的便宜考虑。首先,行政相对人的两项诉讼请求所指向的两个行政行为均存在关联事实。对于因拖欠农民工工资被列入行政性失信惩戒名单的行政相对人,其所提出的两项诉讼请求指向的两个行政行为——行政处罚或者行政处理行为和被列入行政性失信惩戒名单行为,都是因为行政相对人实施了同一违法行为而产生,即行政相对人克扣、无故拖欠农民工工资报酬,数额达到拒不支付劳动报酬罪数额认定标准或者因拖欠农民工工资违法行为引发群体性事件、极端事件造成严重不良社会影响等。对于因被假冒身份信息被列入行政性失信惩戒名单的行政相对人,其所提出的两项诉讼请求指向的两个行政行为——公司的设立登记或者法定代表人、股东等的身份登记行为和被列入行政性失信惩戒名单行为,都是因为自然人被他人假冒身份信息设立公司这一事实而产生。如果自然人没有被他人假冒身份信息设立公司,就不会存在被列入行政性失信惩戒名单的事实。其次,人民法院出于诉讼经济的便宜考虑,可以对行政相对人的两项诉讼请求予以裁判。对于拖欠农民工工资和被假冒身份信息列入行政性失信惩戒名单的案件,如果人民法院以违反"一行为一诉"案件受理原则为由,就其中一项诉讼请求予以判决,判决撤销行政处罚(或者行政处理行为),或者撤销公司设立登记(或者撤销法定代表人、股东等的身份登记),行政相对人可以就该裁判结果,通过行政途径,主张撤销列入行政性失信惩戒名单行为。但是,现实情况中也会存在列入机关不依法予以更正的情形,那么行政相对人会再次提起撤销列入行政性失信惩戒名单行为的诉讼,人民法院还需要对相同的案件事实予以审查。基于诉讼经济的考量,若行政相对人提出两项诉讼请求,人民法院应当一并作出裁判。

此外,在自然人被假冒身份信息列入行政性失信惩戒名单的案件中,人民法院不应以"超过诉讼时效"为由,对两项诉讼请求同时裁定驳回起诉。由于被他人假冒身份信息设立公司的事实存在较大隐蔽性,自然人一般在被列入行政性失信惩戒名单后,才知晓自己名下存在公司的事实,行政相对人的第一项诉讼请求"撤销公司的设立登记或者撤销法定代表人、股东等的身份登记",一般超过了行政诉讼的最长诉讼时效,但是第二项诉讼请求"撤销列入行政性失信惩戒名单行为",一般不会超过诉讼时效,人民法院应当对两项诉讼请求分别作出裁判。

(三)加强对列入行政性失信惩戒名单行为的程序合法性审查

目前,中央部委以部门规章或者部门规范性文件的形式,发布了若干行业领域①的失信联合惩戒名单管理办法。对于列入拖欠农民工工资领域的行政性失信惩戒名单,中央层面对"列入行为"已有具体程序规定。首先,人民法院应当加强对列入拖欠农民工工资领域的行政性失信惩戒名单的程序合法性审查。《拖欠农民

① 目前生效的失信联合惩戒名单管理办法中规定了列入程序内容的有:《拖欠农民工工资失信联合惩戒对象名单管理暂行办法》《拖欠农民工工资"黑名单"管理暂行办法》《养老服务市场失信联合惩戒对象名单管理办法(试行)》《交通运输守信联合激励和失信联合惩戒对象名单管理办法(试行)》《国家发展改革委、国家能源局关于加强和规范涉电力领域失信联合惩戒对象名单管理工作的实施意见》《体育市场黑名单管理办法》。

工工资“黑名单”管理暂行办法》第六条①规定了行政机关将用人单位列入拖欠农民工工资“黑名单”应当遵循的程序。2022年1月1日施行的《拖欠农民工工资失信联合惩戒对象名单管理暂行办法》更加详细地规定了列入行政性失信惩戒名单的程序，该办法规定行政机关在作出列入决定前，应当告知当事人拟列入失信联合惩戒对象名单的事由、依据、提出异议等依法享有的权利。

若行政机关在作出列入决定之前，未告知行政相对人，导致其无法行使陈述和申辩的权利，应当以程序违法为由，撤销“列入行为”，具体可参考长沙友仁建筑工程有限公司诉长沙市雨花区人力资源和社会保障局劳动和社会保障行政管理案②。若行政机关在作出列入决定之前，对列入决定告知书的送达程序不合法或者在列入决定中未告知救济途径和救济期限，应当以程序违法，确认“列入行为”违法，具体可以参考北京润成天宇装饰工程有限公司诉西安市人力资源和社会保障局、陕西省人力资源和社会保障厅行政复议案③。

对于其他领域的列入行政性失信惩戒名单行为，中央层面尚未就其程序作出规定的，人民法院应当将列入并公开行政性失信惩戒名单的行为定性为行政处罚，在此基础上审查行政机关在作出行政处罚决定之前，是否告知行政相对人作出行政处罚决定的

---

① 《拖欠农民工工资“黑名单”管理暂行办法》第六条规定：人力资源社会保障行政部门将用人单位列入拖欠工资“黑名单”的，应当提前书面告知，听取其陈述和申辩意见。核准无误的，应当作出列入决定。列入决定应当列明用人单位名称及其法定代表人、其他责任人姓名、统一社会信用代码、列入日期、列入事由、权利救济期限和途径、作出决定机关等。

② 长沙友仁建筑工程有限公司诉长沙市雨花区人力资源和社会保障局劳动和社会保障行政管理案，长沙铁路运输法院(2020)湘8601行初905号行政判决书。

③ 北京润成天宇装饰工程有限公司诉西安市人力资源和社会保障局、陕西省人力资源和社会保障厅行政复议案，西安铁路运输法院(2020)陕7102行初2367号行政判决书。

事实、理由及依据,是否告知行政相对人依法享有的权利。若行政机关在作出列入决定之前,尚未告知行政相对人,导致其无法行使陈述和申辩的权利,人民法院应当以程序违法为由,判决撤销“列入行为”,具体可以参考蚌埠市精益数码办公设备有限公司诉蚌埠市公共资源交易监督管理局其他行政行为案①。在该裁判文书中,蚌埠市商务和外事局以原告低价中标后又不能履约供货,导致采购人采购目的不能实现,严重不守诚信为由,作出《关于对蚌埠市精益数码办公设备有限公司进行处理的通报》〔蚌公共资源局(2015)106 号〕,内容为没收蚌埠市精益数码办公设备有限公司 1 万元诚信保证金,记不良行为记录,即日起暂停其一年参与蚌采商城报价资格,并予以公示。人民法院认为该处理通报具有处罚内容,属于对原告的行政处罚,但被告作出该处理通报,并未履行听取当事人陈述、申辩的义务,亦未履行听证及告知拟处罚决定等必经的法定程序,属于程序不合法,判决撤销被告作出的《关于对蚌埠市精益数码办公设备有限公司进行处理的通报》。若行政机关在作出列入决定之前,列入决定告知书的送达程序不合法,仅存在轻微程序瑕疵,对原告权利义务不产生实际影响,人民法院可以判决确认违法,对列入并公开行政性失信惩戒名单行为不予撤销。

---

① 蚌埠市精益数码办公设备有限公司诉蚌埠市公共资源交易监督管理局其他行政行为案,安徽省蚌埠市蚌山区人民法院(2016)皖 0303 行初 2 号行政判决书。

信用评分的算法挑战及制度因应

古　雪*

摘　要：在社会信用治理智能转型的图景中，算法技术与信用评分、传统治理理念正在经历复杂的转化、互构和连结过程。算法在评分制度中的嵌入，对提升评分的效率性、精准性、客观性均有所助益。然而，机遇的另一面即是挑战，算法带来信用评分功能优化的同时亦引发了制度危机，包括相对人基本程序权利的减损、个人隐私与数据保护的侵扰风险，以及算法模型对评分实质公平的潜在损害。通过明确算法驱动下信用评分的控权思路，能够为面向挑战的制度建构提供依据。由于算法评分的特殊性，制度建构应以增强算法透明性为核心，着眼于在算法规制中平衡功能优化与制度挑战之间的矛盾。结合以上思路，信用评分应从初步构造算法解释权、多阶段进行信息保护、统一评估体系和建立审查评估机制等方面进行因应性制度完善。

---

* 古雪，1998年出生，中央财经大学法学院2020级法学硕士，通讯地址：北京市海淀区学院南路39号，电子邮箱：guxueemail@163.com。

关键词:算法技术;信用评分;算法解释权;个人信息保护;算法治理

一、引言

大数据时代,算法基于海量数据处理的机器优势,不断嵌入公权力领域,在公权力运行的各个环节得到了更为广泛的运用。与此同时,以大数据为基础的社会信用体系建设进入新阶段,较之以往,新一轮的社会信用体系建设更加突出技术的引入与运用,强调利用大数据的先进理念、技术、资源提高政府治理能力。[①] 至此,我国社会信用体系产生了质的变化,其核心范畴即治理模式的现代化,线下的社会治理开始转化为围绕算法开发数据驱动的线上数据治理。[②] 实践中,我国正在进行的信用工程亦部分实现了信用治理向数据驱动的转变。[③] 在大数据时代背景下,我国社会信用体系与算法产生了初步连结,随着信用治理的不断推进与算法技术的智能优化,在社会信用体系的内部架构中形成数字治理模式成为新趋势。

---

① 《国务院办公厅关于运用大数据加强对市场主体服务和监管的若干意见》(国办发〔2015〕51 号)。

② 胡凌:《论地方立法中公共数据开放的法律性质》,载《地方立法研究》2019 年第 3 期,第 1-5 页。

③ 目前,我国信用工程利用大数据、数据分析、人工智能和机器学习的可能性,开始采用全景数据视图收集海量数据,实现对信用主体的动态化、实时性、全方位的分析,并采用多维数据的流处理和批处理等技术对信用主体进行全息信用画像,信用治理向精准化、智能化发展。参见虞青松:《算法行政:社会信用体系治理范式及其法治化》,载《法学论坛》2020 年第 2 期,第 37 页。

信用评分作为常用的分类监管工具①，是社会信用体系中的关键内容。在大数据时代背景下重塑社会信用体系，很大程度上是对数字治理模式下信用评分的转型进行构想。论及"信用评分"，相近的概念亦有"信用评价""信用评级"，实际上三者并无本质区别②。信用评分属于信用评价，是行政主体根据一定的评价标准和程序，在对相对人的信用信息进行全面归集的基础上对其信用状况进行评价的行政活动。③ 只是，相较之信用评价与信用评级，信用评分更加强调主体信用的量化结果。大数据时代的信用评分并未脱离其本质，但算法的加入赋予其更加丰富的内涵：信用评分采纳"数据-算法-评价"模式，行政机关先进行评判标准程序化，而后依托于多维度的行为数据搜集④，利用算法技术对信息数据进行处理、分析、预测，最终通过评价的柔性方式对公民进行管理和约束。⑤ 国内信用评分因地域不同而在名称、指标设计和信用等级划分上呈现出差异性⑥，但随着全国信用信息共享平台的初步建成以

① 分类监管工具即信用工具，其以客观的信用信息和管理手段的不同划分为四类，包括市场信用工具、司法信用工具、行政自我约束工具以及政府规制中的信用工具。参见王瑞雪：《政府规制中的信用工具研究》，载《中国法学》2017 年第 4 期，第 159-160 页。本文讨论的信用评分属于政府规制中的信用工具类的一种，是后续分类管理和联合奖惩的基础，区别于商业平台视角下的信用评分。

② 信用评分与信用评级在技术上虽然存在精度差异，即信用评分倾向于定量度量，信用评级倾向于定性度量，但定性与定量均是相对的，并不构成本质区别。参见 http://www.creditrating.cn/，2021 年 4 月 24 日访问。

③ 王瑞雪：《论行政评级及其法律控制》，载《法商研究》2018 年第 3 期，第 27 页。

④ 吴晶妹：《从信用的内涵与构成看大数据征信》，载《首都师范大学学报（社会科学版）》2015 年第 6 期，第 66-72 页。

⑤ 刘晗，叶开儒：《平台视角中的社会信用治理及其法律规制》，载《法学论坛》2020 年第 2 期，第 64 页。

⑥ 例如，厦门推出"白鹭分"，苏州推出"桂花分"，宿迁推出"西楚分"，福州推出"茉莉分"。以上信用评分指标设计所涵盖的具体要素以及等级评价体系均不相同。参见朱浩，黄险峰，陈彦舟：《国内城市个人信用评分指标体系和应用场景研究》，载《征信》2019 年第 4 期，第 11 页。

及覆盖全社会的信用体系不断完善，由国家标准化组织制定统一的评分标准成为现实要求，其亦是学界相关研究的兴趣点之一。[①]另外，纵然评分标准不同，但并不影响对其展开讨论，在算法程序进入信用评分的过程中，制度呈现出共性特征——算法是信用评分机制的核心要素。

目前，在宏观层面，学界关于算法与信用评分的探讨大多围绕算法权力的法律规制[②]、社会信用体系的整体构建[③]等独立命题展开，将二者联合起来研究的学者较少，且其往往执着于更广泛意义上的制度梳理与顶层设计而未专门针对算法框架下的信用评分展开详细研析。[④] 在信用评分的微观研究中，有学者致力于提升信用评分的准确性和科学性，从技术层面完善了评估体系与评价模型。[⑤] 亦有学者从法律规范的角度出发，为信用评分的法律控制提

---

① 陈惠民，汪禄坤：《我国个人信用评分指标体系的应用探讨》，载《时代金融》2015 年第 36 期，第 229-230 页。

② 周辉：《算法权力及其规制》，载《法制与社会发展》2019 年第 6 期，第 113-126 页；陈鹏：《算法的权力：应用与规制》，载《浙江社会科学》2019 年第 4 期，第 52-58 页；姜野：《算法的规训与规训的算法：人工智能时代算法的法律规制》，载《河北法学》2018 年第 12 期，第 142-153 页。

③ 罗培新：《善治须用良法：社会信用立法论略》，载《法学》2016 年第 12 期，第 104-112 页；罗培新：《遏制公权与保护私益：社会信用立法论略》，载《政法论坛》2018 年第 6 期，第 170-180 页；王伟：《失信惩戒的类型化规制研究——兼论社会信用法的规则设计》，载《中州学刊》2019 年第 5 期，第 43-52 页；沈岿：《社会信用体系建设的法治之道》，载《中国法学》2019 年第 5 期，第 25-46 页。

④ 例如，学者虞青松重点关注了信用治理背后形成的“数字人格”，并认为数字行政法将成为大数据时代法治建设领域的行政法学科分支。参见虞青松：《算法行政：社会信用体系治理范式及其法治化》，载《法学论坛》2020 年第 2 期，第 36-49 页；戴昕教授梳理了我国当代社会信用体系建设的三种逻辑，进而提出需要在“数据宪制”的高度把握社会信用立法的方向。参见戴昕：《理解社会信用体系建设的整体视角 法治分散、德治集中与规制强化》，载《中外法学》2019 年第 6 期，第 1469-1491 页。

⑤ 张晨，万相昱：《大数据背景下个人信用评估体系建设和评估模型构建》，载《征信》2019 年第 10 期，第 66-71 页。

出了纲要性建议。[①] 信用评分的合法合规研究，虽然在一定程度上有利于解决有法可依的法律技术难题，但依传统逻辑展开的制度研究容易忽略信用评分内部的基础架构，难以对大数据时代下信用评分面向算法如何“迎难而上”与“顺势而为”作出妥善安排。

综上，学界以往的研究主要集中于对算法、信用评分的纯粹理论引介和单一观测视角下的制度建构，较少将二者结合展开论证。实际上，信用评分在大数据时代已经从传统的监管方式逐步升级为新兴的数字治理模式，算法技术在这一过程中通过嵌入信用评分发挥作用。因此，在厘清信用评分与算法关系的基础上，深入理解算法对信用评分形成的各类风险，及时调整控权思路，以期就信用评分面向算法挑战作出制度回应，促进新的治理模式下信用评分制度优化。

二、大数据时代的信用评分：算法在信用评分中的兴起

在数字治理模式成为信用治理新趋势的当下，信用评分也逐渐突破传统监管手段的范畴而寻求与新兴技术的结合。信用评分的本质是对主体信息进行分析的基础上实现赋分进而分类监管，与健康码等公共治理领域的工具相似，算法技术不但能妥善融入评分的具体环节，而且算法的嵌入使赋分过程与评分结果得到进一步优化。

（一）大数据时代信用评分的发展

信用评分以简明标志对相关主体信用状况作出评价的方式，随着时代发展而演变出不同的特征。追溯信用评分的制度起源，

---

① 王伟：《个人信用分的法治维度》，载《中国信用》2019 年第 3 期，第 110-111 页；张涛：《个人信用评分的地方实践与法律控制——以福州等 7 个城市为分析样本》，载《行政法学研究》2020 年第 1 期，第 116-129 页；张运昊：《论信用行政评价的属性及其司法控制——一种后果取向的分析视角》，载《政治与法律》2020 年第 2 期，第 76-89 页。

个人档案制度被认为是信用评分的原型。公民个人档案通过积累其生活中的重大奖惩事项,对个人行为起到潜在约束作用。[①] 但由于档案制度的应用场景有限,且存在无法满足实时评价、主体全覆盖等要求的固有缺陷,因而催生出评分以突破上述困境。在社会信用体系的建设过程中,公共信用治理力图更多场景、更多主体的权利覆盖,在此背景下建构的信用评分既延续了档案评价规则理性的思维方式,又将评分延伸到了更广泛的社会主体以帮助实现"信用社会"[②]的宏观愿景。

"如果我们把资本和机械动能作为大航海时代以来全球近代的推动力,那么数据将成为下一次技术革命和社会变革的核心动力。"[③]大数据时代,依托于算法技术向公权力领域的渗透,我国社会信用体系成为新一代的数字化公共基础设施,信用评分进一步突破了传统监管的范畴,初步实现了即时化、精准化、可视化的治理制度建设。利用算法对目标成员进行信用评分在商业平台中早有实践[④],但其作为商业平台以盈利为导向、扩张新的生产资料的工具,与行政机关主导的、作为规制工具的信用评分在实施主体与方式上具有本质不同。有学者认为社会信用体系中的信用评分是私有化的信用评分的矫正制度[⑤],其建立在社会信用体系下信用数据公有化的基础上,广泛依赖于传感器、摄像头或其他智能终端自

---

① 胡凌:《数字社会权力的来源:评分、算法与规范的再生产》,载《交大法学》2019年第1期,第30页。

② 《国务院关于印发社会信用体系建设规划纲要(2014—2020年)的通知》(国发〔2014〕21号)。

③ [美]吴军:《智能时代》,中信出版社2016年版,第1页。

④ 例如,淘宝引入互相评分系统,将交易活动标签化,进而为行为者未来的行为能力预测提供基础或满足行为者的选择偏好以提升盈利空间,属于一种私人化的市场基础设施塑造。

⑤ 虞青松:《算法行政:社会信用体系治理范式及其法治化》,载《法学论坛》2020年第2期,第41页。

动获取和汇总的信用主体信息、积累个人数字档案,通过提前设定一定评价规则的算法模型对数据进行分析、处理,进而随时转变成与信用主体一一对应的信用评分。大数据时代的信用评分使不同社会群体都将受制于算法本身①,其执行方式是跨语境、去场景化与面向未来的。② 大数据时代的信用评分促使社会信用体系以一种全新的形式出现,让整个网络化社会成为守信者的"生产场所"与改造失信者的"算法监狱"。

(二)算法在信用评分中的作用空间

基于算法的数字治理是大数据时代崭新的监管机制,这种后现代的监管机制的底层逻辑是以算法作为技术工具,辅助甚至代替公权力做出算法决策。③ 鲁夫罗伊提出了"算法行政"(algorithmic governmentality)的概念,将这种基于算法技术而形成的全新治理模式概括为政府的算法治理。④ "算法行政"中,行政机关作为主导力量通过算法对行政事务做出自动化处理,其与传统行政治理模式区分的主要特征即算法技术在行政领域中的具体运用。行政机关根据具体的行政事务赋予了算法技术相应的功能,将其运用到行政程序中的特定或所有环节,实现了行政活动的相对无人化。⑤ 在我国行政治理体系中运用算法技术已非罕见,比如,在行

---

① [英]安妮·施沃恩,[英]史蒂芬·夏皮罗:《导读福柯〈规训与惩罚〉》,庞弘译,重庆大学出版社2019年第2版,第124页。

② 有学者认为,这种形态下的信用评分因其发现违法行为的概率增加而更加具有惩罚与预防的功能。参见胡凌:《数字社会权力的来源:评分、算法与规范的再生产》,载《交大法学》2019年第1期,第31页。

③ 张凌寒:《算法权力的兴起、异化及法律规制》,载《法商研究》2019年第4期,第65页。

④ Rouvroy A. Privacy, due process and the computational turn: The philosophers of law meets the philosophers of technology, Abingdon: Routledge, 2012, p. 163-196.

⑤ 马颜昕:《自动化行政的分级与法律控制变革》,载《行政法学研究》2019年第1期,第82页。

政管理体制改革的全新阶段,利用数据挖掘算法促进政务大数据的合理高效应用就属于算法技术在行政程序特定环节中的运用。①再如,作为疫情防控重要工具的健康码,算法贯穿了健康码从产生到利用的全部流程,在个人信息收集与健康码的具体适用中均发挥着关键作用。②

行政治理中算法技术的运用为信用评分的完善提供了经验借鉴,其中以风险评级为主要功能的健康码与信用评分最为相近,结合前述基础应用的相关实践,可以进一步帮助理解信用评分中算法技术的运用。与健康码运行机理相似,信用评分中的算法程序主要是在大数据收集的基础上,通过数据处理对主体信用状况进行赋分。因为算法技术的自动化处理与分析的高效性,信用主体被监控到的所有行为能够在最短时间内被转化为数据,通过算法进行分析与预测,由此产生的信用评分将被记录下来作为后续行政活动展开的主要依据,从而帮助行政机关对信用主体进行评价与引导。③ 基此形成的信用评分在对信用主体不断监控、测量、评估的过程中,实现了信用监管中的资格化管制,行政机关依赖规训权力,根据算法评价结果对守信者予以激励,对评分低于一定阈值的失信者实施惩罚、矫正。④

---

① 于施洋,王建冬,童楠楠:《国内外政务大数据应用发展述评:方向与问题》,载《电子政务》2016 年第 1 期,第 2-10 页。

② 查云飞:《健康码:个人疫情风险的自动化评级与利用》,载《浙江学刊》2020 年第 3 期,第 28-35 页。

③ 胡凌:《超越代码:从赛博空间到物理世界的控制/生产机制》,载《华东政法大学学报》2018 年第 1 期,第 18 页。

④ 有学者认为,在这种背景下被评价的社会成员已经形成了“数字人格”,数字人格是数字社会治理范化的科学载体,其具有的公开性、公有性、可预测性等特质与算法行政密切关联。参见虞青松:《算法行政:社会信用体系治理范式及其法治化》,载《法学论坛》2020 年第 2 期,第 45 页。

(三)依托于算法的信用评分功能分析

在传统监管手段的范畴中讨论信用评分,其功能通常包括:分类监管有利于降低监管活动的恣意性,进而从整体上增强监管措施的规范性与确定性[①];信用评分的建立打破了"信息壁垒",有助于实现同一个行政系统内部的信用信息整合,进而为政务合作、行政事务的开展提供信息基础[②];评分制度发挥"信号"作用,为信用主体的行为选择提供参考,发挥积极引导作用。而随着算法技术嵌入信用评分,其功能与传统相比有了以下积极变化。

1. 算法有助于提升信用评分效率

在算法驱动的信用评分中,算法能够根据预先确定好的评价模型和评分规则对主体的信用状况作出差别化判断,其不再强调程序的步骤、方式,而是直接面向庞杂的信用数据进行复杂计算,自动得出结果。与传统技术或人工操作相比,算法进入行政程序中,能够部分或全部代替行政机关进行工作,使行政机关将有限的人力资源投放到必要的领域,实现了资源的最优化配置。[③] 此外,算法自动化决策几乎省去了从数据到评分结果的转化时间,实现了评分的即时性,行政机关能够根据评分结果对信用主体进行实时监督和及时开展后续的行政行为,提高了信用治理领域的行政效能。

2. 算法有助于为信用评分的精准性提供保障

信用评分准确性的提升得益于算法技术的固有属性:其一,机

---

① 吴元元:《食品安全信用档案制度之建构——从信息经济学的角度切入》,《法商研究》2013 年第 4 期,第 11-20 页。

② 王瑞雪:《论行政评级及其法律控制》,载《法商研究》2018 年第 3 期,第 29 页。

③ 自动化行政大大提升了行政效率,比如,行政机关通过制定裁量基准电子程式化,执法人员只需在执法设备中输入或者勾选事实要素,机器便能自动得出裁量结果。参见郝元:《基于计算机控制的自由裁量辅助决策系统初探》,载《电子政务》2010 年第 9 期,第 93-97 页。

器学习算法与传统统计分析技术不同,大数据挖掘技术作为算法的基础,促使算法自动化决策进入传统技术力所不逮的领域,在更多场景的数据挖掘、分析基础上得以完成精准的"用户画像"①;其二,前文提到信用评分是"面向未来"的,其主要原因是算法模型能够针对信用主体过往积累的数据档案以及实时数据对主体未来行为做出预判,由此针对特定行为主体的信用评分不再是某一点的评判,而是涵盖了过去、现在、未来全阶段的主体信用状况,实现所谓的"完美预测";其三,算法在数据处理上的明显优势亦能推动评分制度的完善。随着算法决策依靠的大数据挖掘技术愈发成熟,算法对数据的分析更加深入,而这种数据挖掘越细致,越能够为政策的完善提供全面的依据,相关政策制定的科学性也将随之提升。②

3.算法有助于增强信用评分的中立性

算法驱动的信用评分有利于确保行政活动的公正性。传统的社会治理模式一般通过判断相对人行为与法律规范是否相符而进行个案评价,但人类在决策判断的过程中往往夹杂着偏私而难以做到绝对的公正。③ 算法模型具有"技术中立"的特征④,这使得基于算法模型的信用评分能够将上述主观因素排除在影响决策的相

---

① 张恩典:《人工智能算法决策对行政法治的挑战及制度因应》,载《行政法学研究》2020年第4期,第37页。

② [日]松尾丰,[日]盐野诚:《大智能时代:智能科技如何改变人类的经济、社会与生活》,陆贝旎,译,机械工业出版社2016年版,第59页。

③ 例如,人类在作出决策的过程中常因受情感、情绪等因素的影响而容易产生偏见,乃至歧视,从而影响决策判断的公正和客观。在相当长的一段时期内,人情、关系等因素在基层社会治理活动中产生着重要作用,并严重影响基层行政治理活动的公正性。参见张恩典:《人工智能算法决策对行政法治的挑战及制度因应》,载《行政法学研究》2020年第4期,第37页。

④ 邱仁宗,黄雯,翟晓梅:《大数据技术的伦理问题》,载《科学与社会》2014年第1期,第36-48页。

关因素范围外,加之信用评分实现了算法自动化决策,评分结果不再由权力控制者单方面决定,信用评分结果被认为是更加公正与客观的。

三、信用评分的制度危机:算法对信用评分的应用挑战

"技术是上帝的礼物——除了生命之外,它可能是上帝赐予人类最伟大的礼物。它是文明、艺术和科学之母。"[①]然而,技术为人类带来便利的同时,也在现实中引发了一些不可预测的风险,使当代社会充斥着技术忧虑。大数据时代的算法技术让信用评分同时直面机遇与挑战。一方面,基于算法模型的信用评分在行政效能、评分精准性、结果公正性等方面有了显著优化;但另一方面,由于新兴技术的自身属性,其在不同程度上对传统信用治理范式带来挑战。[②]

(一)信用评分中的正当程序危机

正当程序在行政治理中具有重要地位,其旨在弥补严格规则模式之不足。[③] 算法技术嵌入信用评分,改变了执法者依据法律规范做出行政决定的过程,使信用主体的基本程序性权利在不同程度上受到限制。

算法决策使行政程序中某些环节被自动省去,行政效能的提升实际是以减损行政相对人基本程序性权利为代价实现。算法决策的场景中,行政决定由算法模型自动计算得出,决策控制权由算

---

① [美]雷·库兹韦尔:《机器之心:当计算机超越人类,机器拥有了心灵》,胡晓姣、张温卓玛、吴纯洁等,译,中信出版集团2016年版,第304页。

② 刘艳红:《大数据时代审判体系和审判能力现代化的理论基础与实践展开》,载《安徽大学学报(哲学社会科学版)》2019年第3期,第96页。

③ 当代行政法的主流,从注重行政行为的合乎实体法规则向注重行政行为的合乎程序性转变。参见周佑勇:《行政法的正当程序原则》,载《中国社会科学》2004年第4期,第115-124页。

法模型的设计者与使用者掌握，行政相对人只能接受“冰冷”的评分赋值。“控制权的分布是极其不对称的。公民将被评测，但他们不能反过来去评测那些评测他们的机构。”①信用评分亦处于前述桎梏中。正当程序“直接体现法治政府对行政权力公正行使的最低限度”②，何种制度设计能够帮助信用主体摆脱被动地位，参与到信用评分的过程中以维护自身的合法权益是大数据时代下完善信用评分亟待思考的问题。③

论及相对人基本程序性权利行使困难的主因即算法的不透明性，行政机关是否应公开决策所依据的算法模型至今面临争议。一般情况下，行政机关对其所做出的行政决定负有必要的说明义务，以使行政相对人及利益相关者对自身合法权益受影响的“来龙去脉”获得充分了解。但是，在算法自动决策的语境中，反对者提出诸多理由拒绝对决策过程进行合理解释：一个主要观点是算法自动化决策不具有可解释性，算法利用数据挖掘技术进行自我学习、数据分析，其结果的得出是基于算法模型主导下的自动决策，算法自动决策既不存在解释的空间，行政机关对复杂的算法模型亦不具备解释能力；算法模型包含着国家秘密、商业秘密，对算法模型的说明将对相关主体利益造成减损是另一理由；另外，也有学者认为对算法进行解释会弱化算法模型的有效性，最终影响决策结果的公正与中立。基于上述理由，信用评分中信用主体往往只能被动接受评分结果，而难以对算法本身形成了解，算法解释的缺失阻断了社会公众与行政机关之间的良性互动。

---

① ［德］克里斯多夫·库克里克：《微粒社会：数字化时代的社会模式》，黄昆、夏柯，译，中信前沿出版社 2018 年版，第 125 页。

② 周佑勇：《行政法基本原则研究》，法律出版社 2019 年版，第 289 页。

③ 有学者进一步提出，数字行政中，为数字本体的访问权、修改权提供正当程序保障是权力配置和审查的核心要素。参见虞青松：《算法行政：社会信用体系治理范式及其法治化》，载《法学论坛》2020 年第 2 期，第 48 页。

（二）隐私与数据保护的侵扰风险

算法技术具有数据前置性的特征[①]，从数据到结论的过程借助于对海量数据的深度挖掘，因此，数据的收集成为算法技术发展的基础。公共治理领域，个人信息是这些数据中最具价值的数据资源，在公共空间形成基于社会主体身份识别信息的多维度监控成为必然趋势，此类信息是公共治理现代化最为基础的驱动力。[②] 这种技术特征使个人信息在大数据时代必定被裹挟进技术的开发、运用中，个人信息与算法技术形成连结。

信用评分中相关计算行为亦是建立在主体信用信息归集的基础上。对一种主要通过已知信息形成“用户画像”赋分进而开展信用治理的制度而言，主体信息的收集是异常关键的一个环节，而大数据挖掘技术改变了传统的围绕现有特定对象进行有目的的数据收集模式，取而代之以“基于广泛、全面、深度的数据搜集而形成认知对象或假设的过程”[③]。为了提升算法结果的精准性，主体信息的来源广泛，囊括身份特征、社会行为、行踪轨迹甚至涉及个人隐私的信息数据，人们的私生活在现代技术的应用下暴露无遗。置身大数据时代，技术经过数据收集、创建、存储和分析，使得隐私岌岌可危。着眼于采集生活细节的数据点越多，想要了解你的人可获得的信息就越多。[④] 另外，不仅信用评分的计算行为可能涉及个人隐私的侵犯，算法模型的开发、运用亦存在这一问题。为了优化

① 周佑勇：《论智能时代的技术逻辑与法律变革》，载《东南大学学报（哲学社会科学版）》2019年第5期，第68页。

② 孙轩，孙涛：《大数据计算环境下的城市动态治理：概念内涵与应用框架》，载《电子政务》2020年第1期，第20-28页。

③ 裴炜：《个人信息大数据与刑事正当程序的冲突及其调和》，载《法学研究》2018年第2期，第45页。

④ ［美］特蕾莎·M. 佩顿，［美］西奥多·克莱普尔：《大数据时代的隐私》，郑淑红，译，上海科学技术出版社2011年版，第19页。

机器学习过程，开发者需要不断以海量数据对算法模型进行训练，且信用信息的搜集并非一蹴而就，当评分算法模型被运用于特定主体时，仍需对主体的上述数据信息进行全方位的再次归集。[①] 有学者甚至提出，由于算法决策建立在分类的基础之上，隐私保护问题在大数据时代已不单单是讨论如何保护个人隐私，其已经超越个体层面而逐渐向群体隐私聚焦。[②] “隐私死亡”似乎不再是遥远的担忧。

较高的监控密度使信用评分与主体隐私保护之间产生冲突，如何在信用信息数据共享的基础上防止数据泄露亦为实践困境。算法自动决策要求大量的个人信息集中存储在信用管理系统的数据库中以用作实时识别与信息分析，单一信息记录所产生的泄露风险处于可控范围内，但数据库信息一旦被不正当使用或泄露将引发系统性风险。[③]

（三）评分实质公平的潜在侵害

在借助算法打分和预测的“评价型社会”中，算法模型为个人打造着“立体画像”，并自动生成评分，行政机关据此判断主体的信用状况以及潜在风险程度，信用评分影响着主体的社会生活。然而，基于算法模型形成的信用评分并非理想中的中立和客观，算法驱动的“评价和预测不是中立的，它们介入个体的生活之中，考验

---

① 张恩典：《大数据时代的算法解释权：背景、逻辑与构造》，载《法学论坛》2019年第4期，第154页。

② Lanah Kammourieh et al, “Group privacy in the Age of Big Data”, in Taylor, Luciano Floridi, Bart van der Sloot, Group Privacy: New Challenges of Data Technologies, Springer, 2017, p. 37-66.

③ 公共性的数据被不适当地泄露或售卖给商业组织存在诸多事例：例如个人通过盗取交通系统内的车牌号码等信息不当谋利等；人脸识别技术可以在用户完全不知情的情况下，将用户的人脸图像与嫌犯列表的人脸图像进行比对，嫌犯列表可以被置换成任何列表，被用于维护公共安全以外的非正当目的。参见胡敏洁：《自动化行政的法律控制》，载《行政法学研究》2019年第2期，第61页。

着我们对于民主体制中平等的理解”。[①] 算法运作的结果也并非总是准确的,那些一般人难以理解的算法论证为评分的偏差提供了存在空间。

对于算法偏见的讨论,一直是学界研究的热点[②],囿于历史数据、具体场景或技术限制等因素,自动化决策伴随着歧视与偏见。目前,信用评分的算法程序所依据的维度数据呈现出明显的差异性,但信用评分均遵循着“数据+模型+场景”的基本形式,其算法偏差呈现出典型特征,即在对信用主体进行评分时,无端提高某些指标在评估结果中所占权重,或根据算法流畅的惯性思维得出不合理评价。[③] 参考算法偏见的几类基本来源[④],信用评分的算法偏见主要来源于事前的程序设计偏差以及算法的自我学习等。

事前程序设计偏差所导致的算法偏见主要是指,在编制信用评分的模型时,模型评估指标的选取以及运行方式的设计出现偏差,最终导致算法分析得出的“数字化个体”与事实主体并不完全相符,进而使评分出现误差。评估指标选取的偏差来自指标选取不够中立客观,大数据时代的算法决策使“相关性”不再完全构筑于因果关系之上,数据库的建成让“相关性”变得无所不包,信用评分的算法模型对数据库进行分析挖掘,大量实质不相关的信息干

---

① [德]克里斯多夫·库克里克:《微粒社会:数字化时代的社会模式》,黄昆,夏柯,译,中信前沿出版社2018年版,第110页。

② 刘友华:《算法偏见及其规制路径研究》,载《法学杂志》2019年第6期,第55-66页;孙清白:《人工智能算法的“公共性”应用风险及其二元规制》,载《行政法学研究》2020年第4期,第58-66页;赵学刚,马羽男:《算法偏见的法律矫正研究》,载《辽宁大学学报(哲学社会科学版)》2020年第5期,第82-90页。

③ [美]杰夫·霍金斯,[美]桑德拉·布拉克斯莉:《人工智能的未来》,贺俊杰,李若子,杨倩,译,陕西科学技术出版社2006年版,第47-49页。

④ 一般认为,算法偏见的来源有如下几类:程序设计偏差导致的算法偏见、测试数据偏差导致的算法偏见、自我学习导致的算法偏见。参见陈洪兵,陈禹衡:《刑法领域的新挑战:人工智能的算法偏见》,载《广西大学学报(哲学社会科学版)》2019年第5期,第86-87页。

扰了程序的运行。[①] 运行方式的设计偏差是从技术层面而言的,产品本身的缺陷或训练程度不够,均会导致算法方式错误。自我学习导致的算法偏见更加具有隐蔽性,算法通过运行经验的积累能够主动学习,形成一套自己的逻辑体系,在评分中倾向于对具有某些相似性的群体给出同样的评分结果,且其发展方向因不受设计者控制而具有不确定性,进而易导致算法失灵,使信用评分无法实现规制目的。上述算法偏见均影响了信用评分的实质公正,理想中我们可以创造出更加符合社会价值标准的算法[②],但由于算法偏见在现有的技术能力下仍无法完全克服,故"着力为算法寻求一种最优化的正义理论,而非苦寻所谓的完美算法"[③]或许是更为实际的做法。

除了算法偏见,算法的技术原理也可能会导致评分偏差。大多数情况下,算法运行比人工操作更加精准,但特殊情况中,算法反而会使信用评分的不准确性难以察觉。信用评分的前提是不同场景行为的精确识别,并通过算法模型进行类型化和规范化的算法推演,最终得出相应得分。然而,评分在特定场景中往往出现以偏概全的问题,面对复杂行为,算法也难以做到从行为到评分的精确处理。此种情况中,算法通常根据过去的数据做出默认选择,选择标准则受限于信用管理平台内部的架构,从而将公权力的意志隐秘地施加于针对信用主体的评分过程。[④]

---

① 张恩典:《人工智能算法决策对行政法治的挑战及制度因应》,载《行政法学研究》2020 年第 4 期,第 41 页。

② 杜宴林,杨学科:《论人工智能时代的算法司法与算法司法正义》,载《湖湘论坛》2019 年第 5 期,第 71-72 页。

③ [美]迈克尔·桑德尔:《反对完美:科技与人性的正义之战》,黄慧慧,译,中信出版社 2013 年版,第 29 页。

④ 刘晗,叶开儒:《平台视角中的社会信用治理及其法律规制》,载《法学论坛》2020 年第 2 期,第 67 页。

四、面向挑战的制度回应:信用评分的控权逻辑与制度建构

控权逻辑的厘清是面向算法对信用评分应用挑战的制度回应基础。传统的控权思路已无法应对算法技术所引发的风险。大数据时代,评分制度的控权逻辑应向算法规制、优化规制转型,在制度建构中整体把握增强算法透明性的核心思想,运用制度威力多维度、多阶段、分层次对风险予以回应。

(一)信用评分的控权逻辑

法律的规范和叙事在大数据时代依然发挥着重要作用,算法在行政治理中的应用并不代表着法律的地位由“算法的统治”取而代之,在进行制度构建时,我们理应明悉“法律未死”①。面对算法技术对信用评分带来的变化,我们要及时调整规制思路,以对现实挑战作出回应。

1. 从传统规制到算法规制

由于信用评分的结果通常会成为行政主体作出行政决定等行政活动的事实依据,从而对相对人的权利义务产生重大影响,因此行政机关对信用评分的运用应采取谨慎的态度,其设定和实施都应受到严格规范。传统规制思路通常会在法律依据、具体应用、程序设定以及权利保障等方面对信用评分进行制度约束,提出的建议包括目前评分的设定依据大多位阶较低,根据法律保留原则,信用评分应由法律法规设定,规章和规范性文件再予以具体安排;评分指标应统一化且需以不同评分客观反映相对人的法律状态差

---

① “法律未死”针对“理论已死”提出,理论已死的概念参见[英]维克托·迈尔·舍恩伯格,[英]肯尼思·库克耶:《大数据时代》,盛杨燕,周涛,译,浙江人民出版社2013年版,第94页。

异[1];从评分等级确定和等级动态调整两个方面展开程序性控制[2];根据信用法治原则,保护信用主体知情权、异议权、修复权等权利,保障评分制度严格遵循法治轨道。[3]

在大数据时代对信用评分进行更为完善的建构,传统规制思路仍具有重要意义,上述建议所指出的问题在未来的制度方案中仍需得到重视与考虑。但是,基于算法的特殊性,传统的法律规制思路并不能完全解决算法技术在信用评分中所引发的系列问题,数据共享下的信息保护、黑箱效应的应对都亟须以传统规制思路为基准,融合进算法规制的全新思路予以回应。

2. 从强化规制到优化规制

在社会信用体系的建设中,“一处失信、处处受限”的信用惩戒大格局受到越来越多的质疑,对强化规制的一味提倡反而可能会使信用评分陷入正当性与合法性质疑的危机。将算法驱动的信用评分所带来的功能变化与产生的挑战联合起来进行分析能够发现,算法模型为评分制度带来功能优化的同时,往往也伴随着“隐疾”:算法自动化决策提高了行政效能,但行政程序某些环节的省略可能会减损相对人的基本程序性权利,使正当程序原则在信用评分中被悬置;算法依据海量数据分析进而完成的立体“用户画像”为评分的精准性提供了保障,但隐私与数据保护的侵扰风险也随即产生;算法的技术中立有利于维护信用评分的公正和客观,但在看似客观的算法评分之下,却暗涌着算法偏见所带来的更深层次的危机。

只关注规制手段的力度,将规范信用评分寄希望于规制手段

---

① [英]伊丽莎白·费雪:《风险规制与行政宪政主义》,沈岿,译,法律出版社2012年版,第40页。

② 王瑞雪:《论行政评级及其法律控制》,载《法商研究》2018年第3期,第35页。

③ 王伟:《个人信用分的法治维度》,载《中国信用》2019年第3期,第111页。

的严厉化实不可取，强化规制已不能满足大数据时代信用评分的完善需要，忽略时代发展需求仅围绕规制手段的变革反而可能导致行政效能低下、行政资源浪费等消极结果。如何平衡上述多对矛盾关系，将强化规制转变为优化规制是目前需要思考的问题。

3. 以增强算法透明性为核心

在信用评分的制度回应中，增强算法的透明性成为贯穿始终的控权逻辑：程序上，算法透明性的增强为技术的可理解性奠定了基础，也是保证相对人访问权、纠错权等基本程序性权利的前提性条件，使信用主体能够参与到信用评分的全过程；内容上，算法的透明性不仅能够促使社会主体更加理解算法，让信用评分接受更为广泛的社会监督，还可以从心理上让公众接受算法驱动的信用评分，“透明性有助于营造一种信任的气氛，引导大家接受算法的结果”①。另外，无论是隐私侵扰风险中数据挖掘技术可能导致的“隐私死亡”之忧虑，抑或是黑箱效应之下的算法偏见，都需要以增强算法的透明性作为制度保障，算法透明性已然成为一种内在要求。

在信用评分中增强算法的透明性，除了在程序上保障信用主体以及利益相关者的知情权以外，赋予行政机关及算法模型的开发者对算法进行解释说明的义务成为理论界与实务界讨论的重点。面对这一问题，前文曾提到的反对意见如算法不具备可解释性、主体解释能力的欠缺、商业秘密的泄露、算法有效性的弱化等，在事实上并不构成对算法进行解释的阻碍。首先，应肯定算法具备解释的空间。诚然，算法模型具有高度的专业性，但总体而言，仍有许多算法决策不依赖于深度学习及神经网络而借助了更易解

---

① ［法］瑟格·阿比特博，［法］吉尔·多维克：《算法小时代：从数学到生活的历变》，任轶，译，人民邮电出版社2017年版，第139页。

释的“决策树”①,即使信用评分需要建立于复杂的算法模型之上,仍有多种方式能在不打开“黑箱”的情形下对某一模型所做出的特定决策进行解释。其次,解释能力的欠缺可以通过行政主体与开发者联合解释予以补足,必要时,也可面向社会的行业专家寻求帮助。最后,认为算法解释可能导致商业秘密的泄露以及信用评分有效性的弱化实际上是错误理解了“透明性”的内涵,对算法进行解释所欲实现的并非是“完全透明性”,而是具有限度的“适当透明”。② 在对增强算法透明性进行制度构想时,应兼顾算法的透明性与效率性,既要通过适当透明使信用主体获得知情权,加强社会监督,又要避免过度透明损害算法功能,导致评分结果受到人为因素的干扰。

(二)信用评分的制度建构

面向风险的信用评分制度完善主要围绕前述问题展开,确立算法解释权致力于解决算法透明性问题,同时,制度建构亦针对算法造成的隐私与数据侵扰风险、对评分实质正义的消极影响问题而从不同角度进行了回应。另外,正当程序作为公权力运行的原则性要求,具体包括公开原则、中立原则以及参与原则等内容③,脱离应用场景的原则讨论缺乏实际意义,故将信用评分的制度建构置于算法解释权构造、隐私保护及评分公平实现的具体场景中进行设想。

1. 多维度构造算法解释权

在信用评分中,由于增强算法透明性作为最核心的控权逻辑,

---

① 决策树是常用算法的一种,参见陈凯,朱钰:《机器学习及其相关算法综述》,载《统计与信息论坛》2007 年第 5 期,第 106 页。

② Frank Pasquale, The Black Box Society, Harvard University Press, 2015, p. 142.

③ 周佑勇:《行政法的正当程序原则》,载《中国社会科学》2004 年第 4 期,第 121-123 页。

与程序保障、隐私保护、算法纠偏均具有密切相关性，因此在完善信用评分时需要解决的第一个问题即对算法的解释，“算法解释权”[①]也随之被提出。目前，有学者对于“算法解释权”作为实然的法定权利仍持怀疑态度[②]，也有诸多学者对建构“算法解释权”作出肯定性回应[③]，笔者赞同后者意见。由于篇幅所限，本文并不着眼于论证算法解释权的正当性问题，而是直接将目光投向如何在算法驱动的信用评分中对算法解释权进行初步构造。结合信用评分内容，算法解释权的构造主要从权利主体、解释标准、行使阶段三个维度展开。

算法解释权的权利主体自不待言，通常为算法决策的使用者与相对人。在信用评分中，算法模型的使用者是行政机关，大多数城市的评分管理都通过信用评分算法自动完成，行政机关应负有解释的义务。同时，解释权的主体应作扩大解释，其不仅限于评分针对的特定信用主体，而应扩大到认为受到信用评分算法不利决策的相对人。另外，针对能力限制而无法解释的观点异议，在设定算法解释权时应注意到行政机关的能力范围，当负有解释义务的行政机关因技术能力限制确无法提供解释时，应由信用评分算法的开发者协助解释。

---

① 一般认为，算法解释权的确定源于2018年5月25日正式实施的欧盟《通用数据保护条例》(General Data Protection Regulation，简称GDPR)，《通用数据保护条例》第71条规定：被自动决策的人应该具有适当的保护，具体应包括数据主体的特别信息和获得人类干预，表达自己的观点，并且有权获得该评估决定的解释，并对决定提出质疑。

② 贾章范：《论算法解释权不是一项法律权利——兼评〈个人信息保护法(草案)〉第二十五条》，载《电子知识产权》2020年第12期，第55-56页。

③ 姜野，李拥军：《破解算法黑箱：算法解释权的功能证成与适用路径——以社会信用体系建设为场景》，载《福建师范大学学报(哲学社会科学版)》2019年第4期，第84-92页；解正山：《算法决策规制——以算法“解释权”为中心》，载《现代法学》2020年第1期，第179-193页；许可，朱悦：《算法解释权：科技与法律的双重视角》，载《苏州大学学报(哲学社会科学版)》2020年第2期，第61-69页。

解释标准主要解决信用评分算法使用者提供的解释应包含哪些内容的问题,解释标准应以“适当透明”为价值取向,将“可理解性”与“相关性”作为信用评分中算法解释权的解释标准。“适当透明”是在充分衡量相对人正当权益和算法开发者及使用者合理利益后提出的要求,“透明性”是公开原则的体现,算法的披露使相对人参与到评分过程中成为可能。信用评分中算法模型有效性的考量、国家及商业秘密的保护需要与算法的透明性并非绝对对立关系,“适当”的透明为这种披露划定界限,在实际运用时应结合不同情况规定具体解释内容。“可理解性”是基础性的解释标准,解释时应区分技术上的可理解性与法律上的可理解性。在全国统一的信用评分建立前,无论各地采取何种算法模型,其评价指标和难易程度何如,在解释时不需要披露每一个技术细节,但应达到使不具有算法常识的相对人可理解的程度。“相关性”对解释内容做了进一步要求,主要指出于事后救济的需要,解释内容需要与相对人所得的评分结果相关。还需指出的是,由于目前全国各地信用评分的应用场景具有差异,故具体解释标准不能“一刀切”,信用评分对相对人基本权利影响越大,应该设定越高的解释标准。例如,厦门的“白鹭分”将影响个人行政审批容缺受理、资质与荣誉称号申请优先核定等政务信用服务以及图书馆免押金借阅、厦门信用乘车、智慧医疗信用付、无人便利店信用购物等民生信用服务,而宿迁的“西楚分”主要涉及养老服务、充值公共交通卡等减免优惠①,显然,“白鹭分”相比于“西楚分”对信用主体的影响更为深远,对解释标准的设定应更为严格。

在自动化社会信用评分场景中,算法解释权行使的阶段可分

---

① 朱浩,黄险峰,陈彦舟:《国内城市个人信用评分指标体系和应用场景研究》,载《征信》2019 年第 4 期,第 12 页。

为决策前与决策后。使用者在决策前作出的解释一般是针对评分制度本身，譬如行政机关向社会公开算法运行的逻辑规则、功能目的、信用评分的指标体系以及评分结果的具体应用场景，以上内容的披露保障了相对人的知情权。在针对特定主体的信用评分结果得出后，行政机关应在算法模型的概括性解释基础上，对信用主体的评分结果是如何产生的作出具体解释，例如评分过程算法模型使用了主体哪些信用信息、各类型信息在最终评分中的相应权重等。[①] 算法解释权行使阶段的区分有利于消除解释的模糊性，塑造更为完整的算法解释权，亦促使未来的相关立法以动态发展的目光去审视信用评分中算法解释权的内部构造。

2. 多阶段应对隐私与数据侵扰风险

大数据时代，算法技术通过对海量数据的挖掘分析而不断实现技术升级与模型优化，在这个过程中不可避免地产生了个人隐私与数据侵扰的风险。具体到信用评分中，由于评分的特殊性，其强调推动个人数据收集的范围、数量不断向纵深发展以实现精准评分，个人隐私与数据的侵扰风险来自数据收集、处理与利用等多个环节，在风险应对时应结合不同阶段的特征予以分别分析。

数据收集环节，可以从事前的限制收集范围和事后的善待被遗忘权两个方面进行阶段控制。数据前置性是算法技术的基础特征，信用评分中算法模型的准确运行建立在公共空间多维度监控收集的信用主体海量数据之上。大规模数据收集成为隐私风险的“元凶”，为了保护个人的隐私空间，应严格限制数据的收集范围，避免效率导向下针对个人的信用信息收集从公共空间不断向私人领域扩张。除了对数据收集范围予以边界划分，善待被遗忘权亦

---

① 张欣：《算法解释权与算法治理路径研究》，载《中外法学》2019 年第 6 期，第 1439 页。

是保护隐私的重要规范。此处被遗忘权可作广义理解，即既包括对收集到的非评分所必需的个人信息数据之可删除性，也包括主体不良信用记录之被遗忘可能。数据删除的具体规定可参考《网络安全法》第43条①，不良信用数据之被遗忘可参照我国《征信业管理条例》的规定以及信用治理发达国家的信用信息存储期限，将信用主体不良信用记录的保留时间设定为五年。但大数据时代，“信息壁垒”的逐步瓦解使个人不良记录处于流动状态，在评分制度并不成熟的现阶段，评分结果很可能在主体并不知情的情况下被运用于其他场景，源于网络空间的主体信息难以在技术上被永久消除②，如何使被遗忘权有效发挥作用，是新一轮信用体系建设中需要考虑的问题。

在针对主体信息数据的处理环节，算法驱动的信用评分一般为自动决策，在本阶段规避隐私风险可以从程序上予以控制：一方面，以信用主体对个人信息被自动化决策的“同意”取代一般算法决策所要求的数据“去识别化”③处理。保留能够识别特定主体身份的信息数据是信用评分建立的基础之一，“去识别化”处理并不符合信用评分的运用要求。个人信息在自决范围之内，自决虽不意味着“对所有个人信息的控制权”④，但个人信息被纳入自动决策的算法模型时应得到主体的知情与同意，“他人不得以违反本人意

① 个人发现网络运营者违反法律、行政法规的规定或者双方的约定收集、使用其个人信息的，有权要求网络运营者删除其个人信息；发现网络运营者收集、存储的其个人信息有错误的，有权要求网络运营者予以更正。网络运营者应当采取措施予以删除或者更正，参见《网络安全法》第43条。

② 郑志峰：《网络社会的被遗忘权研究》，载《法商研究》2015年第6期，第50页。

③ 张勇：《个人信息去识别化的刑法应对》，载《国家检察官学院学报》2018年第4期，第91-109页。

④ 杨芳：《个人信息自决权理论及其检讨——兼论个人信息保护法之保护客体》，载《比较法研究》2015年第6期，第24页。

愿的方式对个人信息进行处理”[①]是个人隐私保护的重要原则。另一方面，算法模型使用者即信用管理机关，应为针对评分结果的异议提供申诉渠道，保障信用评分的相对人在个人隐私受到侵害时能够得到及时有效的权利救济。以上两种程序控制途径均体现了正当程序的参与原则，为相对人参与信用评分开辟了一定渠道，有利于帮助相对人摆脱被动接受评分赋值的消极地位。完善的权利救济制度以及信用管理机关与信用主体间的良好沟通机制，除了能够有效保障相对人的正当权利，亦有利于在算法驱动的信用评分的初始阶段，根据实践争议对信用评分作出及时回应与制度调整。

在数据的利用阶段，受限于弱人工智能的时代背景，对于数据的使用仍应持保守态度。其一，应在行政机关内部形成数据利用的规范制度。行政机关作为公民信息的拥有者，应以有序方式对数据进行利用，防止数据的过度开发与滥用。其二，对涉及公民隐私的数据应予以区分，设定更加严格的利用要求。在需要利用公民隐私数据时，应充分衡量信用评分的目标与相对人数据权、隐私权之间的价值关系，避免以个人隐私的牺牲为代价实现信用评分的效果优化。即使在信用评分使用隐私数据具有必要性与正当性时，也应将信用评分对隐私数据的使用控制在对公民隐私最小损害的范围内。此外，对数据的利用将涉及数据安全问题，行政机关对系统内部信息流通、主导管理的数据库应承担保护责任，主动构建安全的数据共享路径，从目录管理、数据分类、权益保护等方面对信用信息进行整合和保护。

3. 分层次矫正算法对评分公平性的消极影响

算法对信用评分实质公平的挑战主要来自算法偏见以及技术

---

① 谢远扬：《信息论视角下个人信息的价值——兼对隐私权保护模式的检讨》，载《清华法学》2015 年第 3 期，第 104 页。

偏差,在针对性的评分制度完善中,首先应从整体上予以回应,其次可以就算法的程序调配以及人工审查评估制度进行设计。

一是规范评分标准,统一评分体系。算法模型评估标准选取存在偏差,其根本原因在于目前我国信用评分的制定缺乏统一考量。地方行政机关以效率为导向,为了使信用评分的结果达到最优化,而不惜将尽可能多的主体信息纳入信用评分的范畴,从而导致算法决策所依赖的数据包含着大量无关信息,最终影响了评分结果的客观性。我国信用评分亟须由国家标准化组织制定统一标准,并将不当联结禁止、比例原则等行政法原则纳入评分体系的考量。不当联结禁止原则要求算法驱动的信用评分所涵盖的主体信息应当与其追求实现的目的存在合理的联结关系,既不得将无关信息纳入算法决策的范畴,又不得根据无关信息对主体进行信用赋值。就比例原则的运用而言,可以借助四阶层的比例原则予以构想。[①] 首先,应当审查评分体系的设置目的是否正当。其次,应当依据适当性原则审查包含大量信用主体信息的评分体系是否能促进目的的实现。再次,应当依据必要性原则审查评分体系的设置是否必要,基于算法决策需要而收集、处理、利用的相对人数据信息所造成的损害是否最小。最后,应将均衡性原则作为评分体系的价值取向且不断追求完善,促进规范的算法模型、评估指标形成,构建合法、全面、准确的信用评分体系。

二是底线规则的事先嵌入。将符合社会一般道德和正义观念的伦理规则制成编码植入算法模型,是算法决策中被广泛提及的一种方案。具体到信用评分中,将行政公平原则作为上文提及的“最优化的正义理论”确立为算法模型公正性的标准,可以在一定

---

① 刘权:《目的正当性与比例原则的重构》,载《中国法学》2014 年第 4 期,第 133-150 页。

程度上实现算法偏见的纠偏。但是，现有研究指出，嵌入底线规则的纠偏方式只能在部分算法模型中发挥作用，一些算法模型由于其高度的机器学习特征而被排除在可控范围之外。[①] 由此，单纯依靠算法编写者进行伦理设定已不能解决算法偏见的困境，此时审查评估制度的介入将有效处理其无法解决的问题。

三是建立算法人工审查评估机制。若不加以控制，算法偏见将会使数字鸿沟成为断层，歧视问题不断升级[②]，对算法模型进行审查评估是现有技术下可操作性较强的方案之一。具体而言，理想的解决方案是按照中立原则设置专门的评估机构，由独立第三方负责在事前对信用评分所依据的算法模型、涉及的制度规则进行歧视风险影响评估，以判断评分过程是否隐含着不合理的公权力意志以及潜在歧视风险。若存在风险，应立即停止运行，并由算法编写者针对技术模型进行审查纠错，达到一定标准提交评估机构认定合格后才可投入新一轮的使用。另外，由于审查评估的结果关乎信用评分实施与否，评估机构的性质以及人员设置均需严格确定。为避免利益冲突干扰评估公正性，评估机构应符合中立性、专业性的要求，人员应尽可能吸纳对算法与信用治理有相应经验的跨学科专业人才，并将算法编写者及使用信用评分的行政主体排除在人员之外。

五、结语

1996 年尼葛洛庞帝在《数字化生存》中的展望已成为真实图景，“计算不再只和计算机有关，它决定了我们的生存”。[③] 数字治

---

① 郑戈：《算法的法律与法律的算法》，载《中国法律评论》2018 年第 2 期，第 69 页。

② ［英］卢恰诺·弗洛里迪：《信息伦理学》，薛平，译，上海译文出版社 2018 年版，第 13 页。

③ ［美］尼葛洛庞帝：《数字化生存》，胡泳等，译，海南出版社 1997 年版，第 4 页。

理模式的运用在社会信用体系中成为新的趋势,在社会生活的方方面面掀起隐秘但重大的变化。算法技术的引入亦使信用评分发生了前所未有的转变,功能优化的同时信用评分的负面效应也日益凸显。在算法带来的机遇和挑战并存于信用评分之际,理性的态度是承认风险存在的同时①,以谨慎但开阔的目光去寻找适宜的控权思路,以创新且可行的方案去构造可能的制度。在制度回应中,算法解释权的提出是基础,程序保障、主体信息保护以及黑箱效应的克服都有赖于算法的"适当透明";从阶段控制的角度应对隐私与数据的侵扰风险,是优化算法规制的体现,不同方案落实到数据收集、处理与利用等具体环节中,使隐私保护不再流于制度表面;分层次的算法纠偏亦为从整体上构建维护评分的实质公平的制度框架提供了可能。

技术的日新月异常使我们后知后觉,面向算法挑战的信用评分制度构想可能仅仅是一个开端,对此的讨论仍有诸多值得延展的空间。但大数据时代的魅力也恰在于此,法学研究将不断踏上人工智能技术开拓的制度荒土,使规则在未来渐渐向现实走近。

---

① 吴汉东:《人工智能时代的制度安排与法律规制》,载《法律科学》2017 年第 5 期,第 134-136 页。

失信被执行人联合惩戒的正当、合法性检视与规范构造

李华圆*

摘　要：失信被执行人联合惩戒的正当性并无疑问，制度运行过程中所存在的现实问题不应当成为制度本身正当性证成中的障碍。涉及失信被执行人联合惩戒措施的规范来源不无问题，需要通过法律手段消除其合法性瑕疵。以《关于对失信被执行人实施联合惩戒的合作备忘录》为切入点，对失信被执行人联合惩戒措施进行合法性检视可以发现，虽然绝大多数惩戒措施具有位阶恰当的规范来源，符合备忘录措施梳理与连接的应然本质，但不容忽视的是，这一备忘录中也同样存在具有创设效果的惩戒措施。故而，为了能够在执行程序中合法嵌入失信联合惩戒制度，发挥其督促履行、信用惩戒的预期功效，需要对存在合法性疑问的失信被执行人联合惩戒措施进行合法性补强。

* 李华圆(1998—)，湘潭大学信用风险管理学院2020级硕士研究生；联系地址：湖南省湘潭市雨湖区北二环羊牯塘街道湘潭大学校内；电子邮箱：lhyselyon@163.com。

关键词：失信被执行人；联合惩戒；正当性；合法性；规范化

被执行人之所以不履行义务，经济根源在于其失信所要付出的社会经济成本远小于守信所要支付的代价。因此，为督促被执行人履行生效裁判所确定的义务，缓解执行难问题，探索能够切中失信被执行人痛点，提高其失信成本的措施显得尤为重要。在失信信息公开共享的基础上，对失信被执行人施加跨部门联合惩戒措施的这一制度安排，在实践中已经对相当一部分的失信被执行人产生了威慑效果。但失信被执行人联合惩戒措施较强的侵益性特征也引起了理论界的警觉，惩戒措施的滥用更是诱发了对制度本身正当性、合法性的质疑。

一、失信被执行人联合惩戒措施的正当性阐释

直观来看，限制失信被执行人参与社会活动，甚至限制其出行、消费，似乎是对其自由的侵犯。但应当注意的是，失信被执行人的不履行行为，不仅是对前期私人约定的违反，更是对公权力执行行为的藐视，是较为严重的失信行为。对失信被执行人的权益，甚至是行为自由施加一定的限制，是对其未履行法定义务的一种制裁，目的在于维护社会公正和公共利益①，因而具有正当性基础。只是"一处失信、处处受限"这一不当宣传使得失信被执行人联合惩戒措施的正当性饱受质疑。应当明确的是，联合惩戒措施的所谓"联合"其实只是为了提高对失信被执行人的威慑力，而动员多主体参与惩戒之后所呈现出来的一种效果样态，惩戒所涉及的事项本就属于相关主体固有的职权范畴，并非是对惩戒手段的创新。

---

① 李继.失信被执行人权利保护的路径选择——基于执行行为正当性的探讨[J].政法论坛,2018,36(05):136-143.

在对信用状况有需求的领域对失信者施加一定的限制是制度本身的应有之义,联合惩戒在本质上只是通过部门间信息共享将失信信息的效用最大化,使得行使职权的部门能够及时知悉相关人员的失信信息,从而在职权范围内就需要考虑信用状况的事项对失信者予以制裁。因此,在应然层面上,联合惩戒只是对既有职权行使的一种强化,并没有对失信被执行人额外施加他种不利益。不过,应当注意的是,限制高消费类措施与其他惩戒措施略有不同,其更为准确的定位应当是执行中的保全措施,因而这类措施的立足点在于防止责任财产的不当减少,归根结底是在基本生活需要之外对被执行人处分责任财产进行限制,故其正当性并无问题。由是观之,对失信被执行人施加联合惩戒措施本身的正当性并无疑问,存在争议的主要原因在于实践中相关惩戒措施的滥用,包括但不限于在与信用无实质关联的领域对失信被执行人施加不当限制,以及不当扩大了惩戒对象的范围,但这本应属于制度运行中的问题,不应当成为制度正当性证成中的障碍。

二、失信被执行人联合惩戒措施的规范来源分析

能够对失信被执行人实际权利义务产生影响的主要是《民事诉讼法》《关于限制被执行人高消费的若干规定》(以下简称《限高规定》)、《关于公布失信被执行人名单信息的若干规定》(以下简称《名单规定》)和《关于对失信被执行人实施联合惩戒的合作备忘录》(以下简称《执行备忘录》)四项,现对这四项规范所设定的惩戒措施作一个简要分析。

(一)法律层级的规范来源

《民事诉讼法》第二百六十二条[①]之规定表明,法律层级规范文本所明确的惩戒措施仅限于限制出境和公布失信信息两类,且保留的“其他措施”的规范来源应当是法律。申言之,作为对失信被执行人进行惩戒的源头性规范,《民事诉讼法》明确了法院对失信被执行人实施的惩戒措施应当由法律来设定这一基本立场。

(二)司法解释的细化规定

《限高规定》和《名单规定》这两个司法解释的效力其实存在探讨的空间。最高人民法院以司法解释的形式认定司法解释具有法律效力[②]的这一做法不无问题,且不论司法解释规定自己的效力问题是否妥当,单看最高人民法院所用“法律效力”的这一表述也表明司法解释效力的不确定性。各法律渊源的效力等级问题关涉立法权的内部配置,属于国家权力的组织问题,应当由宪法及其相关法予以规定,但对于司法解释的效力问题目前尚无定论。欲明确最高人民法院所作出的司法解释的效力,首先需要厘清其能够对法律进行解释的权力来源。我国的国家权力构造最初只是将解释法律的职权配置给了全国人民代表大会常务委员会(以下简称全国人大常委会)[③],但2015年修改《立法法》时所新增的第一百零四条第一款以宪法性法律的形式确认了最高人民法院制定司法解释

① 《民事诉讼法》(2021年修正)第二百六十二条规定,被执行人不履行法律文书确定的义务的,人民法院可以对其采取或者通知有关单位协助采取限制出境,在征信系统记录、通过媒体公布不履行义务信息以及法律规定的其他措施。

② 《最高人民法院关于司法解释工作的规定》(2021年修正)第五条规定,最高人民法院发布的司法解释,具有法律效力。

③ 《宪法》(2018年修正)第六十七条第四项规定,全国人民代表大会常务委员会行使解释法律职权。

的权力。[①] 回顾司法解释的发展历程可以发现，司法解释滥觞于全国人大常委会分别于1955年和1981年作出的两个法律解释决议[②]，全国人大常委会通过决议的形式将原本专属于自己的法律解释权的一部分转授最高人民法院，并在之后被全国人民代表大会以修改基本法的形式予以认可。由此可见，从根本上来说，最高人民法院的司法解释权来源于全国人大常委会的授权。那么，是否可以据此得出，根源于全国人大常委会法律解释权的司法解释与立法解释一样“同法律具有同等效力”[③]的结论呢？答案是否定的。《立法法》第四十六条至第四十九条规定了较为严格的立法解释程序[④]，正是这种与立法程序基本无异的解释程序，才得以在第五十条顺利得出立法解释与法律具有同等效力的结论。尽管司法解释也存在征求意见、审委会讨论等相对民主的步骤[⑤]，但这种解释程

---

① 《立法法》(2015年修正)第一百零四条第一款规定，最高人民法院、最高人民检察院作出的属于审判、检察工作中具体应用法律的解释，应当主要针对具体的法律条文，并符合立法的目的、原则和原意。

② 1955年《全国人民代表大会常务委员会关于解释法律问题的决议》，1955年6月23日全国人民代表大会常务委员会第十七次会议通过(已失效)。其规定，凡关于审判过程中如何具体应用法律、法令的问题，由最高人民法院审判委员会进行解释。1981年《全国人民代表大会常务委员会关于加强法律解释工作的决议》，1981年6月10日第五届全国人民代表大会常务委员会第十九次会议通过。其规定，凡属于法院审判工作中具体应用法律、法令的问题，由最高人民法院进行解释。

③ 《立法法》(2015年修正)第五十条规定，全国人民代表大会常务委员会的法律解释同法律具有同等效力。

④ 《立法法》(2015年修正)第四十六条规定，国务院、中央军事委员会、最高人民法院、最高人民检察院和全国人民代表大会各专门委员会以及省、自治区、直辖市的人民代表大会常务委员会可以向全国人民代表大会常务委员会提出法律解释要求。第四十七条规定，常务委员会工作机构研究拟订法律解释草案，由委员长会议决定列入常务委员会会议议程。第四十八条规定，法律解释草案经常务委员会会议审议，由法律委员会根据常务委员会组成人员的审议意见进行审议、修改，提出法律解释草案表决稿。第四十九条规定，法律解释草案表决稿由常务委员会全体组成人员的过半数通过，由常务委员会发布公告予以公布。

⑤ 彭宁.最高人民法院司法治理模式之反思[J].法商研究，2019，36(01)：54-66.

序与立法程序所要求的民主依然相去甚远,因而不能直接得出司法解释与法律具有同等效力的结论。诚然,在权力转授的理论框架下,司法解释的制定的确呈现出立法的样态[①],但最高人民法院司法机关的法律属性决定了其与立法活动的应然界限,同时,根据《立法法》的规定可知,司法解释的作用场域仅限于"具体应用法律",且"应当主要针对具体的法律条文",因此,司法解释只能在既有法律的基础上进行细化,而不能脱离法律条文随意进行解释,或者对立法之未决事项进行创设。[②] 尽管《立法法》在针对具体条文之前保留了"主要"这一措辞,似乎预留了司法解释脱离条文发布普遍规范的空间,但从司法解释的应然定位来看,司法机关还是应当恪守"解释"的界限[③],不应当在没有法律条文依据的情况下创设新的规范。

具体来看与失信被执行人惩戒有关的两个司法解释:虽然《名单规定》没有明确说明其所针对的是哪一具体法律条文,但由于《民事诉讼法》中仅有第二百六十二条涉及公布失信信息,因此,《名单规定》这一司法解释可以看作是对该法律条文的细化,基本符合《立法法》对运用司法解释所提出的要求,这种针对具体法律条文的解释在符合立法原意的基础上,与所解释的《民事诉讼法》法律条文具有同等效力。[④] 而《限高规定》并不是在解释任何具体的法律条文,其所谓的解释对象其实是缺失的,是故,这一司法解释已经脱离了解释的范畴,进入造法的领域,对立法之未决事项作出了先行规定,超出了最高人民法院的职权范围,合法性存疑。因

---

① 聂友伦.论司法解释的立法性质[J].华东政法大学学报,2020,23(03):138-148.

② 刘风景.司法解释权限的界定与行使[J].中国法学,2016(03):207-225.

③ 苗炎.司法解释制度之法理反思与结构优化[J].法制与社会发展,2019,25(02):89-104.

④ 王成.最高法院司法解释效力研究[J].中外法学,2016,28(01):263-279.

而《限高规定》无法取得与所欲解释的规范同等的法律效力，这也使得限制高消费类措施并不能解释为《民事诉讼法》所称的“法律”所规定的其他措施。

（三）备忘录形式的措施整合

《执行备忘录》的出台既是政府、企业等多主体联合决策的表现，又是部门间信息共享、协作管理以克服规制碎片化，实现整体性治理的手段①，其出发点在于将分散于各法律规范中的措施进行统合整理，意在为破解法院执行难问题落实一个信用惩戒的解决方案。关于备忘录的性质，存在“规范性文件说”“行政协定说”和“对等性公法契约说”等分歧。党、政、企多元签署主体使得备忘录并不能简单界定为传统意义上的行政规范性文件，因为这种定性忽视了签署主体的非全部行政属性，可能会导致法律适用和司法审查上的障碍；同样的，“行政协定”的界定也只是从内部行政的角度出发，忽视了行政机关以外签署主体的作用与角色，因而定位也并不准确；“对等性公法契约说”则强调各签署主体就失信被执行人联合惩戒达成合意，协作完成对失信被执行人的惩戒，这一提法廓清了备忘录的实质，表明其措施梳理与连接的应然本质。但事实上，备忘录在实然层面并不仅仅只是扮演措施梳理与连接的角色，还在现有法律法规的框架之外创设了一些惩戒措施。

通过对《执行备忘录》的考察可以发现，备忘录并未对所涉及的惩戒措施进行分类，而是仅以部门为中心，罗列某一部门在针对失信被执行人的惩戒中应当尽到何种职责，因而可以说备忘录的落脚点在于惩戒措施的具体实施。但就理论研究而言，对备忘录进行类型化，有利于后续对其进行合法性分析。将失信联合惩戒

---

① 吴堉琳，刘恒. 信用联合奖惩合作备忘录：运作逻辑、法律性质与法治化进路[J]. 河南社会科学，2020，28(03)：11-20.

措施划分为某种特定的行政行为类型，虽可借此明晰各类惩戒措施在形式上是否需要以及在实质上需要哪一层级的法律规范进行授权，不失为一种理论分析的标准化范式，但若严格按照传统行政行为类型将失信联合惩戒措施进行标准化，难免会受到传统概念法学的理论掣肘，不利于行政执法手段的创新。[①] 是故，笔者仅以各惩戒措施的外在表征作为分类依据，将《执行备忘录》中列举的诸项惩戒措施划分为参考类、限权类、协助查询类、监管类、信息公布类和刑罚类六类（见附录表1）。

参考类措施其实是一种倾向性建议，意在将失信被执行人的失信状况纳入行政行为的实施条件之中让行政主体予以考虑，在合法、合理的范围内使失信被执行人相关权益因失信行为遭受限制。由于行政相对人的信用状况在参考类措施项下只是作为一种裁量因素供行政主体参考，因而失信被执行人并不必然遭受这类措施所列举的诸项限制。备忘录中参考类措施的表述有“……的依据或参考”“从严审核……”“……审慎性参考”“……审慎性参考依据”几种，均表明了这类措施裁量适用的本质特征。换言之，参考类措施的作用场域仅限于裁量行政行为，只有相关行政事项属于裁量行政的范畴，才能将信用状况作为一种裁量因素嵌入其中，供行政主体在作出行政行为时予以参考。而羁束行政之下，只要满足法律规定的要件事实，行政主体就只能按照法律的规定作出行政行为，无权进行行政裁量，因而不存在裁量因素参考适用的空间，如若将信用状况作为裁量因素嵌入本属于羁束行政范围内的事项之中，则面临合法性的问题。对于裁量行政而言，亦需要满足相关性的条件，才能在特定行政行为中将行政相对人的信用状

① 门中敬．失信联合惩戒措施的类型及行为属性［J］．山东大学学报（哲学社会科学版），2021(06)：76-85.

况作为裁量因素予以参考。与参考类措施的建议性不同,限权类措施具有一定程度上的强制性。根据《执行备忘录》的表述,这类措施包含了"限制"类、"中止"类和"禁止"类三种子类型,但根据对备忘录的体系化解释以及实践中惩戒措施的具体操作而言,不论表述是"限制""中止"还是"禁止",在事实上产生的都是"禁止"的法律效果。因此,信用状况对限权类措施所涉及的相关事项而言应当属于构成要件要素,换言之,不论行政行为的作出需要满足多少个构成要件,只要信用状况这一构成要件没有实现,即应当对相对人科以相应的限制。这种限制实质是对失信被执行人一定资格的剥夺,应当受比例原则的制约,同时也应当将关联性原则纳入考量的范围。协助查询类措施主要明确了各签署主体在信息查询等方面的协助义务,其实质就是协助执行行为,属于签署主体之间的分工配合。这类措施虽是为惩戒失信被执行人而服务,但并不直接关涉被惩戒对象之权利。应当注意的是,其中关于协助查封、扣押车辆的安排应当遵循《民事诉讼法》的相关规定,接受合法性审查。监管类措施涉及的惩戒领域主要属于行政检查的范畴。监管主体依据各行政相对人表现出来的不同信用状况采取不同频次的检查,实质上属于执法机关自主行使职权的行为,提高对失信被执行人的检查频次,是因其失信状态而对其施加的程序性限制,并不影响其实体权益。信息公布类措施即指将失信被执行人的失信信息进行公示,在客观效果上与学理上的声誉罚相似,即通过对相对人不利信息之公布,而产生减损相对人声誉之法律效果。当以上措施均不足以对失信被执行人形成威慑时,刑罚作为最后手段的作用也能得以发挥,刑罚类措施即是以拒不执行判决、裁定罪对失信被执行人进行追诉。

三、失信被执行人联合惩戒措施的合法性检视

鉴于失信联合惩戒措施可能对被惩戒主体产生重大影响，有必要在法治的框架下对其进行法律控制，对现存制度的合法性质疑也要求学术界对失信被执行人联合惩戒措施进行合法性检视。

如前所述，《执行备忘录》所列的各项惩戒措施只是对既有法律规范的整合与链接，是对现有法律实施的一种强化[①]，而非在既有法律体系之外的二次约束。因此，对失信联合惩戒措施的合法性检视应当从相关惩戒措施的规范来源入手，探究各惩戒措施形式上是否需要以及需要哪一层级的法律规范进行授权，并进一步从实质性层面分析现有规范就特定事项是否存在对相对人的信用状况的特殊要求[②]，从而得出相关惩戒措施有无规范依据的结论。基于惩戒措施的制裁属性，备忘录开篇所列的各政策性文件不足以为其提供合法性依据，若惩戒措施缺少其他规范来源则可能会不当减损公民的合法权益，使得这部分惩戒措施面临合法性质疑。

（一）对参考类措施的合法性检视

参考类措施的实质在于将行政相对人的信用状况作为裁量因素嵌入行政主体可自由裁量的范围之中，因而首先要求相应措施属于裁量行政的范畴，方才有可“参考”的空间。其次，所涉及的事项应当与行政相对人之信用状况存在关联，否则将违反不当联结禁止的原则。

由于金融市场的高杠杆性和风险的易传染性，严守金融行业准入门槛是金融监管的应有之义，因此，在设立证券公司、基金管

---

① 李烁．论失信联合惩戒的合法性及其补强——以《对失信被执行人实施联合惩戒的合作备忘录》为样本的分析[J]．中国法律评论，2021(01)：141-160.

② 彭錞．失信联合惩戒制度的法治困境及出路——基于对41份中央级失信惩戒备忘录的分析[J]．法商研究，2021，38(05)：47-60.

理公司、期货公司这类金融机构和进行私募投资基金管理人登记时，将相关主体的信用状况纳入审批、登记的考量范围是审慎原则的体现，具有正当性。同时，《证券法》《证券投资基金法》《期货交易管理条例》[①]分别列明了对证券公司、基金管理公司、期货公司主要股东（实际控制人）信誉良好的要求，《证券投资基金法》也规定了基金管理人诚实信用的义务[②]，《私募基金管理人登记须知》亦对严重违法失信主体不予登记的情形作出了规定[③]，可见备忘录的这一惩戒措施具有规范依据。《全国银行间债券市场金融债券发行管理办法》[④]虽未对商业银行发行金融债券提出明确的信用状况要求，但“中国人民银行要求的其他条件”这一开放性兜底表述为商业银行发行债券的审核预留了裁量空间，可以作为“从严审核在银行间市场发行债券”的规范依据。至于设立商业银行，虽然《商业

---

① 《证券法》（2019年修订）第一百一十八条规定，设立证券公司，应当具备下列条件：（二）主要股东及公司的实际控制人具有良好的财务状况和诚信记录，最近三年无重大违法违规记录；《证券投资基金法》（2015年修正）第十三条规定，设立管理公开募集基金的基金管理公司，应当具备下列条件，并经国务院证券监督管理机构批准：（三）主要股东应当具有经营金融业务或者管理金融机构的良好业绩、良好的财务状况和社会信誉，资产规模达到国务院规定的标准，最近三年没有违法记录；《期货交易管理条例》（2017年修订）第十六条规定，申请设立期货公司，应当符合《中华人民共和国公司法》的规定，并具备下列条件：（四）主要股东以及实际控制人具有持续盈利能力，信誉良好，最近三年无重大违法违规记录。

② 《证券投资基金法》（2015年修正）第九条第一款规定，基金管理人、基金托管人管理、运用基金财产，基金服务机构从事基金服务活动，应当恪尽职守，履行诚实信用、谨慎勤勉的义务。

③ 《私募基金管理人登记须知》（2018年修订，已失效）第九点注意事项规定，申请登记私募基金管理人的机构存在被列入国家企业信用信息公示系统严重违法失信企业名单的情形的，协会将不予办理登记。

④ 《全国银行间债券市场金融债券发行管理办法》第七条规定，商业银行发行金融债券应具备以下条件：（一）具有良好的公司治理机制；（二）核心资本充足率不低于4%；（三）最近三年连续盈利；（四）贷款损失准备计提充足；（五）风险监管指标符合监管机构的有关规定；（六）最近三年没有重大违法、违规行为；（七）中国人民银行要求的其他条件。根据商业银行的申请，中国人民银行可以豁免前款所规定的个别条件。

银行法》并未对设立主体的信用状况作出明确要求[1],但“其他审慎性条件”的表述要求设立商业银行不仅要考虑明确规定的五项条件,还应当符合商业银行审慎经营所必须考虑的条件,因此《商业银行法》也可以成为设立商业银行考虑信用状况的规范依据。

至于合格境内外机构投资者额度审批和管理,《合格境内机构投资者境外证券投资管理试行办法》要求境内机构投资者申请人“资信良好”[2],因而将信用状况作为“合格境内机构投资者额度审批和管理的审慎性参考依据”并无问题。但2019年国家外汇管理局取消了对合格境外投资者投资额度的限制,具备相应资格的境外机构投资者,只需进行登记即可自主汇入资金开展符合规定的证券投资活动[3],这就使得对合格境外投资者的额度审批管理丧失了实践基础,将信用状况作为合格境外机构投资者额度审批管理的做法也已然没有了适用的余地。

关于金融机构融资授信方面的审慎性参考,《执行备忘录》所用“引导”一词较为妥当。虽然信用状况与融资授信行为高度关联,但金融机构融资授信的行为本质上属于其自主经营的范畴,公权机关无权予以强制干涉,只能引导社会主体主动对失信被执行人作出融资授信方面的限制,而不得以行政指导之名行强制之实。

---

① 《商业银行法》(2015年修正)第十二条规定,设立商业银行,应当具备下列条件:(一)有符合本法和《中华人民共和国公司法》规定的章程;(二)有符合本法规定的注册资本最低限额;(三)有具备任职专业知识和业务工作经验的董事、高级管理人员;(四)有健全的组织机构和管理制度;(五)有符合要求的营业场所、安全防范措施和与业务有关的其他设施。设立商业银行,还应当符合其他审慎性条件。

② 《合格境内机构投资者境外证券投资管理试行办法》第五条第一项规定,申请境内机构投资者资格,应当具备的条件包括申请人的财务稳健,资信良好,资产管理规模、经营年限等符合中国证监会的规定。

③ 《国家外汇管理局:取消合格境外投资者(QFII/RQFII)投资额度限制 扩大金融市场对外开放》,国家外汇管理局网站,https://www.safe.gov.cn/safe/2019/0910/14035.html。

至于优惠性政策的审慎性参考，其实存在一些问题。原因在于优惠性政策的实施本就是基于对弱势群体的特殊照顾，或是为了实现特定政策目的而扶持特殊行业、特殊企业[①]，因而相关优惠政策的制定、实施所要考量的因素应当是是否符合优惠性政策所要达至的目的，而不应当将行政相对人的信用状况也纳入考量的范围。以税收优惠政策为例，《企业所得税法》规定对“符合条件的小型微利企业”减征企业所得税[②]，法条表述并未预留行政裁量的空间，换言之，凡是符合条件的企业，即应当减征企业所得税。同时，《企业所得税法实施条例》从应纳税所得额、从业人数和资产总额这三个方面对上述企业作出了明确界定[③]，采用的是封闭性的表述，且并未提及与信用状况有关的条件。因而可以认为，对“符合条件的小型微利企业”实施优惠性政策应当属于羁束行政的范畴，没有法条未涉及的因素参考适用的空间。推而广之，属于羁束行政范畴的优惠性政策中没有信用状况参考裁量的空间，即使对属于裁量行政范畴内的优惠性政策，信用状况也属于无实质关联的要素，不应当作为是否予以优惠政策的考量因素。

目前我国对于食品、药品行业准入的把控，主要还是从食品、药品生产经营本身是否合规层面进行规范，并未将生产经营主体

---

① 李烁.论失信联合惩戒的合法性及其补强——以《对失信被执行人实施联合惩戒的合作备忘录》为样本的分析[J].中国法律评论,2021(01):141-160.

② 《企业所得税法》(2018年修正)第二十八条第一款规定，符合条件的小型微利企业，减按20%的税率征收企业所得税。

③ 《企业所得税法实施条例》(2019年修订)第九十二条规定，企业所得税法第二十八条第一款所称符合条件的小型微利企业，是指从事国家非限制和禁止行业，并符合下列条件的企业：(一)工业企业，年度应纳税所得额不超过30万元，从业人数不超过100人，资产总额不超过3000万元；(二)其他企业，年度应纳税所得额不超过30万元，从业人数不超过80人，资产总额不超过1000万元。

的普遍信用状况作为行业准入的参考依据。[①] 明确禁止从事食品、药品生产经营活动的情形，目前也主要限定在相对人有食品、药品领域特定违法犯罪行为的情况。[②] 诚然，如果从合理性层面进行探讨，食品、药品关涉着最广大民众的身体健康和生命安全，将信用状况不佳的失信被执行人排斥在食品、药品行业之外，符合对食品、药品等安全行业严格监管的立法导向，并非不当联结，但在缺乏规范依据的情况下，对相对人进入特定行业权利的限制不能由《执行备忘录》进行创设。

（二）对限权类措施的合法性检视

关于"限制发行企业债券及公司债券、限制收购上市公司"的惩戒措施，从理论上讲，因为公开发行债券和收购上市公司都涉及后续履约的问题，关涉广大金融消费者的权益，对相关主体的信用状况理应提出较高要求，因此，对失信被执行人施加上述限制无可

---

① 《药品管理法》（2019 年修订）第四十二条规定，从事药品生产活动，应当具备以下条件：（一）有依法经过资格认定的药学技术人员、工程技术人员及相应的技术工人；（二）有与药品生产相适应的厂房、设施和卫生环境；（三）有能对所生产药品进行质量管理和质量检验的机构、人员及必要的仪器设备；（四）有保证药品质量的规章制度，并符合国务院药品监督管理部门依据本法制定的药品生产质量管理规范要求。第五十二条规定，从事药品经营活动应当具备以下条件：（一）有依法经过资格认定的药师或者其他药学技术人员；（二）有与所经营药品相适应的营业场所、设备、仓储设施和卫生环境；（三）有与所经营药品相适应的质量管理机构或者人员；（四）有保证药品质量的规章制度，并符合国务院药品监督管理部门依据本法制定的药品经营质量管理规范要求。

② 《药品管理法》（2019 年修订）第一百一十八条第一款规定，生产、销售假药，或者生产、销售劣药且情节严重的，对法定代表人、主要负责人、直接负责的主管人员和其他责任人员，没收违法行为发生期间自本单位所获收入，并处所获收入百分之三十以上三倍以下的罚款，终身禁止从事药品生产经营活动并可以由公安机关处五日以上十五日以下的拘留。《食品安全法》（2021 年修正）第一百三十五条第一、二款规定，被吊销许可证的食品生产经营者及其法定代表人、直接负责的主管人员和其他直接责任人员自处罚决定作出之日起五年内不得申请食品生产经营许可，或者从事食品生产经营管理工作、担任食品生产经营企业食品安全管理人员。因食品安全犯罪被判处有期徒刑以上刑罚的，终身不得从事食品生产经营管理工作，也不得担任食品生产经营企业食品安全管理人员。

非议。但笔者在梳理规范依据的过程中发现,只有收购上市公司[①]和再次公开发行公司债券[②]存在明确的规范依据。至于公开发行公司债券只有"国务院规定的其他条件"[③]这一开放性表述存在嵌入信用状况的空间,但《执行备忘录》的签署主体并无国务院,而是国务院下属各部委,因而《执行备忘录》并不能据此创设"其他条件"。发行企业债券的法定条件也没有包括相对人的信用状况[④],虽然"具有偿债能力"这一表述是考量信用状况的一个标准,但并不能全面反映社会主体的信用状况。更何况,从应然层面上来看,被纳入失信被执行人名单的失信被执行人都应当"有履行能力"而无履行意愿,符合发行企业债券所要求的"具有偿债能力"这一要求,因此,现行规范并不能为限制失信被执行人发行企业债券提供适当的合法性依据。

"监管部门规定的其他审慎性条件"[⑤]这一兜底条款可以作为"限制设立融资性担保公司"的规范依据,原因在于融资性担保公司的监管部门属于《执行备忘录》的签署主体,故可以把《执行备忘录》对失信被执行人的限制看作对《融资性担保公司管理暂行办

---

① 《上市公司收购管理办法》(2020 年修正)第六条第二款第一项规定,收购人负有数额较大债务,到期未清偿,且处于持续状态的,不得收购上市公司。

② 《公司债券发行与交易管理办法》(2021 年修订)第十五条第一项规定,存在对已公开发行的公司债券或者其他债务有违约或者延迟支付本息的事实,仍处于继续状态的,不得再次公开发行公司债券。

③ 《公司债券发行与交易管理办法》(2021 年修订)第十四条第一款第四项规定,公开发行公司债券,应当符合国务院规定的其他条件。

④ 《企业债券管理条例》(2011 年修订)第十二条规定,企业发行企业债券必须符合下列条件:(一)企业规模达到国家规定的要求;(二)企业财务会计制度符合国家规定;(三)具有偿债能力;(四)企业经济效益良好,发行企业债券前连续 3 年盈利;(五)所筹资金用途符合国家产业政策。

⑤ 《融资性担保公司管理暂行办法》第九条第一款第七项规定,设立融资性担保公司,应当具备监管部门规定的其他审慎性条件。

法》的细化。而对任职融资性担保公司①或金融机构②董事、监事、高级管理人员的限制，对参加政府采购③的限制，以及对设立保险公司④的限制则都有明确的规范依据，其合法性并无疑问。此外，在不论《限高规定》本身合法性的情况下，限制失信被执行人用高额保费购买具有现金价值的保险产品的这一惩戒措施，可以看作是对上述司法解释的重述。⑤

由于补贴性资金和社会保障资金通常是基于特定的倾斜性社会保障目的而发放，因而只要符合相关的政策制定目的即应当予以补贴性给付，而不应当再考虑相对人的信用状况，否则属于不当联结。例如，就业补助资金的设立即为了实现促进就业创业的目的，只要属于符合条件的就业困难人员或高校毕业生，就应当予以补贴支持⑥，而不应当再考虑相关主体的信用状况。

---

① 《融资性担保公司董事、监事、高级管理人员任职资格管理暂行办法》(已失效)第五条第二项规定，融资性担保公司董事、监事、高级管理人员应当遵纪守法，诚实守信，勤勉尽职，具有良好的职业操守、品行和声誉。

② 《金融机构高级管理人员任职资格管理办法》(中国人民银行令[2000]第1号，部分失效)第七条第五项规定，金融机构高级管理人员应具有公正、诚实、廉洁的品质，工作作风正派。

③ 《政府采购法》(2014年修正)第二十二条第一款第二项规定，供应商参加政府采购活动应当具有良好的商业信誉和健全的财务会计制度。

④ 《保险法》(2015年修正)第六十八条第一项规定，设立保险公司应当具备主要股东具有持续盈利能力，信誉良好，最近三年内无重大违法违规记录，净资产不低于人民币二亿元的条件。

⑤ 《最高人民法院关于限制被执行人高消费及有关消费的若干规定》(2015年修正)第三条第一款第八项规定，被执行人为自然人的，被采取限制消费措施后，不得支付高额保费购买保险理财产品。

⑥ 《就业补助资金管理办法》第八条第一款规定，享受公益性岗位补贴的人员范围为就业困难人员，重点是大龄失业人员和零就业家庭人员。第十一条规定，对在毕业年度有就业创业意愿并积极求职创业的低保家庭、贫困残疾人家庭、建档立卡贫困家庭和特困人员中的高校毕业生，残疾及获得国家助学贷款的高校毕业生，给予一次性求职创业补贴。

对于担任国有企业管理层的限制,也存在规范依据。[①] 按照一般人的朴素观念,信用状况良好可以解释为“良好品行”的必要条件,因此,《执行备忘录》对失信被执行人担任国有企业法定代表人、董事、监事的限制,其实是在具体化《企业国有资产法》对国有出资企业管理者选任的品格要求。而对于事业单位法定代表人的登记,也存在明确的正面信用状况要求,甚至将曾任机构的信用状况也纳入考量范围[②],因而此项限制存在规范依据并无疑问。由于公务员或事业单位工作人员的履职行为涉及广泛的公众利益,关系着公权机构的形象,因而法律要求相关人员应当具有“良好的道德品行”[③]或者“良好的品行”[④]。“良好品行”的要求可以将正面的信用状况涵摄在内,故可以认为限制失信被执行人任职公务员或事业单位工作人员只是将模糊化的现有任职标准予以细化。信用信息的收集与运用使得品格要求之类的构成要件得以具体化,从而赋予原本空洞的法律条款以明确的法律拘束力。

《执行备忘录》中对失信被执行人高消费行为的限制是对《限高规定》这一司法解释的重述,只有在《限高规定》的合法性得到补强之后,限制高消费措施的合法性才能祛除瑕疵。限制失信被执行人出境则是对《民事诉讼法》相关规定的连接,合法性并无问题。而关于限制失信被执行人参与国有产权交易,其存在合法性争议,

---

① 《企业国有资产法》第二十三条第一款第一项规定,履行出资人职责的机构任命或者建议任命的董事、监事、高级管理人员,应当具备良好的品行。

② 《事业单位、社会团体及企业等组织利用国有资产举办事业单位设立登记办法(试行)》第四条第四项规定,登记事项要求法定代表人应当是具有完全民事行为能力的中国公民,且为该单位主要行政负责人,年龄一般不超过70周岁,无不良信用记录。担任过其他机构法定代表人的,在任职期间,该机构无不良信用记录。

③ 《公务员法》(2018年修订)第十三条第四项规定,公务员应当具备良好的政治素质和道德品行。

④ 《事业单位公开招聘人员暂行规定》第九条第三项规定,应聘人员必须具备良好的品行。

因为这一问题关涉公民的经济自由权。产权交易本应属于自由的市场行为，公权力不应当过多干涉，只是出于防止国有资产流失的政策性考量，才对国有产权交易施加更多的监管。但根据《企业国有资产交易监督管理办法》的规定可知，出于公平竞争的考虑，原则上不能对产权转让的受让方设置资格条件①，但“原则上”这一表述即预留了例外的空间，且上述规定只要求所设资格条件向同级国资监管机构备案，这表明国有产权受让方的资格条件不需要通过较高位阶的规范来专门设置。因此，作为监管主体的国有资产监督管理委员会通过《执行备忘录》在受让方资格条件中嵌入信用状况似乎并没有合法性的障碍，可以看作是国有资产监督管理委员会在行使国有资产交易监管的固有职权；至于合理性层面，出于对国有资产的保护，限制具有较高信用风险的失信被执行人参与国有产权交易，在逻辑上也能自洽。

由于我国目前对国有林地的使用管理采取的是登记制②，《执

---

① 《企业国有资产交易监督管理办法》第十四条规定，产权转让原则上不得针对受让方设置资格条件，确需设置的，不得有明确指向性或违反公平竞争原则，所设资格条件相关内容应当在信息披露前报同级国资监管机构备案，国资监管机构在5个工作日内未反馈意见的视为同意。

② 《森林法实施条例》(2018年修订)第三条第一款规定，国家依法实行森林、林木和林地登记发证制度。依法登记的森林、林木和林地的所有权、使用权受法律保护，任何单位和个人不得侵犯。第四条规定，依法使用的国家所有的森林、林木和林地，按照下列规定登记：(一)使用国务院确定的国家所有的重点林区(以下简称重点林区)的森林、林木和林地的单位，应当向国务院林业主管部门提出登记申请，由国务院林业主管部门登记造册，核发证书，确认森林、林木和林地使用权以及由使用者所有的林木所有权；(二)使用国家所有的跨行政区域的森林、林木和林地的单位和个人，应当向共同的上一级人民政府林业主管部门提出登记申请，由该人民政府登记造册，核发证书，确认森林、林木和林地使用权以及由使用者所有的林木所有权；(三)使用国家所有的其他森林、林木和林地的单位和个人，应当向县级以上地方人民政府林业主管部门提出登记申请，由县级以上地方人民政府登记造册，核发证书，确认森林、林木和林地使用权以及由使用者所有的林木所有权。未确定使用权的国家所有的森林、林木和林地，由县级以上人民政府登记造册，负责保护管理。

行备忘录》对失信被执行人使用国有林地的限制,其实具有了一种创设效果,甚至可以说是对既有法律制度的一种颠覆。登记的法律性质只是一种行政确认,林业主管部门的"登记造册"只是对既有民事权属的记载,《森林法实施条例》并未授予其审查的职能。申言之,在现有规范之下,主管部门只需要对国有林地的使用进行消极的确认即可,并不需要额外进行使用主体是否适格的判断。是故,《执行备忘录》其实是在没有规范依据的情况下创设了国有林地使用主体的准入条件,使得国有林地使用登记制面临异化为审批制的风险。至于限制申报重点林业建设项目,更是缺乏国家层面的规范依据。在北大法宝中进行检索可以发现,我国目前关于林业建设项目管理仅存在地方性规范①,尚未制定国家层面的规范文件②,而地方性规范其实也未对申报重点林业建设项目的主体作出明确要求,只是部分省份在地方规范性文件中对示范项目的建设单位提出了信用状况良好的要求。③ 诚然,重点林业建设项目关系我国生态安全和环境建设,要求建设单位具有正面的信用状况无可非议,但在缺乏规范依据的情况下,林业主管部门以《执行备忘录》的形式创设立项条件有违法律保留原则。

无独有偶,《执行备忘录》对国有草原占地审批的限制也存在不当创设。目前国有草原占用的审批条件并未提及普遍信用状况

---

① 如《浙江省林业建设项目管理暂行办法》《江苏省林业建设项目管理办法》《安徽省林业建设项目管理暂行办法》《上海市绿化林业建设项目管理办法》等。

② 虽然制定了《建设项目使用林地审核审批管理办法》(2016 年修改,部分失效)这一部门规章,但主要是对建设项目占用林地审批的规定,并未对申报重点林业建设项目作出规定。

③ 《浙江省林业厅关于做好 2014 年林业建设项目申报工作的通知》规定,对于名优经济林等示范项目,项目建设单位为农民专业合作社的,应在 2013 年 12 月 31 日以前在工商部门登记注册,取得法人资格,法人具有良好社会形象和诚信记录。

的要求[①]，规定中所预留的设置“其他条件”的规范位阶也应当是法律或者法规。因此，在缺乏法律或法规依据的情况下，《执行备忘录》对失信被执行人施加国有草原占地审批的限制违反法律保留原则。限制失信被执行人申报重点草原保护建设项目也缺乏国家层面的规范依据。在“法信”平台进行检索可以发现，目前只有部分省份发布了草原保护建设项目的地方规范性文件[②]，且该文件在立项、审批阶段均未对项目承建单位的信用状况提出要求。虽然从制度设计的合理性层面出发，基于重点草原保护项目的重要生态功能，对承担此类项目的建设单位提出正面的信用状况要求所体现出来的审慎性，更有利于对重点草原的保护，因而在关联性上并无问题。但秉持着依法行政的精神，限制失信被执行人申报重点草原保护建设项目不能仅以《执行备忘录》为依据。

---

① 《草原征占用审核审批管理规范》第九条规定，草原征占用应当符合下列条件：（一）符合国家的产业政策，国家明令禁止的项目不得征占用草原；（二）符合所在地县级草原保护建设利用规划，有明确的使用面积或者临时占用期限；（三）对所在地生态环境、畜牧业生产和农牧民生活不会产生重大不利影响；（四）征占用草原应当征得草原所有者或者使用者的同意；征占用已承包经营草原的，还应当与草原承包经营者达成补偿协议；（五）临时占用草原的，应当具有恢复草原植被的方案；（六）申请材料齐全、真实；（七）法律、法规规定的其他条件。

② 《内蒙古自治区天然草原植被恢复建设与保护项目管理办法（试行）》第七条规定，项目立项的基本条件：（一）优先安排天然草原生态脆弱区、天然草原重点“三化”区、具有区域草原生态环境代表性和水土流失严重区；珍稀动植物生态环境极需改善区、生物多样性指数下降区域。（二）已落实草原承包责任制，草原技术服务体系较健全。（三）地方领导重视，农牧民有投资保护建设草原的积极性。（四）有适合草原生态治理工程的高新综合技术及治理模式。第八条规定，项目审批原则：（一）项目建设对全区天然草原或区域范围内生态环境治理具有示范作用。（二）满足立项的基本要求。（三）符合自治区天然草原植被恢复建设总体规划布局。（四）具有草原建设高新示范作用，技术路线及其模式的可操作性强。（五）保护措施完备。（六）配套资金落实。（七）生态、社会、经济效益明显。第九条规定，项目审批：（一）项目建议书、可行性研究报告及建设方案由农业部进行审查、审批。（二）项目可研审批后，项目承担单位按批复组织编制项目初步设计或实施方案，由自治区畜牧业厅审批初步设计或实施方案，并上报农业部备案。其内容包括：项目建设地点、主要建设内容及规模、确定的治理模式、工程施工设计、主要设备类型、项目总概算、年度实施计划等。

限制失信被执行人成为海关认证企业这一惩戒措施,存在部门规章位阶的规范来源。[①] 海关总署发布的通用标准(含高级认证和一般认证)明确将信用状况列入认证的考量要素之列,因而限制海关认证这一措施只是对既有部门规章的重述,合法性并无问题。

目前我国对从事危险化学品等安全行业的管理,主要还是从生产经营单位是否达到安全生产条件入手,并未对生产经营者的信用状况提出明确要求[②],因此,《执行备忘录》对失信被执行人从事安全行业的限制就具有了创设效果,有违法律保留原则。虽然从合理性角度出发,基于安全行业的高度危险性,在行业准入方面予以审慎把握并无问题,但仍需要进行规范填充,弥补合法性的缺漏。在限制从事安全生产行业的同一条款内(即《执行备忘录》惩戒措施第二十七项),规定了限制担任生产经营单位主要负责人及其董事、监事、高级管理人员的惩戒,根据体系解释可以推知,此处的限制亦应当放在安全生产的语境中进行理解。而目前在安全生产行业内,多以特定违法犯罪行为作为限制担任生产经营单位主

---

① 海关总署发布的《海关认证企业标准(一般认证-通用标准)》第三大点“守法规范标准”中有一项“外部信用”,要求企业和企业相关人员 1 年内均未被列入国家失信联合惩戒名单;《海关认证企业标准(高级认证-通用标准)》第三大点“守法规范标准”中有一项“外部信用”,要求企业和企业相关人员 2 年内均未被列入国家失信联合惩戒名单。

② 《安全生产法》(2021 年修正)第二十条规定,生产经营单位应当具备本法和有关法律、行政法规和国家标准或者行业标准规定的安全生产条件;不具备安全生产条件的,不得从事生产经营活动。第二十七条规定,生产经营单位的主要负责人和安全生产管理人员必须具备与本单位所从事的生产经营活动相应的安全生产知识和管理能力。危险物品的生产、经营、储存、装卸单位以及矿山、金属冶炼、建筑施工、运输单位的主要负责人和安全生产管理人员,应当由主管的负有安全生产监督管理职责的部门对其安全生产知识和管理能力考核合格。考核不得收费。危险物品的生产、储存、装卸单位以及矿山、金属冶炼单位应当有注册安全工程师从事安全生产管理工作。鼓励其他生产经营单位聘用注册安全工程师从事安全生产管理工作。注册安全工程师按专业分类管理,具体办法由国务院人力资源和社会保障部门、国务院应急管理部门会同国务院有关部门制定。

要负责人的触发条件，并未提及信用状况的要求①，因此，此处的限制也是《执行备忘录》的一种创设。

述及此处，不妨将“限制担任生产经营单位主要负责人”与之前分析过的“限制担任国有企业管理层”的惩戒措施进行对照分析，可以发现，《执行备忘录》列明了两种被限制者已然担任相关职务后的处理方法，均从侧面印证了限权类措施“禁止”的本质属性，但二者的不同表述也引申出对这种不同表述内在缘由的探究：若被限制担任的是生产经营单位主要负责人，惩戒的实施主体是外部监管主体，以对食品、药品等安全行业进行安全把关，故而其可动用行政职权依照法定程序以处罚的形式要求相关生产经营单位进行人员变更；而若被限制担任的是国有企业的管理层，实施部门国有资产监督管理委员会通常是作为国家的代表，对国有企业行使股东权利，其对公司内部人员的安排需要遵循公司内部的决策程序，因而备忘录的表述为“提出不再担任的意见”，而后再上股东(大)会讨论，经由法定或章程规定的表决程序通过任免决定。

---

① 《安全生产法》(2021 年修正)第九十四条规定，生产经营单位的主要负责人未履行本法规定的安全生产管理职责的，责令限期改正，处二万元以上五万元以下的罚款；逾期未改正的，处五万元以上十万元以下的罚款，责令生产经营单位停产停业整顿。生产经营单位的主要负责人有前款违法行为，导致发生生产安全事故的，给予撤职处分；构成犯罪的，依照刑法有关规定追究刑事责任。生产经营单位的主要负责人依照前款规定受刑事处罚或者撤职处分的，自刑罚执行完毕或者受处分之日起，五年内不得担任任何生产经营单位的主要负责人；对重大、特别重大生产安全事故负有责任的，终身不得担任本行业生产经营单位的主要负责人。第一百一十三条规定，生产经营单位存在下列情形之一的，负有安全生产监督管理职责的部门应当提请地方人民政府予以关闭，有关部门应当依法吊销其有关证照。生产经营单位主要负责人五年内不得担任任何生产经营单位的主要负责人；情节严重的，终身不得担任本行业生产经营单位的主要负责人：(一)存在重大事故隐患，一百八十日内三次或者一年内四次受到本法规定的行政处罚的；(二)经停产停业整顿，仍不具备法律、行政法规和国家标准或者行业标准规定的安全生产条件的；(三)不具备法律、行政法规和国家标准或者行业标准规定的安全生产条件，导致发生重大、特别重大生产安全事故的；(四)拒不执行负有安全生产监督管理职责的部门作出的停产停业整顿决定的。

至于律师及律师事务所的评先、评优，本就属于对表现突出之行政相对人的额外奖励，并未剥夺、限制相对人既有权益，因而不需遵循法律保留原则，司法部作为主管机关可以根据合理性、关联性原则自主确定评选标准。“先”“优”之表述即表明被评之主体应当形象正面、具有行业内的模范带头作用，失信被执行人至少在信用方面存在无可辩驳的瑕疵，即使其在其他方面表现突出，也应当予以“一票否决”。与此相近，文明单位、道德模范的评选，同样属于授益性行政行为的范畴，不需遵循法律保留原则，更何况，对于参评文明单位的限制其实存在部门规章位阶的规范依据①，因而这一限制的合法性并无疑问。

至于对国有控股上市公司股权激励计划的限制，也存在规范依据。②“无不良记录”的表述其实可以将“无失信记录”涵摄在内，而且《执行备忘录》的规定更是可以直接看作“证券监管部门规定的其他条件”，从而使得这一限制措施不存在合法性问题。至于对股权激励对象行权资格的限制，现有规范其实并没有明确将其

---

① 《中国保监会精神文明建设领导小组关于做好第五届全国文明单位评选推荐工作的通知》规定，应当按照《全国文明单位创建动态管理措施（负面清单）》对推荐单位严格把关，发生负面清单中12种情形之一的单位，实行“一票否决”，一概不予推荐。上述负面清单12种情形的第3种情形就规定，单位或单位法人被列为失信联合惩戒对象或被列入严重失信违法“黑名单”的，不得申报全国文明单位；有此类情况的全国文明单位，取消荣誉称号。此外，《国家卫生计生委文明办关于评选卫生计生系统第五届全国文明单位的通知》《住房城乡建设部精神文明建设指导委员会关于做好第五届全国文明单位推荐工作的通知》《住房和城乡建设部关于做好第六届全国文明单位推荐工作的通知》中均有类似的规定。

② 《国有控股上市公司（境内）实施股权激励试行办法》第五条第四、五项规定，实施股权激励的上市公司应具备的条件包括发展战略明确，资产质量和财务状况良好，经营业绩稳健；近三年无财务违法违规行为和不良记录，以及证券监管部门规定的其他条件。

与被列入失信被执行人名单进行勾连[①]，但"证券监管部门规定的不得成为激励对象的人员，不得参与股权激励计划"[②]的规定，可以成为对激励对象行权资格进行限制的依据，因为如果连激励计划都不得参与，更遑论后续的行权。有证监会参与的《执行备忘录》可以看作是证券监管部门的一种规定，从而使得限制行权资格具有合法性来源。

（三）对协助查询类措施的合法性检视

《执行备忘录》所规定的协助查询类措施主要涉及各签署主体在信息查询方面的协助义务，从执行的视角来看，其实质就是协助执行行为。这种协助执行源于国家各公权机关之间的相互协助义务，而这一义务的渊源又可以追溯至《宪法》。[③] 我国《宪法》虽未明确规定各国家机构负有协助执行的法定义务，但由于其实行民主集中制，基于一种新型的合作治理理念来配置国家权力，力图克服资本主义三权分立的诸多弊端，更加强调国家权力行使中的相互配合。[④] 因此，我国《宪法》框架下的各国家机构在各司其职的基础上，还应当相互尊重、彼此协作。[⑤] 至此，协助执行措施的权源基

---

① 《国有控股上市公司（境内）实施股权激励试行办法》第三十五条规定，股权激励对象有以下情形之一的，上市公司国有控股股东应依法行使股东权利，提出终止授予新的股权并取消其行权资格：（一）违反国家有关法律法规、上市公司章程规定的；（二）任职期间，由于受贿索贿、贪污盗窃、泄露上市公司经营和技术秘密、实施关联交易损害上市公司利益、声誉和对上市公司形象有重大负面影响等违法违纪行为，给上市公司造成损失的。

② 《国有控股上市公司（境内）实施股权激励试行办法》第十一条第三款规定，证券监管部门规定的不得成为激励对象的人员，不得参与股权激励计划。

③ 《宪法》（2018 年修正）第三条第一、二、三款规定，中华人民共和国的国家机构实行民主集中制的原则。全国人民代表大会和地方各级人民代表大会都由民主选举产生，对人民负责，受人民监督。国家行政机关、监察机关、审判机关、检察机关都由人民代表大会产生，对它负责，受它监督。

④ 江必新. 比较强制执行法[M]. 北京：中国法制出版社，2014.

⑤ 肖建国，庄诗岳. 论协助执行义务的边界[J]. 法学杂志，2020，41（11）：1-16.

础得以明晰，正当性也得以证成。具体到《执行备忘录》中，其所规定的协助查询类措施属于分工不同的各公权机关内部的相互协作，虽然也是为惩戒失信被执行人而服务，但并未对被惩戒对象的权利造成直接影响，因而不需要进行严格的合法性控制。

（四）对监管类措施的合法性检视

监管类措施除却为了实现对失信被执行人的惩戒，其更为重要的制度性考量在于分级分类监管，从而提高整体行政效率，缓解执法资源紧张。[①] 监管主体依据各行政相对人所表现出来的不同信用状况采取不同频次的检查、不同力度的审核，对重点监管对象加强监管，本质上属于执法机关自主行使固有行政管理职权的范畴，无须额外授权。相关部门对失信被执行人所作出的监管类限制，只要不明显超过必要限度且不会对行政相对人的生产生活造成重大影响，均属于行政主体自由裁量的范围。更何况，监管类措施只是对失信被执行人施加较守信者更为烦琐的程序性限制，并不会影响其实体权益，因而在合法性层面并无太大问题，只是需要遵守合理性的限度条件。

（五）对信息公布类措施与刑罚类措施的合法性检视

信息公布类措施[②]与刑罚类[③]措施均存在法律层级的规范依据，这就使得这两类措施的存在至少符合了形式合法性的要求。信息公布类措施是社会主体实施社会性惩戒的基础，失信信息的

---

① 沈毅龙.论失信的行政联合惩戒及其法律控制[J].法学家,2019(04):120-131+195.

② 《民事诉讼法》(2021年修正)第二百六十二条规定,被执行人不履行法律文书确定的义务的,人民法院可以对其采取或者通知有关单位协助采取限制出境,在征信系统记录、通过媒体公布不履行义务信息以及法律规定的其他措施。

③ 《刑法》(2020年修正)第三百一十三条【拒不执行判决、裁定罪】对人民法院的判决、裁定有能力执行而拒不执行,情节严重的,处三年以下有期徒刑、拘役或者罚金;情节特别严重的,处三年以上七年以下有期徒刑,并处罚金。单位犯前款罪的,对单位判处罚金,并对其直接负责的主管人员和其他直接责任人员,依照前款的规定处罚。

公布能够有效应对信息不对称的问题，使得失信被执行人联合惩戒机制得以发挥功效。而刑罚类措施的存在则起到刑事威慑的作用。

通过以上分析可以发现，虽然存在合法性问题的惩戒措施在整个失信联合惩戒措施体系之中只占有很小的比例（见附录表2），但也不能以此为由否认这些违法惩戒措施的存在，更不能淡化其对整体法秩序的破坏性，甚至忽视其对民主、法治、人权等宪法性原则的抵牾。[①] 故而，为了能够在执行程序中合法嵌入失信联合惩戒制度，发挥其信用惩戒、督促履行的预期功效，需要对存在合法性疑问的失信被执行人联合惩戒措施进行合法性补强。

四、失信被执行人联合惩戒措施的规范构造

通过对《执行备忘录》所规定的各项惩戒措施的合法性分析可以发现，绝大多数惩戒措施具有位阶恰当的规范来源，符合备忘录措施梳理与连接的应然本质。但不容忽视的是，《执行备忘录》中也同样存在具有创设效果的惩戒措施，需要予以规范。

由于各惩戒措施对相对人权益限制的程度不同，对其进行合法性控制的程度也就不尽相同。参考类措施、限权类措施、刑罚类措施直接关涉相对人的实体权益，因而应当予以严格的合法性控制；而协助查询类措施、监管类措施、信息公布类措施对相对人权益的克减相对较小，执法的成本效益更高，契合了预防理论、公共治理理论等新行政法理论的功能主义价值取向[②]，因而可以适当放宽对这些措施的合法性控制，予以适当的行政保留。基于上述逻

---

① 聂帅钧．失信联合惩戒措施的合法性检讨与控制［J］．财经法学，2021(02)：117-134.

② 门中敬．失信联合惩戒措施的类型及行为属性［J］．山东大学学报（哲学社会科学版），2021(06)：76-85.

辑对《执行备忘录》中各项惩戒措施进行整理后可以发现，存在合法性疑问的惩戒措施主要集中在参考类措施和限权类措施之中，合法性存疑的原因可以归纳为试图在登记管理制中嵌入实质性审查要素、羁束行政无信用状况参考适用的空间、相关事项与相对人的信用状况没有关联、缺乏限制权利所需的适格规范依据等（见附录表2）。由此可见，为实现对失信被执行人联合惩戒措施的规范构造，应当立足各项措施合法性存疑的具体原因，进行针对性完善。

（一）排除登记管理制中的实质性审查

对于《执行备忘录》试图在登记管理制中嵌入实质性审查要素的两项惩戒措施，应当予以删除。对合格境外投资者的投资额度限制原本存在适用的空间，但由于监管机关的最新发文将审批制直接改为登记制，包括信用状况在内的任何实质性审查条件都不再具有适用的可能性。这其实并非什么太大的问题，只是因为源头规范革新而《执行备忘录》并未随之变化所导致的不协调，直接在备忘录中删除该项惩戒措施即可。即使不删除，该项措施也会因为缺乏实践操作的可能性而沦为具文，并不会对整个法律体系产生其他影响。但对国有林地使用的限制则并非那么简单，《执行备忘录》对失信被执行人使用国有林地的限制，其实是在国有林地使用登记制下创设了国有林地使用主体的准入条件，要求监管部门对使用主体进行信用状况方面的实质性审查。如若监管部门确然依据《执行备忘录》对失信被执行人使用国有林地加以限制，则会使得国有林地使用登记制异化为审批制，进而对现有林地管理体制造成冲击，为维护整体法秩序，此项措施应当从《执行备忘录》中删除。

（二）严格遵循羁束行政事项的既有要求

对于羁束行政事项，应当严格按照现有规范所要求的条件作出行政行为，而不能随意添加其他条件，否则就属于违法行政行为。具体到《执行备忘录》中，许多优惠性政策基于特定的政策目的规定了特定的封闭性条件，只要相对人符合相关条件，行政主体就应当作出相应的行政行为，不应当再额外将相对人的信用状况纳入考虑的范围之中。因此，这类属于羁束行政事项且现有规范并未涉及信用状况的优惠性政策措施，应当排除在《执行备忘录》之外。

（三）删除无实质性关联的惩戒措施

将那些与相对人的信用状况没有实质性关联的措施从《执行备忘录》中删除。失信联合惩戒的本质就是将相对人的普遍信用嵌入裁量行政事项之中，使得相对人可能会因其在彼处的失信行为而在此处遭受不利的法律后果。但不当联结禁止原则要求相关行政事项应当与相对人的信用状况具有合理的联结关系，而判断合理与否，则需要追溯至相关行政事项的规范意旨。[①] 申言之，这种联结应当符合该行政事项的规范目的[②]，不会对既有规范体系造成颠覆式的冲击。因此，即使是裁量行政事项，也并非可以将相对人的信用状况随意嵌入，而是只能在现有规范可以容纳进对信用状况的考察时，借助信用信息的共享，将彼处的失信行为作为此处行政决定作出的一个考量标准，且应当说明该行政事项与相对人信用状况的关联所在。具体到《执行备忘录》中，具有政策性目的的行政事项多是基于特定的倾斜性保护目的而作成，很难认定这类行政事项与相对人的信用状况之间存在本质上的因果联系，强行关联则不具有正当性。因此，只要相对人符合特定的倾斜性保护条件，行政主体即应当作出相应的行政行为，此时若再额外考察

---

① 周佳宥．行政法基本原则［M］．台北：三民书局，2016．

② 沈岿．社会信用惩戒的禁止不当联结［J］．暨南学报（哲学社会科学版），2021，43（11）：1-21．

相对人的信用状况,表面上看似乎属于行政主体在行使裁量权,但将不具有关联性的他种因素不当嵌入行政事项之中,实际上属于裁量滥用,应当予以矫正。

(四)适当位阶规范的合法性补强

对于合理性并无甚疑问,只是缺乏限制权利所需的适格规范依据的各项惩戒措施,应当暂时停止适用,等到适当位阶的规范作出了相关规定后,备忘录方能予以合法连接,从而恢复适用,否则就违反了法律保留原则。具体而言,应当尽快在《药品管理法》《食品安全法》中明确将生产经营主体的信用状况作为食品、药品行业准入的参考依据;在《公司债券发行与交易管理办法》所规定的公开发行公司债券应当符合的条件中明确加入信用状况的要求;尽快制定国家层面的林业建设项目管理规范,并明确要求申报重点林业建设项目的建设单位具有良好的信用状况;在《草原征占用审核审批管理规范》所规定的有关草原征占用的条件中加入对草原占用者信用状况的要求;尽快制定国家层面的草原保护建设项目管理规范,并明确对承建重点草原保护建设项目的单位提出信用状况良好的要求;在《安全生产法》中添加对从事安全行业生产经营者信用状况的要求,以及对任职生产经营单位主要负责人信用状况的要求。此外,前文已经述及《限高规定》的合法性瑕疵,为使限制高消费类措施的适用不再为人诟病,在法律层面对其进行合法性补强势在必行。具体而言,可以考虑在《民事诉讼法》第二百六十二条法院针对失信被执行人可以采取的措施中直接加入限制高消费这一项,从而填充《限高规定》的解释对象,使其回归"解释"的本位。

(五)考量惩戒的合理性限度

在满足形式合法性的要求之后,行政主体在遵照源头规范对失信被执行人施加惩戒措施时还应当考虑合理性的要求,遵循比例原则，把握对相关主体权益限制的限度。具体而言，加强对失信被执行人的监管力度无可非议，但不能过于频繁以致对其生产生活产生实质性不利影响。限制失信被执行人高消费的实质是控制其责任财产流向高消费领域，本质上是一种执行保全，因此，限制高消费措施整体上并无正当性、合理性疑问，但在具体实施的过程中经常会出现限制范围的不当扩张，其中尤以限制失信被执行人子女就读高收费私立学校这一惩戒措施所引起的争论最多。将父母信用状况与子女权利进行直接捆绑的依据在于，子女与作为失信被执行人的父母之间的经济依附关系[①]，只有这种经济上的依附关系存在，子女在教育上的高消费权利才能因涉及责任财产而被限缩，否则，如果未对学费来源加以限制，那么这种对失信被执行人子女的连带惩戒就将偏离规制目的，背离合理性的要求。

五、结语

失信被执行人联合惩戒的存在与运作有其正当性，多主体参与的联合惩戒有利于提高失信成本，加大信用约束，对失信被执行人的威慑效果不容小觑，但制度的有效性与合法性之间的张力也不容忽视，手段的有效性不能以牺牲合法性为代价。因此，明晰失信被执行人联合惩戒的法律界限，健全惩戒措施的规范来源体系，对惩戒措施进行合法性补强，并依法实施惩戒，是失信被执行人联合惩戒规范化运作的必由之路。

---

① 赵一平，黄毅．试论失信被执行人子女权利保障问题[J]．征信，2022，40(01)：59-65．

附录：

表1 《执行备忘录》中惩戒措施的类型化

类型化结果	具体措施
参考类	设立证券公司、基金管理公司、期货公司审批，私募投资基金管理人登记的依据或参考
	从严审核在银行间市场发行债券
	设立商业银行或分行、代表处以及参股、收购商业银行审批时审慎性参考
	合格境外机构投资者、合格境内机构投资者额度审批和管理的审慎性参考依据
	引导各金融机构在融资授信时对拟授信对象为失信被执行人的从严审核（审慎性参考）
	在实施投资、税收、进出口等优惠性政策时审慎性参考
	将失信被执行人信息作为从事药品、食品安全行业从严审批的参考
限权类（含“限制”类、“中止”类以及“禁止”类）	限制发行企业债券及公司债券；限制收购上市公司
	限制设立融资性担保公司；限制任职融资性担保公司或金融机构的董事、监事、高级管理人员
	依法限制参加政府采购活动
	限制设立保险公司；限制支付高额保费购买具有现金价值的保险产品
	限制补贴性资金和社会保障资金支持
	限制担任国有企业法定代表人、董事、监事，已担任相关职务的，提出其不再担任相关职务的意见
	限制登记为事业单位法定代表人
	限制招录（聘）为公务员或事业单位工作人员
	限制乘坐飞机、列车软卧等其他非生活和工作必需的消费行为
	限制住宿较高星级宾馆、酒店；限制在夜总会、高尔夫球场消费
	限制购买不动产及国有产权交易
	限制在一定范围的旅游、度假
	限制子女就读高收费私立学校
	限制出境

续表

类型化结果	具体措施
限权类（含“限制”类、“中止”类以及“禁止”类）	限制使用国有林地；限制申报重点林业建设项目；限制国有草原占地审批；限制申报重点草原保护建设项目
	限制成为海关认证企业
	协助限制失信被执行人从事危险化学品生产经营储存、烟花爆竹生产经营、矿山生产、安全评价等行业
	协助限制担任生产经营单位主要负责人及董事、监事、高级管理人员，已担任相关职务的，按规定程序要求变更
	限制失信律师、律师事务所在一定期限内参与评先、评优
	中止境内国有控股上市公司股权激励计划或终止股权激励对象行权资格
	禁止参评文明单位、道德模范，已经取得的荣誉称号予以撤销
协助查询类	协助查询政府采购项目信息
	协助提供四星级及以上星级评定宾馆及其他高等级、高消费宾馆、酒店信息
	查询身份、护照、车辆财产信息；协助查找失信被执行人
	协助查封、扣押车辆
	查询失信被执行人海关认证资格情况
	查询安全生产许可审批等信息
	查询渔业船舶登记信息
	查询客运、货运车辆登记信息
	查询律师登记信息
	查询婚姻登记信息
监管类	加大日常监管力度，提高随机抽查的比例和频次，并可依据相关法律法规对其采取行政监管措施
	在失信被执行人办理通关业务时，实施严密监管，加强单证审核和布控查验
信息公布类	通过“信用中国”网站、企业信用信息公示系统向社会公布失信信息
	通过相关互联网新闻信息服务单位向社会公布失信信息
刑罚类	协助对失信被执行人以拒不执行判决、裁定罪立案侦查、起诉等

表 2 《执行备忘录》中存在合法性疑问的措施

措施类型	具体措施	合法性存疑的原因
参考类	合格境外机构投资者额度审批和管理的审慎性参考依据	试图在登记管理制中嵌入实质性审查要素
	在实施投资、税收、进出口等优惠性政策时审慎性参考	羁束行政无信用状况参考适用的空间
	将失信被执行人信息作为从事药品、食品安全行业从严审批的参考	缺乏限制权利所需的适格规范依据
限权类	限制发行企业债券及公司债券	缺乏限制权利所需的适格规范依据
	限制补贴性资金和社会保障资金支持	相关事项与相对人的信用状况没有关联
	限制使用国有林地;限制申报重点林业建设项目;限制国有草原占地审批;限制申报重点草原保护建设项目	试图在登记管理制中嵌入实质性审查要素、缺乏限制权利所需的适格规范依据
	协助限制失信被执行人从事危险化学品生产经营储存、烟花爆竹生产经营、矿山生产、安全评价等行业	缺乏限制权利所需的适格规范依据
	协助限制担任生产经营单位主要负责人及董事、监事、高级管理人员,已担任相关职务的,按规定程序要求变更	缺乏限制权利所需的适格规范依据
	限制高消费类措施	缺乏限制权利所需的适格规范依据

基于非正式规则实施失信联合惩戒之正当性及其限制

贺译葶*

摘　要:失信联合惩戒乃因特定主体信用状况不佳所引发的公私“合力”构筑的限制或不利影响,这预示着多主体具有基于非正式规则实施失信联合惩戒的潜在空间。非正式规则不仅契合多主体实施失信联合惩戒的行为规律,而且可拓展失信联合惩戒的合法应用空间,并充分激活失信联合惩戒的潜在威慑。但应注意,非正式规则在作为评判依据辅助违法失信对象认定、作为思维定式导引惩戒适用、作为行为惯例叠加失信联合惩戒效果及作为查验依据检视立法边界时皆应受到相应限制。

关键词:信用惩戒;联合惩戒;非正式规则

2014年,为解决我国长期存在的司法执行难问题,中央文明办、最高人民法院等8个部门签署《“构建诚信 惩戒失信”合作备

---

* 贺译葶,湘潭大学信用风险管理学院教师,地址:湖南省湘潭市雨湖区湘潭大学校内;电子邮箱:yiting1230@ qq. com。

忘录》,拉开了失信被执行人联合惩戒的序幕。尔后,国家发展改革委、最高人民法院等44个部门、单位共同签署《关于对失信被执行人实施联合惩戒的合作备忘录》(以下简称《执行备忘录》),进一步推进失信被执行人联合惩戒机制建设。由于失信联合惩戒在司法执行中收效显著,其逐渐渗透到环境保护、食药监管、税收、金融、养老、知识产权等领域。作为一种不同于传统制裁之作用逻辑的惩戒方式,失信联合惩戒不仅将主体间关系由“一对一惩戒”切换为“多对一惩戒”,而且将对公民、法人或其他组织的不利影响由法律规制层面扩展至道德约束、价值影响及习惯牵制等层面。不可否认的是,道德规范、行为惯例、习俗及传统文化等虽不对失信联合惩戒的应用产生强制性遵循作用,但却有着潜在的约束力,并无形中影响着失信联合惩戒的作用方式、途径、效果及立法边界。那么,失信联合惩戒主体是否可以基于道德规范、行为惯例、习俗及传统文化等非正式规则实施惩戒?哪些惩戒行为可以基于非正式规则做出?其正当性何在?基于非正式规则实施失信联合惩戒应当受到哪些必要限制?对这些问题的解答需我们重新审视失信联合惩戒的行为本质。

一、失信联合惩戒的应然定位

在社会法学家眼里,法律发挥作用的方式主要有三种,即制裁、社会影响与道德观念。[①] 人们往往因为惧怕制裁带来的不利后果而自觉遵守法律,但实际生活并不像制裁理论假设的那么简单,法律亦并非人们接受赏罚的唯一来源,家庭、宗教、社会群体、道德、习惯等各种因素会使人们自然而然地接受符合文化传统的规

---

① 莫于川,田文利:《行政指导制度的合理性研究》,载《政法论丛》2004年第5期。

则。[①] 失信联合惩戒的内在机理恰体现于此,它并不局限于依靠法律制裁解决诚信缺失的问题,而凝合“法内”惩戒及“法外”惩戒之作用共同应对违法失信问题。

(一)失信联合惩戒是基于主体信用状况形成的限制或不利影响

联合惩戒备忘录当中所列举的失信行为通常是实定法上明文规定的违法行为,因而从形式上看,大多数失信联合惩戒措施似乎是对违法行为做出。然失信联合惩戒的对象并非行为人的违法行为,而是行为人基于某个或若干违法行为所凝聚而成的信用状况[②],其背后的逻辑是违法失信信息公布共享致使当事人信用受损进而导致多处受限,这是失信联合惩戒区别于失信惩戒的关键所在。

由《国务院关于建立完善守信联合激励和失信联合惩戒制度加快推进社会诚信建设的指导意见》(以下简称《指导意见》)可知,失信联合惩戒仅针对严重失信行为作出,非严重失信行为不得实施联合惩戒,而失信惩戒既可以针对一般违法失信行为作出,也可针对严重违法失信行为作出,因此失信惩戒可以涵盖失信联合惩戒。《全国失信惩戒措施基础清单(2022 年版)》(以下简称《基础清单》)中列举的惩戒措施既包含失信惩戒措施,也包含失信联合惩戒措施,从失信联合惩戒区别于失信惩戒的角度进行观察,失信惩戒措施中有很大一部分是直接以既有法规范中的惩戒条款为依据,且具有适用之必然性。譬如,《基础清单》中列举的依法依规实施职业禁入或从业限制的惩戒措施的某一法规依据是《印刷业

---

① [美]弗里德曼:《法律制度》,李琼英,林欣,译,中国政法大学出版社 1994 年版,第 41 页。

② 李振宁:《信用惩戒的特性及对地方立法的启示》,载《中共南京市委党校学报》2018 年第 2 期。

管理条例》第45条[①]。由《印刷业管理条例》第40条中的规定可知，假冒或者盗用他人名义印刷出版物，盗印他人出版物，非法加印或者销售受委托印刷的出版物，情节严重者都可能受到吊销许可证的处罚，无论当事人做出上述违法行为是否被评价为失信，按照《印刷业管理条例》中的相关规定，皆得遵照处罚法定及过罚相当原则对之做出相应处罚，而第45条中之所以补充规定“从事其他印刷品印刷经营活动的个人被处以吊销许可证行政处罚的，自许可证被吊销之日起10年内不得从事印刷经营活动”，与其说是对失信当事人的失信惩戒，不如将其理解为处罚之实效性确保手段似乎更为贴切。试想行政机关对相对人仅做出吊销许可证的行政处罚，如果没有附加限制当事人在一段时期从事印刷经营活动的惩戒措施，那么吊销许可证的行政处罚不免流于形式，难以形成对违法行政相对人的必要威慑。

相应的，失信联合惩戒措施中则有不少是以政策文本为依据，且部分措施未必具有适用之必然性，而仅对失信主体产生一定不利影响。譬如，《基础清单》中“政府部门自主参考”“市场主体自主参考”等惩戒措施对应的惩戒内容仅强调有关政府部门(单位)或相关市场主体在其行政管理和公共服务或经济社会活动中参考使用信用信息。失信联合惩戒名单以相关司法裁判、行政处罚、行政强制等处理结果为依据，当事人一旦被纳入失信联合惩戒名单后，与之相关的司法执行信息、行政处罚信息、行政强制信息等即完成了向不良信用信息的转换。因此，失信联合惩戒实乃基于主体信用状况产生的限制或不利影响，且惩戒主体与违法行为之间

---

① 《印刷业管理条例》(2020年修订)第四十五条：“印刷企业被处以吊销许可证行政处罚的，其法定代表人或者负责人自许可证被吊销之日起10年内不得担任印刷企业的法定代表人或者负责人。从事其他印刷品印刷经营活动的个人被处以吊销许可证行政处罚的，自许可证被吊销之日起10年内不得从事印刷经营活动。”

未必有直接联系,因此这种惩戒与传统制裁之行为逻辑存在明显区别。

(二)失信联合惩戒是公私"合力"构筑的限制或不利影响

失信联合惩戒相较于传统制裁的显著优势即在于多主体联合,且不限于公权力机关之间的联合,而是有市场主体、行业协会、社会组织乃至社会公众等参与其中的"大联合"。作为一种不同于传统制裁之作用逻辑的惩戒方式,失信联合惩戒藉由严重违法失信信息的公布共享将惩戒主体间关系由"一对一惩戒"切换为"多对一惩戒"。传统制裁主要依靠法律明确规定的处罚或强制手段来惩戒违法行政相对人或拒不履行生效判决的当事人,严重违法失信名单的公示共享为多主体自动加入联合惩戒的过程中创造了条件,不仅多个行政机关可基于失信联合惩戒名单及相应法律规定对严重违法失信者采取各种限制性措施,市场主体、行业协会、社会组织乃至社会公众皆可通过国家企业信用信息公示系统查询严重违法失信市场主体名单并对其采取不利的行动措施,如通过减少合作、拒绝购买商品、通报批评、舆论谴责等方式向严重违法失信者施加不利影响。制裁可被统括为一种不利状态的施加①,其他主体虽没有法律意义上的惩罚职权,然其加之于严重违法失信者的不利影响显然具有惩戒及遏制失信违法之效果。因此,失信联合惩戒实际上是多主体"合力"形成的限制或约束,而非仅是公权力机关之间的"联合"或"协同"。如果当事人被列入严重违法失信名单并予以公布,则意味着其被具有权威性的公权力机关给予了否定性评价,这种否定性评价很大程度上将引发其他社会组织、行业协会及社会公众对其的排斥情绪。"如果一个人不能正常地

① 王瑞君,吴睿佳:《法外的惩戒:"社会性制裁"概念辨析及其内涵证立》,载《甘肃政法学院学报》2019 年第 2 期。

被指望去履行责任和义务,我们就不会尊重他(她)。”[①]这一点在征信制度相对健全的美国已然得到证实,负面信息的发布会引发社会对违法者的疏远,造成其未来收入水平的显著下降以及择业、申请证照与择偶的困难等多种不利后果。[②] 因此,失信联合惩戒的实施主体不限于司法机关与行政机关,所有对当事人信用信息予以关注或受当事人信用情况影响的主体皆可作为失信联合惩戒的参与者。只不过由公权力机关主导实施的失信联合惩戒通常要求具备相应的法律依据,且其采取的联合惩戒措施大多具有适用之必然性,而由市场主体、行业协会、社会组织及社会公众自发性参与的失信联合惩戒则只需不违背法律禁止性规定即可。

(三)失信联合惩戒是对特定违法失信主体“附加的”限制或不利影响

《基础清单》中列举了多种依法依规纳入严重失信主体名单的情形,通常为存在性质恶劣、情节严重、对社会危害较大的违法失信行为的市场主体,且《基础清单》中有诸多限制性措施仅针对被纳入严重失信主体名单的市场主体作出,即只有依法依规被纳入严重失信主体名单的市场主体才可能面临多主体联合惩戒。这与失信联合惩戒制度的建构目的是相契合的,失信联合惩戒的作用逻辑决定了其是一种相较于传统制裁更为严厉的惩戒方式,并不适用于应对所有违法失信现象,一般的违法失信者通常只会受到来自某个特定行政机关的惩戒。换言之,即便没有联合惩戒,严重违法失信主体在原有的法制框架下也应依据法律法规受到相应制裁,而失信联合惩戒则是在已有制裁基础上附加的限制或不利影

---

① [美]迈克尔·D·贝勒斯:《法律的原则——一个规范的分析》,张文显等,译,中国大百科全书出版社1996年版,第11页。

② John. R. Lot, JR, “Do we publish high income criminal too heavily?” Economic Inquiry 30(1992), p583-608.

响。譬如《基础清单》依据《企业信息公示暂行条例》第 17 条将满 3 年未依照该条例规定履行公示义务的企业纳入严重违法企业名单,被纳入严重违法企业名单的市场主体则会受到限制申请财政性资金项目、限制参加评优评先、限制适用政府财政性优惠或支持等来自不同行政机关的惩戒。而根据该条规定,企业未履行公示义务,情节严重的,有关主管部门在将其纳入严重违法企业名单前即可依照法律、行政法规规定给予行政处罚。有人认为在信用主体因违法失信行为已然受到处罚的情况下,再实施失信联合惩戒,就构成双重惩罚,违反"一事不二罚"原则,与"罚过相当"的制裁理念相悖,实则不然。一来"一事不二罚"指的是不得就相对人同一违法事实做出两次罚款的处罚,而非指不得做出不同类型的处罚,况且失信联合惩戒中并不包含类似"罚款"之惩戒措施。二来处罚是基于相对人之违法事实做出一次性法律制裁,而失信联合惩戒措施则是基于主体不良信用评价信息产生的限制或不利影响。失信联合惩戒乃以违法失信信息的公示共享为触发机制,公示共享的失信被执行人名单或严重违法失信名单本身就具有制裁属性,行政机关实施"黑名单"是一种处罚形式。① 因而,失信联合惩戒亦可视为失信被执行人名单或严重违法失信名单公示共享后所引起的后果。依法依规纳入严重失信主体名单或失信被执行人名单应视为失信惩戒措施而非失信联合惩戒措施,信用主体一旦被列入严重违法失信名单,那么在一段时间内将持续在信用公示系统中留有信用"污点",公权力机关、其他市场主体、社会组织等在分配资源、处理相关事项时即会将该信用"污点"纳入考量因素,产生令

① 王伟:《失信惩戒的类型化规制研究——兼论社会信用法的规则设计》,载《中州学刊》2019 年第 5 期;胡建淼:《"黑名单"管理制度——行政机关实施"黑名单"是一种行政处罚》,载《人民法治》2017 年第 5 期;熊樟林:《论〈行政处罚法〉修改的基本立场》,载《当代法学》2019 年第 1 期。

违法失信者排斥的“一处失信、多处受限”的负面结果。

二、基于非正式规则实施失信联合惩戒的正当性

非正式规则又被视为非正式制度，主要指社会习俗、行为习惯、道德规范、思想信仰和意识形态等。通常认为，非正式规则是先于正式规则存在的，先有非正式的社会习俗、行为习惯、伦理道德等，才有在非正式规则基础上形成的法律、政治制度，并且正式规则需要以非正式规则为必要的补充，才能形成有效的社会约束体系。[①] 这一规律在失信联合惩戒过程中亦不例外，并且非正式规则为失信联合惩戒的适用提供了更为宽松的解释逻辑。

（一）非正式规则契合多主体实施失信联合惩戒的行为规律

制裁可被统括为一种不利状态的施加[②]，公权力机关通常是基于既有法规范和政策文本对严重违法失信者实施限制，而市场主体、行业协会、社会组织、社会公众等则是基于市场交易规律、道德规范、行为惯例等向严重违法失信者施加不与之交易、增加交易成本、减少合作、舆论谴责等不利影响。

一方面，市场主体、行业协会、社会组织、社会公众参与联合惩戒是非正式规则潜在作用的必然结果。一旦当事人被列入严重违法失信名单公示共享即会造成信用利益之贬损，并体现为两个层次：其一，当事人信誉及社会评价的降低；其二，因信誉贬损进一步导致当事人在社会交往、市场交易、融资信贷等多个方面受到负面影响，即市场主体、行业协会、社会组织乃至社会公众等因受社会习俗、行为习惯、道德规范、诚信文化等非正式规则之影响，而调整

---

① 樊慧玲：《正式规则·非正式规则·潜规则》，载《广西经济管理干部学院学报》2008 年第 3 期。

② 王瑞君，吴睿佳：《法外的惩戒：“社会性制裁”概念辨析及其内涵证立》，载《甘肃政法学院学报》2019 年第 2 期。

市场交易或社会交往行为以及对违法失信者的态度,从而形成对严重违法失信者之社会性制裁。在社会风俗、行为惯例与道德规范的影响下,公众能够自发地对违法失信行为进行批判,表现出厌恶情绪或态度,并自觉加入联合惩戒的队伍当中去。这种正式法律之外的规则,“它既不是铭刻在大理石上,也不是铭刻在铜表上,而是铭刻在公民们的内心里;……它可以复活那些法律或替代那些法律……而且可以不知不觉地以习惯的力量代替权威的力量。”①

另一方面,市场主体、行业协会、社会组织、社会公众参与联合惩戒是契合其理性认知的行为选择。在《基础清单》中列举的失信联合惩戒措施中,就包含将当事人之失信信息纳入信用记录和信用报告,并推送给市场主体自主参考一类,如金融机构查询相关失信信息,在投融资、授信、贷款、保险等服务中参考使用。“存在不良信用记录的市场主体”在市场交易中可能面临被拒绝合作或被拒绝提供服务的不利后果,实则为金融机构基于市场主体信用状况做出的有利于规避金融或交易风险的行为选择。为了规避交易风险,市场主体亦有全面掌握交易对象信用信息的内在需求,而严重违法失信信息则可直观地反映出当事人之信用状况,从而辅助市场主体做出是否与之交易或者提高失信主体交易成本的行为。无论市场主体做出该行为之目的是否为打击失信者,客观上都会形成很强的惩戒效果,因为这将导致失信主体失去发展空间。因此,市场主体、行业协会、社会组织、社会公众等主体实施的联合惩戒是其基于严重违法失信名单信息做出的有利于维护自身利益或符合自身心理偏好的行为选择。在西方国家,失信惩罚更倾向于一种公开的道德审判,由民间自愿执行,执行机构的作用则在于将

① 陈力丹:《舆论学——舆论导向研究》,中国广播电视出版社1999年版,第3页。

被判定有不良信用记录之人及其处罚意见公告给行业全体成员。[①]这种制裁不需以法律规定为基础，只要不违反法律禁止性规定即可，其适用不具有强制性，而与特定主体之主观意愿挂钩，因而并无正当性解释难题。

（二）非正式规则可拓展失信联合惩戒的合法应用空间

失信联合惩戒的实施主体并不限于行政机关，还包括市场主体、社会组织以及社会公众，在多数情况下，由市场主体、社会组织以及社会公众实施的联合惩戒只要不违背法律禁止性规定即可。如市场主体遵循市场交易的一般行为规律对失信者实施拒绝交易、提高交易条件的惩戒。实践中有部分由行政机关主导实施的联合惩戒与由市场主体主导实施的联合惩戒一定程度地存在同质性。譬如《执行备忘录》第 4 条列举了限制失信被执行人作为供应商参加政府采购活动的惩戒措施，其法律依据为《政府采购法》第 22 条[②]，但以此为依据，对失信被执行人实施限制参加政府采购的惩戒存在扩大解释法条适用对象的嫌疑，因为失信被执行人并不等于在经营活动当中有重大违法记录者。相比较而言，行政机关限制失信被执行人参加政府采购与市场主体拒绝同失信被执行人交易的结果都是令失信被执行人丧失参与交易的机会。行政机关实施采购活动虽是基于公共目的，但依循市场交易习惯寻找适格合作方，并将产品或服务提供方的信用状况作为筛选因素是其作为理性经济人的常规行为选择。

---

① ［美］埃里克·A·波斯纳：《法律与社会规范》，沈明，译，中国政法大学出版社 2004 年版，第 136 页。

② 《政府采购法》（2014 年修正）第二十二条：“供应商参加政府采购活动应当具备下列条件：（一）具有独立承担民事责任的能力；（二）具有良好的商业信誉和健全的财务会计制度；（三）具有履行合同所必需的设备和专业技术能力；（四）有依法缴纳税收和社会保障资金的良好记录；（五）参加政府采购活动前三年内，在经营活动中没有重大违法记录；（六）法律、行政法规规定的其他条件。”

换言之,此种限制类措施所要实现的惩戒效果未必需要藉由强制性法律条款来保证。基于市场交易习惯及诚信文化等非正式规则的影响,失信被执行人在参与政府采购活动的过程当中将难以避免地受到服务或产品购买方的排斥。并且这种基于非正式规则所产生的"排斥"惩戒,相较于依循《政府采购法》及《执行备忘录》所规定的限制性措施更具合理性。《政府采购法》第 22 条强调在经营活动当中有重大违法记录的供应商不具备参加政府采购活动的条件。但根据《执行备忘录》的规定,凡列入失信被执行人名单的供应商皆不得参加政府采购活动,不论供应商的违法失信行为是否与政府采购活动当中涉及的经营活动存在关联,这种做法本身有泛化联合惩戒的嫌疑,亦有违正当联结原则。相应地,若基于市场交易习惯及诚信文化等非正式规则惩戒失信被执行人,那么联合惩戒措施在具体适用时不仅更为灵活,且可有效规避合法性解释难题。可见,执着于从现有法律规范文本当中去寻找联合惩戒措施的合法依据或试图通过法律的修订来补强联合惩戒措施的合法性未必能取得预期的效果,而非正式规则则为失信联合惩戒的运行提供了另一种解释逻辑。虽然非正式规则不能彻底解决失信联合惩戒的合法性争议,但其为失信联合惩戒效果的实现提供了可行方案。

(三)非正式规则可充分激活失信联合惩戒的潜在威慑

"非正式规则在长期作用中形成了一套稳定的由群体内部制裁约束(socially sanctioned norms)的行为准则,当人们形成遵从惯例的习惯时,这些惯例便会凝聚道德力量,形成信念。"①失信联合惩戒以违法失信信息的公布共享为依托,惩戒的目的不限于贬损

---

① 赵宸:《集体腐败的非正式规则及其规制路径分析》,载《理论月刊》2015 年第 9 期。

其信誉或社会评价，而希冀通过公布或通报失信信息引起多主体对违法失信者的差别对待，即多主体联合惩戒。[①] 其中的“联合惩戒”既包括来自行政机关的行政性惩戒，也包括来自市场主体、社会组织以及其他社会公众的市场性惩戒及社会性惩戒。这也说明联合惩戒对违法失信行为的矫正作用并非完全借助法律制裁来实现，而是通过正式规则及非正式规则的共同作用实现对违法失信行为全方位威慑，这也恰恰彰显了信用惩戒不同于传统处罚、强制的比较优势。“社会中的习惯、道德、惯例、风俗等社会规范从来都是一个社会的秩序和制度的一个部分，因此也是法治的构成性部分，并且是不可缺少的部分。……没有这些非正式制度的支撑和配合，国家正式的制度也就缺乏坚实的基础。”[②]非正式规则虽不具有正式规则那般的强制性，但其对人的行为的潜在约束力及对违法失信行为的惩罚制裁作用却未必逊色于正式规则，甚至较之正式规则更持久。恰如边沁所言：“全体公民构成了一个法庭，比其他所有法庭垒加起来还要重要。人们可以假装漠视它的各种判决，或者把它的各种判决说成是摇摆不定、自相矛盾、相互抵牾和相互破坏，但每个人都感觉到，这个法庭虽然会犯错误，却不会受到腐蚀；它一直努力使自己更加开明，它囊括了一个民族的所有智慧和正义，它始终决定着公民的命运，它所作出的处罚无可逃避。”[③]

---

① 贺译葶：《司法执行中的信用惩戒行为辨析》，载《湖南警察学院学报》2021年第2期。

② 苏力：《道路通向城市——转型中国的法治》，法律出版社2004年版，第26页。

③ 转引自［德］哈贝马斯：《公共领域的结构转型》，曹卫东等，译，学林出版社1999年版，第117页。

三、非正式规则在失信联合惩戒中的功能定位及必要限制

非正式规则对人之约束力,并非由任何外在威慑所生成,而源于人们在社会生活及社会互动过程中的自发遵循。而失信联合惩戒的运行逻辑则赋予了人们自发依循非正式规则凝聚联合惩戒合力的灵动空间,并以多种形态或方式影响失信联合惩戒的运行实效。

(一)作为评判依据辅助违法失信对象的认定

虽然实务部门非常重视违法失信的合理认定,并尝试通过健全的法律规范体系及统一的标准来规范该行为,但法律本身存在的抽象、有限及迟滞缺陷注定它不可能解决所有问题。而违法失信情形的多样性及行为的复杂性又决定了严重违法失信的情形难以为法条尽数列举,如若刻板遵循成文规定,忽略与列举情形相当的其他严重违法失信情形则会导致案件认定不公的问题。此时非正式规则可以作为一项辅助工具,或者充当"源头活水"在经实践检验发展成熟后再逐渐向正式规则演化,即由个人习惯→群体习俗→习俗中硬化出来的惯例规则→制度、法律、正式规则等。[①]

以《最高人民法院关于公布失信被执行人名单信息的若干规定》(以下简称《若干规定》)第1条为例,其列举了依法应当列入失信被执行人名单,实施信用惩戒的六种具体情形[②],但设置了兜底性的条款"其他有履行能力而拒不履行生效法律文书确定义务

---

① 韦森:《经济学与哲学——制度分析的哲学基础》,世纪出版集团、上海人民出版社2005年版,第90页。

② 这六种具体情形包括:(一)以伪造证据、暴力、威胁等方法妨碍、抗拒执行的;(二)以虚假诉讼、虚假仲裁或者以隐匿、转移财产等方法规避执行的;(三)违反财产报告制度的;(四)违反限制高消费令的;(五)被执行人无正当理由拒不履行执行和解协议的;(六)其他有履行能力而拒不履行生效法律文书确定义务的。

的"。事实上,被执行人规避执行的情形不限于《若干规定》当中列举的几种,譬如被执行人通过网上炒作、上访阻止法院执行或者谋取不当利益[①];或者故意隐匿身份,长期下落不明,刻意躲避法院传唤[②],皆会造成案件执行困难或执行不能。虽然法律法规中并没有就此类情形作出明确规定,但根据司法惯例,若案件被执行人确实具有履行能力,但又采取上述方式来规避执行,则符合拒不执行判决、裁定罪的构成要件[③],显然属于有履行能力而不履行生效法律文书确定义务的情形。司法机关处理类似案件的惯常做法、裁判案例等实际上发挥着辅助相关部门认定严重违法失信行为或者严重违法失信案件的作用。同样,《重大税收违法失信案件信息公布办法》第5条中列举了重大税收违法失信案件的评价标准[④],但也设置了兜底性条款"其他违法情节严重、有较大社会影响的",其他严重违法情节如何判断及何种情形应视为有较大社会影响,亦没有明确的文本依据,它可以结合人们的惯常认知来判断,或者说它需要在行政执法实践中积累经验判断。如果行政机关在执法过程

---

① 赵培元:《对债务人规避执行的法律思考》,载《人民司法》2011年第5期。

② 许佩华,李昙静:《规避执行行为及对策研究》,载《法律适用》2012年第3期。

③ 贺某1拒不执行判决、裁定罪上诉案件,甘肃省平凉市中级人民法院刑事裁定书(2018)甘08刑终22号。

④ 《重大税收违法失信案件信息公布办法》(已失效)第五条:"本办法所称'重大税收违法失信案件'是指符合下列标准的案件:(一)纳税人伪造、变造、隐匿、擅自销毁账簿、记账凭证,或者在账簿上多列支出或者不列、少列收入,或者经税务机关通知申报而拒不申报或者进行虚假的纳税申报,不缴或者少缴应纳税款100万元以上,且任一年度不缴或者少缴应纳税款占当年各税种应纳税总额10%以上的;(二)纳税人欠缴应纳税款,采取转移或者隐匿财产的手段,妨碍税务机关追缴欠缴的税款,欠缴税款金额10万元以上的;(三)骗取国家出口退税款的;(四)以暴力、威胁方法拒不缴纳税款的;(五)虚开增值税专用发票或者虚开用于骗取出口退税、抵扣税款的其他发票的;(六)虚开普通发票100份或者金额40万元以上的;(七)私自印制、伪造、变造发票,非法制造发票防伪专用品,伪造发票监制章的;(八)具有偷税、逃避追缴欠税、骗取出口退税、抗税、虚开发票等行为,经税务机关检查确认走逃(失联)的;(九)其他违法情节严重、有较大社会影响的。"

当中将出现某种情形的税收违法失信案件反复列为重大税收违法失信案件，那么它很可能成为行政机关处理类似事务或类似案件的惯行做法。

鉴于违法失信的认定将直接决定失信联合惩戒将对哪些违法失信行为或违法失信对象作出，实务部门在采用司法判例或行政惯例辅助认定失信行为时必须慎重为之，尤其应当注意避免因认定依据的泛化导致失信联合惩戒泛化。既有法规范中的兜底性条款虽然字义模糊，但不意味着法律适用模糊。若将行政惯例、司法判例等作为“其他”情形认定的辅助依据，必须充分考量其是否不能为已列举的情形所涵盖，其他违法情节的严重程度是否与已列举的情形相当，具有较大社会影响是否符合公众一般认知等。

（二）作为思维定式导引失信联合惩戒的适用

如前所述，失信联合惩戒的基本目的是建构“一处失信、多处受限”的惩戒大格局，以应对那些藉由传统制裁手段难以有效遏制的严重违法失信行为。然而，《执行备忘录》虽然为多主体实施联合惩戒提供了行动路线，但并没有确立责任条款，除既有法律规范中对当事人信用有正面要求之条款能够对行政机关产生一定约束外，其他由《执行备忘录》创设的惩戒条款及不具有强制性的“参考类”惩戒条款的适用都不同程度地受行政机关主观能动性的影响。而由市场主体、社会组织以及社会公众主导实施的市场性惩戒、社会性惩戒则更是如此。因此，引导多主体建构失信联合惩戒意识并自发参与联合惩戒过程，对于充分激发失信联合惩戒的制度功用就显得极为重要。这种参与意识的建构并不完全取决于正式法律法规如何规定，而是受到人们的思想认知、意识信仰、社会道德规范及思维定式等的影响，并通过个人的行为方式表现出来。在社会风俗、行为惯例与道德规范的影响下，公众能够自发地对违法失信行为进行批判，表现出厌恶情绪或态度，并自觉加入联合惩戒的队伍当中去。但由思想认知、行为惯例、社会风俗和道德规范催生的惩戒违法失信者的思维定式却并非总是带来正面效果。譬如,部分地方在“一处失信、处处受限”理念的影响下,将“随地吐痰”“遛狗不拴绳”“地铁进食”“疫情期间违规聚餐聚会”等视为失信行为纳入信用评价,实施联合惩戒,令当事人多种权益受到影响。《最高人民法院关于限制被执行人高消费及有关消费的若干规定》中明确限制失信被执行人子女就读高收费私立学校,受惯性思维的影响,该做法也被类推适用到其他事项上,如父母为失信被执行人将可能影响子女报考公务员、入党、升学、出国乃至入伍等①,而现有法律规范文本并没有设置此类联合惩戒措施。

因此,实践中应注意避免基于思维定式泛化失信联合惩戒适用范围及适用对象的问题。如果将比较轻微的违法失信行为,通通纳入失信联合惩戒的范围,不仅于法无据,而且有违法治理念。思想认知、行为惯例、社会风俗和道德规范等对多主体参与失信联合惩戒的催化作用应限制在法律法规有明确规定或法律法规虽无明确规定,但联合惩戒本身不违背法律禁止性规定或法律精神的框架内,不能模糊法律和道德的边界,将“一处失信、处处受限”视为法律原则来贯彻,也不能变相泛化违法失信责任的承担主体。

(三)作为行为惯例叠加失信联合惩戒效果

社会规则的形成是经由社会成员的认同作用或习惯化过程来强化和巩固的。② 而诚信不仅属于道德范畴的要求,也属于法律管辖的范围,正因如此,失信联合惩戒对违法失信行为的矫正作用既有赖于法律法规等正式规则的威慑,也有赖于渗透于人们意识形

---

① 《父亲是“老赖”,山西小伙当兵政审不通过!对儿女的这些影响要知道》,载光明网,https://m.gmw.cn/baijia/2020-11/07/1301771818.html,2021 年 8 月 12 日最后访问。

② [荷]A.F.G.汉肯:《控制论与社会》,黎鸣,译,商务印书馆 1984 年版,第 61 页。

态层面的诚信规则、诚信文化、诚信行为习惯及诚信思想信仰等非正式规则的规约。

一方面,可通过诚信规则、诚信文化、诚信行为习惯及诚信思想信仰等叠加失信联合惩戒的效果。行政主体对违法失信者实施的联合惩戒多以备忘录及其对应的既有法规范为依据,而市场主体则是遵循市场交易的一般行为规律对失信者实施拒绝交易、提高交易条件等惩戒。好的信用对于企业而言是一种无形资产,如果行为违规者已经被揭露为“坏”的合作伙伴,那么第三人更愿意与声誉未受损害的其他人缔结关系,不仅仅是因为声誉良好者更值得信赖,还因为第三人担心如果自己不加入制裁那个违规者的队伍,其他人就会通过规避合作来制裁自己,即第三人通过加入群体性的制裁行动来传递信号,表明自己属于“好”类型或者说期待自己具有更加好的名声。① 规避与信用不佳者合作即是市场主体在市场交易活动当中的一种行为惯例,诸如此类的行为惯例不需借助法律强制力来保证实施,它是长期渗透于市场交易活动中的不成文规定,并为大多数市场主体自觉推崇或遵循。此外,其他社会组织或社会公众亦可以通过强化监督、拒绝录用、态度疏离、拒绝选购商品等各种方式对违法失信者实施社会性惩戒。如同约翰·布雷思韦特在讨论社群主义与羞耻时所言:“一个人需要整天忍受来自邻居之冷酷的目光,而法官冷酷地瞪他一眼的机会却只有一次。”②如果一主体被列为严重违法失信者,那么其将难以获得为其他社会公众尊重与信赖的心理感受。基于行为惯例对违法失信者实施各种惩戒不需以法律强制力为后盾,但却实然叠加了失信

---

① [美]埃里克·A·波斯纳:《法律与社会规范》,沈明,译,中国政法大学出版社2004年版,第136页。

② [澳]约翰·布雷思韦特:《犯罪、羞耻与重整》,王平,林乐鸣,译,中国人民公安大学出版社2014年版,第109页。

联合惩戒的效果。

另一方面,可通过诚信规则、诚信文化、诚信行为习惯及诚信思想信仰等凝聚失信行为改造助力。诚信是人追求的一种精神境界,如果个人在社会交往过程当中失信于人,那么迫于舆论的威慑其在“熟人圈”中将难以立足,因为个人在社交网络中能否为其他主体接纳及认可,与其是否能够按照符合社会期望的方式行动有关,自然包含对法律法规的遵守以及对生效法律文书的履行。部分欠钱不还的“老赖”在被司法机关实施失信联合惩戒后之所以能够自觉履行生效法律文书确定的义务,是因为其惧怕因受失信联合惩戒而不得不面临多重不利后果。从实然角度观察,失信联合惩戒加之于违法失信者的威慑作用不仅来源于“限制高消费”“限制享受优惠性政策”“限制担任国有企业法定代表人、董事、监事”等措施带来的不利影响,还来源于虽未由文字记载但却承载于人们思维定式、行为习惯及道德意识中的潜在不利影响。譬如,被执行人因惧怕其失信行为影响子女报考公务员、入党、升学而自觉还清债务①,尽管“老赖”欠钱不还限制其子女报考公务员、入党或正常升学并没有法律依据,但由思维定式、行为习惯及道德意识等产生的潜在威慑却不可否认。

不过,实践中也应注意避免将极端化的惯例作为实施失信联合惩戒的依据,譬如将“一次失信,永不复用”作为持续向违法失信者施加联合惩戒的依据,剥夺违法失信者修复信用的权利;或将“一次失信,处处受限”作为法律原则僵化贯彻,如在落实限制失信被执行人获得社会保障资金支持的惩戒措施时,忽视国家对公民应当提供的生存照顾义务。

---

① 《西安“老赖”害怕影响孩子小升初 摇号前主动还清欠款》,载环球网,https://m.huanqiu.com/article/9CaKrnK8CCf,2021年8月7日最后访问。

(四)作为查验依据检视失信联合惩戒立法边界

《执行备忘录》列举的联合惩戒措施大致可以分为行政给付类,如限制补贴性资金和社会保障资金支持;行政许可类,如限制设立相关公司、限制公司发行债券等;行政检查类,如对进出口货物实施严密监管;行政奖励类,如禁止参评文明单位、道德模范以及其他无法归为现有行政行为种类的限制措施,如限制招录为公务员或事业单位工作人员等。其中有一部分惩戒措施并无相应的法律依据,而是由备忘录创设,还有一部分存在对既有法规范的过扩大解释与沿用的问题,因而,有人建议通过修订相关法律规定来补强失信联合惩戒之合法性。[①] 现代法治国家之法律保留原则要求凡涉及基本权利之干预(尤其是限制或剥夺)皆需要法律上的授权基础,使得为之。[②] 联合惩戒中的行政许可类、行政给付类及行政奖励类惩戒措施等都涉及对主体权利的限制,如若既有法规范中无法找到相应依据,是否应当考虑修法来补强此类措施之合法性?

以《执行备忘录》第 18 条列举的"禁止参评文明单位,道德模范"的惩戒措施为例,但凡能够被评为文明单位的机关、企事业单位、社会团体或能被评为文明单位、道德模范的个人必然需要满足一定的信用条件。倘若企业或个人被列入违法失信名单,那么其为他人信任的品格即值得怀疑,法律向来被视为最低标准的道德规范,当特定主体违背法律法规或拒不履行生效法律文书确定的义务,显然就已然丧失了被评为文明单位、道德模范的先决条件。人们在长期交往及社会活动中无意识形成的,具有持久生命力的道德、习俗及传统文化将不可否认起着筛选文明单位及道德模范

---

① 李烁:《论失信联合惩戒的合法性及其补强——以〈对失信被执行人实施联合惩戒的合作备忘录〉为样本的分析》,载《中国法律评论》2021 年第 1 期。

② 李建良:《行政法基本十讲》,元照出版公司 2013 年版,第 159-160 页。

的作用。此时,违法失信信息的共享与公开即扮演着激活排斥违法失信者评选文明单位、道德模范之“惩戒”的作用,立法可考虑在此种情形当中持谦抑立场。换言之,失信联合惩戒立法应当考虑必要性的问题,“立法必要性是指立法对象基本稳定,人们对立法对象的认识趋向一致。”①倘若藉由非正式规则的作用已然能够实现与联合惩戒相当的效果,那么修法之必要性就值得考虑。

鉴于此,非正式规则可作为失信联合惩戒立法边界的查验依据,凡基于思想认知、意识信仰与社会道德规范等的影响,足以形成排斥违法失信者参与某种活动、获得某种资质或从事某种行业的一致看法,或者通过公布共享违法失信信息干预市场竞争机制,即可有效排斥违法失信者,那么修法之必要性就值得考虑。但此种设想仅限于惩戒措施涉及的资格限制性内容与当事人信用状况存在紧密联系的情形,或者说基于人们趋于一致的习惯认知,即若当事人信用不佳,显然不能获得某个机会或某种资质的情形。倘若当事人的信用状况与联合惩戒涉及的限制性措施间关联度较低,那么立法者则需考虑通过修法来赋予其合法性。譬如,《执行备忘录》列举了限制违法失信者获得补贴性资金和社会保障资金支持的惩戒措施,倘若行政机关向相对人提供保障性资金系履行国家对公民的生存照顾义务,则相对人之信用状况与惩戒措施涵盖之事项内容并无直接关联,因为此时行政机关首先应当考虑的是相对人之生存状况。

① 于兆波:《立法必要性可行性的理论基础与我国立法完善——以英国立法为视角》,载《法学杂志》2014 年第 11 期。

中国社会信用立法研究回顾与展望

吴堉琳*

摘　要:社会信用体系建设的纵深推进下,有关社会信用立法的理论研究逐步增多,并有成为持续聚焦的学术热点之势。学者围绕社会信用立法的必要性可行性、立法主体与对应路径、立法指导原则、立法的比较研究借鉴、立法的具体模式选择及制度设计的重点难点等诸多议题开展探讨,为社会信用体系建设的有效推进提供了相对全面的理论支撑和知识储备。今后,社会信用立法研究可以由微观、中观、宏观三个层面扩展研究空间:微观上,可关注社会信用立法创新与社会信用立法质量提升的可能方向与实现机理;中观上,可探讨社会信用立法与社会信用法律体系构建完善之间的内在关联,实现社会信用立法与其他立法的协调、衔接;宏观上,可以从国家治理现代化出发,探讨社会信

---

* 吴堉琳,女,1992年出生。法学博士,中共广东省委党校(广东行政学院)法学教研部讲师、校聘副教授,通讯方式:广东省广州市越秀区建设大马路3号广东省委党校教研楼301;wuyulinsysu@163.com。

用立法在国家治理中的作用发挥机制等。

关键词:社会信用立法;法学研究;研究综述;研究展望

伴随着社会信用体系建设的纵深推进,社会信用立法成为关注重点。2015 年、2018 年,全国人大常委会两度将社会信用方面的立法列入立法规划。2017 年,在《上海市社会信用条例》作为"全国首部社会信用体系综合性地方法规"①取得极大反响后,社会信用立法被多地纳入地方立法计划中。② 近年来,《公务员法》《个人所得税法》《疫苗管理法》等各领域的立法和修法中亦有对社会信用内容的反映。2022 年,《中共中央、国务院关于加快建设全国统一大市场的意见》提出要"加快推进社会信用立法"以"健全统一的社会信用制度"。与实践中立法推进相适应,法学研究者、信用管理学研究者等对相关理论研究予以了极大的关注,从立法的必要性与可行性、立法的框架设计与调整范围等角度展开讨论,尝试为国家立法和地方立法提供智力支持。本文通过对 1999 年社会信用体系建设开展以来③尤其是 2014 年国务院出台《社会信用体系建设规划纲要(2014—2020 年)》以后的理论研究成果进行梳理,展示、探寻学术研究与改革实践之间的互动路径。

一、社会信用立法的必要性与可行性

通过立法进行制度构建是社会问题的经典解决之道。然而,

---

① 《全国首部社会信用体系综合性地方法规在上海获通过》,载"中华人民共和国商务部"网,http://www.mofcom.gov.cn/article/resume/n/201706/20170602600139.shtml,报道时间 2017 年 6 月 27 日。

② 截至 2022 年 10 月 31 日,已有 22 个省、自治区、直辖市出台了省级社会信用地方性法规。

③ 社会信用体系建设可追溯至 1999 年中国社会科学院"建立国家信用管理体系"的研究课题,参见林钧跃:《社会信用体系理论的传承脉络与创新》,载《征信》2012 年第 1 期。

仍有必要具体剖析社会信用立法为何必要、如何可行,为何不能通过社会自我演进完成社会信用体系的建设。

(一)正面意见

1. 立法引领的维度

学者普遍从发挥立法引领作用的维度论述社会信用立法的必要性,但各有切入和侧重:

其一,运用国家政策表述来阐释立法的必要性,包括"完善社会主义法律体系"[①]"依法治国"[②]"构建新型市场监管体制"[③]"完善市场经济体制、创新社会治理机制"[④]"实现国家治理体系和治理能力现代化"[⑤]等,但通常仅为简单的归因,鲜见统计学意义上或者是"成本—收益"层面的分析。

其二,从"社会自发力量的不足"展开论述。王雨本在2009年时就提出"缺乏主流文化的社会转型无法在短期内培育出与市场经济相适应的信用道德"[⑥];同期,何远琼(2009)判断"我国目前的产权制度现状和法律制度现状,决定了仅仅依靠市场力量根本不可能在短时期内自发建立起社会信用体系"。[⑦] 最近几年,学者依

---

① 吴弘:《诚信价值观融入信用立法研究》,载《东方法学》2018年第1期。

② 周雨:《社会信用立法的地方立法实践与路径选择》,载《征信》2020年第12期。

③ 肖荣辉,曾光辉:《略析信用立法及其地方信用立法》,载《广西政法管理干部学院学报》2021年第3期。

④ 罗培新:《遏制公权与保护私益:社会信用立法论略》,载《政法论坛》2018年第6期。

⑤ 廖永安,谭曼:《以信用立法推进社会信用体系建设》,载《光明日报》2018年2月19日第03版。

⑥ 王雨本:《论中国市场信用立法的模式选择》,载《首都师范大学学报(社会科学版)》2009年第6期。

⑦ 何远琼:《"立法先行"现象的制度分析——从构建社会信用体系切入》,载《光华法学》2009年第2期。

旧指出，我国社会诚信缺失和信用交易风险问题较为突出[①]，因而，要以法治建构社会信用体系。

其三，从“已有法律制度的不足”展开论述。李晓安（2012）分析了社会信用法律体系的结构缺陷，认为由此导致社会信用法律约束力不足、利益关系不平等的问题。[②] 王伟国（2012）、吴弘（2018）指出社会信用基础性法律支撑不足，尚无完整规范信用活动的法律出台。[③] 罗培新（2018）认为由于国家统一立法尚未出台，各地“行事不够规范，潜藏着大量的侵权风险”。[④] Larry Catá Backer（2018）认为，立法将为社会信用体系的制度结构和制度规则提供权威性[⑤]。韩家平（2019）通过梳理社会信用体系建设的进展和挑战，认为目前存在的多数问题都与国家层面信用立法的滞后有密切关系[⑥]，并指出面对国内外对社会信用体系建设的一些质疑，加快社会信用立法以回应质疑已渐成共识。[⑦] 相关的提法还包括“已有法律制度的不足和信息化发展的要求使现代信用法律制度

---

① 韩家平：《中国社会信用体系建设的特点与趋势分析》，载《征信》2018年第5期。

② 李晓安：《我国社会信用法律体系结构缺陷及演进路径》，载《法学》2012年第3期。

③ 王伟国：《诚信体系建设法治保障的探索与构想》，载《中国法学》2012年第5期；吴弘：《诚信价值观融入信用立法研究》，载《东方法学》2018年第1期。

④ 罗培新：《遏制公权与保护私益：社会信用立法论略》，载《政法论坛》2018年第6期。

⑤ Larry Catá Backer, Next Generation Law: Data-Driven Governance and Accountability-Based Regulatory Systems in the West, and Social Credit Regimes in China. 28 Southern California Interdisciplinary Law Journal 123(2018).

⑥ 韩家平：《关于加快社会信用立法的思考与建议》，载《中国信用》2019年第4期。

⑦ 韩家平：《关于加快社会信用立法的思考与建议》，载《征信》2019年第5期。

的诞生成为必然”①、社会信用立法“严重滞后于经济发展的客观需要”②等。

其四，由信息保护与利用、数据治理论述立法必要性。陈冰竹等(2004)认为，个人信用立法是信用信息开放和隐私保护的需要。③ 姚志伟等(2010)提出，需要依靠社会信用立法来解决现代商业化社会中的信息不对称问题。④ 卢代富等(2018)认为，立法规制能起到促进经济结构向数字经济转型升级以及促成新兴信用产业的作用。⑤ 贾韶琦等(2021)指出，恰恰是大数据的发展使社会信用立法得以实现，社会信用立法应积极予以回应。⑥

立法可行性问题上，学者们对立法必要性的论述暗含了其对立法成熟度的认可。王伟(2019)指出，鉴于社会信用体系建设的外部法律环境已基本成熟、社会信用立法体系正在形成和社会信用实践的不断丰富，社会信用立法条件已基本成熟。⑦

2. 道德入法的维度

有学者提出，社会信用立法的本质就是道德立法。⑧ 更多学者则强调由“信用道德规范”到“信用法律规范”的立法规律。荆月新

---

① 石新中:《从法律与道德的关系看中国信用立法》,载《南阳师范学院学报(社会科学版)》2006 年第 10 期。

② 吴晶妹:《中国社会信用体系的过去、现在与未来》,载邹东涛主编:《发展和改革蓝皮书:中国经济发展和体制改革报告 No. 8》,社会科学文献出版社 2019 年版,第 568-598 页。

③ 陈冰竹,蓝寿荣:《我国个人信用立法思考》,载《理论月刊》2004 年第 6 期。

④ 姚志伟,吴国平:《社会信用法律规制的理论依据》,载《江汉论坛》2010 年第 7 期。

⑤ 卢代富,刘云亮:《社会信用体系属性的经济法认知》,载《江西社会科学》2018 年第 5 期。

⑥ 贾韶琦,门浣青:《论社会信用立法的取向与趋向》,载《征信》2021 年第 12 期。

⑦ 关子儒,张雪晴:《王伟教授:社会信用立法条件已基本成熟》,载“信用中国”网,https://www.creditchina.gov.cn/chengxinwenhua/chengxindajiatan/201904/t20190428_153929.html,报道时间 2019 年 4 月 28 日。

⑧ 贾韶琦,门浣青:《论社会信用立法的取向与趋向》,载《征信》2021 年第 12 期。

(2005)将社会信用立法界定为“将诚实守信这一道德准则的某些内容固化为法律的过程”,并指出这是社会快速发展下“恢复社会诚信”的需要。[①] 石新中(2006)认为,“以法律的形式树立道德的权威完全吻合了现代社会生活的节奏和现代市场规则的要求”。[②] 2018年,中共中央印发《社会主义核心价值观融入法治建设立法修法规划》,由诚信价值观入法讨论社会信用立法的必要性成为风尚,相关的论述包括“(诚信价值观)是社会主义核心价值观各要素之间互相联系的连接点……理应成为法律价值内涵”[③]“能确保诚信价值观在现实生活中得到培育和有效践行”[④]“是社会信用立法的普适性要求”[⑤]等。

在论述必要性的基础上,学者对诚信价值观法律化的可行性问题进行了探讨:(1)以诚信价值观为立法指导。亦即将价值观作为立法的宗旨,按价值观的内涵确定立法的范围以及以价值观指导立法的制度设计。[⑥] (2)区别法律与道德。亦即强调道德要素进入立法“必须以产生法定或者约定义务为前提”。[⑦] (3)借助立法技术进行转化。杨福忠(2018)认为需要借助一定的法律概念将诚信价值观的要求转化为法律权利、法律义务和法律责任[⑧];杜民

---

① 荆月新:《论社会信用立法》,载《山东师范大学学报(人文社会科学版)》2005年第5期。

② 石新中:《从法律与道德的关系看中国信用立法》,载《南阳师范学院学报(社会科学版)》2006年第10期。

③ 吴弘:《诚信价值观融入信用立法研究》,载《东方法学》2018年第1期。

④ 杨福忠:《诚信价值观法律化视野下社会信用立法研究》,载《首都师范大学学报(社会科学版)》2018年第5期。

⑤ 王伟:《社会信用法论纲——基于立法专家建议稿的观察与思考》,载《中国法律评论》2021年第1期。

⑥ 吴弘:《诚信价值观融入信用立法研究》,载《东方法学》2018年第1期。

⑦ 罗培新:《善治须用良法:社会信用立法论略》,载《法学》2016年第12期。

⑧ 杨福忠:《诚信价值观法律化视野下社会信用立法研究》,载《首都师范大学学报(社会科学版)》2018年第5期。

(2019)提出,立法中应避免直接引入道德概念,要将复杂的道德判断转化为逻辑清晰的归纳判断。①

(二)反面意见

有学者对社会信用立法持审慎的态度,认为应当避免立法万能论和对原制度改革创新的路径创新依赖,以立法先行推动社会信用体系的建设需要经过论证。② 总结来看,学者对社会信用立法的担忧主要表现为以下方面:其一,认为社会信用体系内部的诸多制度尚未启动,立法条件并不成熟③;其二,担心社会信用立法变成道德档案,侵犯个人权利④;其三,担心对既有法律体系和法律秩序造成冲击,"信用联动惩戒措施的推行,将使整个行政处罚体系分崩离析""社会信用法将演变成第二行政法"。⑤

二、社会信用立法的立法主体讨论

立法主体关涉立法决策、立法权限、立法定位等问题,不同立法主体在社会信用法律体系的构建中应当扮演何种角色、不同立法主体的偏好选择是否会影响社会信用体系建设路径,以上问题是讨论社会信用立法主体的动因。

---

① 杜民:《社会信用立法要把握好四个方面》,载《学习时报》2019年1月9日第003版。

② 何远琼:《"立法先行"现象的制度分析——从构建社会信用体系切入》,载《光华法学》2009年第2期。

③ 秦前红,陈芳瑾:《地方信用立法的探索模式研究》,载《法治社会》2021年第4期。

④ 2017年9月23日在上海交通大学凯原法学院召开的"法治与信用国际研讨会"上,有学者表达了相关担忧。转引自罗培新:《遏制公权与保护私益:社会信用立法论略》,载《政法论坛》2018年第6期。

⑤ 2017年9月23日在上海交通大学凯原法学院召开的"法治与信用国际研讨会"上,有学者表达了相关担忧。转引自罗培新:《遏制公权与保护私益:社会信用立法论略》,载《政法论坛》2018年第6期。

(一)人大立法与行政立法

《征信业管理条例》《企业信息公示暂行条例》[①]是社会信用领域已有立法,层级为行政法规。此外,地方人大与地方政府均有对社会信用进行立法的例证。在此背景下,目前对社会信用立法的呼吁主要在于启动全国人大立法。学者认为,因事关经济建设全局以及公民的切身利益,人大立法方能规避政府主导模式立法的弊端,减少行业壁垒和地方壁垒。[②] 同时,有学者提出要制定《公共信用信息管理条例》[③],这与国务院有关工作部署相因应。[④]

(二)国家立法与地方立法

地方社会信用立法实践为学界开展研究提供了素材和切入点。学者论述地方社会信用立法的模式、意义及局限,进而讨论全国性立法的启动以及其与地方立法的权限划分问题。

其一,地方立法的模式。一是对各地的立法进行梳理和对比。[⑤] 其中,王文婷(2020)提出,已有的“社会信用条例”“社会信用信息(管理)条例”“公共信用信息(管理)条例”三种地方立法模式中,“社会信用条例”综合性最强、立法难度最大,后两者对社会信用环境的营造方面没有规定,而不同立法模式“各有利弊,需要根据实施效果再予以评价”。[⑥] 二是专门对《上海市社会信用条例》等地方社会信用立法范本进行分析,包括对其立法背景和起草

---

① 《企业信息公示暂行条例》最初的名称是《企业信用信息公示暂行条例》,参见韩家平:《关于加快社会信用立法的思考与建议》,载《征信》2019 年第 5 期。

② 何玲丽:《信用立法之法理分析》,载《理论月刊》2013 年第 4 期。

③ 韩家平:《关于加快社会信用立法的思考与建议》,载《征信》2019 年第 5 期。

④ 《国务院办公厅关于加快推进社会信用体系建设构建以信用为基础的新型监管机制的指导意见》,国办发〔2019〕35 号。

⑤ 宋方青,李佳飞:《论设区的市信用立法的问题与路径》,载《东南学术》2019 年第 5 期;叶明,石晗晗:《我国地方社会信用立法实证研究》,载《征信》2021 年第 2 期。

⑥ 王文婷:《地方信用立法的理论与实践反哺浅析》,载《中国信用》2020 年第 3 期。

过程、立法思路和主要制度等进行评析。[①] 三是针对社会信用特定工作环节或领域的地方立法分析，如失信惩戒的地方立法[②]、公共信用评价的地方立法。[③]

其二，地方立法的意义。吴弘（2016）认为，各地发展水平不一，对社会信用统一立法尚缺乏共识，选择地方立法先行可取；且相较国家统一立法，地方立法能对社会信用体系建设中的变化快速作出反应。[④] Peter Leibkuechler（2020）认为，地方社会信用立法蕴含了中央层面的试验和试错意图。[⑤] 王文婷（2020）指出，地方信用立法实践取得了一定的理论突破，是完善实践的有益尝试。[⑥]

其三，地方立法的局限与国家立法的启动。吴高臣（2021）依据《民法典》的信用制度设计，指出地方立法在信用主体[⑦]权利及救济方面规定的不足。[⑧] 刘宇飞（2022）提出，由《立法法》的权限规定，设区的市实际上无权制定社会信用法。[⑨] 学者普遍认为，由于地方事权的局限，各地方立法对信用信息、信用惩戒等信用规范的

---

① 崔凯：《上海社会信用立法：促进与路径》，载《地方立法研究》2019 年第 2 期；王伟：《企业信用促进立法的“地方实验”——对〈台州市企业信用促进条例〉的观察与评价》，载《中国信用》2020 年第 5 期；封红梅：《宁波市信用信息管理立法的冲突与衡平》，载《山西省政法管理干部学院学报》2020 年第 1 期。

② 汪亚枫，刘茂林：《失信联合惩戒的地方立法实践及反思》，载《湖北警官学院学报》2021 年第 1 期。

③ 顾敏康，白银：《公共信用信息异议制度的立法实践与优化路径》，载《求索》2022 年第 5 期。

④ 吴弘：《社会信用立法的路径选择》，载《金融创新法律评论》2016 年第 1 辑。

⑤ Peter Leibkuechler, Trust in the Digital Age—The Case of the Chinese Social Credit System, Redesigning Organizations. Springer, Cham 279(2020).

⑥ 王文婷：《地方信用立法的理论与实践反哺浅析》，载《中国信用》2020 年第 3 期。

⑦ 已有地方社会信用立法实践中，有将被采集信用信息的公民、法人和非法人组织称为信息主体的，也有称为信用主体的，为方便论述，本文统称信用主体。

⑧ 吴高臣：《〈民法典〉视野下的社会信用地方立法实践研究》，载《首都师范大学学报（社会科学版）》2021 年第 4 期。

⑨ 刘宇飞：《论社会信用地方先行立法的主体适格性》，载《征信》2022 年第 4 期。

标准不一致，无法解决“信息孤岛”问题①，且各大部门法之间如何形成一个完整的、不冲突的体系架构仍处于探索阶段②，因而社会信用立法具有全国统一标准规则的内在需求。③ 此外，地方立法内容有泛化和扩张的趋势，可能会导致“越权立法”和“抵触立法”。④对于国家社会信用立法与地方社会信用立法权限划分的标准与问题，学者认为，宜依据事项的性质，遵循合理分权原则⑤；宜审慎推进社会信用地方先行立法，加强对地方先行立法的合法性审查。⑥

三、社会信用立法的指导原则

归纳来看，学者认为社会信用立法应当遵循的原则包括“民主立法原则与科学立法原则”“合法性原则与比例原则”“利益衡平原则与权利保障原则”三组。乍看之下，这三组原则同样适用于其他主题立法，因而，考验学者的地方在于，如何将之合适地运用到社会信用立法当中。

（一）民主立法原则与科学立法原则

何玲丽（2013）提出，社会信用立法应符合民主立法与科学立法原则。⑦ 顾敏康（2019）认为，社会信用立法要坚持民主立法的原

---

① 李林芳，徐亚文：《社会信用体系法治化原理探析》，载《学习与实践》2019年第11期。

② 陈丽君，杨宇：《构建多元信用监管模式的思考》，载《宏观经济管理》2018年第12期。

③ 石新中：《从法律与道德的关系看中国信用立法》，载《南阳师范学院学报（社会科学版）》2006年第10期；崔凯：《上海社会信用立法：促进与路径》，载《地方立法研究》2019年第2期。

④ 宋方青，李佳飞：《论设区的市信用立法的问题与路径》，载《东南学术》2019年第5期。

⑤ 何玲丽：《信用立法之法理分析》，载《理论月刊》2013年第4期。

⑥ 刘宇飞：《论社会信用地方先行立法的主体适格性》，载《征信》2022年第4期。

⑦ 何玲丽：《信用立法之法理分析》，载《理论月刊》2013年第4期。

因在于社会信用体系需要整合政府、市场和社会力量进行建设。[①] 沈毅龙(2019)在对公共信用立法的研究中提出,立法是否有必要进行或继续实施的前提是进行广泛的社会调查与科学的论证,并且在具体立法技术上要遵循法律明确性原则。[②] 林钧跃(2019)指出,立法者应做到深入了解社会信用体系"理论原型"及其技术特征和主要功用。[③] 李林芳等(2019)以立法的融贯性为切入,提出应当在立法内容上明确相关权限和关键制度节点,在立法程序上履行正当程序,以了解信用立法可能带来的负面影响和风险。[④]

(二)合法性原则与比例原则

合法性原则与比例原则往往被学者共同提及。罗培新(2018)认为,遵循合法原则和比例原则,审慎确立联动奖惩的依据,是社会信用立法实现遏制公权与保护私权的关键环节。[⑤] 合法性原则的论述主要包括:顾敏康(2019)认为社会信用立法须以《宪法》第五条"依法治国"、第二十四条"社会主义精神文明的建设"等为依据。[⑥] 李振宁(2018)等提出地方信用立法需要符合法律保留原则,亦即遵循《立法法》第八条、第九条和第八十二条的规定。[⑦]

---

① 顾敏康:《探索有中国特色的社会信用体系建设规律》,载《中国市场监管报》2019 年 7 月 23 日第 004 版。

② 沈毅龙:《公共信用立法的合宪性考察与调整》,载《行政法学研究》2019 年第 1 期。

③ 林钧跃:《基于信用管理视角的〈社会信用法〉立法思考》,载"搜狐网",https://www.sohu.com/a/321841644_777813,报道时间 2019 年 6 月 20 日。

④ 李林芳,徐亚文:《社会信用体系法治化原理探析》,载《学习与实践》2019 年第 11 期。

⑤ 罗培新:《遏制公权与保护私益:社会信用立法论略》,载《政法论坛》2018 年第 6 期。

⑥ 顾敏康:《探索有中国特色的社会信用体系建设规律》,载《中国市场监管报》2019 年 7 月 23 日第 004 版。

⑦ 李振宁:《信用惩戒的特性及对地方立法的启示》,载《中共南京市委党校学报》2018 年第 2 期。

比例原则方面，学者主要对立法如何遵循比例原则进行论述。罗培新(2018)认为：一是要避免过罚失当；二是遵循最小干预与最小侵害原则，兼顾行政目标的实现和相对人的权益保护；三是遵循合理行政与关联原则。[①] 韩家平(2019)、李林芳等(2019)各自提出：一是保持谦抑性，一般失信行为不应该纳入联合惩戒范围；二是有多种方案时，应当选择对信用主体利益损害最小的方案；三是采取联合惩戒的领域要与其失信行为有密切联系。[②]

(三)利益衡平原则与权利保障原则

其一，利益衡平原则。李玮(2003)认为社会信用立法要秉承平等与自由、公平与社会功利的价值原则。[③] 王雨本(2010)认为，社会信用立法中要追求社会利益并平衡协调各种利益关系，促进各类主体的合作。[④] 罗培新(2016)、崔凯(2019)等认为社会信用立法涉及公权力与私权利的平衡。[⑤] 王伟(2021)进一步指出，社会信用立法要平衡的不仅仅是公主体与私主体之间的关系，还有公主体与公主体之间的关系，亦即社会信用体系建设中不同公主体如何协调、协作的问题。[⑥] 门中敬(2021)则认为，社会信用立法不能仅考虑公共利益和个人利益的平衡，还应当充分考虑法律、政

① 罗培新：《遏制公权与保护私益：社会信用立法论略》，载《政法论坛》2018年第6期。

② 韩家平：《关于加快社会信用立法的思考与建议》，载《征信》2019年第5期；李林芳，徐亚文：《社会信用体系法治化原理探析》，载《学习与实践》2019年第11期。

③ 李玮：《论信用立法的价值取向》，载《理论界》2003年第6期。

④ 王雨本：《社会责任本位——信用立法的基本原则》，载《人民日报》2010年3月26日第007版。

⑤ 罗培新：《善治须用良法：社会信用立法论略》，载《法学》2016年第12期；崔凯：《上海社会信用立法：促进与路径》，载《地方立法研究》2019年第2期。

⑥ 王伟：《社会信用法论纲——基于立法专家建议稿的观察与思考》，载《中国法律评论》2021年第1期。

治、宗教、伦理道德等之间的适当平衡。[①] 更聚焦的观点指出，社会信用立法要处理好信用信息保护与信息使用之间的平衡。[②]

其二，权利保障原则。学者主要关注信息权利的保护问题。类延村（2013）认为，社会信用立法要“以保护社会主体的知情权、隐私权和信用权为基础和起点”，重在防范失信和为侵害提供救济。[③] 罗培新（2018）提出，社会信用立法的要义，就是要避免行政滥权与恣意侵害权益，进而伤害社会活力。[④]

四、社会信用立法的比较研究与借鉴

鉴于“信用经济”与经济社会发展的关联性，西方国家有关市场经济信用管理制度及信用领域的立法发展较早。不少研究者对此展开比较分析，以期从中觅得制度设计的模板。

（一）域外信用立法的整体特点

对域外信用立法的分析主要着眼于欧美国家尤其是美国。早期，不少学者提出应借鉴美国的做法，出台《公平信用报告法》。钟明霞（2002）认为，美国的信用法律制度和信用体系极其发达和完善。[⑤] 王士海（2007）认为，欧美国家信用立法的特点和经验体现为“建立信用档案及严格的惩罚机制”，以及“注重个人隐私和商业秘

① 门中敬：《信誉及社会责任：社会信用的概念重构》，载《东方法学》2021 年第 2 期。

② 谢鹄鸣：《我国信用体系的建立与立法》，载《广东经济》2002 年第 10 期；李新天，朱琼娟：《论“个人信用权”——兼谈我国个人信用法制的构建》，载《中国法学》2003 年第 5 期；张洪松：《大数据时代社会信用立法的宏观思考》，载《人民论坛》2021 第 Z1 期。

③ 类延村：《规则之治——社会诚信体系治理模式研究》，西南政法大学 2013 年博士论文。

④ 罗培新：《社会信用法：原理 · 规则 · 案例》，北京大学出版社 2018 年版，第 68 页。

⑤ 钟明霞：《信用法律制度研究》，载《当代法学》2002 年第 7 期。

密，兼顾社会公共利益”。[①] 李爱玲（2010）提出西方发达国家信用立法的特点包括“立法目标着重于保护个人隐私权和维护市场上的公平竞争”“立法结构和内容体系完备”“立法保证信用信息公开”“促进与市场经济相适应的信用中介机构的建立和高效运转”“建立有效的信用奖惩制度”等。[②] 王伟等（2019）认为，全球的“信用国家”“征信国家”均有着发达的信用法律法规体系。[③]

（二）域外信用立法的运行模式

随着研究的深入，学者开始从制度起源、文化特征等方面探寻域外信用立法的发端及实质特征，对于域外立法借鉴也不再局限于简单的立法名称模仿。有学者提出，西方国家信用体系的建立是博弈论上的博弈结果或哈耶克所论述的秩序自发自生，即在信用市场成熟后出现市场失灵的情况下，国家才出台了侧重于监管的立法。[④] 分而视之，美国以市场自发形成的私营征信体系为主，相关立法主要是出于加强对信用服务机构监管的目的[⑤]；欧洲以强制的公共征信制度为主并在此基础上进行立法，但也并不存在统一的国家级或者欧洲级的监管制度。[⑥] 因而，社会信用立法要认识到国情的不同，做到兼顾“立足本土资源”和“具有国际视野”。[⑦] 更有学者直言，鉴于社会信用体系建设的特殊性，国外消费者保护

---

① 王士海：《关于加快我国信用立法的几点思考》，载《哈尔滨市委党校学报》2007年第2期。

② 李爱玲：《西方发达国家信用立法及其借鉴》，载《金融理论与实践》2010年第3期。

③ 王伟，熊文邦：《我国信用服务业分类规制研究》，载《征信》2019年第12期。

④ 何远琼：《“立法先行”现象的制度分析——从构建社会信用体系切入》，载《光华法学》2009年第2期。

⑤ 何玲丽：《信用立法之法理分析》，载《理论月刊》2013年第4期。

⑥ ［澳］孙晓义：《欧洲社会信用体系概述》，朱绍明，译，载《互联网金融法律评论》2017年第3辑。

⑦ 崔凯：《上海社会信用立法：促进与路径》，载《地方立法研究》2019年第2期。

法系列法律、金融信用类法律和商法典的可借鉴内容十分有限[①];在我国国情背景下,"制定社会信用法没有先例可循"。[②]

(三)域外信用立法的最新趋势

随着数字技术的创新应用和数字经济的迅猛发展,西方的相关立法和研究也开始考虑大数据对信用行业的影响。王青斌在2012年的研究就表明,为促进征信业的发展,欧洲国家已开始软化处理一些过于僵硬的个人信息保护的法律规定。[③] 韩家平(2019)介绍了欧盟《通用数据保护条例》对信用信息服务行业的规制与影响。[④] 然而,这一方面的研究仍然是零散的,未有明确的主题性探讨。

五、社会信用立法的具体模式选择

(一)民事权利观念下的社会信用立法:"信用权"入法

早期,民法学界对"信用权"颇有讨论。李新天等(2003)认为,信用权为人格权[⑤];吴汉东(2001)、程合红(2002)认为,若以财产权和非财产权"二分法"观察,信用权是一种混合型权利。[⑥] 李晓安(2020)认为,信用权在现有权利体系中没有生成关系,不属于人格权、债权与知识产权,《民法典》应将信用权作为一项新型的基本权

---

① 林钧跃:《基于信用管理视角的〈社会信用法〉立法思考》,载"搜狐网",https://www.sohu.com/a/321841644_777813,报道时间2019年6月20日。

② 王伟:《社会信用法论纲——基于立法专家建议稿的观察与思考》,载《中国法律评论》2021年第1期。

③ 王青斌:《社会诚信危机的治理:行政法视角的分析》,载《中国法学》2012年第5期。

④ 韩家平:《关于加快社会信用立法的思考与建议》,载《征信》2019年第5期。

⑤ 李新天,朱琼娟:《论"个人信用权"——兼谈我国个人信用法制的构建》,载《中国法学》2003年第5期。

⑥ 吴汉东:《论信用权》,载《法学》2001年第1期;程合红:《商事人格权论——人格权的经济利益内涵及其实现与保护》,中国人民大学出版社2002年版,第88-90页。

利予以确认。[①] 相应的,学界亦有反对将信用权作为独立民事权利的观点,认为新增权利与既有权利的规制重合会危及权利体系的稳定性。[②]

持“信用权属于独立民事权利”观点的学者进而提出要参考德国做法在民事基本法律中明确“信用权”。但也有学者认为,信用权“并未对社会信用制度和体系的构建进行立法设计”。[③] 综而观之,伴随着社会信用体系建设的推进,信用由经济现象变成广泛的社会现象,诚信原则亦由私法领域进入公法领域,民事权利立法模式无法达到很好的兼容性,兼具公法与私法性质的立法成为倡议的主流。

(二)“政府与市场”分野下的社会信用立法

如若不考虑民事基本权利的立法模式,从管理型或促进型立法的角度看,社会信用立法有两大路径:一是分头立法,分散制定相关主题的法律法规规章;二是统一立法,出台一部全面覆盖社会信用法律治理需求的框架性和基础性法律。荆月新(2005)认为,社会信用作为综合性事项,制定“统一法典”在立法技术上难以实现。[④] 林钧跃(2017)认为社会信用立法应分为个人信用信息保护类、信用信息开放类、信用信息源规范类和征信机构作业规范类四类。[⑤] 吴晶妹(2022)建议制定“信用行政监督法”“全民正义诚信

---

① 李晓安:《论信用的法权性质与权利归属》,载《法学论坛》2020 年第 2 期。

② 周云涛:《信用权之反思与重构》,载《北方法学》2010 年第 6 期;张继红:《个人信用权益保护的司法困境及其解决之道——以个人信用权益纠纷的司法案例(2009—2017)为研究对象》,载《法学论坛》2018 年第 3 期。

③ 王士海:《关于加快我国信用立法的几点思考》,载《哈尔滨市委党校学报》2007 年第 2 期。

④ 荆月新:《论社会信用立法》,载《山东师范大学学报(人文社会科学版)》2005 年第 5 期。

⑤ 林钧跃:《谈中国信用法律立法原则和框架设计》,载微信公众号“国合信用”2017 年 12 月 4 日,https://mp.weixin.qq.com/s/90Ppspd63atncNZQF0xWWw。

法”“统一征信法”三大信用法[①]……分头立法模式的主张看似纷纭,实则可以从“政府与市场”这一典型论述视角出发,划分为形式相似但实质大不相同的两大类型。

1. 以信息采集主体为标准的“市场信用立法”与“公共信用立法”

已有地方社会信用立法普遍以信用信息的管理规范为切入点或线索。《上海市社会信用条例》第八条以信用信息采集的适格主体为标准,将社会信用信息划分为公共信用信息与市场信用信息,前者由行政机关、司法机关、公共企业事业单位采集,后者由信用服务机构及其他企业事业单位采集,随后的多地立法沿用了这一规定。据此,社会信用立法可以划分出公共信用立法(公共信用信息管理、信用监管、红黑名单管理、信用奖惩等)与市场信用立法(信用交易、信用信息、消费者权益保护和信用服务业规范作业等)。[②] 在这一标准下,公共信用立法隐含着“一般性社会管控”与“将公共信用作为促进执法的工具”的目的[③],因而,公共信用立法通常具有管理型立法的属性。而市场信用立法属于管理型立法抑或促进型立法,则有赖于观察具体的立法制度设计方可断言。

2. 以立法规范对象为标准的“市场信用立法”与“公共信用立法”

《社会信用体系建设规划纲要(2014—2020 年)》将社会信用体系建设分解为“政务诚信”“商务诚信”“社会诚信”和“司法公信”四大领域。林钧跃(2017)认为社会信用立法中,商务诚信和社会诚信的信用法律体系设计要综合考虑,而覆盖政务诚信和司法

① 吴晶妹:《信用立法思考:我国未来三大信用法》,载《法学杂志》2022 年第 3 期。

② 韩家平:《关于加快社会信用立法的思考与建议》,载《征信》2019 年第 5 期。

③ 沈毅龙:《公共信用立法的合宪性考察与调整》,载《行政法学研究》2019 年第 1 期。

公信的信用法律是另一大类。[①] 亦即,以立法所规范的对象为标准,可以区分为规范私权利主体信用问题的“市场信用立法”以及规范公权力主体信用问题的“公共信用立法”。在这一标准下,“市场信用立法”相关的立法建议包括“市场信用法”[②]“中小企业信用管理立法”[③]“信用产业立法”[④]“征信法”[⑤]等;“公共信用立法”则主要指向政府诚信立法(政府信用立法)[⑥]以及司法公信立法。

面对政务诚信所面临的考验,冉艳辉等(2010)、朱兵强等(2019)提出应当进行政府诚信立法。[⑦] 关保英(2006)认为,应当制定一部专门规定诚信的行政法典。[⑧] 陈翠玉(2018)认为可以采取分散立法和渗透立法的方式,在《宪法》《立法法》《中央人民政府组织法》等中将政府诚信原则明确下来,并制定体现政府诚信内容的单行法律规范。[⑨]

---

① 林钧跃:《谈中国信用法律立法原则和框架设计》,载微信公众号“国合信用”2017年12月4日,https://mp.weixin.qq.com/s/90Ppspd63atncNZQF0xWWw。

② 王雨本:《关于推进我国市场信用立法的构想》,载《成人高教学刊》2009年第6期。

③ 周瑞玲:《论我国中小企业信用立法的完善》,载《山西经济管理干部学院学报》2006年第2期。

④ 何远琼:《“立法先行”现象的制度分析——从构建社会信用体系切入》,载《光华法学》2009年第2期。

⑤ 付慧姝,刘言波:《征信立法应遵循哪些基本原则》,载《人民论坛》2017年第8期。

⑥ 有学者分析了“政府诚信”与“政府信用”的概念区别,认为广义上的“政府诚信”概念既包括了“诚善于心”的“政府诚信”,也包含了表现为“政府与公众之间客观的交往关系”的“政府信用”,参见于新循,付贤禹:《从自律走向他律:我国政府信用的法制化探索》,载《社会科学研究》2011年第2期。

⑦ 冉艳辉,于新循:《在宪政道德与法律责任之间——论政府信用立法的可行性》,载《四川师范大学学报(社会科学版)》2010年第4期;朱兵强,孙铭杰:《政府失信惩戒法治化初探》,载《征信》2019年第8期。

⑧ 关保英:《关于我国制定行政诚信法的思考》,载《南京社会科学》2006年第9期。

⑨ 陈翠玉:《政府诚信立法论纲》,载《法学评论》2018年第5期。

至于司法公信力的专门立法问题，杨福忠（2018）认为已有的信用立法对如何提升司法公信力没有给予关注①；谢新水等（2019）认为需要通过法的赋能"消除社会信用体系建设的不平衡性"，进一步促进司法公信建设②，但学者们也并未对司法公信力如何通过立法予以规制进行探讨。从语义上看，"政府诚信"或"政府信用"更侧重于强调政府在行使权力和采取民事行为的过程中遵循诚实守信的原则，而"司法公信力"则意味着司法机关要通过审判权的行使，满足公众对司法的功能期待，获得足够的权威和认同。因而，少见有关司法公信力专门立法的提议也合乎常理。

（三）"社会信用法"作为社会信用立法的基本法

各领域的社会信用体系建设已在不同程度上面临瓶颈，制度建构需求下统一立法似乎已成为必然之选。全国人大常委会的立法规划肯定了出台"社会信用法"作为基本法的立法模式选择，在一定程度上统一了目前关于立法路径的各类观点。③ 作为"基本法"，社会信用法要确立信用法治的基本原则，形成相应的法律规则，引领信用法治建设，"以统揽信用立法全局、建设信用体系框架"。④ 对此，有学者从国家治理的维度分析基本法的意涵所在。王伟（2016）指明，"（社会信用法）既应是引领信用建设实践的基本法，更是重构社会信任、实现国家治理体系和治理能力现代化的基础法"。⑤ 戴昕（2019）提出，社会信用法具有宪制意义，它是对

---

① 杨福忠：《诚信价值观法律化视野下社会信用立法研究》，载《首都师范大学学报（社会科学版）》2018 年第 5 期。

② 谢新水，吴芸：《新时代社会信用体系建设：从政府赋能走向法的赋能》，载《中国行政管理》2019 年第 7 期。

③ 国家发改委起草草案时将名称定为《社会信用体系建设法》，目前已进入征求意见阶段。本文以"社会信用法"统称全国人大立法各类可能的名称方案。

④ 何玲丽：《信用立法之法理分析》，载《理论月刊》2013 年第 4 期。

⑤ 王伟：《制定社会信用法刻不容缓》，载《学习时报》2016 年 10 月 6 日第 006 版。

社会信用体系中所产生的新型治权进行界定和安置的最适当语境。[①] 刘俊海(2019)建议将信用责任(失信惩戒)纳入法律责任体系,使其作为与民事、行政、刑事责任比肩而立的第四类新型独立法律责任,并在信用基本法中规定相应内容,明确信用责任与其他法律责任的互动关系。[②] 石新中(2021)认为,社会信用法应当是仅次于宪法的、维护社会信任关系的基本法。[③] 从学者的论述看,社会信用法主要为管理型立法,同时兼顾促进型的立法规定;其需要回应中国社会发展的特殊性需求,将“以人为本”的价值理念融入其中,发挥法律褒扬守信和惩戒失信的双重激励作用[④],提高社会信用体系建设的“正当性”。[⑤] 基本法模式还隐含了一个当然的假设,亦即进行配套立法,从而构建“结构协调、功能合理、层次分明、动态开放”的信用法律体系。[⑥]

六、“社会信用法”的适用范围与基本框架

(一)立法适用范围

社会信用体系工程的内容丰富性给社会信用法的调整范围提出了巨大挑战。[⑦] 与前文针对“市场信用立法”与“公共信用立法”的讨论承接,社会信用法是否应涵括或指向政务、商务、社会和司

---

① 戴昕:《理解社会信用体系建设的整体视角 法治分散、德治集中与规制强化》,载《中外法学》2019 年第 6 期。

② 刘俊海:《信用责任:正在生长中的第四大法律责任》,载《法学论坛》2019 年第 6 期。

③ 石新中:《信息文明时代下的“信用立法”》,载“中宏网”,http://nmg. zhonghongwang. com/show-166-2191-1. html,报道时间 2021 年 1 月 28 日。

④ 贾韶琦,门浣青:《论社会信用立法的取向与趋向》,载《征信》2021 年第 12 期。

⑤ 孟融:《国家治理体系下社会信用体系建设的内在逻辑基调》,载《法制与社会发展》2020 年第 4 期。

⑥ 刘俊海:《信用责任:正在生长中的第四大法律责任》,载《法学论坛》2019 年第 6 期。

⑦ 肖卫兵:《我国社会信用立法若干问题探析》,载《电子政务》2017 年第 6 期。

法四大领域,成为讨论的重点。部分学者认为社会信用法需要囊括四大领域。[①],统合传统意义上的经济信用以及中国本土所创新的公共信用[②],此举能起到法典总则式的基本法作用[③]另一部分学者赞同“信用立法的调整范围并不是越窄越好或越宽越好,而是越适用越好”[④]的观点,认为应主要规范商务诚信和社会诚信领域。肖卫兵(2017)认为,应采取中观层面的、兼具经济和社会属性的立法切入口,主要围绕信用信息的管理线索设计立法的框架和内容。[⑤] 究其原因,吴弘(2018)提出,这是本着夯实基础、重点突破的精神[⑥];杜民(2019)认为,这是我国信用立法的趋势,也是当今世界主要国家的惯例。[⑦] 略有不同的观点认为,社会信用法应当仅规范商务诚信领域[⑧]或仅规范社会诚信领域。[⑨] 除此之外的思考路径是跳出四大领域进行讨论。王文婷(2020)提出,随着改革的深化,四大领域的界限愈发模糊,而“人为将其划分为各自不同领域不利于

---

① 石新中:《信息文明时代下的“信用立法”》,载“中宏网”,http://nmg.zhonghongwang.com/show-166-2191-1.html,报道时间2021年1月28日;周博涵:《社会信用立法困境及规制》,载《合作经济与科技》2021年第13期。

② 王伟:《论社会信用法的立法模式选择》,载《中国法学》2021年第1期。

③ 林钧跃:《信用立法和诚信规则体系总体设计同等重要》,载《中国信用》2021年第3期。

④ 王雨本:《论中国市场信用立法的模式选择》,载《首都师范大学学报(社会科学版)》2009年第6期。

⑤ 同时,其也认为可以通过宣示性条款涵盖政务诚信和司法公信。参见肖卫兵:《我国社会信用立法若干问题探析》,载《电子政务》2017年第6期。

⑥ 吴弘:《诚信价值观融入信用立法研究》,载《东方法学》2018年第1期。

⑦ 杜民:《社会信用立法要把握好四个方面》,载《学习时报》2019年1月9日第003版。

⑧ 王雨本:《论中国市场信用立法的模式选择》,载《首都师范大学学报(社会科学版)》2009年第6期。

⑨ 林钧跃:《基于信用管理视角的〈社会信用法〉立法思考》,载“搜狐网”,https://www.sohu.com/a/321841644_777813,报道时间2019年6月20日。

其法律效果的最大实现”。①

结合相关梳理,本文较为认同王伟教授的看法,亦即基于构建公私一体遵循的诚信价值观需要以及当前公私融合、“对事调整”综合立法的实用主义观念,公权力主体的信用问题应当纳入立法调整范围,但出于立法技术难度的考虑,可以采取以私权利主体的信用调整为主、适度衔接公权力主体信用问题的“折中”立法模式。②

(二)立法基本框架

作为基本法的“社会信用法”应当如何进行立法框架设计?这首先关涉立法取向问题,其次才是章节框架设计中内在逻辑线索的找寻。对于第一个层面的问题,归纳来看,学术界认为社会信用法立法取向需要回应立法调整范围、道德入法的尺度、公私关系的平衡、信用主体权利保障以及大数据时代背景等几大核心问题,相关内容在前文已有述及,此处不再赘述。对于第二个层面的问题,从已有的文献看,以“社会信用的工作路径和通行规则”作为立法的逻辑脉络是主流观点。这很可能也受到了地方立法实践的影响。崔凯(2019)以既有地方社会信用立法为参照,认为社会信用法应包括总则、信用信息采集与披露等基础性工作、社会信用应用、权益保障、市场培育、信用环境建设和法律责任各章。③ 石新中(2021)根据社会信用体系的组成部分,认为社会信用法应当包括总则、信用信息合理披露、信用服务机构及其规范、信用奖惩、信用修复、法律责任等章节。④ 王伟(2021)的方案是设总则、信用信息

① 王文婷:《地方信用立法的理论与实践反哺浅析》,载《中国信用》2020 年第 3 期。

② 王伟:《论社会信用法的立法模式选择》,载《中国法学》2021 年第 1 期。

③ 崔凯:《上海社会信用立法:促进与路径》,载《地方立法研究》2019 年第 2 期。

④ 石新中:《信息文明时代下的“信用立法”》,载“中宏网”,http://nmg.zhonghongwang.com/show-166-2191-1.html,报道时间 2021 年 1 月 28 日。

的披露与利用、信用激励与约束、信用权益保障与信息安全、社会信用服务与社会共治、监督与检查、法律责任、附则[①]章节。

七、“社会信用法”的重点难点问题

(一)“社会信用”概念的立法界定

基本概念的界定是立法的核心问题之一。目前,中央相关政策文件中并未对“社会信用”概念给出统一的定义。罗培新教授将之界定为“遵守法定义务或者履行约定义务的状态”(“守法与履约说”)[②],以体现社会管理(守法)和市场经济(履约)双重属性,《上海市社会信用条例》及其后的地方立法也基本延续此种概念。对此,学术界有支持的观点,也有修正或反对的论断:(1)“道德说”。刘松山(2020)提出,对信用的界定应当限于道德领域,不宜将违法、不文明行为都视为失信。[③] (2)“守法、履约、道德说”。石新中(2021)认为,由于现有法律的局限,许多应被法律规范的道德伦理并未上升到法律的层面,因而可以将社会信用中的信用状况界定为“信用主体在守法、履约、遵守社会基本道德等方面的表现”。[④] (3)“民商事经济活动相关说”。孙平(2017)提出,立法中“社会信用”定义过于宽泛会导致实际操作中政府大包大揽,建议回归“信用”的传统界定,在“社会信用”中增加“与民商事经济活动密切相

---

① 王伟:《社会信用法论纲——基于立法专家建议稿的观察与思考》,载《中国法律评论》2021 年第 1 期。

② 罗培新:《善治须用良法:社会信用立法论略》,载《法学》2016 年第 12 期。

③ 刘松山:《失信惩戒及其立法的三大问题》,载上海市法学会编:《上海法学研究》集刊 2020 年第 3 卷。

④ 石新中:《信息文明时代下的“信用立法”》,载“中宏网”,http://nmg.zhonghongwang.com/show-166-2191-1.html,报道时间 2021 年 1 月 28 日。

关”的限定语。[①]（4）“信誉及社会责任说”。门中敬（2021）指出，“守法与履约说”含义过于宽泛，容易产生模糊法律和道德的界限以及混淆法定义务和约定义务的问题，同时，传统学理讨论中的“信誉或商誉说”又过于狭窄，无法满足现实需求，建议采取折中的含义，将信用的含义从传统法学上的“债权的发生”扩展到“社会责任”但并非“守法与履约”。[②]

“社会信用”概念还涉及诸多子概念的界定及相应问题的探讨。例如何为“失信”？失信与违法、失德、不文明行为的区别何在？既有规范文件中的“轻微失信”“一般失信”与“严重失信”又应该如何在法律中予以明确？相关的讨论还有待继续深入。[③] 质言之，“社会信用法”需要对“社会信用”概念正本清源，回应实践中的种种质疑和不适，明确失信行为与失德行为、违法行为的界限。

（二）社会信用体系的管理体制设计

早期有关信用立法的倡议中，已经提出应当确立国家信用管理体制框架[④]、合理界定政府职能。[⑤] 近期，西方学者按照自身学术偏好，将该问题总结为建立一个统筹社会信用体系运转的“元社会

---

① 孙平：《〈上海市社会信用条例（草案）〉中个人信息保护问题的建议与评述——2016年11月17日在“上海市社会信用立法专题研讨会”上的发言》，载《互联网金融法律评论》2017年第3辑。

② 门中敬：《信誉及社会责任：社会信用的概念重构》，载《东方法学》2021年第2期。

③ 肖伟志认为，社会信用体系是“广义社会+广义信用”，亦即社会指代全社会，且信用不局限于传统金融领域，但既有地方社会信用立法中对社会信用的界定却是“狭义社会+广义信用”，亦即社会是与“国家”“政府”相对而言的概念。这造成了政策施行和立法的割裂，是未来立法需要予以回应的问题。参见肖伟志：《“社会信用”的四种界定方式》，载《首都师范大学学报（社会科学版）》2021年第4期。

④ 陈冰竹，蓝寿荣：《我国个人信用立法思考》，载《理论月刊》2004年第6期。

⑤ 吴国平：《中国信用立法重大疑难问题探析》，载《法学杂志》2006年第2期。

信用体系”问题[①],认为此举将为规避中国社会信用体系的系统性腐败提供保障。

目前,全国社会信用体系建设的牵头单位是国家发改委和中国人民银行,同时,市场监管总局、商务部等对企业信用建设也多有涉及。由于两个牵头单位在信用建设理念和思路方面存在差异,相互掣肘现象多有出现,地方层面也存在着类似问题。因此,此种体制未来是否要继续保留是学者关心的重点之一。韩家平(2019)认为,有必要通过立法对社会信用体系的管理体制进行明确,并指出可能的方案:(1)保留既有设置;(2)公共信用建设由国家发改委负责,市场信用建设由中国人民银行、商务部和市场监管总局负责;(3)单独成立一个机构统一负责。[②] 还有学者对社会信用法中管理体制的设计原则进行了论述。戴昕(2019)认为,为确保公共信用信息等政府数据资源的充分开发利用,立法应当尝试建立权限充分的领导协调体制。[③]

(三)社会信用信息管理工作的规范

社会信用体系以海量信用信息的流转、应用作为前提,故而信息管理是立法无法回避的章节内容。广义上,社会信用信息的管理包括产生、收集、披露和应用四大部分,其中应用指向信用评价、信用奖惩等社会信用体系的核心内容,既有地方立法及学术研究都通常将其单独进行规范或论述,因而社会信用信息管理主要指向的是信息的产生、收集和披露几大方面。肖卫兵(2017)指出社会信用法应规范信用信息的范围与归集,列出原则性条款以及具

---

① Larry Catá Backer, Next Generation Law: Data-Driven Governance and Accountability-Based Regulatory Systems in the West, and Social Credit Regimes in China. 28 Southern California Interdisciplinary Law Journal 123(2018).

② 韩家平:《关于加快社会信用立法的思考与建议》,载《征信》2019 年第 5 期。

③ 戴昕:《理解社会信用体系建设的整体视角 法治分散、德治集中与规制强化》,载《中外法学》2019 年第 6 期。

体制度设计应当关注的重点，并点明立法应以规范私法主体的社会信用活动为主。[①] 贾韶琦等（2021）提出社会信用法中有关社会信用信息管理工作应当规定遵循的原则，包括"全面收集""原则公开"和"安全使用"。[②]

具体到制度设计上，一方面是有关社会信用信息的征集范围问题，学者认为，要明确相关性原则，不能损害信用主体的合法权益。[③] 特别的，立法的具体制度设计还应关注在公共信用信息归集中是否需要剔除、如何剔除个人敏感信息的问题。[④] 另一方面是有关社会信用信息的披露问题，王伟（2016）认为，除法律法规规定不能公开信息外，其他信用信息应通过公开的方式为社会所利用[⑤]；罗培新（2020）提出，信用信息的披露宜区分为社会公开信息、信息主体授权查询信息、政府内部运用信息等若干层次。[⑥] 此外，学者及实践尤其关注的是失信记录的披露范围及期限问题，认为应当设定一定的限制条件。[⑦]

（四）社会信用应用活动的规范

学者认为，社会信用的应用需要依据我国现实国情建立具有前瞻性和系统性的具体规范，以真正达到守信激励、失信限制的制

---

① 肖卫兵：《我国社会信用立法若干问题探析》，载《电子政务》2017 年第 6 期。

② 贾韶琦，门洸青：《论社会信用立法的取向与趋向》，载《征信》2021 年第 12 期。

③ 王青斌：《社会诚信危机的治理：行政法视角的分析》，载《中国法学》2012 年第 5 期。

④ 孙平：《〈上海市社会信用条例（草案）〉中个人信息保护问题的建议与评述——2016 年 11 月 17 日在"上海市社会信用立法专题研讨会"上的发言》，载《互联网金融法律评论》2017 年第 3 辑。

⑤ 王伟：《制定社会信用法刻不容缓》，载《学习时报》2016 年 10 月 6 日第 006 版。

⑥ 罗培新：《社会信用立法的若干范畴：兼评发改委与央行的社会信用新规草案》，载微信公众号"中国法律评论"2020 年 8 月 12 日，https://mp.weixin.qq.com/s/0wSlEYInsyXvjPdOIDdhzg。

⑦ 李振宁：《信用惩戒的特性及对地方立法的启示》，载《中共南京市委党校学报》2018 年第 2 期。

度功效。[①] 关注重点上，由于公共信用评价及行政性信用惩戒具有强大的法益侵害性，学者往往将目光聚焦在此之上。一方面，有关公共信用评价问题，有观点认为立法应设置明确统一的评价标准，从而推动全国信用共享通用[②]；还有学者点明区域间信用评价标准不同导致跨地域使用困难的问题，认为需要社会信用法予以整合。[③] 另外的观点认为，不宜由政府进行统一信用评价，不宜在操作层面直接干预不同主体的评价活动，立法可以做的事情是限制特定评价结论的适用场景和范围。[④] 另一方面，有关行政性信用惩戒问题，在宏观原则上，孙日华（2020）认为立法需要考虑惩戒"殃及效果"的限制，以避免社会收益的失衡[⑤]；范伟（2018）、郭秉贵（2020）、林彦（2020）认为需要重新审视失信联合惩戒在信用立法中的定位，使其回归到信用法治化的初衷，实现信用与法治的双赢。[⑥] 门中敬（2019）则认为，由于行政性惩戒无可避免会遇到污名化以及多次处罚的诘问，解决该合法性危机的最佳方案是行政性惩戒的退出，因此，可以在社会信用法中明确规定市场组织、行业组织和社会组织的法律地位和职责权限，通过市场性惩戒、行业性

---

① 刘念，赵雨濛：《我国社会信用法律体系的时代特质、现实困境与优化向度》，载《泰山学院学报》2022 年第 5 期。

② 田禾：《推动信用体系立法需注意四个问题》，载《中国党政干部论坛》2018 年第 7 期。

③ 王文婷：《当前信用法治制度构建的难点与对策——以中国城市信用建设为样本》，载《人民法治》2018 年第 19 期。

④ 戴昕：《理解社会信用体系建设的整体视角 法治分散、德治集中与规制强化》，载《中外法学》2019 年第 6 期；罗培新：《遏制公权与保护私益：社会信用立法论略》，载《政法论坛》2018 年第 6 期。

⑤ 孙日华：《信用联合惩戒的检视与制度优化》，载《河北法学》2020 年第 3 期。

⑥ 范伟：《行政黑名单制度的法律属性及其控制——基于行政过程论视角的分析》，载《政治与法律》2018 年第 9 期；郭秉贵：《失信联合惩戒的正当性及其立法限度》，载《征信》2020 年第 2 期；林彦：《信用惩戒制度对行政法治秩序的结构性影响》，载《交大法学》2020 年第 4 期。

惩戒和社会性惩戒从根本上解决社会诚信问题。[①] 在具体条文规定上,王伟(2019)认为立法在对包含行政性惩戒在内的各类信用惩戒进行类型化规制的基础上,应当以行政性惩戒作为立法的重点,同时需要注意到,行政性惩戒措施也并非都属于限权性措施,同样需要区分对待。[②] 王丽花(2021)列明,立法要明确失信联合惩戒的定义及法律依据,并统一地方和部门行业之间的联合惩戒标准。[③]

(五)信用权利保护与权益保障

对信用主体的权利保护是法学学者十分关注的问题。学者概括了立法所应规定的权利内容和类型:罗培新(2018)认为信用权利包括知情权、异议权、消除权、修复权和复议诉讼权[④];廖永安等(2018)认为信用权利包括信息知情权、信息异议权、信息修复权及信息遗忘权[⑤];韩家平(2019)认为信用权利包括知情权、失信记录消除权、异议权和失信主动修复权。[⑥] 此外,学者还提及相应保障制度的协调设计问题。如孙平(2017)指出信用异议和信用修复涉及信息平台、信息提供者和信用主体三方法律关系,如何划清平台与信息提供者之间的责任,避免侵害信用主体权益是立法应当考

---

① 门中敬:《失信联合惩戒之污名及其法律控制》,载《法学论坛》2019 年第 6 期。

② 王伟:《失信惩戒的类型化规制研究——兼论社会信用法的规则设计》,载《中州学刊》2019 年第 5 期。

③ 王丽花:《信用立法需明确的失信联合惩戒内容》,载《中国信用》2021 年第 12 期。

④ 罗培新:《遏制公权与保护私益:社会信用立法论略》,载《政法论坛》2018 年第 6 期。

⑤ 廖永安,谭曼:《以信用立法推进社会信用体系建设》,载《光明日报》2018 年 2 月 19 日第 03 版。

⑥ 韩家平:《关于加快社会信用立法的思考与建议》,载《征信》2019 年第 5 期。

虑的问题[①];又如肖卫兵(2017)认为立法应当规定信息提供和查询单位信息安全责任。[②]

具体到制度设计上,其一,有关知情权。学者认为,信用主体的知情权是指信用主体有权查阅和掌握自己的信用状况和记录。[③]其二,有关异议权。信用主体有权对信用信息的准确性提出异议,相关制度设计围绕“异议申请、异议处理”两方面[④]或“异议申请、异议处理、异议标注”三方面[⑤]展开,立法应规定异议申请的条件、公权力机关处理异议申请的程序、相应的举证责任分配以及异议处理结果在信用信息系统上的标注方式等内容。其三,有关修复权、记录消除权或遗忘权。相较其他权利或权益,学者在这一方面的建议显得更为多元,概念名称以及对内涵外延的界定各有不同。例如,对修复权的理解就包括自然修复(基于期限结束过时失信信息公示)、救济修复(更正错误信息)和主动修复(根据信用主体主动满足特定修复条件的情况决定修复)三类。[⑥] 这其中,对于失信信息的处理方式也有不同意见,有认为修复权最终落脚到失信信息的删除[⑦],有认为修复权应当是信息补充标注权,而非失信信息的直接删除。[⑧] 又如,对消除权(遗忘权)的理解上,有观点认为其

---

① 孙平:《〈上海市社会信用条例(草案)〉中个人信息保护问题的建议与评述——2016 年 11 月 17 日在“上海市社会信用立法专题研讨会”上的发言》,载《互联网金融法律评论》2017 年第 3 辑。

② 肖卫兵:《我国社会信用立法若干问题探析》,载《电子政务》2017 年第 6 期。

③ 韩家平:《关于加快社会信用立法的思考与建议》,载《征信》2019 年第 5 期。

④ 罗培新:《遏制公权与保护私益:社会信用立法论略》,载《政法论坛》2018 年第 6 期。

⑤ 肖卫兵:《我国社会信用立法若干问题探析》,载《电子政务》2017 年第 6 期。

⑥ 戴昕:《声誉如何修复》,载《中国法律评论》2021 年第 1 期。

⑦ 王伟:《失信惩戒的类型化规制研究——兼论社会信用法的规则设计》,载《中州学刊》2019 年第 5 期。

⑧ 戴昕:《声誉如何修复》,载《中国法律评论》2021 年第 1 期。

等同于修复权[①],但也有将其与修复权相区分的看法,认为二者存在不同,消除权主要包括信用主体要求删除、信息查询期限自动届满、信息归集的依据被撤销几种情形下信用信息的消除。[②] 其四,有关复议诉讼权。王青斌(2012)认为,应在相关立法中明确异议申请人可以提起行政复议或者行政诉讼[③],亦即认为复议诉讼权主要是针对公共信用信息异议的救济。近几年的研究成果则指出,对公共信用信息管理、信用惩戒等公权力机关的信用应用活动,都应该赋予复议或诉讼的权利。[④]

(六)信用服务业的监管与发展

学者们普遍认为,应当通过立法保障信用服务市场发展,建构社会信用体系建设的市场空间。[⑤] 此外,由于《征信业管理条例》仅规范征信机构,对信用服务市场并未悉数涵盖,为弥补传统征信、评级行业以外新型信用服务机构的监管空白,王伟等人(2019)认为,“社会信用法”应当覆盖包括信用保险、信用保理、信用担保以及商账追收等在内的信用服务行业规范[⑥];其中,商账追收应当成为立法的重点,建议从立法上明确商账追收机构属于信用服务机构,将商账追收与其他讨债行为相区分,并确立公平催债及其监管的法律规则。[⑦]

---

① 王宁江:《上海信用条例之石》,载《浙江经济》2017 年第 3 期。

② 罗培新:《遏制公权与保护私益:社会信用立法论略》,载《政法论坛》2018 年第 6 期。

③ 王青斌:《社会诚信危机的治理:行政法视角的分析》,载《中国法学》2012 年第 5 期。

④ 罗培新:《遏制公权与保护私益:社会信用立法论略》,载《政法论坛》2018 年第 6 期;沈岿:《社会信用体系建设的法治之道》,载《中国法学》2019 年第 5 期。

⑤ 何玲丽:《信用立法之法理分析》,载《理论月刊》2013 年第 4 期;王伟,熊文邦:《我国信用服务业分类规制研究》,载《征信》2019 年第 12 期。

⑥ 王伟,熊文邦:《我国信用服务业分类规制研究》,载《征信》2019 年第 12 期。

⑦ 王伟:《社会信用法论纲——基于立法专家建议稿的观察与思考》,载《中国法律评论》2021 年第 1 期。

八、社会信用立法研究展望

1999 年至今,有关社会信用立法的研究成果经历了从无到有、逐步深入的过程。尤其是近几年的研究紧密结合社会信用体系建设迅猛发展的实践,部分研究成果也已经运用到社会信用立法的实践中。然而,愈行愈近的"社会信用法"仍然面临不少的难点痛点。未来,社会信用立法的相关研究仍有较大的提升空间和拓展领域,具体可从微观(社会信用立法本身)、中观(法律体系)、宏观(国家治理体系)三个层面予以展开。

(一)社会信用立法创新与社会信用立法质量

既涉及法律与道德的交叉,又涉及公权力与私权利的平衡,是实现社会信用立法创新和保证立法质量的难度所在。而实际立法活动的复杂性可能远超学者的想象,法学研究者以及信用管理学研究者如何跨越专业鸿沟,避免自说自话,进而对立法实践中出现的疑难问题进行有效的回应,是后续研究应当思索的问题。更具体的思考面向有:(1)立法过程论视角,包括社会信用立法规划的作用与完善思路、社会信用立法过程中民主性与科学性的保障、社会信用立法的立法后评估等。(2)立法的阶段性侧重点。目前我国社会信用体系建设与西方国家更侧重经济信用风险防范的信用建设存在着内涵外延上的不同,随着我国法治建设、道德建设的加强与市场经济体制改革的深化,社会诚信缺失问题会逐步得到解决,但经济信用风险将长期存在,"中西方信用体系的内涵和外延将逐渐趋同"。[1] 因而,在目前阶段,应当认识到中国现阶段社会经济发展的特殊性和问题的本质,这影响着社会信用立法及社会信

---

① 韩家平:《中国社会信用体系建设的特点与趋势分析》,载《征信》2018 年第 5 期。

用法律体系的框架设计;同时,我们又要对立法的价值取向秉承开放的心态。(3)如何避免出于利益化的部门立法,以及避免地方立法不当竞争现象。当前,各部门、各地方的社会信用立法活动无疑在事实上形成了一种追赶的态势,但若将立法视为执法权分配的博弈手段,或将立法作为政策改革创新的噱头,相关问题就无法得到充分地揭露和论证,立法过程中所遇到的分歧和争论也无法得到很好的解决,社会信用立法创新就容易变得名不副实。社会信用立法的研究,应当对上述问题进行解释和提供解决问题的思考路径。

(二)社会信用立法与社会信用法律体系

社会信用法律体系的构建与完善是一个复杂的议题。未来的研究方向大致包括:(1)社会信用法之下,需要出台哪些信用配套立法,以及其分别应以何种层级的规范出台。(2)《民法典》《公司法》《个人破产法》等民商事法律如何引入社会信用体系的思路。(3)对于信息保护与数据治理立法、文明行为立法、营商环境立法等近年来颇受关注且又与社会信用体系建设有较大关联的立法,在价值判断与立法技术上应当如何做好衔接。举例而言,社会信用体系在实践中被作为优化营商环境工作的重要抓手,社会信用立法自然也将成为优化营商环境的制度供给。因而,有待研究的是,在社会信用立法中,如何实现优化营商环境与其他立法目标的平衡、有何衡量方式或评估指标,以及在营商环境立法中,对社会信用应当以何种形式、何种程度进行规定。(4)社会信用国家立法与地方立法权限如何科学合理分配。(5)社会信用立法与社会信用软法规范如何实现互动与衔接。国家治理需要软法之治已经成为基本共识。社会信用的相关内容除了体现在硬法中,也体现在村规民约、行业性规范当中。需要研究社会信用立法可以以何种方式吸收或促进这些软法资源。(6)在实质法治层面,个体、社会、国家三个维度的社会信用法治体系应当如何完成构建。(7)从理论与实践相互联系的角度,如何看待部分学者提出的“社会信用法是一门独立学科”[①]的论断,是否可能以及如何通过学科发展助推社会信用立法实践。

(三)社会信用立法与国家治理现代化

社会信用体系建设是国家治理现代化系统工程的组成部分,其终极目标在于构建社会信任机制。潜在的研究方向主要是研究立法应如何回应社会信用体系这一社会治理创新所可能带来的法律结构与法律原则的变化,如何实现良法善治:(1)治理体系维度。社会信用法中的体系架构,是否可能突破四大领域的分类,采取更为科学、接受度更高的分类?此外,所谓的“元社会信用体系”关涉政府权力架构、央地关系等问题,从加强社会信用体系建设实效的角度,社会信用体系管理体制的立法设计尚有更多的挖掘空间。(2)治理能力维度。恰逢大数据、人工智能等技术的流行与发展,数据驱动已经成为当前阶段社会信用体系建设的重要特征,改变了国家和社会的互动方式。未来的研究应当进一步观察社会信用立法与数字治理的关联,包括对数据隐私、公私主体数据共享、数据安全、算法透明度和可问责性的回应。(3)治理目标维度。从世界范围来看,同时包含如此全面信用建设内容的立法少之又少,社会信用立法如何“跳出‘以礼入法’、国家规范与关系规范、制裁与连带责任之类的窠臼”[②],从系统信任的角度真正为社会信任机制提供助力需要探讨。(4)党内治理与国家治理。可以探讨社会信用立法与党内法规的互动路径与互动效果。亦即,针对可能发生的政治失信行为,党内预防和惩治失信行为的制度体系正在不断

① 顾敏康:《试论社会信用法的学科性质》,载《中国信用》2020年第4期。

② 林彦:《信用惩戒制度对行政法治秩序的结构性影响》,载《交大法学》2020年第4期。

完善,党内诚信治理是否会与社会信用体系建设发生互动,社会信用立法应如何与党内法规进行回应、体现这些互动,应如何保持二者的相互呼应、协同和承接,值得深入观察探讨。(5)全球治理与国家治理。国内已有研究中甚少提及社会信用体系国际化发展或为国际效仿的可能。但在西方学术界,学者认为社会信用体系已经产生了域外效应,学者开始讨论社会信用体系是否会推动西方国家治理模式的变化,认为社会信用体系很可能成为其他国家在个人行为和商业运作监管方面效仿的最佳实践。[①] 因而,可从社会信用体系作为一项创新的“中国治理模式”展开观察、从社会信用立法是否可能及如何成为全球的立法模板或典型模式展开讨论。

---

① Daithí Mac Síthigh & Mathias Siems, The Chinese Social Credit System: A Model for Other Countries? 82 The Modern Law Review 1034 (2019).

“衡平居次”:个人破产程序中亲属债权清偿规则建构

欧　平　陆银清*

摘　要:个人破产程序中,如何清偿债务人亲属债权,各地方性规范思路不一。深圳个人破产条例规定债务人亲属债权自动劣后于其他债权人,不能涵盖亲属债权的多样性,立法规制目标存在偏差,亦与现行法律体系不兼容。债务人亲属兼具“经济人”与“伦理人”的双重属性。可以借鉴企业破产领域的“衡平居次”规则调整亲属债权,发挥个人破产制度的重生价值,亦符合域外经验。以债权发生时的家庭成员为衡平对象,通过不同的举证责任分配方式来确保亲属债权真实,并判断债务人亲属是否利用近亲优势获得债权或取得溢出利益,以同质同权与差别有序规则来清偿亲属债权。以债务

* 欧平,男,1986年出生,法学硕士,现任江苏省昆山市人民法院执行局副局长,从事破产审判和执行工作。电子邮箱:512144536@qq.com。

陆银清,男,1986年出生,现任湖南省怀化市中级人民法院研究室副主任(主持工作),获得全国法院学术讨论会三十年司法理论研究突出贡献银奖,多次获得全国学术讨论会一等奖、二等奖、三等奖等。电子邮箱:1280785961@qq.com。

人—债权人—法院三方参与的破产公开程序确保债务人亲属债权清偿公平正当。

关键词:个人破产;亲属债权;衡平居次

引言:对一则案例的适法迷思

案例:债务人甲从事个体经营,其子乙已经成家。甲因经营需要,向丙借款,乙为此提供房屋抵押担保。甲未能还款,乙的房屋变价用于清偿该笔债务。甲经营仍未能好转,遂个人破产。乙是否可以参与破产财产分配。①

经全国人大常委会授权,深圳市人大常委会制定的《深圳经济特区个人破产条例》(以下简称个人破产条例)已经率先施行。各地法院亦纷纷开展了个人类破产债务清理试点工作,国家层面的个人破产制度呼之欲出。债务人总是与其亲属之间存在割舍不尽的经济关系,个人破产制度如何对待债务人亲属债权,是个必须直面的交叠场域难题。对此,各地方性规范粗略(见表1),学界关注稀落。

表1 各地个人破产(类破产)规范针对亲属债权清偿规定

发布机关	个人破产(类破产)规范名称	如何对待债务人亲属的债权
深圳市人大常委会	深圳经济特区个人破产条例	该条例第89条第1款第(4)项规定,普通破产债权中,债务人的配偶以及前配偶、共同生活的近亲属以及成年子女不得在其他普通破产债权人未受完全清偿前,以普通债权人身份获得清偿。

① 系由个人债务清理(类破产)试点法院案件精炼而来。

续表

发布机关	个人破产(类破产)规范名称	如何对待债务人亲属的债权
浙江省高级人民法院	浙江法院个人债务集中清理(类个人破产)工作指引(试行)	该指引第49条第1款第(4)项规定,普通债权中,债务人的配偶以及前配偶、共同生活的近亲属以及成年子女不得在其他普通债权人未受完全清偿前,以普通债权人身份获得清偿。
浙江省台州市中级人民法院	执行程序转个人债务清理程序审理规程(暂行)	未作特别规定
浙江省温州市中级人民法院	关于个人债务集中清理的实施意见(试行)	未作特别规定
江苏省苏州市吴江区人民法院	苏州市吴江区人民法院关于个人债务清理的若干规定(试行)	未作特别规定
山东省淄博市高青县人民法院	高青县人民法院关于企业破产中对有关个人债务一并集中清理的意见(试行)	未作特别规定
山东省东营市中级人民法院	东营市中级人民法院关于个人债务清理的实施意见(试行)	未作特别规定
四川省泸州市龙马潭区人民法院	泸州市龙马潭区人民法院个人破产和解实施办法(试行)	未作特别规定

从上述各地的个人破产(类破产)规范来看,深圳个人破产条例以及浙江省高级人民法院的工作指引规定了债务人特定亲属的普通债权一律劣后于其他普通债权人受偿即自动居次规则。我国

现行法律体系中并无债务人亲属债权劣后的规定,执行分配中亦未适用亲属债权居次规则。故,本文将该亲属债权自动居次规则谓之为特色条款。

依该特色条款来适用前述案例,存在如下值得探讨的问题。(1)乙是否属于个人破产条例第89条所指涉的普通债权人?(2)乙的求偿权是否自动劣后于普通债权人?(3)个人破产制度意图让甲摆脱困境,是否考虑乙可能因承担了担保责任而破产。如乙不能参与分配,对乙的债权人公平吗?(4)究竟应该怎样对待债务人亲属债权,才能与个人破产制度体系适配?

一、特色条款错配:亲属债权自动居次之体系性不适

债务人亲属债权的清偿顺序问题,不仅涉及债务人与其亲属之间的内部关系,也涉及债权人、债务人亲属的债权人之间的外部利益调整问题。同时,个人破产制度不仅是调整债权债务关系的私法,其立法还考量社会、国家及国际收益问题①,具有明显的私法社会化特质。审视债务人亲属债权自动劣后规则,无法匹配个人破产制度体系。

(一)制度功能局限:自动居次规则难以涵摄亲属债权样态的多样性

1. 亲属之间债权债务关系复杂多样

关于亲属的外延,现有法律体系中各法域并未统一。本节主要考察特色条款,同时为了契合《民法典》概念射程范围,故以《民法典》第1045条规定的家庭成员为基础,同时将债务人前配偶纳入实证考察。在裁判文书网中以表内关键词检索近三年文书,可

① 自然人破产处理工作小组起草:《世界银行自然人破产问题处理报告》,殷慧芬,张达,译,中国政法大学出版社2016年版,第33页。

以得见债务人与其亲属之间的纠纷类型(见表2)。

表2 债务人亲属对债务人享有债权主要类型

债权主体	债权类型
子女、父母	检索原被告双方系亲子关系,文书111篇。主要类型为:借贷11篇,赡养9篇,返还原物9篇,赠予6篇,身体侵权3篇。此外,以父母为子女提供担保检索,文书43篇;以子女为父母提供担保检索,文书38篇。
配偶	以原被告双方系夫妻关系检索,文书1076篇。涤除离婚纠纷,其他债务纠纷主要包括:夫妻间借贷纠纷27篇,财产分割26篇,婚姻关系存续期间分居赔偿17篇,损害赔偿11篇。
前配偶	以原被告双方原系夫妻关系检索,文书1120篇。有效样本包括:因财产分割产生争议331篇,偿还贷款产生争议204篇,夫妻间借贷产生争议82篇,损害赔偿54篇,财产分割折价处理40篇,侵害身体权产生争议11篇,以及婚内承担共同债务离婚后产生的追偿等其他各类纠纷类型。
共同生活的近亲属	主要类型包括借贷、继承、财产分割等多种类型。

从前述检索数据来看,债务人与其亲属之间的纠纷类型复杂多样,纠纷原因各异,涉及的案由多达33种,其中以债务人与前配偶之间的纠纷最多,类型最为复杂。

2.“亲属关系”粘连程度不一

亲属债权主体中,既有情感一致利益协同的亲属关系,如同进退共患难夫妻亲子关系,也有情感冲突利益分崩的亲属类型如前配偶;既有基于血缘关系形成的近亲属关系如父子关系,也有基于姻缘关系形成的亲属关系如岳父母与女婿关系,不同亲属之间的债权如何受偿,亦应有所区分。

(二)制度目标偏差:法律事实与法律判断之逻辑层次模糊

1.基于规定性而非解释性的立法模式未能瞄准规制目标

个人破产条例规定亲属债权自动劣后,立法机关未明示立法理由。司法实务界和理论界多认为债务人亲属可能申报虚假债权,实施破产欺诈损害其他债权人利益,从保护债权人的角度将债务人亲属债权劣后。[①] 然,债务人亲属是否享有权利属于事实问题,而其是否劣后受偿属于法律价值判断问题,二者分属不同的法律逻辑层次。“居次”债权应当以债权客观真实为前提,而非因债务人亲属债权存疑而认定其居次。若因此将债务人亲属债权自动劣后,属于混淆法律判断与法律事实,存在逻辑错位,表明立法规范未能瞄准立法目的。该立法属于基于后果考量而形成的规范选择,其立论在于规定性而非解释性,将其置于法律体系中进行分析,难以逻辑和洽。

2. 事实认定的实践操作偏离立法目的

亲属债权是否虚假,属于事实认定问题,不能以此否定债务人亲属权利本身。事实认定问题应通过证明责任的裁判功能予以解决。[②] 如恐破产欺诈,可以通过撤销豁免、司法处罚和刑事惩罚予以解决。笔者认为,以债务人亲属可能利用特殊身份关系实行破产欺诈而否定其权利,进而规定其权利自动居次的观点是有失偏颇的。该规范的立法目的并非要否定亲属债权,而是要剔除可能损害债权人的不当债权。事实上,债务人及其亲属利用破产制度逃债的情况并不多见,占比约 2% 。[③]

(三)制度体系失调:亲属债权在不同程序中差别化地位无法和洽

1. 亲属债权在破产程序与非破产程序中的保护判然有别

从现行的债法体系来看,债务人亲属与债务人之间的民事法

---

① 徐阳光:《英国个人破产与债务清理制度》,法律出版社 2020 年版,第 110 页;陈科杰:《个人破产法的中国构建:基于比较法研究的探索》,中国法制出版社 2020 年版,第 114 页。

② 霍海红:《证明责任的法理与技术》,北京大学出版社 2018 年版,第 5 页。

③ 自然人破产处理工作小组起草:《世界银行自然人破产问题处理报告》,殷慧芬,张达,译,中国政法大学出版社 2016 年版,第 53 页。

律关系适用统一的《民法典》,亲属债权并无特别规定。调整执行分配权利序位的规范以最高人民法院出台的《关于刑事裁判涉财产部分执行的若干规定》第 13 条为代表,但该规定亦未就债务人亲属债权作出例外规定。在债务人未进入破产程序时,债务人亲属可以持债权文书申请执行或者参与执行分配。如广东省开平市人民法院(2018)粤 0783 民初 4300 号民事判决中认定近亲属之间根据借贷关系可以参与执行分配。[①] 依个人破产条例第 89 条,债务人一旦进入破产程序,其近亲属即便持有债权文书也只能劣后于普通债权人。这将在客观上导致,如果债务人有可分配的财产,则其不会申请破产以保障其亲属参与分配的权利,至少待执行分配完成后再申请破产。个人破产制度的功能在一定程度上受限。

2. 亲属债权自动居次可能引起实践对制度的背反

个人陷入债务危机,对外融资难,亲属间的借贷和帮助居重要地位。[②] 将亲属债权一律劣后,将导致夫妻之间、父母与子女之间不敢帮扶、不愿帮扶。个人破产制度的目的定位于拯救“诚而不幸”债务人,亲属债权自动居次会导致债务人即使摆脱债务“重生”,也会陷入“亲属债务纠缠”及内心愧疚的状态。同时,债务人陷入债务危机时,在亲属债权劣后的规范指引下,债务人亲属出借款项给债务人,其将借助第三方出借,避免亲属债权无法受偿的法律规制,或者通过不正当手段获得个别清偿。这将增加个人破产中的司法判断成本,并无裨益。

---

① 广东省东莞市第一人民法院(2016)粤 1971 民初 21383 号等判决也认为近亲属之间的关系不影响参与执行分配。

② 人民网,http://finance. people. com. cn/n1/2015/1220/c1004-27951091. html,访问时间 2021 年 6 月 11 日。事实上,由于亲属之间不便诉讼,在个人破产程序中,债务人亲属仅需申报实现债权,债务人亲属主张权利的占比会更高。

3. 亲属债权自动居次未兼虑债务人亲属的债权人利益

债务人破产关涉债权人、债务人。因自动居次规则的介入，也影响到债务人亲属及债务人亲属的债权人利益。在四方利益中，债务人亲属的债权人属于破产案件之外第三人，不能直接参与到案件中，但其利益却因债务人亲属是否能够受偿而受到影响。自动居次规则仅仅考量债务人及其亲属之间的特定关系，充分保障了债权人利益，但却未能体系化的考虑债务人亲属的债权人利益，在利益衡量上左支右绌。

4. 自动居次规则与个人破产制度的精义“余债免除”难以兼容

亲属债权作劣后处理，适用余债免除规则，劣后债权是否免除？余债免除的必然结果是普通债权无法全额清偿，劣后债权更是不作任何清偿，如此劣后债权意义何在？如果劣后债权日后可以追偿，余债免除制度价值何在？在感情冲突型或事后感情冲突型的亲属关系中，亲属债权更难以匹配自动劣后规则。

二、衡平居次适配：亲属“情感-经济共同体”与陌生人伦理互嵌的应然逻辑

个人破产程序与执行程序有诸多相似之处，但又有所不同。二者都是债务清偿程序，但在程序启动、余债免除、制度功能等方面均不尽相同。因此，基于个人破产制度的多重功能和亲属债权样态复杂性，对亲属债权进行适当调整，特定情形下衡平居次是恰当的。为了验证理论推导符合实践逻辑，笔者与多个法院从事执行和个人债务清理的法官进行了访谈。① 参与访谈的法官多认为在现有的法律体系中，将被执行人亲属债权劣后分配缺乏依据，实

---

① 主要与广东、浙江和江苏法院从事破产审判和执行工作的法官进行了交谈，上述三个省份企业破产审判走在全国前列，个人债务清理亦有尝试，相对具有前瞻性和代表性。

践中也未这样做。个人债务清理中，债务人亲属债权确实大量存在，实践中甄别其真伪难度较大，债权人也较难接受债务人近亲属全额参与分配而豁免债务人余债。个人债务清理制度尚缺乏全国性规范，遇到问题一般根据个案情况通过协商机制解决。

（一）帮扶义务与近亲优势：利他与利己主义交织要求衡平匹配

1. 利他主义要求亲属债权从平等适度转向居次

在个人破产制度中，债务人亲属具有双重身份：一方面，其作为债权人，可以行使请求给付的权利。另一方面，基于特定家庭伦理，其与债务人形成具有帮扶义务人伦关系，即作为亲属，当一方陷入困境需要救助时，其配偶和近亲属具有帮扶的义务。《民法典》第26条规定了成年子女对父母的扶助义务。《民法典》第1043条规定了夫妻及家庭成员之间应当相互帮助。此时债务人的亲属系“经济人”与“伦理人”双重复合。而财产法和家庭法之间具有难以弥合的冲突——“经济人”通常以“利己主义”为导向，家庭生活中的“伦理人”普遍以“利他主义”为准则。[①] 个人破产制度既要调整债务人与外部债权人之间的关系，也要调整其与家庭成员之间的内部关系。前者以平等主体之间的财产关系和人身关系为基础，后者以家庭伦理为基础，附属血缘与姻缘而超越功利情感和法统，又具有私法领域内的财产法属性，因而个人破产制度天然地存在伦理秩序与经济秩序、家庭团体主义与社会本位及国家本位冲突问题。债务人亲属的双重身份，要求对其债权清偿顺位根据不同情形做适当调整。

2. 基于利己主义应对亲属债权进行衡平规制

债务人与其亲属之间关系的隐秘性、长期性，注定和债务人与

---

① [美]加里·斯坦利·贝克尔：《家庭论》，王献生、王宇，译，商务印书馆1998年版，第354-355页。

陌生人之间关系的内在机理有显著不同。个人破产制度作为债务清理的终局规则,应当对该内部的隐秘关系有所关注。债务人与其亲属之间存在需要给予特别关注的关系,主要体现在两个大的方面:一是亲属债权人从债务人处获得过溢出利益。如债务人在经济状态良好时,赠予过其亲属财产。债务人破产后,其亲属主张个人在债务人陷入困境后出借过款项给债务人。尽管赠予行为发生在债务人破产法定撤销期限前,但在个人破产程序中对此应予以考量。二是债务人亲属利用近亲优势获得债权。如将亲属之间的合伙经营关系转化为借贷关系,原本双方应共负盈亏,债务人及其亲属相互配合将此转化为借贷,亦需将该种债权衡平居次。

(二)破产再建功能:通过法律的社会治理需要对亲属债权衡平导向

个人破产制度内含公平清偿与债务人重生双重功能。推行个人破产制度的动因是解决执行难,让债权人能够公平参与分配,同时借助社会力量查找债务人财产。也正因如此,我国的个人破产制度具有较为鲜明的特征,赋予了债权人申请债务人个人破产的权利,这与世界上大多数国家只赋予债务人申请个人破产权利有所不同。个人破产制度的二重功能对应的二重社会治理即债务人重生与债权秩序的维护,注定应对债务人亲属债权根据不同情形作适度调整。个人破产条例以及通行的个人破产程序包括三种模式,即清算、重整与和解。三种模式中以清算为主,重整及和解也有较高的适用率。[①] 三种不同模式下,债务人亲属就其债权可能会作出不同的安排(见表3)。

---

① 2021年4月12日,深圳市中级人民法院召开个人破产条例实施情况新闻发布会,会议披露首月共收到260件个人破产申请,其中清算申请235件,重整申请17件,和解申请8件。

表3 个人破产不同程序功能界分及对亲属债权影响

	清算	重整	和解	对亲属债权的影响
功能界分	保障债权人公平受偿、债务人余债免除	着重于债务人重生,均衡保障债权人	主要体现债权人与债务人的协商意志	1. 利益冲突型的亲属债权人,家庭情感薄弱,与其他债权人差异较小,主要追求债权实现。2. 利益及情感一致型亲属债权人,将在利益与情感之间进行博弈。清算模式下,因余债法定免除,亲属债权人将申请参与分配;重整与和解情形下,为了方案能够得到债权人同意,亲属通常会放弃申报或者放弃参与分配。
方案通过要求	人数及金额双过半规则	人数过半,金额三分之二以上	同清算	
豁免财产	生活必需品等最低限度物品	同清算	同清算,但可以协商确定	
余债免除	3~5年考察期或完成较高比例提前清偿	重整计划执行完毕可免除余债	按和解协议内容确定	
未来收入	针对未来收入进行监管和分配	针对未来收入按重整计划执行	协商确定	

从上述破产程序三种模式来看,清算、重整与和解程序存在多方面不同,根据债务人亲属与债务人之间的情感关系不同以及破产程序模式不同,债务人亲属将会作出不同的选择,亲属自愿放弃参与分配也更能得到其他债权人对债务人的支持。因此,赋予债务人亲属在不同形态和不同模式中的分配权,而非一律劣后参与分配,能更好地发挥个人破产制度的重生功能。

(三)破产通约规制:企业破产制度中的“衡平居次”规则借鉴

1.“衡平居次”实现内部关联关系与外部债权人之间的平衡

“衡平居次”原则也称“深石原则”,源自美国的 Taylorv. Standard Gas & ElectricCo. (1939)①,系最初针对关联企业交易中以不公平的方式取得债权情形,为保护债权人利益,企业进入破产程序后,关联企业的债权由法院决定劣后受偿。② 学界有研究认为德国和英国劣后债权采取“自动居次”模式,但德国立法对居次作了例外规定,德国立法规定股东比例较低且不参与公司经营的,或者在公司陷入困境后才成为股东的不适用居次规则。③ 英国立法也只是就劣后债权作了列举式规定,并非一概劣后。④ 因此,其亦应为“衡平居次”。虽然我国立法未明确规定“衡平居次”,但该理念在立法上已经展现,如《企业破产法》司法解释(二)第 46 条禁止出资不到位股东行使抵销权。司法实践中,“衡平居次”规则也已经践行,如最高人民法院典型案例“沙港公司诉开天公司执行分配方案异议案”。

2. 亲属债权与股东债权清偿存在通约之处

亲属债权与股东债权清偿有诸多通约之处,衡平居次原则从商事破产领域迁移到个人破产的涉家事领域具有通约基础。以“沙港公司诉开天公司执行分配方案异议案”为例,对比“股东-公司”与“债务人-亲属”之间的通约之处。个人破产涉及债务人与其亲属之间的内部关系,以及债务人与外部债权人之间的关系。商事破产同样包括公司与股东的内部关系,同时涉及公司与外部债权人之间的关系。债务人亲属具有伦理扶助义务和债权请求权;

---

① Taylor V. Standard Gas & Electric Co. 306 U. S. 307(1939).

② 赵德枢:《一人公司详论》,中国人民大学出版社 2004 年版,第 152 页。

③ Insolvency Act 1986, sec. 329; Partnership Act1890, sec. 3.

④ Partnership Act1890, sec. 2(3)(d).

公司股东负有法定出资义务、不得损害公司及债权人利益的义务,同时股东在享有正当债权时,也可依法享有债权请求权。此外,债务人亲属与债务人之间的近亲优势,与公司股东与公司之间的控制与被控制、影响与被影响关系其理亦同,其均可能存在利用控制优势取得不当债权。因此,将商事领域的衡平居次迁移到家事领域,亦为正当,即可根据不同情形对债务人关联方利益作适当干预和调整。

(四)域外经验证成:域外亲属债权清偿实践之印证

个人破产制度相对成熟的美国,就解除婚姻关系的配偶以及同性同居关系者债权清偿问题产生了激烈的争论。在国会讨论过程中,议员举例说明配偶债权劣后的不可行性。其述,安和玛丽结婚,在婚姻关系存续期间产生了共同债务结欠银行信用卡 5 万美元。过几年,二者婚姻关系解除,约定安给予玛丽一些补偿。后安申请个人破产,将玛丽和银行列为债权人。由破产程序免除了玛丽和银行的债务,后安将独自承担银行的债务。议会最终推动形成《捍卫婚姻法案》,防止配偶尤其是前配偶权利过分受损,更遑论劣后清偿。①

与前述婚姻法限制破产法类似,破产法也回应了婚姻法。为了保护和平衡婚姻家庭,美国 1994 年《破产改革法案》就某些婚姻债务的可免除性作了规定,限制破产法免除婚姻家庭关系中的债务,就不同债务类型作出不同的规定,平衡债务人、家庭及相关主体之间的权利,并列举式地规定赡养等性质的债务不可免除,以及一些债务需要平衡处理。②

---

① Alexander, Peter C. : Better Than Traditional Marriage-The Bankruptcy Benefits To A Divorcee Following A Same-Sex Marriage, Domestic Partnership, Or Civil Union, 279.

② Building“A Doll's House”: A Feminist Analysis Of Marital Debt Dischargeability In Bankruptcy, 382.

三、规范系统整合：债务人重生与债权人保障双重面向下衡平居次规则建构

正如前文所分析，个人破产条例针对亲属普通债权作了自动劣后规定，其未能深入剖析亲属债权发生的内在机理，法律后果无法匹配多样的行为模式。应当在厘清法律要素的基础上，整合规范要素，形成多层次的衡平居次适用规则体系。

（一）基于亲伦扶助与人格独立的亲属债权均衡范围：以债权发生时的家庭成员为衡平对象

1. 配偶及前配偶是规制的重要对象

近代以来，传统以亲子关系为基础的人伦关系被打破。现行《民法典》构建以夫妻关系为核心的家庭关系。配偶债权在债务人单独破产时才适用衡平居次规则。若夫妻双方同居共财，债务人及其配偶合并破产，则无须再区分。债务人与配偶或前配偶关系最为紧密，细分之下的债权债务关系也最为复杂。从前述统计的债务人与配偶或前配偶多达数十种纠纷类型可见一斑。正因其关系紧密，配偶也最有可能利用隐秘关系取得对债权人不公平的债权。同时，夫妻之间本身有相互扶助的义务。因此，将其作为规制对象，是题中之义。

2. 父母与子女

对于未共同居住生活的父母和成年子女，是否应作为劣后债权主体，不无争议。《民法典》第26条规定成年子女对父母负有赡养、扶助和保护的义务。此处的扶助可以延伸至经济上的扶助，即当外部债权人与成年子女的债权冲突时，考虑到个人破产制度本身就是对债务人的保护，是国家对个人社会权利的法律化和社会对个人债务的容忍和帮扶。从家国理念来说，当个人遇到困难，家庭应属首要帮扶主体。因此，将成年子女纳入衡平对象是合适的。

现行法律并未规定成年父母对成年子女有扶助义务。能否将父母道德上的扶助上升到法律层面,殊有争议。但从检索的实践案例来看,父母诉讼子女的案例远超过子女诉讼父母的案件,并且诸多判决以双方系亲子关系,缺乏借贷合意,可能损害债权人利益为由驳回诉讼请求。正如本文所分析,父母与子女之间的特殊关系,在债务人陷入困境时,债务人父母可能给予帮助,也可能利用其特别的关系取得债权,影响其他债权人公平受偿。因此,将债务人父母纳入衡平对象合乎事实。

3. 共同生活的近亲属

该部分主体与债务人关系亲近,纳入衡平对象是合适的,争议之处在于何为共同生活。理论界也有提出应以同居共财作为特别规制的条件。笔者认为,是否居次,不仅仅是主体问题,更是内在债权债务关系的辨明以及程序的控制。因此,将该部分主体作为衡平对象是必要的,至于是否要居次,则属于另一层面的判断。

基于姻缘及血缘关系形成的旁系姻亲和血亲,已经被现代独立人格理念所排斥,在债法体系中不再成为法律特定评价对象。在个人破产制度中,无必要将亲属主体扩展到姻亲等其他主体。债权真实性问题,宜通过举证责任分配等方式甄别。因此,将债权形成时的家庭成员作为衡平对象与民法债法体系和人格权独立理念相容。

(二)基于财产法与家庭法交织的证明标准:梯度化证明标准创制

如何对待亲属债权,首要疑惑是债权是否真实。个人破产条例第 89 条在相当程度上考虑该因素而将其居次。因债务人内部关系的隐秘性,考察清楚其亲属关系的详细情况是困难的。因此,对债务人亲属债权的审查应采取特定的审查标准和举证规则。

1. 债务人亲属持有确认债权的生效文书

进入破产程序后,债务人亲属持生效文书向管理人申报债权,并将该债权凭证以及基础债权形成资料交由其他债权人审查。据此，债务人与其亲属之间具有相对性的债权债务关系被其他债权人所知晓。如管理人或者其他债权人认为该债权虚假，可以通过第三人撤销之诉或者再审予以解决。在第三人撤销之诉或者再审过程中，赋予债务人及亲属举证义务。

2. 债务人亲属未持有生效文书申报债权

对于债务人亲属的债权尚未经权力机关裁决的，管理人严格审查其债权真实性，可以迁移适用商事领域的“衡平居次”理念，并参照《公司法》第63条规定。债务人亲属与债务人之间存在较强的关联，在二者之间处于正常的亲属关系情况下即利益一致型关系，实行举证责任倒置，即债务人亲属应当举证证明其对债务人享有债权，且其与债务人不存在同居共财无法区分财产的情形。因其二者之间的特殊关系，当事人之间的陈述证明力减等，可以借鉴执行异议之诉中慎用自认证据采信规则，不能仅凭双方当事人自认和陈述作出裁判。同时，相关借据以及债务确认书面资料较容易形成，采信度亦应降低，主要采信客观性较强的物证、电子数据资料以及鉴定意见等采信度较高的证据类型。债务人亲属与债务人之间处于非正常状态即利益冲突型关系，相应的举证责任的强度应弱于利益一致型关系，但债务人亲属应就关系非正常状态举证。

（三）基于个人破产立法功能标准：是否利用近亲优势或取得溢出利益

1. 是否利用近亲优势取得债权

债务人亲属对债务人情况较为清楚，也最先了解债务人的财务状况。债务人及其亲属容易利用信息优势、近亲配合优势形成债权。通过对司法裁判观察，实践中主要有以下几种类型：(1)原本父母对债务人夫妻双方的赠予，在债务人陷入困境后，形成协议明确系对债务人配偶的赠予。(2)父母对子女的赠予,在债务人对外负债,尚未进入执行程序时,将赠予明确为借贷关系。(3)父母将房屋赠予债务人,在债务人陷入困境后,利用配合优势,将赠予转化为借名登记行为,或者主张名为赠予实为买卖。(4)父母将自己房屋出售后取得购房款给予债务人购房,债务人陷入困境后,拟定协议主张为借名买房或者借贷关系。(5)将投资款或合伙经营投入转化为借款。(6)夫妻之间以离婚方式形成一方对另外一方的债权,并待撤销期满后进入破产程序。对于该类债权及同性质债权,一方面通过前述举证责任规则予以否定,另外一方面即便认定真实,也应居次受偿。

2. 债务人亲属是否取得溢出利益

衡平之要义在于确定原则而不形成过于精细的刚性规则,在个案中实现矫正正义。在前述甄别债权真伪的基础上,再进行衡平。以该原则作为衡平的重要标准,具体需要考量以下几个方面。一是亲属之间的相互扶助情况。既然扶助是相互的,若此前债务人曾给予过亲属帮助,如赠予过相关财产给亲属,或者放弃过相关债权等让亲属获益,虽然已经超出了可撤销的期限,基于扶助与回馈的伦理和让债务人重生的个人破产立法目标,应当限制亲属此时行使权利。二是债务人与亲属之间的权利义务对等情况。债务人与其近亲属之间的权利义务具有长期性,不同于债务人与陌生人之间的单次对等性。应在债务人及其亲属之间寻求长期限的对等和平衡。如债务人亲属享有的债权为投资款转借贷、合伙转借贷等,属于风险的临时转变,应限制其行使权利。三是防范利用个人破产制度的漏洞合法避债。如债务人离婚时将全部财产约定给其配偶并承担未成年子女全部抚养费用,离婚当时并未对外产生大量债务。此后,债务人通过向其前配偶借款方式经营。从个人破产制度来看,该行为规避了可撤销债权的行权期间,同时也并不违反法律的强制性规定。但若是从前后相继的行为以及家事法域来考察,外部债权人则很难接受债务人的前配偶参与分配。外部债权人将认为这是债务人事先对财产的安排,或者认为离婚时存在赠予,前配偶后续取得债权的行为损害外部债权人利益,应将其前配偶债权居次。

(四)基于公平价值的审查标准:同质同权与差别有序

与前述债权真伪辨别和是否利用了近亲优势或取得溢出利益的规制方式有所不同,以公平正义价值来判断债务人亲属是否可以与外部债权人同等参与分配,主要依靠回溯验证的方式,属于裁判的原则。在有规则可循时需按照规则来裁判,因规则迟延于社会实践,无规则可循时,可以援引公平价值和禁止权利滥用等民法和个人破产法的基本原则确定债务人亲属债权顺位。

1. 利益冲突型亲属债权

利益冲突型亲属债权如债务人与其前配偶因为离婚产生的分割财产的补偿款或其他求偿权。实践中较为常见的情况为夫妻双方离婚约定了财产分割事宜,双方平等分配财产,但未能及时交割。后因一方负债,未完成分割但已约定归属的财产被作为夫妻共同财产执行完毕。债务人前配偶据此可以取得求偿权。① 此类债权的同等清偿并不会产生不公平感,应属于可以同等参与分配的权利,即同质同权。

2. 利益一致型亲属债权

利益一致型债权,情况各异。如本文开篇的案例,亲属之间提供担保产生求偿权,在债务人亲属对外负有债务而不赋予其求偿权,其自身将因无法清偿对外债务而破产。此时,即便债务人亲属

---

① 江苏省昆山市人民法院(2020)苏0583执异85号等裁判文书均反映出该类情形。

存在前述可归责的劣后性因素,在其权利真实时,应当赋予其同等参与分配的权利。若利益一致型亲属债权的行权本身会产生不公平,则应予以限制。如外部债权人本身因债权无法回收而陷入困境,债务人亲属本身有相对较好的经济条件,则此时应限制债务人亲属行使权利。

此外,债务人亲属的优先债权应与其他债权人的优先债权同等受偿,如债务人对其亲属身体侵权产生的损害赔偿之债,应优先于普通债权受偿,实现同质同权,而对于普通债权则奉行差别有序受偿。

(五)基于正当程序的参与标准:债务人—债权人—法院试证衡平

1. 受理阶段的立案审查

个人破产程序中债务人自行申请或者与债务人利益一致、关系亲密的债权人申请债务人破产占绝对比例。[①] 个人破产与企业破产在受理阶段有显著区别,企业破产实行立案登记制,即收到破产申请后应当立案登记,在法定期限内完成审查,符合破产条件的应当受理,限制条件较少。但个人破产则与此不同,只要审查发现债务人有不实陈述等影响破产程序的即可裁定不予受理,已经受理的裁定驳回申请。为推进企业破产程序,更多的是科以清算配合义务人民事赔偿及拘留等处罚。个人破产本身以保护债务人为重要立法价值,在发现债务人不配合或者有稀释债权或者逃废债的情形,则应不给予其破产保护即终止破产程序或余债不予免除。

因此,在立案审查阶段,要求债务人如实陈述其亲属是否有债权、债权性质、形成的时间、原因及渊源、以往的经济往来情况、扶

① 《深圳个人破产实施首月:260 人申请破产,8 宗立案审查》,深圳新闻网(sznews. com),https://www. sznews. com/news/content/2021-04/12/content-24123579. htm,访问时间 2021 年 5 月 11 日。260 例个人破产申请中,其中债务人申请 251 例,债权人申请 9 例。

助情况、赠予情况等详细信息，并告知其虚假陈述后果。在立案阶段就债务人家庭成员是否有债权，以及是否要求在破产程序中受偿做初步核查。如在审查阶段即发现虚假，则可以直接以此裁定不予受理。

2. 债权确认阶段的清偿顺序审查

债权申报与确认是破产程序的核心程序，关涉参与分配的债权金额以及债权人会议行使权利的人数。关于债务人亲属的债权，其亦应向破产管理人申报债权，破产管理人在对相关权利凭证做全面深入调查后作出认定，并应将债务人亲属的债权所依据的基础材料提交给全体债权人进行核查。如果全体债权人及债务人均无异议，遵循债权人意思自治原则，该债权可由法院裁定确认。如债权人提出异议，则应进一步核查债权性质以及发生的缘由，以及是否存在有损外部债权人的行为。如破产管理人复核作出认定，各方仍有异议的，则应通过破产债权确认诉讼解决，由法院依据前述“衡平”规则确定清偿顺序。

3. 债务纾解方案审查阶段的衡平确认

相较于企业破产，在个人破产程序适用上，债权人参与度相对较少，而法院的裁判权更大。[①] 个人破产的三种模式中，法院可以充分运用程序中的清算、重整、和解方案的审查权来衡平矫正亲属债权的清偿顺位。无论是清算模式下的财产分配方案、重整模式下的重整草案，还是和解程序中的和解协议，最终均需要得到法院的确认或者认可。在各方案得到债权人同意的情况下，法院只需要审查是否违法即可。如果各方案未能通过债权人会议的表决，则应充分考量亲属债权对方案的影响。如亲属债权存在前述应劣

---

① 自然人破产处理工作小组起草：《世界银行自然人破产问题处理报告》，殷慧芬，张达，译，中国政法大学出版社2016年版，第85页。

后的因素,则法院不强制认可未经债权人会议通过的方案,引导债务人亲属就其清偿顺位或比例作出调整,以平衡其与外部债权人之间的利益。

结 语

国家层面的个人破产立法呼声渐高,如何规范债务人亲属债权无可回避。亲属关系的复杂性制约着个人破产文本规范的表达限度,复杂的人性部分消解债务人重生中心主义的正当性,不同主体之间的利益诉求要求对债务人亲属债权均衡以待。宜对债务人亲属债权受偿规则作要素性规定,在个案中进行“衡平”,维系规则的生命力。关于债务人亲属债权受偿的立法建议表述为:债务人家庭成员以及债权形成于夫妻关系存续期间的前配偶的普通债权可以同等受偿;但其利用近亲优势取得债权、取得溢出利益或参与分配明显不公平的,应劣后于普通债权人受偿。为裨益司法裁判规则,笔者撰写了具体的《个人破产程序中债务人亲属债权审查指引》,详见附件。

附件:

个人破产程序中债务人亲属债权审查指引

(建议稿)

为发挥个人破产制度的重生与公平偿债功能,规范债务人亲属债权清偿秩序,依法维护全体债权人和债务人的合法权益,根据法律及相关司法解释,结合个人破产审判工作实际,制定本指引。

一、基本规定

第一条【指引目的】为规范个人破产债务人亲属债权审查、确认、异议和分配程序,平衡保护债权人与债务人亲属之间的权利,发挥清算、重整、和解程序价值，调和公平偿债与债务人重生功能，依据法律及司法解释的规定，结合审判实践，制定本指引。

第二条【适用范围】本指引的适用范围：

接受人民法院指定担任个人破产案件管理人，审理个人破产案件的审判庭和审理破产衍生诉讼的业务庭，依法履行管理人职责和审理个人破产案件及衍生诉讼时，适用本指引。

第三条【主要程序】本指引依据个人破产制度，主要包括债权申报、确认、异议和分配程序，在各阶段按照本指引审查。

第四条【亲属范围】本指引所指亲属债权指债务人家庭成员及债务人前配偶申报的债权，具体包括：债务人配偶、前配偶、父母、子女以及共同生活的其他近亲属申报的债权。

二、破产审查阶段

第五条【受理阶段的审查】债务人申请个人破产的，应当如实陈述其亲属具体情况，包括财产情况、收入情况、相互扶助情况、与债务人之间是否存在经济往来，以及具体的经济往来情况，并应当就此向人民法院提交下列材料：

（一）亲属财产情况、收入情况、对外负债情况；

（二）债务人与亲属之间的经济往来情况；

（三）债务人与其亲属之间经济扶助情况，包括赠予等情况；

（四）如实陈述、申报诚信承诺书。

第六条【破产审查阶段的初步调查】债务人陈述其亲属对其享有债权的，在受理破产前，应向债务人亲属核查情况，并要求其提供如下材料：

（一）债权基本情况，包括数额、性质，是否有生效文书；

（二）债务人亲属的财产、收入，对外债务情况；

（三）债务人与其亲属是否存在共同生活、相互照料情况等基本事实；

(四)双方经济往来情况;

(五)如实陈述承诺书。

第七条【债权人申请破产】债权人申请债务人破产的,人民法院在听证过程中应当询问债务人对外债务情况以及与其亲属之间的经济往来、是否共同生活、相互扶助等情况。

三、破产受理后的申报、确认、异议程序

第八条【申报程序】进入破产程序后,债务人亲属可以向管理人申报债权,填写债权申报表,明确债权类型、金额以及所依据的证据,并需具体载明其与债务人之间的经济往来、是否共同生活、经济扶助情况。相关证据材料应与破产审查阶段陈述一致,除对债权人有利的陈述,禁止反言。

第九条【有生效文书的审查】管理人接受债务人亲属的债权申报材料后,应严格按照法律规定审查其真实性,不仅要求其提供裁判文书,还应要求其提供裁判文书所依据的基础证据,以确定债权类型、形成原因等事实。

第十条【债权真实性存疑的处理】管理人认为债务人亲属据以申报债权的生效法律文书确定的债权错误,或者有证据证明债务人与其亲属恶意通过诉讼、仲裁或者公证机关赋予强制执行力公证文书的形式虚构债权债务的,应当依法通过审判监督程序向作出该判决、裁定、调解书的人民法院或者上一级人民法院申请撤销生效法律文书,或者向受理破产申请的人民法院申请撤销或者不予执行仲裁裁决、不予执行公证债权文书后,重新确定债权。

涉嫌虚假诉讼的,其他债权人可提起第三人撤销之诉,请求撤销生效文书。

第十一条【虚假申报的处理】经证实债务人或其亲属存在恶意通过诉讼、仲裁或者公证机关赋予强制执行力公证文书的形式虚构债权债务的,人民法院可以裁定驳回其破产申请,也可以不驳回其破产申请,但不豁免其债务。

第十二条【无生效文书的审查】债务人亲属申报债权,管理人不仅审查其该笔债权情况,还应当要求其提供详细的资产情况以及银行流水等证明其与债务人之间全部经济往来情况和扶助情况。

第十三条【确认程序】管理人在审查债务人亲属债权真实性的基础上,应当对其债权性质和类型作出准确认定。债权类型包括:赡养费、抚养费、因侵害人身权产生的损害赔偿权利、共有物分割产生的债务、离婚产生的补偿、借贷等。

第十四条【其他债权人的核查权利】债权人会议上,管理人应当就债务人亲属申报的债权作详细披露,其他债权人仍有异议的可以查阅详细的债权申报材料并有权提出异议。

第十五条【异议复查程序】其他债权人对债务人亲属债权真实性有异议的,可以提出异议,要求管理人复查。管理人经过复查认为其债权真实并予以确认的,债务人及其他债权人仍有异议的可以提起债权确认诉讼。

第十六条【破产债权确认诉讼】债务人亲属或者其他债权人提起债权确认诉讼,债务人及其亲属应当举证证明存在真实的债权债务关系,并就双方之间经济往来情况和扶助情况提供材料以供核查,以确定债务的真实性、是否存在滥用亲属优势取得不当债权,以及债务人亲属是否接受过超出债权金额的扶助等情况。

四、分配程序

第十七条【亲属债权清偿顺位】债务人亲属对债务人享有债权的,按如下顺位清偿:

(一)债务人欠付的赡养费、抚养费、扶养费优先清偿;

(二)债务人亲属享有的人身损害赔偿与其他债权人同类债权处于同一清偿顺位,并优先于普通债权清偿;

(三)债务人家庭成员及前配偶的普通债权可以同等受偿,但其滥用近亲优势不当取得债权,以往从债务人处获得过经济扶助且扶助金额大于债权金额的,或者参与分配明显不公平的,应劣后于普通债权人受偿。

第十八条【不当债权的类型】滥用近亲优势不当取得债权主要包括以下类型:

(一)在债务人对外大量负债,尚未进入破产程序时,将通常的赠予关系明确为借贷关系的;

(二)亲属将房屋转移登记给债务人未约定款项支付事宜,在债务人陷入困境后,主张转移登记性质为买卖关系的;

(三)亲属出资给债务人购房未明确出资性质,债务人陷入困境后,双方约定为借名买房或者借贷关系的;

(四)将投资款或合伙经营投入转化为借款的;

(五)夫妻之间以离婚方式形成一方对另外一方的债权,并待撤销期满后进入破产程序的;

(六)债务人与亲属财产混同,但亲属主张债权的;

(七)其他滥用近亲优势取得债权。

第十九条【取得溢出利益的类型】债务人亲属受助于债务人,取得超出债权金额利益的类型:

(一)债务人曾给予过亲属经济扶助、赠予过相关财产给亲属或者放弃过相关债权,亲属因此获益的;

(二)债务人亲属以往依赖债务人物质上的支持、精神上的照料而生活的;

(三)债务人与其配偶离婚,约定财产归配偶所有,离婚后债务人以向前配偶借款方式经营或生活的;

(四)债务人亲属存在以其他方式从债务人处取得超出其债权利益的情形。

第二十条【分配顺位的程序匹配】债务人亲属可以放弃债权申报和参与分配。破产和解、重整程序中,其他债权人对债务人亲属债权同等参与分配存在异议导致和解协议、重整方案无法通过的,除有确切的理由外,人民法院不予批准和解协议和重整方案。

五、虚构债务的处理

第二十一条【虚构债务处理】债务人及其亲属违反规定,有下列行为之一的,由人民法院依法予以训诫、罚款、拘留;构成犯罪的,依法追究刑事责任:

(一)提供虚假资料、作虚假陈述,取得虚假债权的;

(二)恶意串通,取得生效文书的;

(三)违反禁反言规则,情节严重的;

(四)其他妨害破产程序的行为。

第二十二条【管理人勤勉责任】管理人未依照本指引勤勉尽责、忠实执行职务,给债务人、债权人造成损失的,应当依法承担赔偿责任。

管理人与债务人或其亲属恶意串通,损害其他债权人利益的,由人民法院依法予以训诫、拘传、罚款、拘留;构成犯罪的,依法追究刑事责任。

失信联合惩戒检察监督：理论基础、实践考量与规则设计

宋　阳*

摘　要：失信联合惩戒检察监督能够有效匡正行政机关惩戒行为的失范和适用范围的扩张等现实问题。失信联合惩戒检察监督既有法理基础，也有实践需求。行政性失信联合惩戒检察监督不仅着眼于违法惩戒行为本身，还应包括失信联合惩戒备忘录。检察权的谦抑性要求检察监督应遵循合法性审查为主，合理性审查为辅；结果监督为主，过程监督为辅的限制。以期构建以检察建议为主，兼采检察异议、支持起诉等多元化监督和类案监督的"治本"监督方式。

关键词：失信联合惩戒；检察监督；检察建议

* 宋阳，男，河南南阳人，湘潭大学法学院博士研究生，主要研究方向：经济法、信用法。

一、问题的提出

2020年国务院办公厅颁发《关于进一步完善失信约束制度 构建诚信建设长效机制的指导意见》，明确"依法依规确定失信惩戒措施，确保过惩相当"。目前，失信联合惩戒[①]已延伸至生活的各个领域，如高铁霸座、欠缴水电费、考试作弊等行为，适用范围上呈现扩张的趋势。[②] 尽管失信联合惩戒作为一种创新性制度，但上层立法的供给不足：一方面，外部监督制约机制的缺位，使行政机关在失信联合惩戒中游离于法律监督和法律责任之外，导致行政机关与失信相对人之间的权利义务失衡；另一方面，因其程序规则和救济规则的缺失和救济制度的模糊，失信相对人救济之路布满荆棘。[③] 中央的政策性文件缺乏具体的实操规则，对实务部门而言无疑是隔靴搔痒，不足以有效防止失信联合惩戒适用上的失范和泛化。

2021年颁发的《中共中央关于加强新时代检察机关法律监督工作的意见》(下文简称为《新时代检察监督意见》)指出，检察机关"在履行法律监督职责中发现行政机关违法行使职权或者不行使职权的，可以依照法律规定制发检察建议等督促其纠正"。[④] 从一定意义上看，《新时代检察监督意见》为检察机关依宪依法进行行政检察工作提供了制度指引和政策依据。而失信联合惩戒相对

---

① 实践中，失信联合惩戒按执行主体不同可以分为市场性惩戒、行业性惩戒、社会性惩戒、行政性惩戒和司法性惩戒。参见：王伟：《失信惩戒的类型化规制研究：兼论社会信用法的规则设计》，载《中州学刊》2019年第5期，第43-52页。

② 《广州市通过草案：高铁霸座、考试作弊将纳入失信信息》，载环球网，https://tech. huanqiu. com/article/9CaKrnKk9dp，访问时间2022年5月12日。

③ 梁尧：《信用惩戒实践的行政法治逻辑：反思与完善》，载《苏州大学学报(法学版)》2021年第1期，第69-79页。

④ 《中共中央关于加强新时代检察机关法律监督工作的意见》，2021年6月15日公布。

于传统行政监管行为具有范围广、威慑力强、见效快等制度优势,呈主体多元性、阶段多重性和程序复杂性的特征,无法将其归属在传统类型化行政行为中,故现有行政检察监督制度难以对其有效约束和制约,需对行政检察监督进行制度的创新和职能的适度扩张。

从目前研究现状看,大多学者围绕失信联合惩戒的性质、范围、合法性控制等基础理论展开研究,鲜有学者从法律监督角度对失信联合惩戒进行制度优化。故建立完备有效的法律监督机制成为突破这一枷锁的破局之道和治本之策,也是加强新时代检察监督的重要举措。本文通过实践维度和理论维度对失信联合惩戒检察监督的正当性进行证成,再根据失信联合惩戒的复杂性和检察监督的谦抑性界定失信联合惩戒检察监督的范围、明确其监督限度、合理设置其监督方式。

二、理论回归:失信联合惩戒检察监督的法理基础

国家监察体制改革使检察机关重塑职权职能,更加强调和突出了法律监督的属性。以失信联合惩戒为抓手的社会信用体系建设逐渐彰显制度的优越性,但作为一种全新的行政监管方式被广泛地应用于各级行政机关,有必要将其纳入检察监督的范畴。在此背景下,尊重检察机关法律监督属性的基础上,重塑行政检察工作的深刻法理基础。

(一)失信联合惩戒检察监督的宪法考察——职能进化与模式拓展

新中国成立后,我国受列宁法律监督理论和苏联社会主义法制实践的影响,沿用了苏联"一般监督"的检察模式。[①] 后由于当时

---

① 如《中央人民政府组织法》第28条、1951年《中央人民政府最高人民检察署暂行组织条例》第3条、1954年《宪法》、1954年《人民检察院组织法》、1978年《宪法》第42条等基本都做出了相同的规定。

检察人员法律理论的不扎实、政策研究能力的不足及经验的欠缺等原因,实践中各地的监督情况具有不平衡性,一般检察监督论夭折。1979 年的《人民检察院组织法》确立了检察机关职务犯罪的侦查权和司法监督相结合的二元监督模式。十八届六中全会以来,我国推进监察体制改革,贪污、贿赂等职务犯罪监督权转隶至监察委员会,检察机关形成了刑事公诉和法律监督两条主线的工作模式。

为配合检察职能的转变,检察机关在内设机构和相关业务上展开了自上而下的系统性改革①,但职能的转变并未影响其法律监督的宪法定位。行政检察工作作为“四大检察”之一,行政检察监督职能已纳入新时代检察监督工作的重点内容之一。据当前宪法对检察机关法律监督功能的期待,更强调“以人民为中心”、更加积极守护公平正义是检察监督的新的使命与担当。为充分发挥检察机关的法律监督职能,拓展多元化行政检察监督工作的方式,理论和实践中探索形成了以检察建议、公益诉讼、检察听证等多元化新型行政检察监督模式,对丰富检察监督的方式、规范行政机关依法行政和推进法治政府建设等有重要意义。

检察监督工作应当在行政机关的职能进化中寻找新的拓展空间。失信联合惩戒作为一种过程性行政行为,不能生硬地套用传统的行政检察监督理论。针对行政机关在实施失信联合惩戒中产生的违反法定程序、侵害失信相对人等行为,在失信相对人私力救济失灵时,法律应授予检察机关法律监督的权力。随着失信联合惩戒在社会综合管理中的全面铺开,检察机关立足法律监督活动,可以主动或被动发现行政机关在失信联合惩戒中的违法行为或不

① 谢鹏程,陈磊:《检察学:围绕“四大检察”解新题答难题》,载《检察日报》2020 年 1 月 6 日,第 003 版。

作为行为,通过多元化手段对其约束或纠正,这顺应了检察机关的法律监督职能从诉讼领域向行政领域的动态发展趋势,也有助于实现失信联合惩戒法治化、系统化的目标建设。

(二)失信联合惩戒检察监督的价值目标——行权与控权的统一

卢梭在《社会契约论》中认为政府应当是建立在臣民和主权者之间的平衡体,并提出了政治体的理想生存模型理应是"主权者:政府=政府:臣民",由此奠定了现代政治秩序的基础。但在卢梭看来,主权者和臣民都是人民的两种状态:积极状态与消极状态。[①]而当政府侵害私人领域时,在消极状态下的人民并非能够通过参与民主维护自身权利。卢梭为此提出了两种破局之道:其一,卢梭从公意论角度出发,认为主权是不能分割、不能让与和被代表的,必须参与民主政治。由此,当政府的行政权扩张滥用时,也侵犯了积极状态下的人民作为主权者的权利,故主权者可以通过立法、罢免、选举等方式维护自己权利。[②] 其二,卢梭认为政府行政权力的扩张、人民社会联系感的幻灭、公意的沉默、爱国心的冷却、贪婪与私欲的膨胀等人性弱点,使臣民"陷于集体奴役的状态"。[③] 但"这种完美的政府是不适合人类的",终究是一场乌托邦式的理想状态。由此,应当为人民建立一个专门的机构来约束行政机关的权力。

新中国成立后,社会矛盾呈现多元性和复杂性等特征。而行政机关内部监督的失灵等因素,导致行政机关"以罚代刑""有案不移"等滥用行政权、职务不作为的违法行为时有发生。为有效解决这一问题,2000年前后,国务院和最高人民检察院探索了行政权和

---

① 陈端洪:《制宪权与根本法》,中国法制出版社2010年版,第55页。

② [法]卢梭:《社会契约论》,何兆武,译,商务印书馆2004年版,第32页。

③ 陈端洪:《人民必得出场——卢梭官民矛盾论的哲学图式与人民制宪权理论》,载《北大法律评论》2010年第1辑,第117-145页。

检察权的“衔接”制度,有效约束了行政权的滥用,发挥了检察机关的法律监督天然使命。[①] 尽管在国家监察体制改革中,检察院的职权职能有所调整,但其最核心的法律监督的职能尚未发生任何变化。[②] 失信联合惩戒以行政机关为主导,对失信相对人实施的损益性行为,由于缺乏行之有效的上位阶立法,可能与依法行政等依法治国原则的精神内涵相左[③],且失信联合惩戒措施涉及公民的人格尊严权、隐私权、平等权及财产权等多项公民的基本权利,亟须进行合法性控制。[④] 借助行政检察监督理论对失信联合惩戒进行合法控制,既契合检察机关的法律监督属性,也能够实现失信联合惩戒行稳致远地发展。

三、实践考量:失信联合惩戒检察监督的现实回应

从失信联合惩戒发展轨迹来看,由于失信联合惩戒制度缺乏行之有效的实施规则,惩戒措施惩罚过当、监管缺位等各类违法案件层出不穷,导致失信相对人的权利难以得到保护,社会信用体系难以健康运行。因此,构建失信联合惩戒的检察监督是维护行政执法公信力和社会信用体系秩序的现实需求。

(一)宏观层面:制度创新与立法缺位的矛盾

社会信用体系建设是我国社会与经济发展的需要,是完善我国社会主义市场经济体制的重要组成部分。2014 年国务院颁布的

---

① 谢鹏程:《行政处罚法律监督制度简论》,载《人民检察》2013 年第 15 期,第 11-17 页。

② 苗生明:《新时代检察权的定位、特征与发展趋向》,载《中国法学》2019 年第 6 期,第 224-240 页。

③ 沈岿:《社会信用体系建设的法治之道》,载《中国法学》2019 年第 5 期,第 25-46 页。

④ 聂帅钧:《失信联合惩戒措施的合法性检讨与控制》,载《财经法学》2021 年第 2 期,第 117-134 页。

《社会信用体系建设规划纲要(2014—2020年)》意味着以“失信联合惩戒”为主的社会信用体系建设正式拉开帷幕。党的十九届四中全会通过的《中共中央关于坚持和完善中国特色社会主义制度推进国家治理体系和治理能力现代化若干重大问题的决定》指出,要“完善诚信建设长效机制,健全覆盖全社会的征信体系,加强失信惩戒”。作为一种制度的创新,失信联合惩戒为行政管理部门勾勒了一个可期待的制度图景,为信用体系建设发挥社会治理功能,实现国家治理体系和治理能力现代化建设做出重要贡献。[①] 具体而言之,失信联合惩戒在解决社会失信问题、弥补传统法律责任中事后处罚的不足、规制市场失范行为、补足传统监管手段的制度短板等方面有不可替代的优越性,能够发挥政府与市场共同治理的合力,因而深受行政机关的青睐。[②]

但从立法现状看,有关失信联合惩戒的立法散见于各地的社会信用条例,通过对其考察发现:失信联合惩戒呈程序装置薄弱、救济机制欠缺、权力责任不匹配等实践运行样态,体现了权利义务的不平衡性。立足各省级信用立法现状,大部分均规定了失信联合惩戒的具体措施,但并未规定具体程序设计和明确的救济途径。其中,《上海市社会信用条例》被视为全国首部信用综合性立法的地方性法规,以其为例,失信联合惩戒内容主要规定在第21-33条,但仅在第25条规定了“信息主体对行政机关将其列入严重失信主体名单有权申请救济”;第32条规定了“行政机关对信息主体实施信用惩戒措施的,应当与信息主体违法、违约行为的性质、情节和社会危害程度相适应,不得超越法定的许可条件、处罚种类和幅

---

① 郭秉贵:《失信联合惩戒的正当性及其立法限度》,载《征信》2020年第2期,第58-63页。

② 沈毅龙:《论失信的行政联合惩戒及其法律控制》,载《法学家》2019年第4期,第120-131页。

度,并告知实施的依据和理由。”不难看出,从当前立法现状上看,对失信联合惩戒的程序性条款规定相对比较粗糙,仅宏观性的条款规定了行政机关应当有告知和罚过相当的义务,但却未配备具体的实施程序和监督主体。

实践中失信联合惩戒被广泛运用于社会生活的各领域,适用范围上具有扩张和“泛化”的趋势,使部分研究学者产生了“失信联合惩戒会取代传统行政监管行为”的隐忧。但失信联合惩戒作为一种制度的创新,其惩戒主体的多元性和联动性、法律性质上的过程性及法律后果上的威慑性等特征,都难以将其归类于传统类型化的行政行为。概而言之,失信联合惩戒在实践中存在制度创新和立法滞后间的矛盾,这使失信惩戒的主体有较大的自由裁量权,惩戒程序有时呈任意性;同时,由于失信联合惩戒的监督制约机制的缺位,行政机关在失信联合惩戒中游离于法律监督和法律责任之外,导致其权责不匹配。因此,由检察机关对失信联合惩戒进行法律监督具有合理性:其一,检察机关作为外部监督机关对严重违反法定程序的行政主体进行外部权力约束,是检察机关法律监督属性的本职所在;其二,行政检察工作属于“四大检察”工作之一,将传统行政执法行为的检察监督工作拓展至失信联合惩戒领域契合检察监督职能多元化的发展趋势;其三,围绕失信联合惩戒领域展开检察监督,对解决失信联合惩戒权利义务失衡、保护失信相对人合法利益、维护社会信用体系建设大有裨益。

(二)微观层面:权利维护与私益救济的羸弱

法谚曰:“无救济,无权利。”从政策法规上看,尽管2016年《国务院关于建立完善守信联合激励和失信联合惩戒制度 加快推进社会诚信建设的指导意见》中明确指出,要“支持有关主体通过行政复议、行政诉讼等方式维护自身合法权益"[①],但笔者通过对当前各地省级地方性法规进行系统梳理,发现实际立法中的规定却不尽人意:如《上海市社会信用条例》仅规定失信相对人对列入失信名单行为有异议的,可以申请救济,但并未明确权利内容[②];而《陕西省社会信用条例》《江西省社会信用条例》《吉林省社会信用条例》《重庆市社会信用条例》及《河南省社会信用条例》等仅赋予失信相对人有异议权。[③] 由此可见,尽管中央政策赋予了失信相对人有申请行政复议和行政诉讼的维权方式,但当前《行政复议法》《行政诉讼法》的列举式立法结构未将失信联合惩戒行为纳入其中,且省级地方性法规中具有法律位阶较低和立法模糊的特点,使失信相对人的救济制度和权利维护缺乏法律依据。

从实践中看,司法部门对失信相对人的权利保护也令人大失所望。有学者从实证研究的角度出发,以"中国法院裁判文书网"为依托,以"失信惩戒""联合惩戒""失信黑名单"等为关键词对行政诉讼类案件进行全面检索,共获得了总计 1000 余份样本,但能够作为有效行政诉讼样本的仅有 15 份裁判文书。可见,在司法实务中,失信联合惩戒具有"无法起诉"和"难于起诉"救济障碍。[④]相比类型化行政行为,失信联合惩戒的救济无疑是困难重重。同时,失信联合惩戒是以信用信息的大数据处理为依托,失信相对人由于力量弱小、缺乏专业数据知识、举证困难等自身短板,即便进

---

① 《国务院关于建立完善守信联合激励和失信联合惩戒制度 加快推进社会诚信建设的指导意见》,国发〔2016〕33 号。

② 《上海市社会信用条例》第 25 条。

③ 《陕西省社会信用条例》第 33 条、《江西省社会信用条例》第 31 条、《吉林省社会信用条例》第 25 条、《重庆市社会信用条例》第 32 条、《河南省社会信用条例》第 28 条。

④ 彭錞:《失信联合惩戒行政诉讼救济困境及出路》,载《东方法学》2021 年第 3 期,第 171-186 页。

人救济程序，也很难在诉讼或复议中取得胜利。

综上，对失信相对人而言，立法层面缺乏对其权利保护的规定和明确的救济制度；实践层面陷入举证困难的窘地，加之行政复议和行政诉讼的周期长、成本较高和胜诉率低，失信相对人实践中救济之路布满荆棘，私益救济效果欠佳。而检察机关通过对失信联合惩戒进行检察监督：一方面，可以利用公权力控制行政机关失信联合惩戒中不作为、乱作为的行为；另一方面，也可以弥补私益救济主体动力不足的短板，维护失信相对人的合法权利，拓宽失信相对人的救济途径。

四、规则设计：失信联合惩戒检察监督的基本路径

失信联合惩戒具有制度自身的特殊性，不能将传统行政执法检察监督的规定直接“套用”。目光应当在实践需求与理论基础循环中探寻构建失信联合惩戒检察监督制度的独特路径。

（一）失信联合惩戒检察监督的范围

确定对失信联合惩戒监督的范围是构建检察监督路径的前提和基础。如前所述，现行《人民检察院组织法》中规定的检察监督权仅围绕“诉讼活动”展开，并未明确赋予检察机关对其他行政行为进行法律监督的权力。[①] 而现行的《行政诉讼法》中明确了检察机关在环境保护、食品安全等特殊领域有权对行政机关执行法律

---

① 《人民检察院组织法》（2018 年修订）第 20 条：“人民检察院行使下列职权：（一）依照法律规定对有关刑事案件行使侦查权；（二）对刑事案件进行审查，批准或者决定是否逮捕犯罪嫌疑人；（三）对刑事案件进行审查，决定是否提起公诉，对决定提起公诉的案件支持公诉；（四）依照法律规定提起公益诉讼；（五）对诉讼活动实行法律监督；（六）对判决、裁定等生效法律文书的执行工作实行法律监督；（七）对监狱、看守所的执法活动实行法律监督；（八）法律规定的其他职权。”

的行为进行检察监督。[①] 这一非穷尽式的列举方式也为行政检察工作范围的扩张留下了空间和余地。由此，《新时代检察监督意见》等中央政策文件为各地检察机关探索多元化行政检察监督工作提供了政策指引。笔者认为失信联合惩戒制度的检察监督范围应当包含以下两个方面：

1. 对行政机关在失信联合惩戒中的违法行为进行监督

失信联合惩戒主要是由中央或地方行政机关主导的多部门联合对失信相对人施以权利剥夺或资格限制的隶属性法律关系。由于缺乏有效的执行和监督规则，行政机关执法过程中难免出现行为失范、权力寻租、侵害失信相对人权利等有损政务公信的行为，如有地方政府试图将两次未参加核酸检测的市民纳入失信惩戒对象，引起全网对该行为合法性的质疑。[②] 故亟须将其列为行政检察监督工作的范畴。首先，失信联合惩戒的性质包括行政强制说[③]、行政处罚说[④]、类型化说[⑤]及复合性行政行为说[⑥]等理论争议，但从整体上看，大都是损益性的行政行为。行政机关在进行失信联合惩戒的过程中难免存在侵害失信相对人知情权、财产权或其他基

---

① 《行政诉讼法》(2017 年修正)第 25 条第 4 款："人民检察院在履行职责中发现生态环境和资源保护、食品药品安全、国有财产保护、国有土地使用权出让等领域负有监督管理职责的行政机关违法行使职权或者不作为，致使国家利益或者社会公共利益受到侵害的，应当向行政机关提出检察建议，督促其依法履行职责。行政机关不依法履行职责的，人民检察院依法向人民法院提起诉讼。"

② 《吉林四平：两次以上未参加核酸检测者行拘 10 天，纳入失信名单》，载搜狐网，https://www.sohu.com/a/552844556_121332524，访问时间 2022 年 6 月 1 日。

③ 徐继敏：《明确黑名单性质功能 避免泛化滥用》，载《法制日报》2019 年 12 月 11 日，第 5 版。

④ 胡建淼：《行政诉讼法学》，法律出版社 2019 年版，第 157 页。

⑤ 沈毅龙：《论失信的行政联合惩戒及其法律控制》，载《法学家》2019 年第 4 期，第 120-131 页。

⑥ 聂帅钧：《失信联合惩戒措施的合法性检讨与控制》，载《财经法学》2021 年第 2 期，第 117-134 页。

本权利的风险，理应成为行政检察监督的重点对象。其次，从检察监督的协同补充原则上看，行政检察监督工作应当恪守检察权的谦抑性，即检察机关的法律监督应当是后顺位的补充主体，只有在欠缺其他有效监督手段或监督主体的情况下，检察机关方能介入。而失信联合惩戒制度作为一种新型的社会治理工具，囿于欠缺有效的执行和监督规则，故权力执行上难免失范，而侵害国家、社会或公民个人的重大利益，亟须通过行政检察监督工作予以制约。[①]除此，根据现有的法律规定及中央政策文件的规定，在我国“一府两院一委”的政治格局下，检察机关担任法律监督机关和公共利益的维护者具有天然的地位优势。检察机关在法律监督中应当恪守检察权的公益性原则。“公益”应然包含国家利益和社会公众利益，由此，对行政权的法律监督一般限于国家、社会和不特定的多数人利益。但由于现代的宪法思潮，对公益概念的理解从公益的范围转向公益的质量。[②] 尽管失信联合惩戒制度更多的是对权利受损失信相对人的个案监督，但也符合现代宪法思潮中公益概念的内涵。

2. 对失信联合惩戒备忘录进行监督

现行立法中分别赋予立法机关、行政机关和人民法院对规范性文件的监督权，但由于立法机关监督具有非经常性、行政监督具有内部性和资源有限性以及司法机关监督具有被动性等原因，监督效果欠佳。由此，有学者结合《新时代检察监督意见》提出可探

---

① 姜明安：《论新时代中国特色行政检察》，载《国家检察官学院学报》2020 年第 4 期，第 50-65 页。

② 陈新民：《德国公法学基础理论（上册）》，山东人民出版社 2001 年版，第 204-205 页。

索检察机关对规范性文件的附带审查制度。[①] 域外的立法和我国地方检察机关的实务探索也为规范性文件的检察监督提供了实践经验:如《俄罗斯检察机关法》第 21 条赋予检察机关对各机关颁布的文件进行法律监督的权力[②];2020 年 5 月,山东省人民检察院发布的《山东行政检察监督情况报告(白皮书)》中明确了下一步行政检察监督的重点之一为"加强对规范性文件的附带审查"[③];上海市、青岛市、泸州市等地纷纷出台文件,探索建立"政府—检察机关—法院"对行政规范性文件审查衔接工作机制,其中涉及的意见征询机制、会商交流机制、信息共享机制和协商配合机制等为检察机关对规范性文件的附带审查提供了初步的制度设计。[④] 检察机关对规范性文件的附带性审查可以实现诉源治理,避免行政争议的发生,具有良好的趋向性,也为失信联合惩戒备忘录的审查提供了方法论。

目前,理论上对失信联合惩戒备忘录的性质有不同的理解,主要存在行政契约说和规范性文件说等观点。行政契约说认为备忘

① 何君姬,张源:《行政违法行为监督的实践路径》,载最高人民检察院官网,https://www.spp.gov.cn/spp/llyj/202206/t20220601_558819.shtml,访问时间 2022 年 6 月 3 日。

② [俄]Ю. Е. 维诺库罗夫:《检察监督》,刘向文,译,中国检察出版社 2009 年版,第 113 页。

③ 《山东省人民检察院发布行政检察工作白皮书》,载山东省人民检察院官网,http://www.sdjcy.gov.cn/jcbps/202005/t20200513_3937843.html,访问时间 2022 年 6 月 3 日。

④ 《上海建立规范性文件审查衔接机制》,载东方网·上海政务,http://shzw.eastday.com/shzw/G/20180113/u1ai11140714.html,访问时间 2022 年 6 月 3 日;《青岛西海岸新区出台〈关于建立规范性文件审查衔接工作机制的指导意见〉》,其中指出中共青岛市委全面依法治市委员会办公室、青岛市中级人民法院、青岛市人民检察院联合印发《关于建立规范性文件审查衔接工作机制的指导意见》(青法委办〔2019〕7 号),载澎湃网,https://m.thepaper.cn/baijiahao_7911652,访问时间 2022 年 6 月 3 日;《泸州市府、院联动 建立行政规范性文件审查衔接工作机制》,载泸州市法治政府建设专栏,https://sfj.luzhou.gov.cn/zthd/fzzfu/jsdt/content_847810,访问时间 2022 年 6 月 3 日。

录属于各行政机关内部所签署的合作协议[①],但该观点忽视了备忘录对失信相对人带来的损益性影响,仅将其看做成行政机关的内部契约和协议略有欠妥。由此,笔者认为规范性文件说更有利于失信联合惩戒备忘录检察监督的构建:第一,从文本分析出发,失信联合惩戒备忘录包括了惩戒目的、惩戒对象、惩戒措施和惩戒方式等要素,为各领域、各主体实施联合惩戒措施提供了运行框架和文件指引,具有普遍适用性。第二,从理论上看,失信联合惩戒备忘录仅为法律与惩戒行为提供制度衔接[②],不能成为行政机关做出惩戒措施的法律依据。但事实上,备忘录创制了大量具体的惩戒措施,对依据语言模糊性的政策制定的规范性文件,甚至有演变为个别行政机关做出失信措施的依据的潜在风险。[③] 若不对其进行法律监督,会引发法治规范的认同危机、法律规范的规避适用等不良后果。[④] 第三,从适用效果上看,尽管有学者指出失信联合惩戒备忘录所签订的主体并非完全属于行政机关,因而不符合规范性文件的形式属性,但失信联合惩戒备忘录的形式属性和实质功能在实际制定中产生了错位[⑤],间接对失信相对人产生了损益性的影响,发挥着与行政规范性文件相同的法律效果。第四,检察机关对失信联合惩戒备忘录进行监督具有宪法依据,其外部监督的客观

---

① 李海平,孙媛:《部际信用治理合作备忘录:性质、效力与优化》,载《北京航空航天大学学报(社会科学版)》2022 年第 3 期,第 1-9 页。

② 罗培新:《社会信用法:原理·规则·案例》,北京大学出版社 2018 年版,第 68 页。

③ 有学者提到地方行政机构在其自由裁量权范围内,可以依国务院部门间的失信联合惩戒合作备忘录施行惩戒措施。如李振宁:《信用惩戒的特性及对地方立法的启示》,载《中共南京市委党校学报》2018 年第 2 期,第 86-91 页。

④ 章志远:《挑战与回应:党政联合发文的法治化路径初探》,载《党内法规理论研究》2019 年第 1 期,第 75-87 页。

⑤ 朱芒:《论行政规定的性质——从行政规范体系角度的定位》,载《中国法学》2003 年第 1 期,第 32-46 页。

中立性可以补足行政监督的内部性和资源有限性等短板,也与权力制约理论的内涵相契合。失信联合惩戒制度作为社会治理制度中的“新生儿”,大多制定和惩戒主体为行政机关,故适当对规范性文件性质做出扩大解释,既可有效地对失信联合惩戒备忘录的制定予以规制和监督,也有利于保障失信相对人的合法权益。综上,笔者认为将失信联合惩戒备忘录定性为效力比较低的规范性文件①也是一种有益尝试。

通过对失信联合惩戒行为及备忘录的检察监督可以避免行政争议的发生,规范失信联合惩戒措施的合法性,对推进检察机关多元化的诉源治理工作和法治政府的建设大有裨益。

(二)失信联合惩戒检察监督的限度

“任何权力都必须通过法律控制和制约”②,检察机关的法律监督权也理应受到约束,笔者认为应当从以下几个角度对失信联合惩戒的法律监督予以限制:

1. 失信联合惩戒监督内容应遵循合法性审查为主、合理性审查为辅的限制

从检察权的宪法定位看,旨在保护法律实施的正确性。检察机关进行检察监督应当恪守合法性的边界,以“法”为主③,即应当对行政惩戒措施做出的违法行为进行监督。尽管形式不合法与实质不合理均属于违法范畴④,但失信联合惩戒措施的合理性属于行

---

① 梁尧:《信用惩戒实践的行政法治逻辑:反思与完善》,载《苏州大学学报(法学版)》2021 年第 1 期,第 69-79 页。

② [美]汉密尔顿,杰伊,麦迪逊:《联邦党人文集》,程逢如,在汉,舒逊,译,商务印书馆 1980 年版,第 264 页。

③ 孙晓茹:《浅析行政非诉执行案件检察监督工作》,载《中国检察官》2019 年第 5 期,第 68-70 页。

④ 王华伟:《行政非诉执行检察监督模式研究》,载《天中学刊》2021 年第 5 期,第 28-37 页。

政机关自由裁量的范畴，系一种实体上的处理权力，与检察监督权的程序性和非终局性要求相悖。[①] 除此，行政机关做出失信联合惩戒措施时，也涉及对行为性质、社会背景等因素的综合考量，而检察机关受制于材料收集的限制，难以对合理性问题进行有效监督。由此，检察机关对失信联合惩戒的监督虽具有主动性，但应当尊重行政机关的自由裁量权，绝不能越俎代庖[②]，而只能止步于对惩戒行为合法性的监督。但面对惩戒措施严重不当的、行政机关滥用职权等合理性方面的问题，仍可通过检察监督及时将失信惩戒行为匡正在法治的轨道上。

2. 失信联合惩戒监督应遵循结果监督为主、过程监督为辅的限制

尽管有学者认为，现有体制框架下，将检察监督介入时间局限在行政违法行为发生后有“亡羊补牢”之嫌[③]，但检察机关进行法律监督中也应具备权力边界意识，恪守结果监督原则，避免干预惩戒过程，以防检察机关借检察监督之名，施行政惩戒之权。失信联合惩戒中的行政违法监督与诉讼监督不同，失信联合惩戒中的检察监督并非是必要环节和必备程序，不贯穿行政权运作的全程，不直接介入失信联合惩戒的执法过程。除此，尽管检察监督具有主动性，但在整个法律监督体系中仅对其他监督发挥补强性功能[④]，应在合宪合法的框架内适度行权，应对行政执法工作保持谦抑、有限

① 江国华，王磊：《行政违法行为的检察监督》，载《财经法学》2022 年第 2 期，第 82-96 页。

② 应松年：《以行政检察监督推进法治政府建设》，载《人民检察》2021 年第 16 期，第 37-38 页。

③ 王学成，曾翀：《我国检察权制约行政权的制度构建》，载《行政法学研究》2007 年第 4 期，第 61-68 页。

④ 陈家勋：《行政检察：国家行政监督体系中的补强力量》，载《现代法学》2020 年第 6 期，第 121-135 页。

的克制。但失信联合惩戒执法行为具有主体多元性和过程运行复杂性等特征,在程序运行中会损害失信相对人的申辩权、知情权等防御性权利,若不对其进行纠正,会背离自然正义理论,也不利于政务公信的建设,故需要对失信联合惩戒过程监督留有余地。因此,应设置严格的启动条件,如在失信相对人程序性权利受到严重损害的时候,经失信相对人向检察机关提出申请方能介入。综上,失信联合惩戒行政执法活动具有特殊性,应坚持结果监督的原则导向,也应兼顾过程监督的特殊性。

(三)失信联合惩戒检察监督的方式

构建失信联合惩戒的检察监督既是检察权力运行配置的创新,也是实现失信联合惩戒法治化的必要手段。检察机关理应探索多元化的监督方式以回应不断拓展的监督范围。失信联合惩戒的运行逻辑是借助行政机关的行政行为,达到规范失信行为、实现社会良治的运行效果。由此,根据行政检察监督工作的理论研究和实践探索,主要包括以下几类监督方式:

1. 以检察建议为主,兼采检察异议、支持起诉等多元化监督方式

检察建议一般指检察机关对违法的单位和个人发出的纠正违法或改进工作的建议,保障法律实施的正确性而防止违法行为再次发生的监督方式。[①] 检察建议功能定位属于非诉监督法律文书[②],相对于诉讼中的抗诉而言,不具有强制性,被称为柔性监督。理论上,行政检察监督仅是一种阶段性监督,而非终局性监督,而采用检察建议为主的柔性监督不仅可以有效避免检察监督权对行政权的过分干预,也契合检察权的谦抑性;实践上,检察建议也成

---

① 张智辉:《检察权研究》,中国检察出版社 2007 年版,第 195 页。

② 韩成军:《依法治国视野下行政权的检察监督》,中国检察出版社 2015 年版,第 129 页。

为发挥检察机关法律监督权的中坚力量：根据最高人民检察院公布的数据来看，2019—2021年检察机关发布行政检察建议的数量分别为13113件、25361件和29000件，分别同比上升了110.2%、93.4%和13.1%。[①] 综上，以检察建议为主的检察监督模式既具有理论上的合理性，也具有实践上的可操作性。

由于失信联合惩戒的特殊性，对其检察监督采用了结果监督为主、过程监督为辅的适用限度。检察建议往往是针对违法行为采用的事后结果监督，而检察异议制度的创设可以有效打破过程监督缺位的理论壁垒。检察异议的理论基础是程序性制裁，即经检察机关申请，行政主体重启程序以纠正失信联合惩戒程序中的违法行为。[②] 但检察异议相对检察建议具有一定刚性，有检察监督权扩张、影响行政权的风险，故仅能适用于损害失信相对人实体性权利的严重程序性违法行为，需谨慎把握和运用。

支持起诉原则源于民事诉讼中对弱势群体诉权的保护，后发展至检察机关法律监督领域。失信联合惩戒因主体和程序的复杂性，使失信相对人在行政诉讼救济上陷入"无法起诉"和"难于起诉"的困境。[③] 检察机关对权益受损、救济无门的失信相对人支持起诉，既体现了"以人民为中心"的检察理念，也能够有效发挥检察监督的职责，对平衡诉讼双方当事人的诉讼地位、维护司法公正和促进依法执政均有促进意义。

由此，检察建议有充分的理论支撑和实践经验，理应成为失信联合惩戒检察监督的主要手段，但对严重侵害失信相对人权益的

---

① 数据来源于最高人民检察院官网公布的各年度办案数据统计。

② 刘艺：《检察机关促进行政争议实质性化解的必要性与可行性分析——以冒名登记结婚"过期之诉"为切入点》，载《人民检察》2021年第15期，第13-19页。

③ 彭錞：《失信联合惩戒行政诉讼救济困境及出路》，载《东方法学》2021年第3期，第171-186页。

程序违法行为及难于起诉、无法起诉的失信相对人可以适用检察异议和支持起诉等多元化监督方式。

2. 推进失信联合惩戒的类案监督

所谓类案监督，是指检察机关在进行法律监督过程中，对同类的违法行为或适用同类法律不一致的行为进行集中整改的监督方式。将类案监督的手段运用至失信联合惩戒检察监督中具有可行性：首先，失信联合惩戒措施不同于一般行政行为，针对同一失信行为，由多个主体共同做出失信联合惩戒措施，类案监督可以有效节约对多元主体进行个案监督的司法资源，提高失信联合惩戒检察监督的效率；其次，失信联合惩戒备忘录是展开失信联合惩戒行为的基础，但现阶段大多数失信联合惩戒备忘录大多聚焦某一具体领域，如安全生产领域、知识产权领域、食品药品生产经营领域、慈善捐赠领域等。失信联合惩戒聚焦领域的同一性也可能造成失信联合惩戒违法行为的共性，通过类案监督可以在失信联合惩戒违法监督领域中实现“办理一案，治理一片”的效果，不仅能够发挥个案监督“治标”效果，也能实现类案监督的“治本”目的。[①] 类案监督通过较低的司法成本，却能够实现监督效益的最大化。除此，2022 年 4 月，最高人民检察院颁布的有关“类案监督”指导性案例[②]为展开失信联合惩戒的类案检察监督提供了实践指导。

五、结语

通过检察监督推动失信联合惩戒制度的法治化进程，对推进行政

① 于潇：《个案公正“治标”，类案监督“治本”》，载《检察日报》2021 年 10 月 23 日，第 003 版。

② 2022 年 4 月 18 日，最高人民检察院颁布的第三十六批指导性案例，主要归纳提炼行政检察类案监督的类型、方式及办案规则，指导类案监督工作实践。这是最高人民检察院首次以行政检察类案监督为主题发布指导性案例。

机关依法依规开展惩戒活动和拓展检察机关职权职能均大有裨益。检察监督作为外部监督,可以有效克服人大监督的抽象性、行政机关内部监督的局限性,达到有效监督的效果。失信联合惩戒检察监督也应当把握检察监督的边界,恪守检察监督的谦抑性、合法性和补强性,不能越俎代庖,取代行政权。在失信联合惩戒检察监督的构建中,还要处理好检察监督的主动性和检察权谦抑性之间的关系、检察机关调查核实权的边界以及能否对违法行政机关提起公益诉讼等问题,为构建和完善失信联合惩戒检察监督做好理论和实践支持。

政务诚信清单治理制度：功能定位与衔接方案

孙铭杰*

摘　要：当前我国政务失信的现象仍然层出不穷，重要原因之一在于缺乏制度层面的有效供给，因此，有必要发挥清单制度的独特功能助力政府实现政务诚信。从法理上看，清单制度不仅符合行政自制的初衷，也与内部行政法的价值旨趣一致。为了更好地保护公民的信赖利益，政务诚信清单治理制度不仅应当包括正面清单，还包括负面清单，政务诚信正面清单的功能应定位为公共信用清单，政务诚信负面清单的功能应定位为市场信用清单。法治化衔接政务诚信正面清单既需要通过立法与非立法衔接的方式理顺其与法律制度的关系，也需要发挥嵌入性机制的作用将政务诚信的理念、原则、内容分层次嵌入权责清单之中，而政务诚信负面清单的法治化衔接则必须经历从拓展到统一

* 孙铭杰，男，安徽黄山人，东南大学法学院硕士研究生，从事行政法学、信用法治研究。邮箱：885663615@qq.com，通讯地址：江苏省南京市江宁区东南大学路2号东南大学法学院，邮编：211189。

的衔接路径，逐渐明确负面清单的事项范围，从而统摄和规范政务失信行为。

关键词：政务诚信；清单；正面清单；负面清单；法治衔接

一、问题的提出：政务诚信的清单式治理

自2016年国务院颁布《关于加强政务诚信建设的指导意见》（以下简称《指导意见》）以来，各地虽纷纷出台相应实施方案加强政务诚信建设，强化公务员诚信管理，坚决遏制政务失信行为，但效果并不理想，政务失信的现象仍然层出不穷。从各省级政府出台的信用条例来看，“政务诚信”并未被设为独立章节，而是被置于“社会信用体系建设”“社会信用环境建设”之下，其重要性被严重忽视。① 当前，清单制度已经成为政府依法行使职权、实现政务公开、追求行政活动良态化的重要技术治理工具。清单的价值功能与实现守法政府、履约政府、诚信政府的政务诚信建设目标不谋而合。因此，有必要发挥清单制度的独特功能助力政府实现政务诚信。

从现有国家制度来看，尚没有关于政务诚信清单制度的明确规定。然而，在各地政务诚信实践中，已有部分城市制定相应政务诚信清单，以问题为导向，探索政务失信风险“清单式”管理的新路径。② 值得注意的是，2021年12月，国家发展改革委、人民银行会同有关部门（单位）严格以法律、行政法规和党中央、国务院政策文件为依据，编制形成了《全国失信惩戒措施基础清单（2021年

---

① 笔者检索了大部分省份发布的社会信用条例，譬如2022年开始实施的《甘肃省社会信用条例》《江西省社会信用条例》《陕西省社会信用条例》等，基本保持一致。

② 《佛山市市直机关单位政务诚信征信目录（试行）》《佛山市市直公务人员政务诚信征信目录（试行）》。

版)》。这将意味着,国家机关将不得超出清单所列范围开展失信惩戒,国家机关以外的组织自主开展失信惩戒的也不得违反相关法律、法规的规定。可见,为进一步完善失信约束制度,国家层面已经开始尝试将失信行为予以清单式治理。毋庸讳言,我国政务诚信建设中也存在政务失信行为不够明确、失信惩戒力度不够、失信后整改不彻底等问题。因此,为进一步强化政务诚信,防范政务失信风险,亦有必要编制相应的政务诚信清单。

遗憾的是,一直以来,关于政务诚信的研究大都集中在伦理学、政治学、信用管理等学科领域,尚无法为破除政务失信行为提供行之有效的智识资源。随着各地信用立法的加速推进,政务诚信的法学研究虽不断增加,但大都从宏观的社会信用立法入手,探讨政务诚信与社会信用立法的关系,鲜有深入政务诚信领域的法理论述。此外,学界也缺乏对政务诚信清单式治理的关注,政务诚信清单治理制度的功能定位仍不明确,也没有回答政务诚信清单与法律制度以及其他清单制度的关系、如何衔接和编制等一系列问题。为了推动政务诚信清单治理制度的落地,使清单制度更好地服务于政务诚信实践,本文拟从政务诚信领域清单制度的法理基础出发,分析政务诚信清单治理制度的功能定位,并就政务诚信清单治理制度的衔接等问题做一些初步的探讨。

二、政务诚信清单式治理的法理基础

(一)清单制度符合信赖保护原则的要求

在法治领域,诚实信用不仅为私法上之原则,亦为公法上之原则。[①] 以诚实信用原则为前提,信赖保护原则可以视为诚实信用原

---

① 林纪东:《行政法与诚实信用原则》,载《法令月刊》1990年第10期,第509页。

则的演绎与延伸。[①] 因此,公民对国家诚信行为的信赖也是其利益应受保护的前提。申言之,信赖保护原则是指人民基于对国家行为之信赖,在合法信赖下应受到国家的保护,以保护其对国家的信任与依赖及个人的权益。[②]

对公民信赖之保护也是法律诚信范畴下政务诚信建设的基本要求。[③] 这是因为行政机关在其行政管理活动中会进行大量的行政立法和行政执法行为,基于对这些活动和行为的期待和信赖,公民自身也做出了选择并采取了各项行动。一旦政府毫无征兆地撤销或者改变已有行为和承诺必然导致公民利益受损和政府信任感降低。由此可见,行政机关依法履行职责或者法定义务必须恪守法的安定性和效力性的基本要求,这也是公民信赖保护的来源。[④] 那么,清单制度可否作为公民信赖之来源?

笔者以为,从信赖保护原则的构成要件来看,清单制度完全符合信赖保护原则的要求。其一,从信赖基础上看,公民信赖之前提并不限于有效的法律,只要是国家有效的意思表示就可以满足此一前提。清单制度虽并非严格意义上之国家法律,但足够作为法的外貌而可视作公民信赖之基础;其二,从信赖表现来看,清单制度所记载的各项权力及其公共服务事项已经为公民采取各项具体行为措施提供了指引,即公民对清单制度表现出的信赖不亚于一般法律、行政法规;其三,从信赖的正当性来看,由于清单是行政机关制定的自我约束规范并记载了其对相对人的承诺事项、期限、权利等,因此,公民对清单事项的信赖必定是善意且无过失的,这样

---

① 杨登峰:《行政法诚信原则的基本要求与适用》,载《江海学刊》2017 年第 1 期,第 136 页。

② 吴庚:《行政法之理论与实用》,中国人民大学出版社 2005 年版,第 41-43 页。

③ 周佑勇:《论政务诚信的法治化构建》,载《江海学刊》2014 年第 1 期,第 147 页。

④ 吴坤城:《公法上信赖保护原则初探》,载城仲模主编:《行政法之一般法律原则》(第二卷),三民书局 1997 年版,第 245 页。

的信赖当然值得保护。[①] 综上,清单制度因符合信赖保护的要求而与政务诚信建设的要求完美契合。

(二)清单制度是政府自我规制的有效方式

行政自制从字面意思理解就是政府自我规制。台湾学者蔡墩铭将行政自制解释为“行政机关在执行其被赋予的权力时,必须受到机关内行政规则及行政前例的拘束,不可恣意为之,否则难免被认为行政权之滥用。即使行政机关有裁量之空间,在裁量时,仍须依行政机关的内部规则或行政规则裁量,以期行政权之安善行使”。[②] 崔卓兰教授与于立深副教授更是将其概括为四个自我,即“自我预防、自我发现、自我遏止、自我纠错等一系列内设机制”[③]。毫无疑问,行政自制是行政机关对其自身权力的规制和约束,它也可以看作是行政机关对自身更高层次道德价值的主动追求,对诚信的自我要求就可以被视为“克己复礼”的一种行政自制。

当下,清单制度已经成为政府自我革新的新型治理方式。其中,责任清单制度因衍生于“法定职责必须为”的法理而在法律性质上被视为行政自制规范。[④] 与之类似,政务诚信从法律层面出发就是要求行政机关及其公务员依法行使职权和履行法定义务,因而编制政务诚信清单,将政务诚信予以清单式管理,仍可视作行政机关积极预防自我失信、发现失信行为,并依照清单及时遏制失信行为,符合行政自制的构成要素。

综合治理政务诚信固然重要,但是由于“诚信”概念多维,以及

---

① 吴坤城:《公法上信赖保护原则初探》,载城仲模主编:《行政法之一般法律原则》(第二卷),三民书局1997年版,第267页。

② 蔡墩铭:《“国家”与法律》,韩芦图书出版有限公司2002年版,第416页。

③ 崔卓兰,于立深:《行政自制与中国行政法治发展》,载《法学研究》2010年第1期,第35页。

④ 刘启川:《独立型责任清单的构造与实践 基于31个省级政府部门责任清单实践的观察》,载《中外法学》2018年第2期,第445页。

政务失信行为多发，综合治理的范围、领域较大，难以秉承法治化治理思维并通过综合性的法律规范予以解决。因此，为了进一步将政务诚信的自觉价值制度化和常态化，有必要编制政务诚信清单，将道德诚信、契约诚信、法律诚信观念深入行政机关的内部和执法者的内心[①]，使行政机关及其公务员自发地遵守道德伦理规范、信守合同契约，并自觉追求法律诚信，进而达到健康良好且充满活力的行政生态[②]，实现诚信政府、法治政府的终极目标。

（三）清单制度与内部行政法的价值旨趣一致

内部行政法是指通过行政主体自身行为促使自我正当履行职责的行政法规范。[③] 它的范围非常广泛，包括行政机构行动的内部程序规范、机构组织结构和权力分配规范、机构人员进行评估或分析的规范、机构人员对法令和规章的理解指导规范、机构间协议和规范等。[④] 尽管内部行政法的形态多种多样，但所有这些规范都有一个共同的基本特征，即从机构内部实施，以控制其行动和运作。一言以蔽之，这些都属于行政机关自我约束的行事规则。政务诚信清单制度不仅符合行政自制的初衷和特质，而且与内部行政法的价值旨趣一致。

长久以来，以司法审查为核心的外部行政牢牢占据着国内外行政法学研究的中心。对此，已有学者提出：“行政法把司法审查作为我们宪政共和国的核心保障是错误的。”[⑤]这是因为，绝大多数

---

① 于立深：《现代行政法的行政自制理论——以内部行政法为视角》，载《当代法学》2009 年第 6 期，第 7 页。

② 崔卓兰，于立深：《行政自制与中国行政法治发展》，载《法学研究》2010 年第 1 期，第 36 页。

③ 卢护锋：《论内部行政法的功能》，载《行政论坛》2014 年第 1 期，第 46 页。

④ Christopher J. Walker, Rebecca Turnbull, “Operationalizing Internal Administrative Law”, Hastings Law Journal, Vol. 71, No. 5 (Aug., 2020), p. 1231.

⑤ Christopher J. Walker, “Administrative Law Without Courts”, UCLA Law Review, Vol. 65, No. 6 (Sep., 2018), p. 1620.

行政机关的行动和决定,包括那些采纳某一特定规则或政策的行动和决定永远不会受到审查,司法审查对于行政机关而言只是偶尔发生,而且事后发生不可预测。[①] 反观内部行政,正是内部组织结构、权力分配、内部规则规定了行政机关的集体行动,并通过更详细的指导方针或标准,为行政机关提供行为发展的内部措施和监督指南,快速干预和纠正行政机关的错误行为,做到行政行为的事前控制。因此,愈来愈多的人开始意识到内部行政以及行政管理应当成为行政法领域的一部分,甚至被认为是行政法的核心。[②]

很显然,内部行政法对于培养行政伦理、预防和纠正失信行为、助推诚信行政具有巨大优势。在笔者看来,政务诚信清单治理制度这一依遵内部行政法风格范式设计的行政自我约束模式,必将为行政机关及其公务员真诚行使行政职权,补缺诚信法律规范,推进政务诚信建设提供内部价值引领和规范支撑。

三、政务诚信清单治理制度的功能定位

"清单制度"体系是包括权力清单、责任清单、正面清单、负面清单等在内的各类清单所形成的相应制度规范的总称。[③] 只有将不同的清单制度结合起来,并在实施和运用的过程中有效配合,形成"清单制度"体系,才能够有效规范政府的各类失信行为,从而避免"碎片化"的诚信治理,促使政务诚信清单治理制度的系统与规

---

① Gillian E. Metzger, Kevin M. Stack, "Internal Administrative Law", Michigan Law Review, Vol. 115, No. 8 (Jun. ,2017), p. 1264.

② Gillian E. Metzger, Kevin M. Stack, "Internal Administrative Law", Michigan Law Review, Vol. 115, No. 8 (Jun. ,2017), p. 1264.

③ 陈家付:《负面清单制度与治理的公平正义》,载《社会科学研究》2015 年第 6 期,第 60 页。

范。[①] 因此,法治化衔接和设计政务诚信清单治理制度的逻辑原点在于,厘定政务诚信的多维内涵并在此基础上赋予其不同的清单制度安排。进言之,政务诚信清单治理制度需要从政务诚信的不同内涵出发并设计编制出符合其功能定位的不同清单。以下,笔者将就两种不同价值理念与功能定位的政务诚信清单予以详细探讨。

（一）政务诚信正面与负面清单的提出及其展开

通俗地说,“正面清单”指的是允许做什么的清单,“负面清单”则是指限制或禁止做什么的清单。[②] 依照这个逻辑,政务诚信清单治理制度也可以分为政务诚信正面和负面两种清单制度,正面与负面清单相结合,诚信与失信行为相区分。政务诚信正面清单可以列举行政机关及其公务人员诚信行为,政务诚信负面清单则可列举行政机关及其公务人员的失信行为。那么,将政务诚信清单划分为正面和负面清单是否有必要?政务诚信正面与负面清单是否会破坏原有清单制度建设的逻辑,造成理论上的混乱和实践中的重叠?以下,笔者将就这些问题做进一步解释和分析。

有一种观点认为,正面清单和负面清单实际为清单的“一体两面”,明确了正面清单,那么负面清单就可以明确,反之亦然,因此没有必要对同一事物分出两种清单。但笔者认为此种观点有待商榷,主要有以下几点理由。

其一,正面清单与负面清单侧重于不同的目标定位和作用功能,运用于不同的领域。[③] 由于政务诚信的多维逻辑,需要同时运

---

① 陈家付:《负面清单制度与治理的公平正义》,载《社会科学研究》2015 年第 6 期,第 60 页。

② 王中美:《“负面清单”转型经验的国际比较及对中国的借鉴意义》,载《国际经贸探索》2014 年第 9 期,第 72 页。

③ 石亚军,王琴:《完善清单制:科学规范中的技术治理》,载《上海行政学院学报》2018 年第 6 期,第 56 页。

用政务诚信正面与负面两种清单。我们不能仅通过政务诚信正面清单所列举的信用信息事项去明确负面清单的事项范围,同理,我们也无法通过政务诚信负面清单中的信用信息事项去揣测正面清单的事项内容。所以说,正负面清单并不是“一体两面”的关系,它们共同包含于政务诚信清单治理体系之中。

其二,从正面清单到负面清单的转变体现了政府诚信自我规制的进化,本质上是社会管理方式的改变。[①] 随着政务诚信内涵的不断扩大,正面清单正向列举的弊端和风险正在不断显现。当正面清单无法穷尽什么“是”政务诚信行为,政府的行为就存在逸脱清单事项的可能,失信随之发生,自我约束也就无法实现。负面清单管理模式的出现则意味着政务诚信可以通过“否”来评价。“什么是失信”不仅可以根据法律法规以及正面清单中的事项进行判断[②],还可以通过契约双方自我决定。政务诚信的负面清单管理模式便为这种经济信任的形成提供了可能。在频繁的交易活动中,当事人可以实现意思自治,并就诚信和违约事项达成一致,从而避免法律的过多介入和干预,最大限度地降低了政府失信的风险。由此可见,正面清单与负面清单并不是非此即彼的诚信管理模式,它们在诚信的“是”和“否”之间,共同实现了政府信誉的积累和形成。

其三,在清单制度实践中,同时使用正面和负面两张清单已非个例,并非没有必要。比如,十八届六中全会通过的《关于新形势下党内政治生活的若干准则》就为党员的政治纪律列出了“准”与

① 王利明:《负面清单管理模式与私法自治》,载《中国法学》2014 年第 5 期,第 30 页。

② 需要指出,正面清单中有关诚信的规定一般都有法律依据,即只要违背正面清单的规定均属失信,并无任何当事人“修复”空间。然而,在市场交易环节中,信用的好坏、当事人诚信与否往往不能通过一次行为或者一个事项判断,它往往是多个事项的累积,信誉和诚信往往是积累而成,而并非完全由法律规定。

“不准”的正负面清单[①],山西省为扎紧反腐篱笆列出《落实中央八项规定精神正负面清单》[②],海南省政府推行“正面清单”和“负面清单”构建亲清新型政商关系[③],《吉林省政务诚信建设实施方案》提出要逐步完善“政务清单”和“信用清单”两种清单,其中“信用清单”就守信失信的正负面清单列举了明确类型。[④] 由此可知,在党和政府的管理领域同时使用正负面清单存在诸多实践,将政务诚信清单制度分为正面与负面清单可以从众多实践中得到印证。

还有一种观点认为,为政务诚信分别编制正面与负面两张清单有悖清单制度的建设逻辑,还会与权力清单、责任清单等实践中其他清单制度冲突或重叠,造成不必要的资源浪费,使得清单制度承担不堪承载之重。[⑤] 但笔者认为,为政务诚信设计两张清单并未破坏原有清单制度,并且在实践中也并未形成矛盾冲突的局面。

其一,目前已经编制的权力清单、责任清单都属于正面清单,即正向列举行政机关的职权和职责。即便部分法律诚信的内容已经通过权责清单显现,但权责清单并未囊括政务诚信正面清单的全部内容,也无法以更加直观的方式向民众展现政务信用信息、诚

---

① 《遵守政治纪律的“两张清单”——党内政治生活指南之严明纪律篇》,载新华网,http://www.xinhuanet.com//politics/2016-11/03/c_129348229_3.htm,2022 年 4 月 3 日访问。

② 杨佩佩:《山西列出正负面清单扎紧反腐篱笆》,载中国新闻网,https://www.chinanews.com.cn/gn/2020/09-18/9293937.shtml,2022 年 4 月 3 日访问。除山西外,笔者还检索到云南省、厦门市、浙江省建德市等均印发了类似清单。

③ 《海南省大数据管理局关于推行“正面清单”和“负面清单” 构建亲清新型政商关系的意见》,载海南省大数据管理局官网,http://dsj.hainan.gov.cn/zwgk/tzgg/202104/t20210401_2956991.html,2022 年 4 月 3 日访问。

④ 《吉林省人民政府办公厅关于印发吉林省政务诚信建设实施方案的通知》,吉政办发〔2017〕75 号。

⑤ 《“深化行政审批制度改革专家研讨会”在京成功举办》,载中国政法大学法治政府研究院官网,http://fzzfyjy.cupl.edu.cn/info/1021/13903.htm,2022 年 4 月 3 日访问。

信行为以及失信惩戒等内容。所以,不宜认为权责清单可以取代政务诚信正面清单,也不能在政务诚信正面清单中编制本属于权责清单的内容,最重要的是在清单编制过程中加强二者的衔接工作。

其二,负面清单最早出现在国际贸易领域,主要解决外资市场准入问题。负面清单管理模式同样具有深刻的法治意蕴,是深化政府"放管服"改革,实现由政府管理到社会治理的重大创新。[①] 换言之,"非禁即入"不再是负面清单的典型特征,它开始逐渐成为规范政府权力运行的另一有效制度方式。可见,正负面清单相互配合使用不再新奇,因为二者共同致力于规范行政权力的行使,构建亲而有度、清而有为的政商关系,从而为市场竞争创造公平法治的环境。[②]

其三,虽然清单制度已在多领域付诸实践,但至少在行政管理领域,无非正面与负面两种清单,并未重叠或冲突。未来,即便制定出其他种类的清单,如行政许可清单,也并未跳出此两种类型。政务诚信正负面清单的设计和编制都会遵循原有实践的不同逻辑和框架展开,进一步充实整个行政管理清单制度体系,从而形成清单治理体系的合力。所以,无须对清单制度过于担忧,只要做好清单之间的衔接工作,定能发挥出清单制度本身的功能。

综上所述,政务诚信清单治理制度应该包括政务诚信正面与负面两种清单制度,同时使用正负面清单并未破坏原有清单制度的理论和实践逻辑,也不会与其他清单制度重叠或冲突。鉴于政务诚信建设的多元需求,我们既无法用一张清单涵盖政务诚信的

---

① 张红显:《负面清单管理模式的法治之维》,载《法学评论》2015 年第 2 期,第 73 页。

② 韩韫超:《"正负清单"让政商之间亲而有度、清而有为》,载《工人日报》2017 年 5 月 18 日,第 003 版。

所有要求,也无法将正负面两张清单合并。为此,必须区分政务诚信正面和负面清单,并在此基础上明确两张清单的功能定位和法治化衔接方案。

(二)政务诚信正面与负面清单的不同功能定位

首先,从已有正面清单的定位来看,权力清单遵循的是“法无授权不可为”的法理逻辑,是对行政权力的取消、冻结、下放、转移和整合,旨在促进简政放权[①],其本质为政府信息公开[②];责任清单遵循的是“法定职责必须为”的法理逻辑,是对权力事项相对应的职责和追责事项的梳理,旨在实现公共利益,其本质为行政自我规制。[③] 前已述及,政务诚信清单在法律性质上应视为行政自制规范,但政务诚信正面清单的功能应定位为公共信用清单,是对行政机关及其公务员依法履职和提供公共服务过程中的诚信行为事项,以及在这一过程中产生和获取信用信息事项的梳理。进言之,政务诚信正面清单不仅包括“行为”事项,也包括“信息”事项,而且具备了诚信自我规制以及公共信用信息公开的双重功能。因此,政务诚信正面清单的功能应侧重于行政机关的公共信用,可以通过公示政府机关及其公务人员各项法律诚信的要求实现正面清单的价值。

其次,从负面清单的传统定位来看,其遵循的是“法无禁止即自由”的法理逻辑,涉及的是国家间关系,针对的是外资准入的数

---

① 喻少如:《权力清单制度中的公众参与研究——兼论权力清单之制度定位》,载《南京社会科学》2016 年第 1 期,第 100 页。

② 申海平:《权力清单的定位不能僭越法律》,载《学术界》2015 年第 1 期,第 129 页。

③ 刘启川:《独立型责任清单的构造与实践 基于 31 个省级政府部门责任清单实践的观察》,载《中外法学》2018 年第 2 期,第 445 页。

量和审批问题。[1] 当然,负面清单也可以用于行政管理领域,只不过是从反面划定政府的职权边界,涉及的是行政机关与市场和社会的关系,属于不可为清单。[2] 因此,政务诚信负面清单在法律性质上仍旧属于行政自制规范,但与正面清单不同的是,政务诚信负面清单的功能应该定位为市场信用清单,是对行政机关及其公务员在市场经济活动过程中的诚信事项的反向梳理。那么,政务诚信负面清单是否也应当包括政府的市场信用“行为”和“信息”两种事项呢?笔者持否定态度,主要有以下几点理由:其一,市场信用信息不属于政府主动公开的范畴。政务诚信负面清单编制完毕后必然会主动公开。但是根据《政府信息公开条例》的规定[3],行政机关或公务员的市场信用信息并非主动公开的范畴,并且主动公开很可能会侵犯其他市场主体的商业秘密或者合法权益,未经市场主体同意不得公开。其二,市场信用信息并不涉及公众利益因而不适合主动公开。公共信用信息公开是因为其涉及所有信息主体(个人)对公共部门收集和拥有的影响到自身权益的信息的知情权。[4] 然而市场信用信息往往是交易双方的履约信息和利益,一般不涉及其他利益主体,因而不适合主动公开。其三,市场信用信息一般由征信机构依申请公开。市场信用信息一般都由政府的公共征信部门或者第三方征信业务机构收集、整理、分析,并以此为基础对外提供信用信息咨询、调查、评估等服务,帮助客户判断和控制信用风险,进行信用管理。[5] 即言之,征信系统收集的市场信用

---

① 付建军:《当代中国公共治理中的清单制:制度逻辑与实践审视》,载《当代世界与社会主义》2016 年第 5 期,第 172-173 页。

② 叶金方,赵丽琴:《地方政府权力清单编制需注意哪些问题》,载《人民论坛》2016 年第 20 期,第 49 页。

③ 《政府信息公开条例》(2019 年修订)第 15 条、19 条、20 条。

④ 龙西安:《个人信用、征信与法》,中国金融出版社 2004 年版,第 164 页。

⑤ 杜金富等:《征信理论与实践》,中国金融出版社 2004 年版,第 9 页。

信息并不会直接对外披露和向公众公开,而需要特定的企业或个人依申请公开。

质言之,政务诚信负面清单不宜包含行政机关及其公务员的市场信用信息,而应当聚焦政府的市场信用行为。不过,对于法定代表人或主要负责人的失信违约信息可以考虑同其违法信息一同纳入公务员信用信息数据清单进行管理。当然,这些失信违约信息也只限于履行公职的失约信息而不包括个人失约信息。

综上,对于政务诚信负面清单,其功能应该侧重于经济信用关系的建构,促进政府机关作为民事主体与其他市场主体建立起经济信用契约。[①]

四、政务诚信清单治理制度衔接方案的法治实现

自“加强政务诚信建设”的要求被提出以来,围绕政务应当如何贯彻落实诚信一直存在着多种不同的治理呼声,既有倡导为诚信立法的强制力保障措施,也有倡导通过教育引导等柔性化措施推进。从实践来看,“信用立法”与“诚信清单”的同步推进正在被普遍采纳,这种“软硬法混合治理”的模式既是普遍存在的事实,也被认为是应当采取的立场和方法。[②] 但是,这一优势互补的治理模式也会加剧彼此之间错综复杂的法律逻辑关系,在衔接和转化方面明显会存在障碍。[③] 在政务诚信建设中,清单和法律制度的混合治理模式正在加剧两者之间的紧张关系。为了更好地实现清单制度的柔性化功能,也为了更好地发挥诚信法律的权威效力,笔者将

① 付建军:《当代中国公共治理中的清单制:制度逻辑与实践审视》,载《当代世界与社会主义》2016 年第 5 期,第 167 页。

② 沈岿:《软硬法混合治理的规范化进路》,载《法学》2021 年第 3 期,第 69 页。

③ 罗豪才,宋功德:《认真对待软法——公域软法的一般理论及其中国实践》,载《中国法学》2006 年第 2 期,第 11 页。

直面政务诚信清单治理实践中的衔接难题，为诚信清单与诚信法律制度构建起良性互动的法治框架。

（一）政务诚信清单与法律制度的衔接

1. 立法衔接

无论是政务诚信正面清单还是负面清单都需要法律制度的指引，易言之，如果在设计清单制度的同时，制定相应法律制度规范，那么将有助于理顺清单制度与法律之间的关系，为清单编制奠定法律基础。从实践看，这样的立法衔接选择方式也可以是多种多样的，笔者将其归纳为下面几种类型：

第一，制定《政务诚信管理办法》衔接。显然，这是一种为政务诚信专门立法的模式。具体而言，可以考虑先由地方政府出台有关政务诚信建设的规章条例，待时机成熟后由国务院制定相应规章甚至行政法规。其实，早在 2006 年重庆市就尝试制定《重庆市政府信用管理办法》（以下简称《办法》），将政府信用管理纳入法治化轨道。[①] 遗憾的是，该《办法》尚未通过就被废弃。自此之后，政务诚信立法无疾而终，各地方政府鲜有制定类似《办法》。可以预知，如果《办法》得以施行，政务诚信建设便有了明确的法律依据，法律效力和约束力都将大大提升。同时，《办法》也可以明确政务诚信的概念和范围、政务信用信息的收集与公开、政务失信惩戒和责任、政务失信修复和救济以及政务诚信清单制度建设的相关问题。不难看出，为政务诚信专门立法不仅可以实现政务诚信清单治理的法治化，还将政务失信问题的解决真正纳入了法治轨道，为政务诚信筑牢了法治根基。不过，这一立法衔接模式的弊端也是显而易见的，如专门立法经验尚不成熟、立法成本相对较高。这

---

① 戴娟，聂学治：《重庆：政府信用管理纳入今年立法重点》，载搜狐新闻网，http://news.sohu.com/20060405/n242639058.shtml，2022 年 4 月 1 日访问。

也意味着，短期内这样的立法衔接模式仍旧无法实现。

第二，通过地方《社会信用条例》衔接。尽管政务诚信专门立法的条件尚不成熟，但是各地信用立法的步伐正在加速推进，已成“燎原”之势。前已述及，众多省份出台的社会信用条例中均不乏“政务诚信”条款，并且提出了要建立政务失信记录的要求。以《北京市社会信用条例（草案）》为例，其对政务诚信建设提出两方面的要求：其一是政府应当履行向社会依法作出的政策承诺以及依法订立的各类合同；其二是加强公务员诚信建设，建立公务员信用档案。① 仔细考究这两条的内容可以发现，这两条政务诚信建设路径与政务诚信正负清单制度的要求非常契合。对于政务诚信建设路径一，其实质即为规范政府的经济失约行为，属于政务失信的经济维度。因此，此条内容可以衔接“政务诚信负面清单”的规定，譬如“政府依法作出的政策承诺和各类合同应当纳入负面清单进行管理”。对于政务诚信建设路径二，其实质是为了规范公务员的法律诚信行为，进而对公务员诚信档案的信息记录范围和用途提出了要求。因此，此条内容以及有关公共信用信息目录的内容可以衔接“政务诚信正面清单”②，譬如可以规定“政府机关及其公务员的诚信行为记录应当编制形成政务诚信行为目录并依法进行动态管理”。综上可知，通过《社会信用条例》衔接政务诚信正负两张清单是相对较为现实的途径，既可以为清单设计编制提供上位法依据，又可以加强法律与清单制度之间的衔接。

第三，通过《政务诚信正负清单制度管理办法》衔接。除了正式立法之外，还可以考虑制定《政务诚信正负清单制度管理办法》以加强衔接。相较前两种衔接方式，第三种方案旨在单独为政务

---

① 《北京市社会信用条例（草案）》第45、46条。

② 《北京市社会信用条例（草案）》第10-15条。

诚信清单治理制度提供总则性文本规范,以规则形式为清单目录的制定提供“准据法”依据。[①] 虽然这样的总则性办法只能视为规范性文件,在法律效力上不及前者,但无疑在内容上更具针对性、更为细致、操作性更强。举例来说,《佛山市市直政务诚信征信管理暂行办法》的制定便使得机关单位和公务人员的政务诚信信息的范围、征集、处理、运用和管理依法有据、客观公正。[②]《山东省政府机关及公务员信用信息归集应用管理办法》对政府机关和公务员的信用信息的内容、归集、应用都做出了规定,从而为政府机关和公务员信用信息目录、诚信行为目录编制提供了规范依据。[③] 结合先前经验,笔者认为,在推行政务诚信正负、清单制度之前,可以考虑由省级政府制定《政务诚信正负清单制度管理办法》(以下简称《管理办法》),统一规范政务诚信正面、负面清单。《管理办法》也将厘清行政机关以及公务员公共和市场信用行为的范围,划清界限,从而为两张清单的编制工作提供法律规范指引。

2. 非立法衔接

顾名思义,“非立法衔接”即不通过立法的衔接方式。清单制度与法律制度的衔接方式不止一种,最理想的情形当然是清单的编制与管理以法律为准绳,严格依照法律。此种衔接理念可称作“有依据”,上述几种衔接方式都紧紧围绕此理念展开。清单制定工作一旦有了法律依据,那几乎所有内容都会在法律框架内实施,这便是为什么需要“为清单立法”的原因所在。但现实可能不尽如人意,清单制度的上位法基础往往并不牢固,这或许又为清单衔接

① 熊樟林:《重大行政决策目录制度的问题与应对——以〈重大行政决策程序暂行条例〉第3条第3款为对象》,载《行政法学研究》2019年第6期,第52页。

② 《佛山市市直政务诚信征信管理暂行办法》第3条。

③ 《山东省政府机关及公务员信用信息归集应用管理办法》,鲁发改信用〔2020〕907号。

法律制度提供了另一种衔接理念即“不冲突”。详言之,清单制度作为一种政策工具应该具有合法性。政策的合法性指政策的制定过程及政策内容应符合宪法和法律的要求,任何政策的实施都必须以合法性为前提。[①] 这就是说,清单制度的内容应该符合其他宪法法律制度的规定,不和已有法律规定相冲突,从而实现与法律制度的协调互动。按照这个逻辑,如果通过非立法的方式可以保证清单与已有法律制度不形成冲突,那么自然可以实现两者之间相互衔接的目标。以下也有几种可选择的方式:

第一,制定《全国政务诚信正负清单行为目录》衔接。很显然,全国性的清单目录虽非实质意义上的立法,但必然是集全国专家智慧且经过审议制定形成,其内容的合法性必然会受到严格审查,以防与现有法律文本形成冲突。因此,作为一种暂时性的“非立法”方案,《全国政务诚信正负清单行为目录》仍可以为各地区、部门设计编制政务诚信行为正面和负面清单提供行政指引和法律约束,确保地方政务诚信清单制度的制定不偏离法治根基。[②] 实践中,类似的做法已经成效显著。为了规范界定公共信用信息纳入范围,也为了规范失信惩戒措施的种类及其适用对象,国家发展改革委会同其他部门已经编制形成了《全国公共信用信息基础目录(2021 年版)》和《全国失信惩戒措施基础清单(2021 年版)》。有了全国性质的清单目录,各地政府或公共管理机构便不能超过目录所列范围之外采集信息并使用公共信用信息,也不能超过清单所列范围之外开展失信惩戒,这将破除地方各类清单目录违反法

① 陈庭忠:《论政策和法律的协调与衔接》,载《党政干部论坛》2000 年第 8 期,第 21 页。

② 上文提到,政务诚信正面清单中的信息目录可以纳入《公共信用信息目录》解决,政务诚信负面清单中的信息事项由于不需要对外主动公开,因而不需要制定目录,因此,全国性的政务诚信正面、负面清单都只需要制定行为目录即可。

律,随意乱采集信息、乱设失信惩戒措施的局面。可见,全国性的清单目录也有利于实现清单和法律制度之间的衔接和协调。

第二,通过清单目录本身衔接。除了制定全国性质的清单目录"模板"之外,为了更好地实施清单目录,在正式的目录或清单事项之前一般会进行说明。国家层面,譬如在《全国公共信用信息基础目录(2021 年版)》的说明中可以发现以下规定:"各地区、各有关部门(单位)在编制相关目录或条目时,须严格以法律、法规或者党中央、国务院政策文件为依据""各地区、各有关部门(单位)应遵照合法正当、必要、最小化原则……""除法律、法规另有规定外……""法律、行政法规或者党中央、国务院政策文件对公共信用信息纳入范围作出新的规定的,从其规定"。[①] 地方层面,比如上海市 2022 年《信用三清单编制说明》中对信息项的有效期作出了补充规定:"……,法律、法规、规章另有规定的除外"。[②] 梳理可见,清单目录在编制完成之后依然可以通过"编制说明"实现与法律法规等法律规范性文件之间的衔接。这样的编制说明可以在开头就能对全部清单内容起到总领约束作用,也可以视为编制者对外公开的合法性承诺,社会公众若发现清单事项违反法律规定的,随时可以批评和指正。

综上可知,政务诚信清单与法律制度的衔接主要有"立法衔接"与"非立法衔接"两种,但两种衔接方式所追求的法治理念不同。法治的要素既有"不得矛盾与冲突",也有"长期的稳定性""表述与实施的一致性"。[③] 清单与法律制度之间不形成冲突,清单的制定符合法律的要求是两者衔接协调的基本点,在此基础上,如

---

① 《全国公共信用信息基础目录(2021 年版)》。

② 《关于开展 2022 版公共信用信息"三清单"编制工作的通知》。

③ [美]马修·H. 克莱默:《客观性与法治》,王云清,译,浙江大学出版社 2022 年版,第 122-131 页。

能为清单立法,将清单之治上升为法律之治,这无疑是更高的衔接目标和法治理想。所以说,在当前政务诚信清单治理制度尚未铺开之前,两种衔接方式均不可偏废。

(二)政务诚信清单与其他清单制度的衔接

探讨完清单制度与法律制度的宏观衔接问题后,我们还必须处理好政务诚信清单与其他清单制度的微观衔接问题。清单的宏观衔接只需要围绕“法律”展开,不论是“立法衔接”或“非立法衔接”都无例外的是想让清单制度“贴近”法律,体现法治理念、法治思维。清单的微观衔接则很大程度上需要关注清单制度本身,因为法律很可能无法为多种清单同时提供操作指引,无法介入清单内部破除衔接阻碍。也就是说,清单制度之间的衔接更多时候需要依靠“技术”,需要深入清单与清单之间的内部构造,探求其构成要素的相似性、差异性、关联性,从而实现不同清单制度的可操作性、科学性、有效性。如此,方能实现不同清单制度之间的衔接目标。

1. 将政务诚信嵌入权责清单

“嵌入”是两个事物或系统之间互相连接、互相影响、互相作用的一种状态,它强调的是两者之间的相互作用。若只是一方对另一方的影响和作用,另一方只是被动地接受其影响和作用,那不是严格意义上的嵌入。[①] 也就是说,将政务诚信嵌入权责清单的同时,也会对政务诚信正面清单的设计和编制产生影响。在阐释这种嵌入性机制之前,我们必须明确嵌入的联结点在哪里,应当衔接哪些方面。

前文已述,行政机关及其公务人员依法“行使职权”和“履行职责”已经成为政务诚信新的内涵和维度,因此,政务诚信正面清单

---

① 汪霞:《嵌入与协同:公共政策执行动力源研究》,中国社会科学出版社 2015 年版,第 13 页。

与权责清单存在法理逻辑上的互嵌性,而这种互嵌结构的联结点就是“合法性”和“有责性”。基于此,政务诚信应当嵌入权责清单中的权力事项、责任事项和追责事项三类。那么,如何将政务诚信嵌入各自事项中,嵌入方式和嵌入力度又是否相同?笔者接下来将做进一步阐释。

(1)观念嵌入:将诚信道德观念嵌入权力事项中

权力清单制度不仅是对行政权力事项的公开,也是制约权力运行的有效形式。权力事项所对应的法律依据不仅承担着规范权力的功能,而且是行政机关对外依法行使权力的一种承诺。这也说明,对行政权力的制约不仅可以依靠法律,还可以依靠道德,将政务诚信的道德观念嵌入权力事项就是希望通过道德教化的作用,把法律和道德的力量、法治和德治的功能紧密结合起来①,引导全体行政机关和公务员培养“重信守诺”的良好品德,防止滥用行政职权和违背权力承诺。因此,将诚信道德观念嵌入权力事项并非“增设”行政机关权力,也没有“重设”权力,只是在原有权力清单的基础上强化权力事项与诚信道德的关系,使得行政机关和公务员在行使每项职权之前都能意识到其做出的诚信诺言,最大限度地减少违法行使职权的可能性。具体来说,笔者以为可以考虑在权力清单中对所有部门和类别的权力事项行使应该符合的诚信道德要求作出说明,也可以在实施依据中补充规定“……权力的行使应当符合诚信道德”。

总之,在权力事项中嵌入诚信道德观念属于“浅层次”的嵌入性机制,不会对权力清单制度造成影响,反而可以加强权力和诚信道德的衔接。

---

① 何民捷:《既讲法治又讲德治——学习习近平同志参加重庆代表团审议时关于法治与德治的重要论述》,载《人民日报》2018 年 3 月 16 日,第 07 版。

(2)原则嵌入:将诚实信用原则嵌入责任事项中

责任清单是与权力清单相匹配的清单,当诚信道德观念嵌入权力事项,责任事项也势必做出改变。但是由于诚信道德观念之嵌入并没有新增权力事项,相对的,责任清单也不应当出现无根据的责任事项。那么,责任清单中的责任事项又应当与政务诚信形成怎样的嵌入性关系呢?

当前,各地责任清单的责任事项都是通过列举的方式展现出行政机关在行使行政权力过程中所应当承担的各项责任。但这仍被认为是一种传统的问责机制,因为责任事项的内容都来源于法律法规所确定的职责或义务。[①] 但是随着公私合作的加深,政府、市场多元主体参与的公共事务很有可能使责任界限模糊,传统责任所预先确定的内容、标准、范围等都难以在事前对多种主体进行责任分配,责任推诿、责任真空的现象将大量出现[②],这些都是责任清单无法控制的责任风险。为了突破这一困境,笔者以为,可以考虑通过诚实信用原则对其进行嵌入式填补。一方面,原则是补成文规则之不足的需要[③];另一方面,诚实信用原则要求行政机关及其工作人员在行使职权的过程中处处以实现公共利益作为权力行使的出发点和归宿,恪守信用,保护相对人的信赖,促进公益与私益的协调统一。[④] 诚实信用原则的嵌入可以为行政机关作出行为、履行职责提供基本准则,特别是当责任事项并无规定时,行政主体就可自觉以诚实信用原则作为公私交往活动中的基本准则,主动履行合同契约,维护自身政务诚信。实际操作既可以效仿观念嵌

---

① 宋京霖:《现代行政的责任机制——反思政治/行政二分法的投射效应》,法律出版社2018年版,第172页。

② 宋京霖:《现代行政的责任机制——反思政治/行政二分法的投射效应》,法律出版社2018年版,第139-140页。

③ 周佑勇:《行政法基本原则研究》(第二版),法律出版社2019年版,第247页。

④ 闫尔宝:《行政法诚实信用原则研究》,人民出版社2008年版,第85-94页。

入的方式,在责任清单编制说明中提出“本清单所有主体在履行责任的过程中应该以诚实信用原则为准则”,也可以在涉及公私合作的“其他责任”事项中补充诚信责任作为兜底。

总而言之,相比于观念嵌入,原则嵌入的力度较深,从观念指引上升为行为准则,属于“中层次”的嵌入机制。虽然在部分其他责任事项中补充了“诚信责任”,但这只是为了弥补传统责任事项的不足,并不是具体的法律责任形式。

(3)内容嵌入:将政务失信责任嵌入追责事项中

责任清单包括“应尽职责”和“追责情形”两个层面,缺一不可。[①] “追责”从字面意思出发即追究责任,诚实信用原则的嵌入只涉及职责层面,无法与责任的追究衔接,是故仍有必要对追责事项的衔接进行探讨。在明确政务诚信与追责事项的嵌入性衔接方式之前,我们仍旧需要理解为什么可以甚至需要在追责事项中嵌入政务失信后的责任。伴随着社会信用体系建设的高质量发展,以信用为基础的新型监管机制正在成为行政机关推进社会信用建设的新武器,而失信责任正是来源于政府在信用监管中的职责。[②] 甚至有学者认为,信用责任应当成为与民事责任、行政责任与刑事责任比肩而立的第四类新型独立法律责任,其是在失信者被追究民事、行政或刑事责任之时或者延后追究的责任形式,具有三大责任补强性。[③] 换句话说,行政机关及其公务人员在承担行政责任之后若面临政务失信的问题仍需要承担失信责任,这是合理且必要的,属于对失信行为的再次评价。那么,将政务失信责任怎样嵌入追

① 林蔚文,林明华:《地方政府部门责任清单制度的理论与实践》,载《福建论坛(人文社会科学版)》2016年第5期,第92页。

② 杨慧鑫:《行政领域“信用承诺”的法治逻辑——以行政协议为视角的分析》,载《中国信用》2021年第5期,第106页。

③ 刘俊海:《信用责任:正在生长中的第四大法律责任》,载《法学论坛》2019年第6期,第5-8页。

责事项较为合适呢？笔者以为，这必然触及信用责任的核心，即“失信惩戒”。对失信行为没有惩戒，也就失去了失信后的威慑力，无法起到失信预防的功能。因此，有必要将失信惩戒措施嵌入追责事项，以实现防范政务失信的目标。具体而言，可以在追责事项中增设诸如“将失信政府纳入黑名单”“取消失信公务员评优评先”“限制公务人员高消费”等失信惩戒措施。

当然，这些失信惩戒措施的纳入也应当渐进且适度，毕竟如果权力清单在今后并未增设信用监管权力事项，信用责任也未被法律明确规定和认可，那么徒增“失信惩戒”追责措施只会破坏权责清单“权力—责任—追责”的逻辑关系，甚至违背责任法定这一基本法理原则。总而言之，在追责事项中嵌入政务失信责任属于“深层次”的嵌入机制，因为这一做法增设了新的责任类型，改变了原有的追责方式。

以上三种嵌入机制的设计也表明，一味地衔接政务诚信或者扩展权责清单中的权力事项、责任事项、追责事项可能并不是最佳选择，不仅存在衔接技术上的难题，也存在法理逻辑上的障碍。糟糕的嵌入性选择还可能为清单制度带来负面影响，因为没有一张清单能够包含所有的事项，“无所不包”只会让清单变得不再简单、可测和高效，分权和执行都不再有效。[①] 同时，这样的嵌入性机制也影响并反作用于政务诚信清单，那些无法纳入权责清单的事项或许可以由政务诚信正面清单来弥补[②]，证实了政务诚信正面清单

---

① ［美］阿图 · 葛文德：《清单革命》（经典版），王佳艺，译，北京联合出版公司2017年版，第105-117页。

② 比如，制定政策法规、发布行政决定和命令等抽象行政行为以及政府层级之间、部门之间的内部管理职权等都未列入权力清单，在公私合作中失信违约的责任也未纳入责任清单，这些事项都可以考虑纳入政务诚信清单，通过诚信清单实现行政机关的自我规制。有关权力清单中未列入的事项参见叶金方，赵丽琴：《地方政府权力清单编制需注意哪些问题》，载《人民论坛》2016年第20期，第50页。

的必要性,以及与权责清单配合使用的可能性。

2. 拓展并统一政务诚信负面清单实践领域

一个现代化的良性社会治理结构应该包括混合清单,即不仅包括正面清单,也包括负面清单。[①] 随着多元组织的不断壮大,传统的"服从—命令"管理模式已经越来越难以适应社会发展和民众需求[②],政府开始逐渐走向民众和市场,并尝试通过私法实现行政任务,使得公私融合、依约行政成为新时代行政的要求。[③] 为了应对这一转变,清单制度也开始从正面清单向负面清单逐步转型,政务诚信清单制度也不例外。所以,除了将政务诚信"嵌入"权责清单,完善正面清单制度,我们也应当积极探索衔接政务诚信负面清单制度。

从负面清单制度的起源和现有实践来看,其主要集中在市场准入领域。也就是说,负面清单制度是面向市场的,并不是约束政府及其公务员的清单,而是指导和约束市场主体的清单,行政机关在其中只起到监管作用。所以,从负面清单的性质和规制对象出发,政务诚信似乎毫无"嵌入"之可能性。那么,对于政务诚信负面清单制度我们应当如何衔接?

首先,必须破除对"负面清单"制度的固化认知。一直以来,用正面清单监督政府,用负面清单管理市场已经成为清单制度实践的共识[④],"非禁即入"成了负面清单制度的典型特征。但是近年来,负面清单模式开始逐渐运用于学校教育、高校管理、生态保护、

---

① 梁立俊:《负面清单、正面清单和混合清单——也谈授权与禁止的法理边界》,载《理论视野》2014 年第 4 期,第 46 页。

② 章剑生:《现代行政法基本理论》(第二版),法律出版社 2014 年版,第 18 页。

③ 倪洪涛:《论西方行政法治的主要类型》,载《法律科学》2022 年第 3 期,第 105 页。

④ 樊纲:《"负面清单"管理市场"正面清单"约束政府》,载《中国证券报》2014 年 10 月 27 日,第 A09 版。

政府采购等领域，超越了负面清单原本的内涵范围。[①] 不同于传统意义上的市场准入负面清单，越来越多的负面清单都旨在为不同主体的行为制定准则或划清界限，并通过“禁止性”“否定性”的事项达到规范行为的目的。因此，“负面清单管理”不仅是一个重要的市场经济原则，也是一个法制原则[②]，它同样可以起到监督政府诚信行为的作用，可以为政务诚信提供“否定性”的法治评价标准。

其次，明确政务诚信负面清单应当衔接的负面清单实践领域。从政务诚信负面清单制度的功能定位出发，其应当是对行政机关及其公务员在市场交往过程中失信行为事项的梳理和列举。基于此，我们似乎可以确定应当衔接的负面清单制度所应满足的条件和要求：其一，在主体上，应当是面向行政机关及其公务员的负面清单，即负面清单事项所规范的主体应当是行政主体而非市场主体；其二，在行为上，应当是面向行政机关及其公务员的市场交往行为，即负面清单事项所规范的是行政主体作为民事主体从事的市场交易行为，而非行使行政职权的行为；其三，在事项上，应当体现诚实信用原则，即负面清单中的事项应当为行政主体主动履行契约提出指引和规范。综合上述要求来看，现实中大部分的负面清单制度，比如市场准入负面清单制度并不适合与政务诚信负面清单相互衔接，符合条件的负面清单制度实践也只有“政府采购负面清单”“政府购买服务负面清单”“政商交往负面清单”，其余负面清单制度都不在衔接范围内。

最后，不断拓宽并统一政务诚信负面清单。如上所述，政务诚

---

① 比如，教育部印发义务教育六科超标超前培训负面清单（试行）为各地查处培训机构超标超前培训行为提供了具体依据，杭州市教育局发布中小学（幼儿园）师德师风负面清单，江苏省政府发布《江苏省自然生态保护修复行为负面清单（试行）（第一批）》，以及各地发布的政府采购负面清单文件。

② 《用负面清单管理市场 用正面清单监督政府》，载《中国机构改革与管理》2014年第1期，第47页。

信负面清单不同于传统意义上的负面清单,可嵌入的负面清单样本过少,无法实现政务诚信负面清单的制度功能和现实目标。因此,我们或许需要转变思路,分两步实现政务诚信负面清单制度的衔接。第一步,不断拓宽政务诚信负面清单实践。只有拓宽政务诚信负面清单制度实践,设计编制出更多的政府市场信用清单,才能对公私合作中的不同情形进行规制,政务诚信负面清单才拥有可以衔接的制度基础。同时,负面清单制度的拓宽也将会为市场主体自治提供更多的空间,鼓励更多市场主体参与到与政府的市场交易中,消除交往疑虑,破除信任障碍,提升政府诚信。因此,除了上述可以衔接的负面清单制度以外,参照政务诚信负面清单制度的设计思路,政务诚信负面清单实践可以向政府和社会资本合作、政府招标投标、招商引资、政府债务等政务诚信重点领域逐步拓宽并形成各自的负面清单。第二步,形成统一的政务诚信负面清单。当政务诚信负面清单不再缺失,负面清单数量不断增加,随之而来的问题便是各地的清单事项不同,政务失信行为认定标准不一。随着"统一大市场"理念的提出,严格落实"全国一张清单"已经成为清单制度建设和衔接的新要求。① 为了健全统一的社会信用制度,实现市场基础制度规则的统一,作为市场信用清单的政务诚信负面清单理应作出回应,从拓展迈向统一。统一的政务诚信负面清单强调制度规则的统一,即各地的政务诚信负面清单事项应当做到互联、互通、互认②,并逐渐形成全国统一的"政务诚信负面清单"。笔者以为,可以参照已经编制完成的《全国公共信用信息基础目录(2021年版)》和《全国失信惩戒措施基础清单(2021年版)》的做法,适时编制出台《全国政务诚信负面清单》,通过全国

① 《中共中央、国务院关于加快建设全国统一大市场的意见》。

② 胡晔:《统一大市场如何做到"统一"》,载《中国经济时报》2022年4月14日,第003版。

式的政务诚信负面清单制度统一衔接各地清单。这既可以为政府各类市场活动的乱象提供统一诚信指引，也可以避免各地负面清单制度在内容和效力上的矛盾冲突。

总体而言，政务诚信负面清单与正面清单的衔接路径不同，它必须经历从拓展到统一的衔接路径，将更多符合政务诚信负面清单功能和目标的政府市场行为纳入负面清单的范畴，并逐渐实现负面清单制度的统一，从而统摄和规范政府失信行为。

五、余论

政务诚信清单治理制度是一个从制度设计，到制度衔接，再到清单编制的完整清单制度体系。虽然，我们已经为清单式治理政务失信提出了正面清单与负面清单相结合的清单制度模式，并且明确了政务诚信清单独特的功能定位，解决了政务诚信清单与法律制度以及其他清单制度的衔接关系。然而，政务诚信清单制度的编制规则，特别是正面清单与负面清单的编制方法仍未明确。由此带来的问题是，各地政务诚信清单的编制实践仍然较少，且没有针对行政机关和公务员的失信行为、失信信息数据等不同方面的失信表现编制出不同类型的清单或目录。现实如此，学界特别是法学界应有所作为。为了形成政务诚信清单治理制度的合力，有必要继续设计不同类型的政务诚信清单编制规则，也只有编制出遵循法治精神的政务诚信清单，才能真正实现以信用善治助推信用良法的目标。

行政违法信息记入企业信用档案的法律规制

何绮静*

摘　要：行政违法信息记入企业信用档案措施实际上是一种征信行为，由行政主体实施征信行为是国家征信模式的体现。然而，行政违法信息记入企业信用档案作为新型的监管手段，理论研究和实践经验较少，制度体系不完善。如果缺乏规制，不仅不能提高监管的效率，还会阻碍征信业的发展，损害营商环境。根据行政违法信息记入企业信用档案措施的实施现状及行为性质，该措施在主体、内容、程序等方面存在问题。为了使该措施发挥应有的效用，需要完善其程序制度、适用条件以及制度体系等方面，并结合信用法治建设，对该措施进行规范。

关键词：企业信用；信用监管；营商环境；行政违法信息

---

* 何绮静，1998 年出生，湘潭大学硕士研究生，湖南省湘潭市雨湖区湘潭大学校内，邮箱：1056887814@ qq. com。

一、问题的提出

大数据的发展为市场监管带来了新方式，如何规范地利用大数据进行市场监管是当下的重要课题。现代市场经济是信用经济，信用在市场交易中发挥着重要作用。市场监管可以从信用入手，通过形成良好的信用环境优化营商环境。公共信用信息是从传统征信向大数据征信的过渡形式，国家征信模式有利于引导大数据征信未来的健康发展。然而，国家征信模式并非完美无瑕，政府部门及其工作人员作为公共信用信息的采集者、归集者、使用者等存在泄露、售卖公共信用信息的可能性。法治化原则是《优化营商环境条例》明确规定的三大原则之一，市场监管作为营商环境的重要组成部分，其新方式、新工具也应当按照法治原理适用。目前，越来越多的立法者和学者注意到了可以利用社会信用体系建设助力优化营商环境，将政府在市场监管中应用公共信用信息的行为纳入信用法治范围，可以更好地规制政府的监管行为。

监管部门将行政违法信息记入企业信用档案，根据企业信用档案利用大数据技术对企业与违法行为的相关性进行分析、预测，提高市场监管的精准性和有效性。虽然该措施有着正向的作用，但是监管部门有无权力实施该行为，监管部门的征信行为是否出于优化营商环境、维护市场秩序等正当目的，决定着该措施能否发挥出应有的作用。各级监管部门自己收集、制作行政违法信息，记入企业信用档案后又为自己所用，如何保证整个过程的公平性与正当性呢？将行政违法信息记入企业信用档案后，并非仅供内部使用，还会涉及政府部门之间的信用信息共享，以及向公众公开以修正和补充市场信用信息。也就是说，监管部门既提供信用信息，同时自身又使用信用信息，相当于一个企业既开展金融信贷业务，又从事征信业务，有违征信机构的中立性。政府部门必须坚持依法行政原则，这种突破传统征信模式的行为更需要强有力的法律法规作为约束。

二、行政违法信息记入企业信用档案的功能与作用

行政违法信息记入企业信用档案涉及信用信息的应用，意味着它不单纯是一个监管手段，还是社会信用体系建设的内容，与传统的监管方式有着较大的不同。行政违法信息记入企业信用档案实施的功能及其在实践中发挥的作用，可以反映出该行为的内在特征，同时，有助于明确制度安排的基本方向。

（一）行政违法信息记入企业信用档案的制度功能

1. 反映企业的信用状况，落实信用监管机制

落实信用监管机制关键在于提高监管的精准性和有效性，对重点领域、重点对象加强监管。根据国家市场监管总局发布的《关于加强重点领域信用监管的实施意见》，我国在事中环节制定了“双随机、一公开”、信用风险分类管理等制度举措，及时建立全面、完整的市场主体信用档案是上述制度落实的重要前提。例如，根据国务院发布的《关于在市场监管领域全面推行部门联合“双随机、一公开”监管的意见》，针对不同信用状况的市场主体确定并动态调整抽查比例、频次和被抽查概率，建立检查名录是推进“双随机、一公开”措施落实的必要步骤；根据《市场监管总局关于推进企业信用风险分类管理进一步提升监管效能的意见》，企业信用风险的研判需要全面收集企业的信用信息，包括行政许可、行政违法、列入经营异常名录和严重失信主体名单、抽查检查等信息，再根据分类指标体系分类、整理企业信用信息。企业信用档案可以对市场主体信用状况进行“画像”，其设置归集的信息范围等其他规范要求各部门按照标准收集并整理、保存企业信用信息，为信用监管提供基础条件。

2. 助力信用法治建设,优化营商环境

信用环境是营商环境的重要内容,促进企业自觉守信,减少信用风险事件的发生,是优化信用环境的主要方向。自2019年《优化营商环境条例》出台后,各地纷纷开始将优化营商环境纳入社会信用地方立法的立法目的当中。《台州市企业信用促进条例》《汕尾市企业信用促进条例》中都将优化营商环境作为本条例的立法目的之一。信用信息在社会信用体系建设中发挥基础性的作用,社会信用体系建设大多是围绕信用信息管理活动开展的,企业信用建设同样如此。从我国的信用法治经验来看,自2014年正式开始社会信用体系建设后,企业的违规率有所下降,信用法治建设在一定程度上对企业自觉守信起到了督促作用。

从征信业的角度看,如果私营的征信机构能够持续健康发展,扩大信用信息的采集范围,也能实现加强企业信用建设的目的。大部分行政违法信息在监管部门官网上公开,私营征信机构也可以利用大数据爬虫技术获取。但我国仍然需要监管部门建立企业信用档案,原因在于:一是可以降低监管的成本,提高监管手段的便利度;二是我国的私营征信业还未建立良好的秩序,有较大信息泄露、违法使用的风险。根据国外的经验,征信机构信息共享通常遵循互惠原则,即只有信用信息使用者提供了信息,才能从数据库中接收信息。目前,监管部门与征信机构还不具有长期合作的条件,也存在较大的权力寻租风险。结合国外经验,公共信用登记系统向私营征信机构提供数据接入在实践中也是较为罕见的。

国外的经验证明,公共征信机构和私营征信机构共存是有利的,关键在于制度设计。将行政违法信息记入企业信用档案的行为制度化,按照信用法治原理开展,有利于明确、规范政府部门的“征信业务”范围,促使政府部门以公共利益为目的实施征信行为。与私营征信机构明确分工,调整好政府与市场的关系,这也是优化营商环境的要求。

3. 修正和补充市场信用信息,维护市场秩序

公共信用信息并非仅供政府部门内部使用。作为公共产品,公共信用信息具有公共性和公开性,大部分公共信用信息会向公众开放,所以公共信用信息的使用主体包括市场主体。公共信用信息是指行政机关、司法机关以及法律法规规章授权的具有管理公共事务职能的群团组织在依法履行职责、提供公共服务过程中产生或获取的,可用于反映或识别信用主体的信用状况的数据和资料。行政违法信息也属于公共信用信息,政府部门制作的企业信用档案也是由公共信用信息组成。

早在2012年我国证券期货市场领域已经开始建立诚信档案,其对象包括自然人、法人和其他组织,但当时《社会信用体系建设规划纲要(2014—2020年)》还未出台,我国还没有正式开始社会信用体系的建设。中国证券监督管理委员会在2012年出台的《证券期货市场诚信监督管理暂行办法》①主要目的在于维护市场秩序,保护投资者的合法权益,同时也有推动社会信用体系建设的意图。

证券市场的失信行为较为严重,资本市场利益角逐引发了资本市场信用伦理危机。自1998年起,我国出现了好几起严重的上市欺诈案件,例如,"琼民源"案、"红光案""大庆联谊案"等,严重影响证券市场的健康发展。证券市场的失信行为主要包括违法违规披露信息、隐瞒重大事项、未履行信息披露义务等行为。虚假的、不充分的市场信用信息会引发信息不对称问题,从而导致投资者利益受损,市场秩序被扰乱。

① 现已失效。自《证券期货市场诚信监督管理办法》施行之日起,《证券期货市场诚信监督管理暂行办法》(证监会令第106号)同时废止。

针对上述问题,《关于依法从严打击证券违法活动的若干意见》要求加强资本市场信用体系建设,具体包括建立健全全国统一的资本市场诚信档案等具体举措。中国证券监督管理委员会建立企业信用档案,一方面,企业信用档案的建立有利于监管部门实施诚信监管,通过分析、研判市场主体的公共信用信息,预测市场主体与失信违法行为的相关性大小;另一方面,公众可以依法申请查询企业信用档案,可用于辅助核实市场信用信息的真实性,也有助于加强投资者对企业信用状况的了解。证券市场建立企业信用档案最初的出发点在于减少欺诈案件的发生,维护市场秩序,促使证券市场向良好的方向发展。证券市场企业信用档案相关制度仍沿用至今,证券市场的欺诈事件发生率大大降低,可见企业信用档案的建立有一定的效果。如今,失信现象在各个市场领域时有发生,可以对企业信用档案制度进行优化,扩大其应用领域和场景。

(二)行政违法信息记入企业信用档案的作用效果

1. 提高企业信用风险防控意识

对于企业而言,将行政违法信息记入企业信用档案可以产生一种风险提示的效果。行政违法信息属于负面信息,行政主体或者市场机构根据信用档案对信用主体进行信用评价时,负面信息会降低所得评价的分值。在某些需要考虑企业信用状况的场合,例如行政许可、市场竞争等,拥有负面信息会导致企业处于相对不利的地位。记入企业信用档案的行政违法信息越多,所反映的企业信用状况越差,企业可能被认定为信用不良主体,违法行为严重的可能同时被列入失信黑名单。记入企业信用档案的措施可以对企业加以警醒,让企业意识到如果再次实施违法失信行为会增加自身信用风险,从而达到预防失信违法行为再次发生的目的。

2. 行政监管约束程度加强

企业信用档案不仅仅只是记录信用信息并归档,其最大的效用在于应用。企业信用档案可以作为监管的依据，行政主体有权力根据企业信用档案对企业的监管强度，包括检查频次、检查方式等作出调整。2016 年，国务院发布的 33 号令①中，明确表示了应当根据企业信用记录完善事中事后监管措施；各地的地方信用立法中也有规定对不良信用主体可以加强行政监管，采取加强现场检查、列为重点审查对象等措施；《证券期货市场诚信监督管理办法》第三十四条作出了明确规定，“中国证监会及其派出机构在开展监督检查等日常监管工作中，应当查阅被监管机构的诚信档案”，该条款用了“应当”的表述，将查阅诚信档案作为日常监管的必要步骤，落实了企业信用档案在信用监管中的作用。

3. 声誉减损

将行政违法信息记入企业信用档案，相关决定予以公开，企业信用档案亦具有公开性。这种公开行为会导致行政相对人的声誉减损并出现对其进行社会制裁的实际后果，具有一定的惩罚性。但是记入企业信用档案不同于被列入失信黑名单，社会制裁效果具有不确定性，声誉减损的程度也因行政相对人自身情况的差异而有所不同。例如，此前华谊兄弟传媒股份有限公司被浙江证监局采取行政监管措施，并记入诚信档案的事件便引起了社会的热烈讨论，市场主体及公众对其的信用评价降低，声誉确实受到减损。然而，华谊兄弟传媒股份有限公司并非是首个或者唯一一个其行政违法信息被记入企业信用档案的市场主体。自 2013 年开始浙江证监局便对部分受到行政处罚的企业采取此措施，但并不是每个主体都能引起如此大的关注。该种公开行为的效果与被处罚的主体自身品牌、公众对其的熟悉度有关，大型企业会所受到更大

---

① 《国务院关于建立完善守信联合激励和失信联合惩戒制度 加快推进社会诚信建设的指导意见》(国发〔2016〕33 号)，2016 年 5 月 30 日发布。

的影响，而中小企业的声誉和交易机会所受到影响的可能性较小。

三、行政违法信息记入企业信用档案的行为性质

行政违法信息记入企业信用档案的行为性质关系到制度体系的构建以及关联法律关系的安排，明确行政违法信息记入企业信用档案的行为性质是对其进行规范的重要前提。目前，学界对该行为的性质并未达成共识，主要有附属行为说、具体行政行为说、行政事实行为说三种观点。

（一）附属行为说

有学者认为记入企业信用档案是一种失信惩戒措施，该措施以行政处罚决定书为基础，可以视为行政处罚的衍生行为。在司法实践中，曾发生自然人诉请判令某行政机关将其信息录入不良主体公共信息平台的行政处罚行为违法，但是一审及二审法院均认为该项工作是行政处罚决定的附随行为，没有对原告的权利义务产生实际影响。公权力主体普遍认为行政处罚信息公开和记入企业信用档案均非独立的行政行为。[①] 另外，记入企业信用档案的行政违法信息不仅仅是行政处罚信息，还包括监管部门作出的行政监督管理决定。采取记入企业信用档案措施也可以行政监督管理决定为基础，按照上述观点，此时记入企业信用档案属于行政监督管理措施的附属行为。

然而，这种说法并没有解决记入企业信用档案的行为性质问题，反而导致该行为不受任何程序约束。虽然上述案件中法院将信息录入不良主体公共信息平台的行为认定为行政处罚的附随行为，但是并没有将其视为行政处罚。在裁判的时候，法官也没考虑

① 王瑞雪：《声誉制裁的当代图景与法治建构》，载《中外法学》2021 年第 2 期，第 446-464 页。

行为作出的程序问题，只是以该行为没有产生实际影响和行政处罚行为合法合理为理由，判定该行为没有违法。如果将记入企业信用档案仅仅认定为一项附随工作，行政处罚或者行政监督管理决定合法、合理、有效，但是该信息与信用缺乏关联性，或者行政主体没有履行告知等程序时，那么受到损害的行政相对人难以寻求救济。虽然记入企业信用档案具有附随性的特征，但是仍需要明确其行政行为的具体属性。

（二）具体行政行为说

有学者认为，记入企业信用档案是声誉制裁的内容之一。[①] 对于声誉制裁，有学者认为其属于具体行政行为，但对于属于哪种具体行政行为类型，不同学者有不同的见解。黄锫[②]将声誉制裁区分为不同的类型，不同类型的声誉制裁对应不同法律性质的行政行为，例如，他认为列入违法失信主体名单属于确认型声誉制裁，是一种行政确认行为；行政处罚公开属于公开型声誉制裁，是一种政府信息公开行为，而通报批评类处罚属于处罚型声誉制裁，是一种行政处罚。张晓莹[③]认为黑名单措施与警告措施具有相同实质，且能够弥补警告措施的威慑力不足问题，应属行政处罚，“记入信用档案并公布”同样应属行政处罚的内容。在《行政处罚法》修订过程中，学界和实务界已经提出应当在行政处罚种类中增列“记入信用档案”的主张，但相关条款并未进入修订后的新法。

“行政违法信息记入企业信用档案”能否归入前述所提出的三种声誉制裁的类型当中呢？首先，记入企业信用档案与列入违法

① 王瑞雪：《声誉制裁的当代图景与法治建构》，载《中外法学》2021年第2期，第446-464页。

② 黄锫：《行政执法中声誉制裁的法律性质与规范形态》，载《学术月刊》2022年第5期，第95-106页。

③ 张晓莹：《行政处罚视域下的失信惩戒规制》，载《行政法学研究》2019年第5期，第130-144页。

失信主体名单并不能等同，前者仅仅是一个记录行为，行政主体并没有准确地做出类似于“失信”“异常”等负面评价。有学者认为列入违法失信黑名单是一种行政确认行为，原因在于它是对部分而非所有违法失信主体身份的公开认定，其具有“认定”的作用，而行政违法信息被记入企业信用档案，即使人们对违法信息有负面的印象，但也并不必然导致企业被打上“失信”的标签。其次，记入企业信用档案公开公示并不是仅仅以监督行政主体监管行为实施为目的的政府信息公开行为，该行为会对信息主体产生负面的影响，并非是单纯的信息公开行为。而行政违法信息记入企业信用档案是否可以作为一种行政处罚手段，关键在于记入企业信用档案是否符合行政处罚的基本特征。该问题最大争议点在于，记入企业信用档案措施是否具有惩罚性。

下文将以浙江证监局作出的记入诚信档案措施为例，以 2022 年 1 月至 7 月初其公示的行政执法信息为样本，对记入企业信用档案的目的和效果进行分析。半年内浙江证监局一共做出了 34 个采取行政监管措施的决定，以及 8 个行政处罚决定。行政处罚决定中并没有明确表示该行政处罚信息记入企业信用档案，记入企业信用档案措施主要出现在行政监管的决定中。行政处罚信息与行政监管措施在“信用中国”网站上均有相关信息公示。

在行政监管措施中，附有记入诚信档案措施的有 31 件，占比较大（如图 1 所示），可见，记入诚信档案是比较常用的监管手段。据统计，记入诚信档案措施主要附于“出具警示函”的行政监管措施当中（如图 2 所示）。该数据可以印证记入诚信档案并公示的措施具有弥补警示措施威慑力的目的。但是，浙江证监局官网中并没有可以查询企业信用档案的专栏，且据官网的动态公布信息，企业信用档案主要用于日常监管，目的在于预防违法失信行为的再次发生。行政处罚的根本目的在于通过报应以及主观预防来保护法益。其中,报应是第一性的,主观预防是第二性的。[①] 而记入企业信用档案更偏向于以预防为首要目的。另外,如果将记入企业信用档案认定为行政处罚行为,那么与行政监督管理信息记入企业信用档案的行为有所矛盾。虽然市场主体实施了违法行为,但是不必然受到行政处罚,监管部门可以根据法规、规章的规定作出监督管理措施,并记入企业信用档案,作为日后监管依据。如果记入企业信用档案是行政处罚行为,那么相当于行政监督管理决定中附带行政处罚,这是与执法目的、制度逻辑相矛盾的。

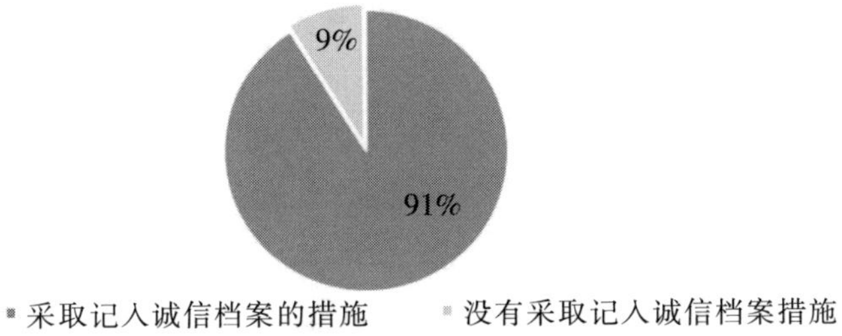

图 1　记入企业诚信档案措施采取比例

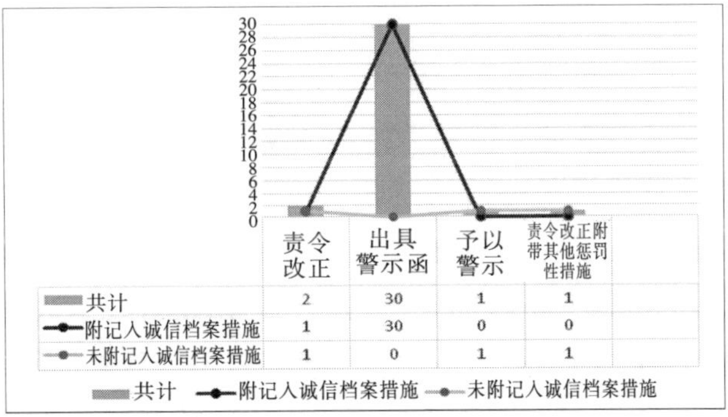

图 2　行政监管措施数据统计

① 邹奕:《行政处罚之惩罚性的界定》,载《行政法学研究》2022 年第 2 期,第 44-55 页。

（三）行政事实行为说

对于行政事实行为，法律没有给出明确的定义，学界对此有着不同的观点，包括法律效力说①、目的说②、确定权利义务说③等。下文将综合不同的观点对记入企业信用档案的行为性质进行分析。

行政违法信息记入企业信用档案是由行政主体单方实施的行为，目前还没有明确规定记入企业信用档案的程序。就“记入行为”而言，行政相对人没有拒绝记入的权利和途径，行政主体实施该行为也无须行政相对人配合，无法体现该行为是否具有强制力。所以，法律效力说无法判断行政违法信息记入企业信用档案是否属于行政事实行为。

对于行政违法信息记入企业信用档案的目的，上文也作出了分析，其目的侧重于预防违法失信行为再次发生。记入企业信用档案的法律效果是间接产生的，声誉影响并不是由行政主体所能控制的，即使受到失信惩戒，也是根据法律规定，且不一定由同一主体作出。客观上，行政主体没有设定、变更、消灭行政法律关系的意图，而且该意图也无法实现。根据目的说，行政违法信息记入企业信用档案属于行政事实行为。

关于记入企业信用档案产生的权利义务问题，笔者认为，该行为没有给企业增设确定的、实质性的权利义务。一是记入企业信用档案后，监管主体对企业增加检查频次，企业只是有配合的程序性义务，没有涉及实体权利义务的减损。二是行政违法信息被记入企业信用档案不是必然给信用主体带来不利后果，因为各地社会信用立法并不一致，对于不良信用主体的认定标准有一定的自

---

① 章剑生：《现代行政法总论》（第2版），法律出版社2018年版，第218页。

② 闫尔宝：《行政行为的性质界定与实务》，法律出版社2010年版，第54页。

③ 薛刚凌：《论行政行为与事实行为》，载《政法论坛》1993年第4期，第66-70页。

由裁量空间，信用档案中记有行政违法信息的主体不一定会被认为是“不良信用主体”或者“失信主体”，所以信用主体不一定会受到失信惩戒。根据确定权利义务说，行政机关在管理中作出的与相对人实体权利义务无关或只涉及相对人程序权利义务的行为，属于行政事实行为。①

笔者认为记入企业信用档案的行为更符合行政事实行为的特征，但是将其认定为行政事实行为也有一定的缺点，如忽略记入企业信用档案决定的公开对企业声誉产生的影响。

四、行政违法信息记入企业信用档案制度的突出问题

（一）缺乏法律法规支撑

目前，关于行政违法信息记入企业信用档案措施的相关规定散落在不同的市场监管法律法规中，例如《中华人民共和国食品安全法》《中华人民共和国药品管理法》《证券期货市场诚信监督管理办法》等，其中有的是立法机关出台的法律，有的属于行政立法。

制定行政法规、规章是行政机关根据法律赋予的权限进行的立法活动，行政违法信息记入企业信用档案作为一种创新性的监管手段，如果仅以行政法规、规章作为授权依据，就相当于政府为自己的监管行为提供法律依据，难以保证政府监管行为的正当性。即使政府实施行政事实行为也应当遵循依法行政原则，而行政所依之“法”应排除行政为依法所立之“法”，不能混淆了行政所依之“法”与行政所立之“法”的概念或含义。②

由全国人大常委会发布的市场监管法律虽然层级较高，但存在较大的局限性。行政违法信息记入企业信用档案分散地规定在

① 薛刚凌：《论行政行为与事实行为》，载《政法论坛》1993 年第 4 期，第 66-70 页。
② 陈晋胜：《行政事实行为研究》，知识产权出版社 2010 年版，第 288-290 页。

不同领域的市场监管法律中，导致该监管措施适用领域有限，而当前我国社会信用体系建设覆盖的市场领域更宽广，这种分散式规定的形式不利于日后的拓展适用。另外，市场监管法律中关于记入企业信用档案的规定通常较为简单，现阶段没有形成纵向的制度体系，落实到地方具体政府部门时缺乏可操作性。

综合来看，行政违法信息记入企业信用档案缺乏法律法规的支撑，可能导致政府部门缩手缩脚，不敢实施该监管行为，也可能使该监管行为游离于法律监管之外，滋生腐败。

（二）实施主体不明确

根据现行的法律法规规定，行政违法信息记入企业信用档案的实施主体是监管部门，例如《中华人民共和国食品安全法》第一百一十三条规定，县级以上人民政府食品药品监督管理部门为实施主体。然而，我国在开展社会信用体系建设过程中，建立了"中国信用"等公共信用信息平台，各地的信用立法规定了由各地的公共信用信息中心或者公共数据工作机构负责公共信用信息的管理活动，其他政府部门是公共信用信息的提供单位。虽然从效力层级的角度看，法律的效力高于地方性法规的效力，两者有矛盾时应当遵循上位法，但是行政违法信息记入企业信用档案实际上是公共征信的行为，由监管部门实施该行为，其使用公共信用信息，同时又开展公共征信事务，有违征信机构中立性的特征，还割裂了政府监管与公共信用信息体系之间的联系。

监管部门与公共信用信息中心的职能有交叉重合之处，行政违法信息记入企业信用档案的实施主体存在着不明确、不合理之处，难免遭受合法性的质疑。这一问题如果放任不管，将会成为公共信用信息体系建设的阻碍。

（三）内容缺乏关联性

本文所指的行政违法信息是市场主体实施违反行政法律法规

的行为，行政机关对其采取行政监督管理决定、行政处罚决定等措施的信息。现《全国公共信用信息基础目录（2021 年版）》以及各地的社会信用立法均将行政处罚信息、行政监督管理信息纳入公共信用信息范围内，但是学界对于直接将上述信息纳入公共信用信息，不做任何限制是有争议的。有学者认为，行政违法行为并非全部属于失信行为，行政违法行为与市场主体的诚信度的关联性不强。也有学者根据“社会契约论”认为，市场主体的违法行为是一个背弃契约的行为，所以属于失信行为。笔者比较赞同前者的观点，认为不应混淆法律与道德的界限，不宜扩大信用信息的范围，否则失信惩戒泛化将打击市场主体的积极性。

行政违法信息记入企业信用档案应当注重行为与处理措施的关联性问题，不能以行政违法信息为幌子，过度收集信息，避免在公权力的压制下市场主体的权利和诉求不能得到完整保护。但是，目前我国的法律法规并没有对行政违法信息记入企业信用档案的范围作出限制规定，实践中的做法也存在问题。在上述提到的浙江证监局在半年间所产生的行政执法信息中，被记入企业信用档案的违法行为主要是信息披露行为违反法律法规，包括隐瞒信息、披露虚假信息等，但也有与信用关联性不强的违法信息被记入企业信用档案，例如违背风险与收益相匹配的原则，总资产比例超出法律法规规定的行为等。在行政监管措施决定中，做出决定的行政主体也未对采取记入企业信用档案措施进行解释和说明。在食品安全监管领域中，同样也存在关联性不强的问题。例如江苏省南通市如东县市场监督管理局在 2018 年发布了《如东县市场监督管理局食品安全信用档案管理制度》，其中规定未按规定组织职工参加食品安全知识培训并建立培训档案、未组织从业人员进行健康检查等不良行为均记入企业信用档案，但这部分行为虽然违法违规，但是与信用的关联性不强。记入企业信用档案的行政违法信息应当与信用具有较强的关联性，以防止信用信息范围泛化。

（四）缺乏程序制度约束

任何的行政行为都需要遵循正当程序原则，即使是行政事实行为也应当有相应的程序制度与之匹配。然而，现行的法律法规对于行政违法信息记入企业信用档案的规定过于简单，缺乏基本的程序约束制度，行政主体的自由裁量权过大。目前，营商环境有时还面临着政府对国有企业与民营企业、本地企业与外地企业区别对待的问题。如果记入企业信用档案行为实施的对象偏向于外地企业或民营企业，导致信用标准不统一，无论是在日常监管还是市场交易中都加重了本地企业与外地企业、国有企业与民营企业的不平等。行政行为缺乏留痕、审核、行政相对人参与等程序约束，将给行政主体谋取不正当利益留出较大的空间。

除此之外，该行政行为的事后救济制度有所欠缺。行政违法信息记入企业信用档案制度还没有对行政违法信息的范围作出限制，是否满足过罚相当原则，只能依靠行政主体的自由裁量。根据相关法律法规，只有行政处罚或者行政监督管理决定无效或被撤销，行政相对人才有权利申请删除不良信用记录。对于行政相对人而言，自身合法权益之维护不仅费时费力，消除影响的途径还有待完善。

五、记入企业信用档案法律制度的规范路径

（一）明确记入企业信用档案行为的性质，设置相关程序约束

不同性质的行政行为由不同的法律法规规制，明确记入企业信用档案措施的性质是强化法律法规约束的首要步骤。上文已经对行政违法信息记入企业信用档案措施的性质作出分析，主要在行政处罚说与行政事实行为说两者之间确定。较多学者支持行政

处罚说，在《行政处罚法》修正的时候，立法者也曾经考虑将记入企业信用档案纳入《行政处罚法》。将记入企业信用档案视为行政处罚有一个较大的好处，即行政处罚作出的程序较为规范和严格，可通过加强程序约束规范记入企业信用档案行为。有学者认为，将不利信息载入信用档案时，行政机关要履行告知义务，并应其申请，提供公开听证程序，赋予其不同意不利信息评价之法定抗辩权利等。《行政处罚法》中规定了行政主体的告知义务，以及赋予了行政相对人陈述权、申辩权，可以满足记入企业信用档案规范程序设置的需要。

如果将行政违法信息确定为行政处罚的种类，根据行政处罚法定原则，必须由法律、行政法规或地方性法规予以设定。然而，上文提到的《证券期货市场诚信监督管理办法》属于国务院部门规章，只能在法律、行政法规限定的行政处罚的行为、种类和幅度的范围内作出具体规定。所以，如果要现行部门规章中的记入企业信用档案措施合法有效，需要在法律或行政法规当中增设记入企业信用档案作为行政处罚种类的条款。另外，将记入企业信用档案确定为行政处罚还需要注意是否违反过罚相当原则问题，在确定记入企业信用档案的适用范围时要考虑只采取监督管理措施能否实现纠正违法行为，预防更严重的违法行为发生。

根据上文对记入企业信用档案性质的分析，笔者比较认同行政事实行为说。如果将记入企业信用档案视为行政事实行为，根据“法无规定不可为”原则，行政事实行为的实施也需要在职权范围内进行。但是行政程序法对行政事实行为的制约较少，对记入企业信用档案措施设置程序约束，需要明确行政主体的相关职权以及针对记入企业信用档案措施实施的程序进行规范。我国行政法中规定了正当程序原则，行政主体在对行政相对人做出具有不利影响的行政行为时，必须遵循法定程序。但是由于缺乏相关程序的规定，该原则难以发挥作用。对于行政违法信息记入企业信用档案的措施，我国需要构建基本的程序制度，赋予行政相对人陈述、申辩、听证等权利，让信用主体充分参与到该程序当中，行政主体也能够通过信用主体的反馈了解该措施的有效性。

（二）设定行政违法信息记入企业信用档案的适用条件

首先，比例原则是行政法中对行政行为进行约束的重要原则，无论是立法还是执法都需要严格遵循该原则。在制定记入企业信用档案制度时，要考虑对行政违法行为人采取记入企业信用档案措施是否符合妥当性、必要性以及手段与目的相称性。对于妥当性，记入企业信用档案措施作为信用监管的手段，其能够提升企业信用，督促企业自觉守法，从而达到预防违法行为再发生、优化营商环境的目的，行政违法信息记入企业信用档案符合行政管理、社会治理的目的。值得注意的是，国家征信模式并不意味着国家完全主导征信业，公共征信机构与私营征信机构应当是长期共存的。行政主体在实施征信行为时要适度，以达到行政管理目的为限，给私营征信机构留出发展空间。

对于必要性，对同一违法行为，行政机关已经作出行政处罚或者采取行政监管措施，是否附加采取记入企业信用档案措施要考虑违法程度和行政相对人的悔改表现。如果是轻微的行政违法行为且违法企业积极整改，普通监管措施能够达到纠正违法行为以及预防违法行为再次发生的目的的，则不需要附加记入企业信用档案措施，实现行政相对人损害最小化。有学者提出，对轻微失信行为或首次失信行为，应为相对人在一定期限内自我纠正失信行为提供机会，可通过警示约谈、提醒整改等柔性措施，督促相对人及时规避信用风险。这也与优化营商环境中给予市场主体一定容错空间的理念相吻合。

对于手段与目的相称性，主要是一个价值取向的问题。在具体个案中,如何处理行政违法行为可能涉及多个公共利益,应当考虑公共利益之间的平衡,如果涉及商业秘密,还要考虑企业正当权益的保障。

其次,记入企业信用档案措施必须针对信用行为适用,也就是说记入企业信用档案措施的实施对象既是违法行为也是不良信用行为。周荣华及张明将信用行为分为履约信用行为、履规信用行为和履德信用行为三个类型①,本文所指的记入企业信用档案措施主要针对的是履规信用行为。部分法律法规中蕴含着诚信价值,不履行该部分法定义务,既是违法行为,也是违背信用的行为。在设置适用条件时,要注意将无关诚信的法律行为置于信用监管手段约束的门槛之外,以免违法信息与信用信息的范围完全重合,导致公共信用信息的范围不断扩大。

(三)协调市场监管法与信用立法之间的关系

行政违法信息记入企业信用档案实质上属于信用监管的手段,作为社会信用体系建设的一部分,可以通过社会信用立法进行规制。在实施主体方面,市场监管法律中的行政违法信息记入企业信用档案制度应当结合目前公共信用信息体系作出调整或解释,厘清监管部门以及公共信用信息管理部门之间的职权范围,将公共信用信息中心作为征信主体进行风险控制与法律应对。在加强行政主体公共信用信息报送义务的同时,我国应当重视平台和信息技术的提升,完善信息共享程序,提高监管部门报送和使用公共信用信息的便利度,以提高行政效率。

在制度体系方面,可以通过地方信用立法增设相关条款的方法,加强纵向的制度体系构建,增强制度的可操作性。有的地方信

---

① 周荣华,张明:《信用行为的基本理论及其现实价值——基于社会信用体系建设视角》,载《南京理工大学学报(社会科学版)》2021年第4期,第28-35页。

用立法将在公共信用信息平台上公示的企业公共信用信息记录表述为信用档案，但行政监管信息没有纳入相应法规或规章规定的不良信用信息范围内。在地方信用立法中加入企业信用档案制度，明确、统一企业信用档案的定义和类型，有助于明晰其与公共信用信息的关系，可以更好地将监管部门的信息采集、整理纳入公共信用信息体系。

总　结

我国一直在探索新型的监管机制，记入企业信用档案可以作为信用监管的新尝试。但是创新性监管手段的法律法规不完善、实践经验较少，难以给实际执行提供规范性的参考。融合法学和经济学，从多角度研究法律失范的原因并采取相应的对策，已经成为国家治理现代化中的一个重要方面。政府监管与信用法治可以相互支持和补充。政府可以利用大数据征信提高监管的精准性和有效性，但是必须设置相应的法律制度进行规范。将公共信用信息作为监管的工具，在法律规制的前提下，可以有效地调整市场与政府的关系，促进征信业的发展，最终实现优化营商环境的目的。

论我国公共信用信息归集目录存在之问题及解决

张　路　胡秀菊*

摘　要：我国现阶段正在积极地建设社会信用体系，公共信用信息归集目录作为社会信用体系不可或缺的部分，受到全国高度重视，国家层面与地方层面均对公共信用信息归集做出了规定。而在现有的公共信用信息归集目录中，存在信用信息与非信用信息区分模糊、信用信息分类不统一和信用信息分类的实质不合理性等问题，使得公共信用信息的认定标准、分类标准和归集范围不统一。对此，应以"履行义务状态说"为社会信用的认定标准，排除道德义务影响，并对法定与约定义务的标准与范围进行明确。以"归集主体"和"信用信息内容、性质"为标准，将社会信用信息分为公共信用信息与

---

* 张路（1989—），男，湖南娄底人，讲师，法学博士，硕士研究生导师，湖南省信用研究体系法治保障研究会理事，主要研究方向为社会信用法、民法基础理论，地址：湖南省湘潭市雨湖区湘潭大学校内，邮编：411100，Email：68431784@ qq. com。

胡秀菊（1999.08—），女，硕士研究生，现就读于湘潭大学信用风险管理学院，地址：湖南省湘潭市雨湖区湘潭大学校内，邮编：411100，Email：2247781191@ qq. com。

非公共信用信息，并将公共信用信息按“四分法”进行贯彻及类型化，以此来解决我国公共信用信息归集目录中存在的问题。

关键词：公共信用信息；信用信息归集；分类标准；四分法；类型化

一、全国及地方公共信用信息归集目录现状及发展

（一）全国公共信用信息归集目录

《全国公共信用信息基础目录（2021 年版）》规定了“应当纳入公共信用信息范围、应当依法审慎纳入的信息和公共信用信息归集的重点领域”三项内容。《全国公共信用信息基础目录（2022 年版）（征求意见稿）》共纳入公共信用信息 11 类，与《全国公共信用信息基础目录（2021 年版）》“应当纳入公共信用信息”的类别基本一致，只是将其中“行政许可、行政处罚、行政强制、行政确认、行政征收、行政给付、行政裁决、行政补偿、行政奖励和行政监督检查信息”总结为“行政管理信息”；对“应当依法审慎纳入的信息”和“公共信用信息归集的重点领域”没有进行规定。但相比于《全国公共信用信息基础目录（2021 年版）》，《全国公共信用信息基础目录（2022 年版）（征求意见稿）》增加了以下内容（见表 1）：

表 1　《全国公共信用信息基础目录（2022 年版）》（征求意见稿）新增内容

目录信息	新增内容
在登记注册基本信息中	增加了“企业在海关注册登记或者备案信息”“海域使用论证编制主体登记注册信息”。
在司法裁判及执行信息中	增加了“纳入失信被执行人名单及限制消费信息”“不履行或不完全履行法院对破坏生态环境违法行为判决、裁定，行政机关的行政处罚，行政处理决定，被强制执行”和“破产案件、破产程序”相关的信息。
在职称和职业资格信息中	对“各相关领域职业人群”进行细化。

续表

目录信息	新增内容
在严重失信主体名单信息中	对“相关市场主体”的范围精确到 39 个领域。
在合同履行信息中	增加了“对外劳务合作领域不履行合同约定，侵害劳务人员合法权益的行为信息”。
在信用承诺及履行情况信息中	对“相关市场主体”的范围精确到 8 个领域，并在“其他”的范围中增加了“公民申请法律援助进行个人诚信承诺信息”。
在信用评估结果信息中	对“相关市场主体”明确到 10 个领域。
诚实守信相关荣誉信息中	对荣誉信息，限制在 5 个领域内。

《公共信用信息报告标准(2022 年版)》没有包括《全国公共信用信息基础目录(2022 年版)(征求意见稿)》中的“有关合同履行信息”，其他分类与之相同。

可以看出，全国公共信用信息归集具有以下趋势：第一，明细化。首先，信息归集领域明细化。“严重失信主体名单信息”“信用承诺及履行情况信息”“信用评估结果信息”三类信息中“相关市场主体”范围得到细分，将其限定在特定领域。其次，对不同主体的信息进行区分。区分自然人与法人和非法人组织的信息收集，如某些领域仅单独对自然人或法人和非法人组织的信息进行归集，而某些领域二者的信息均可以归集。第二，准确化。将公共信用信息归集确定在具体领域，使得公共信用信息归集趋向准确化。第三，范围扩大化。增加“限制消费信息”“破产信息”“对外劳务合作不履行约定”等具体领域的相关信息，对公共信用信息归集范围扩大化。第四，注重对个人信息的保护。在“应当依法审慎纳入的信息”中，着重对自然人公共信用信息归集范围进行规定；虽《全国公共信用信息基础目录(2022 年版)(征求意见稿)》没有对“应当依法审慎纳入的信息”进行规定，但是其将归集内容明确到具体主体,也体现对个人信息的保护。

(二)地方性相关信用条例中的归集目录

2004 年施行的《江苏省公共信用信息归集和使用暂行办法》,是出台最早的公共信用信息归集和使用的地方管理办法,其对公共信用信息进行了界定,并将公共信用信息分为基本信息、良好信息、一般失信信息和严重失信信息。2012 年施行的《陕西省公共信用信息条例》是我国第一部公共信用信息地方性法规,其将公共信用信息分为基本信息和提示信息,重点规定企业的公共信用信息归集,并规定禁止收集的个人信息,为全国和其他地方的信用信息立法工作积累了经验。随后,各地区逐步制定社会信用条例、公共信用信息管理办法等相关规范,其中许多规范也对公共信用信息归集做出了相应规定。在各地方规范性文件中,首先,注重对信息主体的区分。如《山西省公共信用信息管理办法》《北京市公共信用信息管理办法》规定,在收集公共信用信息时,将自然人与法人、非法人组织的信息进行区分归集,对自然人的公共信用信息归集采最小化原则。其次,对信用信息进行类型化归集。虽对信用信息的类别设置存在差异,但多数地方性规范均对信用信息进行分类归集,进行类型化管理。如《大连市社会信用条例》将公共信用信息分为基础信息、失信信息和其他信息;《福建省公共信用信息管理暂行办法》将公共信用信息分为基本信息、良好信息、提示信息和警示信息。

二、存在的问题及其分析

(一)信用信息与非信用信息区分模糊

目前学界对社会信用的概念认定存在差异,虽各地社会信用条例中将社会信用认定为信息主体在社会和经济活动中遵守法定义务或者履行约定义务的状态,但对"社会信用"的内涵、"法定义务与约定义务”的标准与范围，均没有明确和细化，使得对信用信息的范围认定存在差异，信用信息与非信用信息区分模糊，公共信用信息归集较显混乱。

《大连市社会信用条例》将“经依法认定的见义勇为、无偿献血、捐献造血干细胞”认定为自然人的信用信息。但《全国公共信用信息基础目录(2021 年版)》认为，“无偿献血”信息属于“应当依法审慎纳入的信息”，“除法律、法规明文规定外，不得纳入公共信用信息范围”；《全国公共信用信息基础目录(2022 年版)(征求意见稿)》也没有将“无偿献血”信息纳入，可以看出其对该类信息的归集也持谨慎态度。《大连市社会信用条例》认为信息主体的信用状况即是法定义务与约定义务的履行状态，然而其没有对“法定义务与约定义务”的标准与范围进行明确，“无偿献血”信息能否划入存在疑问。无论是国家立法还是地方性立法，均将献血行为认定为自愿行为，没有赋予该行为强制执行力和相关法律后果，且该行为一定程度体现了行为主体履行社会义务的积极性和较高的道德素质，属于是道德义务的范畴，故该行为信息应当不属于信用信息。《泰州市公共信用信息条例》将“不文明旅游信息”认定为信用信息，但对“不文明旅游信息”的类型和程度并没有进行细化规定。“不文明行为”一般是指行为人违背公共道德而做出的让公众难以忍受的行为，“不文明旅游信息”可以是违法或违约信息，也可以是违反公共道德的信息，故将“不文明旅游信息”不加区分地认定为信用信息，存在将非信用信息纳入信用信息范围的嫌疑。《内蒙古自治区公共信用信息管理条例》将“违反城市公约和行业规约的信息”认定为信用信息，但也没有对该类信息进行细化规定。“城市公约”与“行业规约”是否满足社会信用信息中“法”与“约”的标准并不明确，并且“公约”与“规约”的形式与内容也不明确，故将违反“城市公约”与“行业规约”的行为信息笼统地认定为信用信息也会使得非信用信息混入其中。

（二）信用信息分类不统一

1. 信用信息分类标准不统一

在国家层面，《全国公共信用信息基础目录（2022 年版）（征集意见稿）》和《公共信用信息报告标准（2022 年版）》对公共信用信息的分类标准不统一。上述两个文件对公共信用信息分类均采用列举方式，但其中存在几种分类标准：首先存在以信息所涉领域进行分类，如“行政管理信息”是行政领域信息，“司法裁判及执行信息”是司法领域信息。其次存在以信息的性质进行分类，如“诚实守信相关荣誉信息”与“严重失信主体名单信息”分别是守信信息与失信信息。最后存在以信息的内容进行分类，如“信用承诺信息”“信用评价信息”则是按照信息所涉及的内容进行分类。

在地方层面，从各地方制定的规范性文件可以看出，各地方对公共信用信息的分类标准也不一致（见表 2）。首先存在按信息是否与信用状况相关进行分类，将信用信息分为“基本信息和信用信息”或“基本信息和提示信息”。基本信息是自然人、法人和非法人组织的身份识别信息和注册登记信息，而“提示信息”和“信用信息”则是指能够体现信息主体信用状态的信息。其次存在按照信息的性质进行的分类，如“基本信息、守信信息、失信信息”和“基本信息、失信信息、其他信息”。最后还存在按照信息的领域进行分类，如“基本信息、监管信息、涉诉涉裁信息、其他信息”。

表 2　各省份对公共信用信息的分类标准不同

省份	地方公共信用信息	信息分类
陕西省	陕西省公共信用信息条例	基本信息、信用信息
吉林省	吉林省公共信用信息管理暂行办法	基本信息、提示信息
河北省	承德市公共信用信息管理办法	基本信息、良好信息、不良信息

续表

省份	地方公共信用信息	信息分类
上海市	上海市公共信用信息归集和使用管理办法	基本信息、失信信息、其他信息
广东省	肇庆市公共信用信息管理办法	基本信息、监管信息、涉诉涉裁信息、其他信息
安徽省	安徽省公共信用信息征集共享使用暂行办法	基本信息、资质信息、监管信息、其他信息
福建省	福建省公共信用信息管理暂行办法	基本信息、良好信息、提示信息和警示信息
内蒙古自治区	内蒙古自治区公共信用信息管理条例	基础信息、增信信息、一般失信信息、严重失信信息、风险提示信息

即使是在同一省内，不同地区的分类标准也不统一，且不同位阶，其分类标准也存在不同（见表3）。

表3　同一省份内的不同地区对公共信用信息的分类标准也不同

省份	地方公共信用信息	信息分类
安徽省	安徽省公共信用信息征集共享使用暂行办法	基本信息、资质信息、监管信息、其他信息
	滁州市公共信用信息征集共享使用实施细则	基本信息、优秀信息、不良信息
福建省	福建省公共信用信息管理暂行办法	基本信息、良好信息、提示信息和警示信息
	厦门市公共信用信息管理办法	基本信息、守信信息和失信信息

续表

省份	地方公共信用信息	信息分类
内蒙古自治区	内蒙古自治区公共信用信息管理条例	基础信息、增信信息、一般失信信息、严重失信信息和风险提示信息
	呼和浩特市公共信用信息管理办法	基本信息、失信信息和其他信息
江西省	江西省社会信用条例	基础信息、优良信息和失信信息
	江西省公共信用信息归集和使用暂行办法	基本信息、良好信息、提示信息和警示信息

2. 信用信息类别混乱

无论是国家层面还是地方层面，所列的信用信息类别均存在混乱情形。在国家层面，以《全国公共信用信息基础目录（2022 年版）（征集意见稿）》和《公共信用信息报告标准（2022 年版）》为例，首先，存在类别包含内容重复的情形。如二者均认为“行政管理信息”包括“行政奖励”，但对“诚实守信相关荣誉信息”却单独分类。虽《全国公共信用信息基础目录（2022 年版）（征集意见稿）》将“诚实守信相关荣誉信息”细分为五个方面，但其内容在广义上是属于“行政奖励”。又如二者均将“司法裁判及执行信息”和“严重失信主体名单信息”分别归类，但是当出现被执行人拒不执行裁判而被纳入失信被执行人黑名单时，该信息既是“司法裁判及执行信息”，也是“严重失信主体名单信息”。其次，存在类别设置不合理的情形。如二者均将“职称和职业资格信息”单独设置为一类，但该类信息并不能体现信息主体的信用状况，更多的是说明信息主体具有职称或职业资格，体现的是信息主体履行义务的能力，可以归为信息主体的基本信息，无须单独分类。最后，存在类别设置不统一的情形。《全国公共信用信息基础目录（2022 年版）（征集意见稿）》

将公共信用信息分为11类，而《公共信用信息报告标准（2022年版）》只有10类，其没有“有关合同履行信息”这一类别。

在地方层面，首先，存在同一信息归为不同类别的情形。如“受表彰奖励以及参加社会公益、志愿服务”等此类信息，被归为“守信信息”或“其他信息”（见表4）。又如“拒不履行生效法律文书、不执行生效判决”等信息（见表5），各地依性质将其归为“失信信息”和“其他信息”，依程度将其归为“严重失信信息”和“警示信息”，并且即使是在同一省内，对以上两类的信息归类也存在不一致的情形。

表4 “受表彰奖励及参加社会公益、志愿服务”信息归为不同类

省份	地方公共信用信息	信息归类
广东省	广州市公共信用信息管理规定	守信信息
	汕头经济特区公共信用信息管理办法	其他信息
	云浮市公共信用信息管理办法	提示信息
内蒙古自治区	内蒙古自治区公共信用信息管理条例	增信信息
	呼和浩特市公共信用信息管理办法	其他信息
上海市	上海市社会信用条例	没有规定
	上海市公共信用信息归集和使用管理办法	其他信息

表5 与司法裁判相关的信息归为不同类

省份	地方公共信用信息	规定	分类
内蒙古自治区	内蒙古自治区公共信用信息管理条例	有履行能力但拒不履行司法机关、行政机关作出的判决、裁定、决定等生效法律文书确定的义务、逃避执行的信息	严重失信信息

续表

省份	地方公共信用信息	规定	分类
江西省	江西省社会信用条例	人民法院生效判决认定构成犯罪的信息;有履行能力拒不履行生效法律文书规定的义务信息	失信信息
	江西省公共信用信息归集和使用暂行办法	企业或个人有履行能力而不自觉履行发生法律效力的法律文书的	警示信息
上海市	上海市社会信用条例	拒不执行生效法律文书的	失信信息
	上海市公共信用信息归集和使用管理办法	刑事判决信息,涉及财产纠纷的民商事生效判决信息,不执行生效判决的信息	其他信息

其次,存在同一类别包含内容不同的情形。如对“自然人基本信息”的规定,《吉林省公共信用信息管理暂行办法》包括“民族成分”;《清远市公共信用信息归集管理和使用暂行办法》包括“出生日期”“婚姻状况”“配偶信息”和“家庭住址”;《西安市公共信用信息管理办法》则将“学历”也纳入其中。具体见表6。

表6 “自然人基本信息的规定”同一类别包含内容不同的情形

地方公共信用信息	自然人基本信息的规定
吉林省公共信用信息管理暂行办法	特定公民基本信息包括:个人身份识别信息,包括姓名、身份证号码、民族成分等公民信息;其他基本信息。
清远市公共信用信息归集管理和使用暂行办法	据以识别个人身份、职业等情况的个人基本信息:主要包括姓名、身份证号码、出生日期、婚姻状况、配偶信息、个人的执业资质(资格)信息、家庭住址、联系电话等。
西安市公共信用信息管理办法	自然人基本信息包括:姓名、身份证号码、学历、就业、婚姻状况等信息;个人取得的资格、资质等行政许可信息;其他基本信息。

（三）信用信息分类的实质不合理性

在国家与地方对信用信息的分类中，不是所有关于信用信息的分类均具有合理性。首先，“市场主体自愿提供的信息”归类存在不合理性。《公共信用信息报告标准（2022 年版）》将“市场主体自愿提供的信息”归类为其他信息，《全国公共信用信息基础目录（2022 年版）（征集意见稿）》将“市场主体自愿提供的信息”单独分类，如此分类存在以下问题：第一，市场主体自愿提供的信息也存在性质之分，其提供的信息会存在能够直接体现其信用状况好坏的情形，若将该类信息直接地归为“其他信息”或单独分类，其归集内容不可避免地会与其他类别重合。第二，不能根据信息主体的自愿性对信用信息进行分类，如此会导致市场主体采取非法手段，使得应当由归集主体归集的、体现其不良信用状况的信息变成由市场主体自愿提供的信息，从而规避信用惩戒，也会造成公共信用信息归集混乱。其次，将轻微违法行为信息纳入失信信息范畴，如将“交通违法”“逃票”等行为信息不加区分地归为自然人的失信信息。交通违法行为存在程度轻重之分，依据《道路交通安全法》，闯红灯、在路边停车、没有礼让行人等行为均属于交通违法行为，但行为违法程度不一；逃票行为也有程度轻重之分，不能一概而论。社会信用信息中的“法”具有一定的标准，且失信行为的认定也存在一定的标准，故不能笼统地将所有违法行为均纳入失信行为范畴。再次，将违约行为不加区分地纳入公共信用信息范畴，如《安徽省公共信用信息征集共享使用暂行办法》将“违法违约”归为监管信息，属于公共信用信息范畴，但其没有对违约行为进行区分。市场主体之间的违约行为信息并不属于公共信用信息范畴；公共管理机构作为民事主体与市场主体进行交易时，该行为信息也不属于公共信用信息。最后，自然人基本信息纳入范围不合理。基本信息通常是指为识别信息主体而记载的具有识别性的信息①。而在各地方性法规中，“自然人的基本信息”这一类别对“自然人的出生日期、婚姻状况、民族成分、学历”等均进行归集，但上述信息并不具有识别性，不能识别出信息主体的身份，将这些信息纳入自然人基本信息范围并不合理。

三、信用信息与非信用信息区分问题之解决

（一）“社会信用”基础概念之明确

信用的概念十分广泛，在经济、社会、法学领域均有所使用。经济领域的信用，是指以信任为基础，以按期偿还为条件的交易关系和价值转移方式，它形成交易主体间的债权债务关系。②《中华大辞林》对“信用”解释中的“不需要提供物资保证，可以按时偿付的，如信用贷款；指银行借贷或商业上的赊销、赊购，如信用交易。”③，即指经济领域的信用。可以看出，经济领域的信用主要是指交易信用，存在主客观两方面，主观上对对方持信任态度，客观上使对方不用立即付款或提供担保就可获得资金、物资或服务。经济领域的信用具有以下特点：（1）能用货币单位度量。信用能用货币评估，将该信用的价值用货币度量之后，再在该货币范围内不用立即付款或提供担保即可取得资金、物资或享受服务。（2）存在一定时间间隔。获得资金、物资或服务的时间与付款或实现担保的时间存在间隔，在经过约定的时间期限后，才会进行付款或实现担保。

社会领域的信用，是指人们在为人处世及各种社会交往中必

---

① 顾敏康，肖伟志：《社会信用法概论》，中国计划出版社2021年版，第135页。

② 刘宗胜：《社会信用法》，高等教育出版社2021年版，第2页。

③ 《中华大辞林》编委会：《中华大辞林》，福建人民出版社2012年版，2407页。

须遵守的道德规范和行为准则，是一种基于伦理的信任关系。[①]“信”具有“诚实”的含义。“诚实”是一个人的观念、心理、行为、言语及结果之间所保持的一致性，即所谓言必行、行必果，通俗地讲就是不撒谎、不欺骗。[②] 可以看出，“诚实”即表里合一，无论是主观还是客观，对自己还是对他人，均做到不撒谎、不欺骗。信用也指信任，信用与信任互为表里：信用是名词，表达静态的属性，即可信任的；信任多为动词，出发点是主体，即判定对方有信用与否。[③] 此处的信用具有相信的内涵，主要是指主观上对他人持信任的态度，或在主观上判断他人是否值得信任。无论是“诚实”还是“信任”，均是在表现行为人主观思维上的内容。而《中华大辞林》对“信用”解释中的“相信并任用、相信并采用”，则是将“信”与“用”分开解释，“信”则是相信，“用”则是任用或采用，即行为人主观上处于相信他人的心理状态，客观上基于心理上的相信而做出任用、采用的行为。此处的“用”，则涉及了客观上的行为，行为人主观思维难以探知，故通过客观行为去推断行为人是否具有主观上的信用，也可以推断行为人是否对他人持相信的态度。

法律领域的信用，首先是诚实信用原则。诚实信用原则在公法与私法中均有使用。在公法中，诚实信用原则的使用主要是约束国家权力，出于对人的尊严和人权的尊重，国家在其权力运作过程中必须诚实信用地对待每一个公民。[④] 国家机关在制定规范，行使职权时，必须要注重保护公民合法权益，如公权力机关应当合法合理并按期行使职权，不朝令夕改，以避免侵犯公民的信赖利益。

① 刘宗胜：《社会信用法》，高等教育出版社 2021 年版，第 2 页。

② 翟学伟：《诚信、信任与信用：概念的澄清与历史的演进》，载《江海学刊》2011 年第 5 期，第 107-114 页。

③ 郑也夫：《信任论》，中信出版社 2015 年版，第 3 页。

④ 徐国栋：《论诚信原则向公法部门的扩张》，载《东方法学》2012 年第 1 期，第 3-11 页。

在私法中，诚实信用原则主要是规范民事主体的民事活动。如《民法典》第7条规定"诚实信用"，是对市场经济秩序的维护。在缔约过程中，双方需遵守相关约定，不编造虚假事实或隐瞒真实情况；在约定存续期间，双方遵守法律规定和当事人的约定，并积极履约；在约定终止后，也应当遵循诚实信用原则，履行通知、协助、保密等义务。其次是名誉权的保护。《民法典》第1024条将"信用"与"品德、声望、才能"相并列，同为名誉权内容，认为其是社会评价。多数学者认为，此处的信用是商誉，指的是经济领域的社会评价，是对民事主体客观经济能力和社会对民事主体经济能力的主观评价。客观经济能力是社会评价的依据①，一方面通过民事主体客观上拥有的财产等情况来判断经济能力；另一方面是社会综合评价，也是对经济能力的评价，二者相结合对民事主体的信用进行判断。

社会信用的基础概念之明确，对社会信用法发展和社会信用体系建设具有重要意义，故社会信用认定不应单纯从其他领域生搬硬套。2011年第十七届六中全会通过的《中共中央关于深化文化体制改革 推动社会主义文化大发展大繁荣若干重大问题的决定》将政务诚信、商务诚信、社会诚信和司法公信均纳入社会信用体系，明确了社会信用还包括政务诚信、司法公信，而无论是经济学、社会学、法学领域，均无法涵盖此两方面的内容。社会信用法应该是一门独立的学科，属于法学衍生出来的一门学科，如同民法学、刑法学、行政法学等②，对社会信用应当从独立的角度进行界定。在学界，对社会信用的界定存在"履行意愿与能力说""三维构成说""履行义务状态说"等多个观点，本文认为应当以"履行义务状态说"为标准。

---

① 顾敏康，肖伟志：《社会信用法概论》，中国计划出版社2021年版，第3页。

② 顾敏康：《试论社会信用法的学科性质》，载《中国信用》2020年第4期，第110-114页。

“履行义务状态说”认为，社会信用是具有完全行为能力的自然人、法人和非法人组织遵守法定义务或约定义务状况。[①] 以“履行义务状态说”为标准，具有以下几点优势。首先，可以排除主观思维对社会信用的影响。“履行义务状态说”以守法与履约的现实状态为标准对信息主体的信用状况进行认定，义务的履行状态是客观的，能够进行现实判断，不受信息主体主观干涉，将行为主体的主观思维、履行能力等因素排除在外，具有一定的合理性。其次，可以对法律领域与道德领域的信用进行区分。“履行义务状态说”以“法定义务或约定义务的履行状态”作为认定信息主体信用状况的标准，将信用的认定标准明确化，若要对某主体的信用状况进行判断，仅需判断其法定义务或约定义务是否履行即可，使信用的认定客观化、标准化，排除了道德因素对信用认定的影响。最后，可以对政府信用和司法公信进行规范。“政府信用”与“司法公信”两大领域一直是社会信用规范的难题，而以“履行义务状态说”为准，政府行为和司法机关的行为均可以纳入规范内，以其是否履行了法定义务或约定义务作为判断其信用状况的标准，排除了公权力主体对信用状况判断的干涉，有利于对政府行为和司法机关的行为进行规范。

（二）目录中道德义务之排除

道德义务是指社会通过风尚、习惯、舆论、传统等引导或约束社会成员在某种情况下应该做出或不做出某些行为的总和，是生活在某一社会中的人们所时常感受到的对社会、对家庭、对他人的责任。[②] 道德义务具有自律性，表现在行为主体通过自己的内在意识对自身意志与行为进行控制。如此，一个人的道德受其内心所

---

① 罗培新：《社会信用法原理 · 规则 · 案例》，北京大学出版社 2018 年版，第 38 页。

② 张竹云：《论道德义务的来源》，载《学术交流》2012 年第 10 期，第 37-40 页。

控制,他人难以探知,也难以对其造成影响。道德义务具有主观性,其形式与内容均是主观的,总是通过主观内心意志来表现道德义务的内容或价值。道德义务具有层次性。低层次的道德义务是人们在行为时所应当注意的要素,是不可或缺的约束和秩序;高层次的道德义务是人们内心更高的道德追求。[①] 因低层次的道德义务是为维护社会秩序所必需的,故该义务往往会被纳入法律之中,成为法律义务,通过法律赋予其强制性来使公众强制性遵守该类义务;而高层次的道德义务并不是每个人都必须遵守,不具有强制性,即使违背此种规范,也不会产生法律上的制裁。

对社会信用信息进行认定时,应当将道德义务予以排除。首先,道德义务难以避免受到行为主体主观影响。道德义务具有自律性和主观性,深受行为主体主观控制,其履行标准难以确定。其次,道德义务不具有强制性。道德义务内容仅是行为主体为实现自我追求而自行设定的,或是某一地区约定俗成的,并不为法律所确认,不能以道德来要求行为人应当作为或不作为某行为,也不能以道德来对不履行义务的主体追究责任。本文以"履行义务状态说"为标准,其以"法定义务与约定义务的履行状态"为认定社会信用的标准,而道德义务的范围过于广泛,难以对其标准进行确定,故应将该义务认定为非法律义务,从法学的视角来分析,将道德义务排除在目录外。

(三)法定与约定义务的标准及其范围明确

1. 法定义务与约定义务的标准

义务是人们观念中凝聚了一定的价值评价并预设了一定责

---

① 李华,周丹:《论党内法规义务、道德义务、法律义务之间的辩证关系——基于社会主义道德义务连续性的逻辑展开》,载《石河子大学学报(哲学社会科学版)》2021年第2期,第14-20页。

任，相关主体必须作或不能作的行为。[①] 社会信用信息中法定义务与约定义务，是确定信用信息的标准，违反该义务的主体将会被认为失信，对其信用状况带来不利影响，程度更严重的将会受到惩戒，而认定行为人失信必须具有法律依据，故社会信用信息中的法定义务与约定义务均应当具有法律效力，如此对违反者才有实施失信惩戒的合理性。魏德士将法的效力类型分为法律效力、现实效力、道德效力三种，而法律效力是法的应然效力，是指法应当有效，因为法是国家制定并由国家实施。[②] 法定义务的效力性可以从制定机关、制定程序、表现方式三个方面表现，即由法定机关经过法定程序制定，并通过法定形式表现出来，如此便具有法律效力。而约定义务是平等主体之间做出的相关行为约定，其效力性在于符合法定的生效要件。如《民法典》第 143 条规定的民事法律行为的三个生效要件必须同时满足，如此法律行为才会有效成立；若不满足，则不会产生当事人所预期的法律效果，法律行为的效力也会存在瑕疵。某些法律行为需要满足一些特殊的成立要件，如《民法典》第 158 条、第 160 条规定，对附条件或期限的法律行为，所附的条件或期限成就或届至时，该民事法律行为生效或失效。

义务是作为或不作为的行为。在社会信用信息中的法定义务与约定义务也需有明确具体的作为或不作为行为规定或约定，如此才可以对遵守和违反的行为进行守信和失信认定。在法定义务中，首先应是义务性规则，是对相关主体义务的规定，对授权性规则进行排除；其次应有具体的作为或不作为的行为模式规定，如此才可对是否存在违反行为进行判断，将没有明确行为模式规定的

---

① 王荣余：《义务观念的跨语境实践：1949—2019——以法律义务概念为中心的批判性考察》，载《太原理工大学学报（社会科学版）》2020 年第 1 期，第 30-37 页。

② ［德］伯恩·魏德士：《法理学》，丁晓春，吴越，译，法律出版社 2013 年版，第 149 页。

相关义务性规则，如具有道德伦理性的义务规定进行排除。而在约定义务中，同样也应当存在作为或不作为的具体行为约定。无论是单方、双方还是多方约定，均需对具体作为或不作为该行为进行明确约定，如此才可以判断该义务是否被履行，对没有实质性行为的约定进行排除。

对义务的违反将会承担相应的责任。在社会信用中，违反法定义务与约定义务的行为人也将存在失信惩戒的可能性，故法定义务与约定义务也需具有强制性，可以强制执行。在法定义务中，存在许多倡导性义务条款，对该类条款的违反并不具有强制性，不会带来责任，如《消防法》第 5 条：“任何单位和成年人都有参加有组织的灭火工作的义务。”除非是对火灾的发生具有一定的责任，否则即使是没有参加灭火工作，也不会产生相应的责任，当然也不会因为没有履行救火义务而被记入失信名单。故应当将法定义务中的不具有强制性的义务予以排除。约定义务也需要具有强制性，该责任可以是当事人自行约定的责任；在当事人没有约定时，法律也会赋予当事人追究责任的权利，并且该责任具有强制性，可以强制执行。如当事人就某一行为的履行与否约定了违约金、定金等违约责任承担方式，若该行为未被履行，则违约金、定金将会产生强制效力，当事人可以请求法院予以确认，并申请强制执行；即使是没有约定，当事人也可以向法院请求追究其违约责任。

2. 法定义务与约定义务的范围

对社会信用信息中法定义务范围进行明确，需要对社会信用信息中法的范围进行明确。法律存在一般规范与个别规范，一般规范是一般地使一类行为或不行为负有义务；个别规范是一个人在一个不重复发生的状态下的行为并从而只对一个特殊的场合才有效而且只可能被服从和适用一次。[①] 在此语境下,如宪法、法律、行政法规等由立法机关通过法定程序制定的一般规范,具有国家认可的法的拘束力,在满足社会信用信息法定义务的构成要件时,均可以作为社会信用信息中的“法”。个别规范则是如法院裁判、行政决定等,针对特定主体具有强制效力的规范,其依据法律做出,为法律所认可,并具有强制执行力。对于不执行司法判决、行政执法决定的行为,当事人可以申请强制执行或行政机关可以自行强制执行,并且《刑法》第313条规定,对人民法院的判决、裁定有能力执行而拒不执行,情节严重的将会构成拒不执行判决、裁定罪。因此司法判决、行政执法决定等个别规范应当作为社会信用信息中的“法”。法律行为也是个别规范,但其是针对平等主体之间的“法律”,且是行为主体通过约定作出,应在“约”的范围进行讨论。我国是成文法国家,“法”有正式法律渊源与非正式法律渊源之分。正式法律渊源即制定法,也就是一般规范,在满足社会信用信息法定义务的构成要件时,制定法均可以作为社会信用信息中的“法”。习惯法是国家机关认可并具有法律效力的习惯规范总称,其经过法律认可之后,便可以具有法律效力,故当习惯法在满足社会信用信息法定义务中法的标准时,也可以作为社会信用信息中的“法”。非正式法律渊源存在习惯、判例、政策、道德规范、法学理论等多种类型,其是否可以作为社会信用信息法定义务中的“法”,应当分别进行讨论。习惯是长期形成的一种生活方式,也指某地方传统风俗等。习惯并不具有法律效力,即使是在某一地区对人们的行为具有一定的约束力,但若未经过法律确认,也不具有法律效力,不能作为社会信用信息中的“法”使用。政策是国家政

① [奥]凯尔森:《法与国家的一般理论》,沈宗灵,译,商务印书馆2013年版,第75-76页。

权机关、政党组织和其他社会政治集团为了实现自己所代表的阶级的利益与意志，而制定出的一系列行为准则或方针。① 政策不具有法律效力，对其违反不会承担法律责任，故不能作为社会信用信息中的“法”使用。指导性案例是最高司法机关为了统一法律适用、提高审判质量，借鉴英美法系判例法制度，创造出具有中国特色的判例制度。② 依据《最高人民法院关于案例指导工作的规定》第7条：“最高人民法院发布的指导性案例，各级人民法院审判类似案例时应当参照。”指导性案例具有的是参照效力，其制定目的使司法机关在裁判时作参考，其不具有强制性，不具有广泛的法律效力，不能作为社会信用信息中的“法”使用。法学理论也不能作为“法”使用，首先，法学理论存在争议。对某一行为的认定在理论上会出现许多不同的结论，仅通过理论难以对行为进行统一认定。其次，法学理论不具有强制性。法学理论仅是学者对某一法律制度的理论性探究，在实践中只有在法学理论被立法机关采纳，被引入法律规范中，才可以作为“法”来使用。

“约”的内涵包括法学角度和生活角度两个方面。法学角度的“约”即是法律行为，无论是单方、双方还是多方当事人进行约定的行为，均应当满足“约”成立的标准。同时，并不是所有的法律行为均属于社会信用信息约定义务中的“约”，首先，对于协议中涉及人身关系内容的部分，是否可以作为社会信用信息约定义务中的“约”，应当分别进行分析。人身关系包括人格关系和身份关系，人格权是法律赋予当事人的权利，属于法定权利，对于对方当事人而言，不侵犯该权利即是法定义务，但人格权中也会存在与财产利益相关的权利，如肖像权，故对于涉及财产利益部分的人格权所做出

---

① 张文显：《法理学》（第五版），高等教育出版社，2018年版，第91页。
② 张文显：《法理学》（第五版），高等教育出版社，2018年版，第91页。

的相关约定可以属于约定义务的范畴;对于纯属于人格利益的部分,即使是做出相关约定不得侵犯,对于对方当事人而言也属于法定义务的范畴,不属于约定义务。身份权涉及自然人的身份利益,不能强制执行,故与身份权相关的协议内容不能作为社会信用信息中的"约"。其次,对于不能强制执行的责任承担方式约定,如继续履行,也不能作为社会信用信息中的"约"。继续履行虽是一种责任承担方式,但不具有强制执行力,故其不能作为社会信用信息中的"约",若以其他具有强制执行力的责任承担方式替代,则可以作为"约"。生活角度的约定是否可以作为社会信用信息约定义务中的"约",也应当分别进行讨论。首先是习惯。习惯应当分为习惯所形成的一定行为模式与当事人依据习惯所做出的约定两个方面。习惯所形成的一定行为模式,为一定范围内的社会群体所共同遵守,可能对一定范围内的主体产生约束力,但该行为模式仅是基于道德上的约束,不具有法律效力,不为法律所认可,并且存在许多地方习惯与法律相违背的情形,故习惯所形成的一定行为模式不是约定义务。当事人依据习惯所做出的约定,若该习惯不违背法律、行政法规的强制性规定,不违背公序良俗,同时该约定也满足法律规定的成立要件,则该习惯可以作为当事人做出约定的依据,当事人依据该习惯所约定的相关义务则可以是社会信用信息中的约定义务,否则就不属于约定义务的范畴。其次是情谊行为所创设的义务。若情谊行为所创设的义务满足"约"的相关要件,可以产生相关效力,则可以作为约定义务中的"约";若不符合,则不是,如朋友之间约定帮忙看车、约定聚餐等,不满足法律行为的构成要件,不具有法律效力和强制性,不能作为社会信用信息中的"约"。

四、信用信息分类标准不统一问题之解决

(一)公共与非公共信用信息之区分

各地方社会信用条例均将社会信用信息分为公共信用信息与市场信用信息,如《上海市社会信用条例》第8条规定:“本条例所称社会信用信息分为公共信用信息和市场信用信息。公共信用信息是指行政机关、司法机关、公共企业事业单位等公共信用信息提供单位,在履行职责、提供服务过程中产生或者获取的社会信用信息。市场信用信息是指信用服务机构及其他企业事业单位等市场信用信息提供单位,在生产经营活动中产生、采集或者获取的社会信用信息。”《陕西省社会信用条例》《湖南省社会信用信息管理办法》虽将社会信用信息分为公共与非公共信用信息,但其也是按主体的不同进行分类,与“公共与市场”的分类标准相同。

本文认为,应以“归集主体”和“信用信息内容、性质”共同为分类标准,将社会信用信息分为公共信用信息与非公共信用信息。首先,采“公共与市场”的分类不足以囊括所有的社会信用信息。存在许多信用信息不能纳入二者的范围,如在特定的场景下,行踪轨迹、体重信息等没有识别性的信息也可以划入信用信息的范畴,而该类信息并不能纳入二者的范围内。故应当将社会信用信息分为公共与非公共信用信息,将不满足公共信用信息标准的信用信息划入非公共信用信息范围。其次,“归集主体”是区分标准之一。公共信用信息的归集主体是履行公共管理职权的相关机构或组织,如国家机关、法律法规授权的具有管理公共事务职能的组织。无论该类组织处于何种地位,拥有何种权力,只要是有权或被授权履行公共管理职能,均可作为公共信用信息归集主体,公共信用信息的归集在一定程度上体现了国家公权力的运行。公共信用信息的归集主体与信息主体处于不平等的地位,对公共信用信息进行

归集时,除个人敏感信息或商业秘密等涉及信息主体重要权利的内容外,不需要经过信息主体的同意。而非公共信用信息的收集主体不具有公共管理职权,与信息主体是平等的,其经过信息主体的同意,可以在同意的范围内对信息主体的相关信息进行收集。最后,“归集主体”不是唯一标准,信用信息的内容、性质也应当作为区分标准。在特定情况下,公共信用信息归集主体可以对非公共信用信息进行归集,如市场主体自愿向公共管理机构提供的信用信息;而非公共信用信息收集主体也可对公共信用信息进行收集,如在公共管理机构信息公开平台中,对已公开的信息进行收集,故归集主体并不是唯一标准。信用信息的内容、性质也应当作为区分标准。第一,公共信用信息本身即具有公共性。公共信用信息的归集主体为公共管理机构,归集目的是更好地保护公共利益或进行公共管理;而非公共信用信息则不具有公共性。第二,公共信用信息还具有公开性。公共信用信息产生于公共领域,且涉及公共利益,具有公共财产属性,依据《政府信息公开条例》第5条,行政机关对政府信息坚持以公开为常态、不公开为例外,故公共管理机构在其履行公共管理职能过程中产生或获取的相关信息,也应当公开,以保障信息主体及其他主体可以更为通畅地获取该公共信用信息。但此公开性并非没有限度,对涉及国家秘密等法律、法规禁止公开的信息,商业秘密、个人隐私等公开会对第三方合法权益造成损害的信息,不予以公开。对涉及可以不公开的内部事务信息,则可不公开。而非公共信用信息并不强制公开。对于信用信息中不具有公共性和公开性的应归为非公共信用信息。

(二)公共信用信息目录“四分法”之贯彻

“四分法”是指将公共信用信息分为基本信息、守信信息、失信信息和其他信息四类。各地方规范性文件对公共信用信息存在几种不同的分类类型,但本文认为,将公共信用信息按照“四分法”进行分类最为适宜。首先,基本信息是必要的。对公共信用信息进行识别,就必然需要对信息主体进行识别。其次,守信信息与失信信息是信用信息的正反两面,也应当纳入公共信用信息目录。信息主体法定义务与约定义务的履行状态可直接体现守信与失信,履行了该义务即是守信,属于守信信息;未履行或履行不符合规定或约定的即是失信,属于失信信息。同时并不是所有的信息均可以直接体现出信息主体的信用状态,存在许多需要与其他信息相结合的信息对信用状况进行识别,该类信息并不能直接地判断出信息主体信用状况的好坏,故应将其纳入其他信息范畴。其他信息是中性信息,即该类信息对信息主体的信用状况是否构成影响、构成什么影响,法律不作评价,有待用信主体自行判断。[①] 在归集主体无法对某信息进行性质判断时,即其无法确定该信息是属于守信信息或失信信息,但该类信息在特定场景下可以体现信息主体的信用状况,则可以将该类信息归为其他信息,由用信主体自行对该类信息的性质进行判断。

如此分类具有几点优势:第一,可以解决信息归类不准确的问题。按照“四分法”分类,更便于对信息的信用状态进行识别,若能直观地判断出信息的好坏,则将该类信息直接归类为守信信息或失信信息;若该类信息是用于识别信息主体的,则将该类信息直接归类为基本信息;而对于无法判断信用状态好坏,又不是信息主体识别信息,但特定场景下具有信用状况识别性的信息,归为其他信息。如此分类使得公共信用信息识别明确化,可以有效地避免信息归类不准确的问题。第二,逻辑性强,对信息的归类更为简便。“四分法”具有较强的逻辑性,对信息分类更为明确,使得对信息的判断更为便利,减少了归集主体的判断成本。

---

① 顾敏康,肖伟志:《社会信用法概论》,中国计划出版社 2021 年版,第 79 页。

五、信用信息分类的实质不合理性问题之解决

(一)基本信息的类型化

基本信息是为了识别信息主体而进行归集的信息,故基本信息应当具有识别性,且其不应当具有评价性,不能体现信息主体履行义务的好坏。根据信息主体的不同可以将基本信息分为自然人的基本信息、法人与非法人组织的基本信息两类(见表7)。

表7　基本信息的类型化

主体	信息	依据
自然人	姓名、身份证号码	《国务院办公厅关于加强个人诚信体系建设的指导意见》(国办发〔2016〕98号)
	个人职业资格	
法人和非法人组织	名称、法定代表人或者负责人、统一社会信用代码、成立时间、机构地址等信息	《企业信息公示暂行条例》第六条、第八条、第九条;《企业法人登记管理条例》第二十三条;《国务院关于印发促进大数据发展行动纲要的通知》(国发〔2015〕50号);《国务院办公厅关于政府部门涉企信息统一归集公示工作实施方案的复函》(国办函〔2016〕74号)
	注册资本、营业期限、组织变更、注销或者撤销、股东出资信息、股权变更信息等经营信息	《企业信息公示暂行条例》第八条、第九条
	职业教育培训评价组织在院校内实施的职业技能考核、评价和证书发放信息	《关于推动现代职业教育高质量发展的意见》;《国务院关于国家职业教育改革实施方案的通知》(国发〔2019〕4号)

对自然人的基本信息进行归集时，首先，应当按自然人行为能力进行区分。对具有完全行为能力的自然人，其公共信用信息应当进行归集。而对于不具有或不完全具有完全行为能力的人，应当分别分析：对于未成年人，若符合《民法典》第 18 条第 2 款的规定，该类未成年自然人属于完全行为能力人，可以纳入归集范围；除此之外的其他未成年人的相关信息，不宜纳入范围。由于自然人处在未成年阶段，心智尚未成熟，对法定义务与约定义务的理解尚浅，其履行法定义务与约定义务的能力也有限，在该阶段应当对其加强教育，引导其行为，而不是对其行为进行记录，影响其未来的发展。对于成年的不具有或不完全具有完全行为能力的人，其实施的相关行为应当按照相关法律法规进行归集。如实施了相关违法行为，被司法机关认定为犯罪行为的，该类行为也应当记入。其次，应对基本信息的范围进行限制。对自然人基本信息的归集目的即是对自然人的身份进行识别，自然人的姓名和身份证号码可以明确信息主体的个人身份，直接识别出该信息主体，具有识别性，应当归为自然人的基本信息。同时，对于如个人执业资格信息等职称和执业资格信息，其不具有评价性，但能体现信息主体履行法定义务与约定义务能力，有助于用信主体对自然人履行义务能力的识别，也具有识别性，故也可归为自然人基本信息。故《全国公共信用信息基础目录（2022 年版）（征求意见稿）》规定的“登记注册基本信息”和“职称和职业信息”中关于自然人信息的，应归为自然人基本信息。除此之外，各地方规范性文件将自然人的出生日期、年龄、婚姻状况、出生地、政治面貌、就业状况等个人琐细信息也归为基本信息范畴，但本文认为此类信息并不具有识别性，纳入自然人基本信息范围并不适宜。然而该类信息在特定场景下可以与其他信息相结合而体现信息主体的信用状况，故可将其归入其他信息范畴。而对于自然人的生物识别、宗教信仰、特定身份、医疗健康、金融账户、行踪轨迹等个人敏感信息，因该类信息与自然人关系密切，但并没有识别性，若公共信用信息归集主体对该类信息进行收集，则可以将该类信息归为其他信息；同时对该类信息的归集应当遵守有关法律法规的规定和合法原则、目前确定原则、最小必要原则、自愿原则等原则限制，并采取严格的保护措施，以避免侵犯到信息主体的合法权益。

对法人与非法人组织的基本信息进行归集时，也应当注意基本信息的识别性。法人与非法人组织的名称、法定代表人或者负责人、统一社会信用代码、成立时间、机构地址等登记注册信息具有一定程度的识别性，应当作为基本信息进行归集。对于注册资本，营业期限，组织变更、注销或者撤销，股东出资、股权变更等经营信息以及《全国公共信用信息基础目录(2022 年版)(征求意见稿)》“职称和职业信息”中的“职业教育培训评价组织在院校内实施的职业技能考核、评价和证书发放信息”，二者可以体现信息主体履行法定义务或约定义务的能力，并且这两类信息并不具有评价性，故这两类信息也可以作为法人与非法人组织的基本信息进行归集。

(二)守信信息的类型化

守信信息是体现信息主体守法、践约的信息。在《全国公共信用信息基础目录(2022 年版)(征求意见稿)》中，“行政管理信息”中的“行政奖励”，“诚实守信相关荣誉信息”“信用承诺及履行信息”中的“遵守信用承诺信息”，“信用评价结果信息”中的“信用评价结果良好信息”，“市场主体自愿提供的信用信息”中的“守信信息”，应归为守信信息。因“诚实守信相关荣誉信息”可以纳入“行政奖励”范围内，故无须单列论述。在各地方规范性文件中，对公共信用信息中的守信信息的认定，通常包括各级人民政府及其部门对信息主体授予的相关表彰、奖励信息或对其认定的相关诚信主体，慈善捐款、志愿捐赠、志愿服务信息，遵守向公共管理机构做出的信用承诺信息，以及其他守信信息，与《全国公共信用信息基础目录(2022 年版)(征求意见稿)》基本对应。存在疑问的是“慈善捐款、志愿捐赠、志愿服务信息”是否应当归入守信信息范畴。有学者认为其在一定程度上反映了信息主体从事无因管理的意愿与能力，将其列为正面信息。[①] 但是本文认为，该类信息不能直接体现信息主体履行法定义务与约定义务状态，并不能以捐款意愿来推断履行法定或约定义务的意愿，也不能以捐款数量来体现其履行义务的能力。公共信用信息对守信信息的归集具有公信力，其他交易主体通过公共管理机构归集的守信信息判断是否与信息主体进行交易，故对守信信息的认定应持审慎态度，将该类列为守信信息并不适宜。该类信息体现了信息主体履行社会义务的意愿与能力，其性质应当由用信主体自行判断，而不是由归集主体决定，故该类信息可以归为其他信息。“其他守信信息”兜底的存在是必要的，为适应社会的快速发展而对公共信用信息归集保留一些空间，便于在之后的社会发展中出现了新的守信信息或者是某信息符合守信信息的归集原则而尚未进行归集时的处理，可以将其归类为“其他守信信息”。因守法、践约是行为人本身即应当从事的行为，故对守信信息的考量应当介入守法履约的时间、成本等因素。若行为人长时间的守法践约，或累积守法践约的成本较大，如长期依法纳税、依法缴纳行政管理费等，该类信息也应当作为守信信息进行归集，若其不能归为上述分类，则也可归入“其他守信信息”(见表 8)。

---

① 顾敏康，肖伟志:《社会信用法概论》，中国计划出版社 2021 年版，第 149 页。

表 8　守信信息的类型化

主体	信息	依据
自然人法人与非法人组织	行政奖励信息	《国务院关于建立完善守信联合激励和失信联合惩戒制度 加快推进社会诚信建设的指导意见》(国发〔2016〕33 号)
	遵守信用承诺信息	《国务院办公厅关于全面推行证明事项和涉企经营许可事项告知承诺制的指导意见》(国办发〔2020〕42 号);《国务院办公厅关于加快推进社会信用体系建设 构建以信用为基础的新型监管机制的指导意见》(国办发〔2019〕35 号)
	信用评价结果良好信息	《国务院关于印发社会信用体系建设规划纲要(2014—2020 年)的通知》(国发〔2014〕21 号);《国务院办公厅关于加快推进社会信用体系建设构建以信用为基础的新型监管机制的指导意见》(国办发〔2019〕35 号)
	市场主体自愿提供的守信信息	《关于促进中小企业健康发展的指导意见》《国务院办公厅关于加快推进社会信用体系建设 构建以信用为基础的新型监管机制的指导意见》(国办发〔2019〕35 号)
	其他守信信息	《国务院关于建立完善守信联合激励和失信联合惩戒制度 加快推进社会诚信建设的指导意见》(国发〔2016〕33 号)

(三)失信信息的类型化

失信信息是体现信息主体不守法、不践约的信息。在对负面信息进行归集时,应当注意的是:第一,对失信行为的认定应以有法律效力的文书为依据。根据《国务院办公厅关于进一步完善失信约束制度构建诚信建设长效机制的指导意见》(国办发〔2020〕49 号)在“科学界定公共信用信息纳入范围和程序”中的第 2 项规定:“严格规范失信行为认定依据。行政机关认定失信行为必须以具有法律效力的文书为依据。”“具有法律效力的文书包括生效的司法裁判文书和仲裁文书、行政处罚和行政裁决等行政行为决定文书,以及法律、法规或者党中央、国务院政策文件规定可作为失信行为认定依据的其他文书。”故对失信行为认定、归集均应以有法律效力的文书为依据。第二,应当将轻微违法行为排除。违法行为存在程度性之分,对于轻微的违法行为,在一定程度上与信息主体履行法定义务与约定义务的状况并无太大关联,并且该行为不会对履行义务造成重大影响,故将轻微的违法行为信息纳入失信信息并不能对社会管理起到良好的作用,反而可能会因此侵犯行为主体合法权益。况且对于失信行为的认定需以生效的法律文书为依据,对于多数轻微违法行为而言,处罚程度轻微,相关机构也不会对其出具相关法律文书,故将轻微违法行为信息纳入失信信息范围进行规范并不合理。对此,可将其纳入其他信息范围,由用信主体自行对其性质进行判断。第三,应对违约行为进行区分,将平等主体的约定义务排除。“约”存在多种形式,而公共管理机构与信息主体的地位并不平等,故公共信用信息中的“约”,应当是非平等主体之间的相关约定或承诺,主要是信息主体应当履行的约定或承诺,如《全国公共信用信息基础目录(2022 年版)(征求意见稿)》中“合同履行信息”和“信用承诺及履行情况信息”,不履行或不遵守约定或承诺将作为失信信息归集。而对于平等主体之间的约定,属于非公共信用信息范畴,不能纳入公共信用信息范围内(见表 9)。

表 9　失信信息的类型化

信息	主体	依据
拒不履行法机关作出的判决、裁定等生效法律文书确定的义务。逃避执行的信息等行为信息	自然人、法人与非法人组织	《最高人民法院关于公布失信被执行人名单信息的若干规定》(法释〔2017〕7号)《国务院关于建立完善守信联合激励和失信联合惩戒制度加快推进社会诚信建设的指导意见》(国发〔2016〕33号)
刑事判决有罪的信息		《最高人民法院关于人民法院在互联网公布裁判文书的规定》
民事判决承担义务的信息		《最高人民法院关于人民法院在互联网公布裁判文书的规定》
行政处罚、行政强制信息	自然人、法人与非法人组织	《企业信息公示暂行条例》第六条、第七条、第十条,《行政处罚》第五条、第四十八条,《政府管息公开条例》第十九条、第二十条
拒不履行行政机关作出的决定等生效法律文书确定的义务、逃逐执行的信息等行为信息		《国务院关于建立完善守信联合激励和失信联合惩戒制度 加快推进社会诚信建设的指导意见》(国发〔2016〕33号)
市场主体被依法纳入检查异常名录(状态)等经营异常信息	自然人、法人与非法人组织	《企业信息公示暂行条例》第十七条,《个体工商户条例》第十四条,《企业名称登记管理规定》第二十三条,《国务院办公厅关于政府部门涉企信息统一归集公示工作实施方案的复函》(国办函〔2016〕74号)
社会组织被依法纳入检管异常名录(状态)等经营异常信息	法人	《关于改革社会组织管理制度促进社会组织健康有序发展的意见》

续表

信息	主体	依据
严重失信主体名单信息	自然人、法人与非法人组织	《国务院办公厅关于加快推进社会信用体系建设构建以信用为基础的新型监管机制的指导意见》(国办发〔2019〕35号)《国务院关于印发社会信用体系建设规划纲要(2014—2020年)的遇知》(国发〔2014〕21号)
未履行信用承诺的信息	自然人、法人与非法人组织	《国务院办公厅关于加快推进社会信用体系建设构建以信用为基础的新型监管机制的指导意见》(国办发〔2019〕35号)
对外劳务合作领域不履行合同约定、侵害劳务人员合法权益的行为信息	法人	《对外劳务管理条例》第三十七条
农村订单定向医学生违约的信息	自然人	《基本医疗卫生与健康促进法》第九十三条,《国务院办公厅关于印发深化医药卫生体制改革2021年重点工作任务的通知》(国办发〔2021〕20号)
信用评价结果不好的信息	自然人、法人与非法人组织	《国务院关于印发社会信用体系建设规划纲要(2014—2020年)的通知》(国发〔2014〕21号);《国务院办公厅关于加快推进社会信用体系建设构建以信用为基础的新型监管机制的指导意见》(国办发〔2019〕35号)
市场主体自愿提供的负面信用信息	自然人、法人与非法人组织	《关于促进中小企业健康发展的指导意见》《国务院办公厅关于加快推进社会信用体系建设构建以信用为基础的新型监管机制的指导意见》(国办发〔2019〕35号)

续表

信息	主体	依据
其他失信信息	自然人、法人与非法人组织	《国务院关于建立完善守信联合激励和失信联合惩戒制度加快推进社会诚信建设的指导意见》(国发〔2016〕33 号)

在《全国公共信用信息基础目录(2022 年版)(征求意见稿)》中,对于“司法裁判及执行信息”中的相关信息,可以将“拒不履行司法机关作出的判决、裁定等生效法律文书确定的义务、逃避执行的信息等行为信息”列入失信信息,而“纳入失信被执行人名单及限制消费信息”和“不履行或不完全履行因生态环境违法违规行为引发的环境侵权诉讼案件司法裁判、环境民事公益诉讼司法裁判、生态环境损害赔偿诉讼司法裁判,经司法确认的生态环境行政处罚或行政处理决定,被人民法院强制执行的信息”两类信息,均可以被其囊括,故对此两类信息可以不用单独进行强调。对于“刑事判决司法裁判信息、民事判决司法裁判信息”,应根据判决结果能否判断出信息主体的信用状态来进行归类,故对此二类信息可以设置“刑事判决有罪的信息”和“民事判决承担义务的信息”,归为失信信息;对于“刑事判决无罪的信息”和“民事判决中与人身关系相关或判决不承担义务的信息”,其不能判断信息主体的信用状况,应当归为其他信息。对于“行政管理信息”中的“行政处罚、行政强制信息”可以归为失信信息;“拒不履行行政机关作出的决定等生效法律文书确定的义务、逃避执行的信息等行为信息”也属于失信信息范畴。对于“经营异常名录信息”,是市场主体、社会组织被依法纳入检查异常名录(状态)等经营异常信息,其体现的是信息主体负面信用状况,应归为失信信息。对于“严重失信主体名单信息”中的信息,应归为失信信息范畴。对于“合同履行信息”中的

“对外劳务合作领域不履行合同约定、侵害劳务人员合法权益的行为信息”和“农村订单定向医学生违约信息”，此两类均是体现信息主体信用状况不良的信息，应归为失信信息。对于“信用承诺及履行信息”中的“未履行信用承诺的信息”“信用评价结果信息”中的“信用评价结果不好的信息”“市场主体自愿提供的信用信息”中的“负面信用信息”，均是体现信息主体信用状况不良的信息，均应归为失信信息。“其他失信信息”的设置是必要的，当出现无法归入上述类别的失信信息，如在地方规范性文件中，将乘坐公共交通工具逃票、未按期缴纳水电费、参加国家或者本市组织的统一考试作弊、被监管部门处以行业禁入的信息等归为失信信息，但对该类信息的认定，应将危害性程度、造成的损失等因素也划入考虑范围，同时应以有效的法律文书为依据。

（四）其他信息的类型化

其他信息属于中性信息，不具有评价性，需要与他类信息相结合才能对信息主体的信用状况进行判断。依据场景理论，任何信息在特定场景下均有可能起到识别信息主体信用状况的作用，但并不是所有信息均可以纳入公共信用信息范围，同时对其他信息的归集还需遵循《个人信息保护法》《民法典》等相关法律法规规定，故需要对其他信息进行规范。在上述梳理中，可以得出，自然人的出生日期、年龄、婚姻状况、出生地、政治面貌、就业状况等个人琐细信息，市场主体的产品信息、知识产权信息等不具有识别性的相关信息，若公共管理机构在行使职权时对该类信息进行了归集，应将其归为其他信息。对于自然人的生物识别、宗教信仰、特定身份、医疗健康、金融账户、行踪轨迹等个人敏感信息，不具有识别性，可以作为其他信息进行归集，但应当满足相关法律法规的规定，并设置相关的保护方式。“慈善捐款、志愿捐赠、志愿服务信息”“轻微违法行为信息”也应归于其他信息。《全国公共信用信息基础目录(2022 年版)(征求意见稿)》中的“刑事判决无罪的信息和民事判决中的关于人身关系的相关判决信息”“破产案件审判流程节点信息”“信息主体做出的信用承诺信息”,“行政管理信息”中的“行政许可、行政征收、行政监督检查、行政给付、行政确认、行政补偿信息”“市场主体自愿提供的不能体现信用状况的信用信息”,不能体现信息主体的信用状况,也应归为其他信息。“破产程序中人民法院发布的各类公告、人民法院制作的破产程序法律文书、人民法院认为应当公开的其他信息”可以归入“破产案件审判流程节点信息”,不用单独强调。个别地方规范性文件将“补缴税款、公积金、社会保险费等信用修复信息”“信用评价信息”归为其他信息,此两类信息属于公共信用信息范畴,并且没有评价性,即使是信用评价信息,也只是公共管理机构做出的客观数据,其性质需用信主体自行判断,故此两类信息可以归为其他信息。除此之外,公共管理机构在履行职务过程中产生或收集的与公共利益有关的信息,若不能直接体现信用主体信用状况的,均可归为其他信息范畴,如公安机关在调查经济犯罪时所调取的犯罪嫌疑人银行存款信息,则应当归为其他信息,但对该类信息的收集应符合法律法规的规定,以避免侵犯他人合法权益(见表 10)。

表 10 其他信息的类型化的分类标准不同

信息	主体	依据
出生日期、年龄、婚姻状况、出生地、政治面貌、就业状况等个人琐细信息	自然人	《国务院办公厅关于加强个人诚信体系建设的指导意见》(国办发〔2016〕98 号)
产品信息、知识产权信息	法人与非法人组织	《企业信息公示暂行条例》第六条、第九条、第十条

续表

信息	主体	依据
慈善捐款、志愿捐赠、志愿服务信息	自然人、法人与非法人组织	《国务院办公厅关于加强个人诚信体系建设的指导意见》(国办发〔2016〕98 号)
轻微违法行为信息	自然人、法人与非法人组织	《国务院办公厅关于加快推进社会信用体系建设构建以信用为基础的新型监管机制的指导意见》(国办发〔2019〕35 号)
刑事判决无罪的信息和民事判决中关于人身关系相关判决信息或判决不承担义务的信息	自然人、法人与非法人组织	《最高人民法院关于人民法院在互联网公布裁判文书的规定》
破产案件审判流程节点信息	自然人、法人与非法人组织	《最高人民法院关于企业破产信息公开的规定(试行)》(法发〔2016〕19 号)
信息主体做出的信用承诺信息	自然人、法人与非法人组织	《国务院办公厅关于加快推进社会信用体系建设构建以信用为基础的新型监管机制的指导意见》(国办发〔2019〕35 号)
行政许可、行政征收、行政监督检查、行政给付、行政确认、行政补偿	自然人、法人与非法人组织	《企业信息公示暂行条例》第七条、第十条,《政府信息公开条例》第十九条、第二十条,《国务院办公厅关于加快推进社会信用体系建设构建以信用为基础的新型监管机制的指导意见》(国办发〔2019〕35 号)
市场主体自愿提供的不能体现信用状况的信用信息	自然人、法人与非法人组织	《关于促进中小企业健康发展的指导意见》《国务院办公厅关于加快推进社会信用体系建设构建以信用为基础的新型监管机制的指导意见》(国办发〔2019〕35 号)

续表

信息	主体	依据
补缴税款、公积金、社会保险费等信用修复信息	自然人、法人与非法人组织	《国务院办公厅关于进一步完善失信约束制度构建诚信建设长效机制的指导意见》(国办发〔2020〕49 号)
信用评价信息	自然人、法人与非法人组织	《国务院关于印发社会信用体系建设规划纲要(2014—2020 年)的通知》(国发〔2014〕21 号)《国务院办公厅关于加快推进社会信用体系建设构建以信用为基础的新型监管机制的指导意见》《国办发〔2019〕35 号)

六、结论

信用的用途广泛,在经济学、社会学、法学等领域均有所使用,而社会信用法作为一门独立的法学类学科,应当从社会信用法的角度独立对社会信用进行界定,以"履行义务状态说"为标准,并排除道德义务对社会信用的影响。

社会信用信息中的"法定义务与约定义务"应当明确具有法律效力、具有明确具体的作为或不作为的行为规定或约定以及具有强制性三个标准。社会信用信息中"法"的范围包括一般规范、个别规范中的司法判决和行政执法决定,以及正式法律渊源;而非正式法律渊源中的国家政策、党内政策、党内法规、指导性案例、习惯、法学理论等不在其范围内。社会信用信息中"约"在法学角度包括法律行为,但协议中涉及纯人格权、身份权的内容,以及不能强制执行的责任承担方式的约定,不属于社会信用信息中"约"的范围。"约"在生活角度包括习惯,但对于习惯所形成的一定行为模式，不具有法律效力，不是“约”的范围；当事人依据该习惯所约定的相关义务未满足社会信用信息中“约定义务”的标准时，也不可划入“约”的范围。对于情谊行为所创设的义务，若满足“约”的相关要件，可以产生相关效力的，则可以作为约定义务中的“约”；若不符合，则不是。

以“归集主体”和“信用信息内容、性质”为标准，将社会信用信息分为公共信用信息与非公共信用信息。公共信用信息目录按“四分法”进行贯彻，将公共信用信息分为基本信息、守信信息、失信信息和其他信息，并对其进行类型化。基本信息是对信息主体身份进行识别的信息，故基本信息应当具有识别性。守信信息与失信信息是信用信息的正反两面，也应当纳入公共信用信息目录。其他信息是中性信息，需要与他类信息相结合才可以对信息主体的信用状况进行识别，依据场景理论，任何信息在特定场景下均有可能起到识别信息主体信用状况的作用，但并不是所有的信息均可以纳入公共信用信息范围，对其他信息的归集需遵循相关法律法规的规定。

智能合约技术自证与国家信用认证的融通

——以批量化解金融借贷纠纷为导向

杨海波　刘谢慈*

摘　要:区块链智能合约是以区块链技术为基础,实现合约"自动执行"的一种程序运行模式。由于区块链技术具有去中心化、可溯源、可编程、不可篡改特性,因此区块链智能合约对网络赋强公证具有安全保障技术优势。基于金融借贷纠纷的社会特性,通过区块链智能合约在网络赋强公证中的合理嵌入或能更加高效地化解批量较大、金额较小、法律关系较为简单的金融借贷纠纷。因此,有必要从网络赋强公证的核心程序出发,将"债权文书公证阶段"和"申请赋予强制执行力阶段"有效衔接,探究区块链智能合约的嵌入路径,构建合法、合规、合理的

* 杨海波(1998—),男,湖南长沙人,湖南工业大学法学院硕士研究生,主要研究方向:民商法学,公证法学。E-mail:1253072883@ qq. com。

刘谢慈(1990—),男,湖南益阳人,湖南工业大学讲师,法学博士,硕士研究生导师,主要研究方向:诉讼法学、司法制度。E-mail:liuxieci@ qq. com。

智能合约-网络赋强公证一体化基本范式，实现区块链智能合约技术自证与国家信用认证之双重保障。

关键词：区块链；智能合约；网络赋强公证；金融借贷纠纷

最高人民法院于2022年5月发布了《关于加强区块链司法应用的意见》（以下简称《意见》），提出了区块链技术在司法领域典型场景的应用方向，明确了人民法院要加强区块链司法应用的总体要求及人民法院区块链平台建设要求，规定了区块链应用保障措施，对形成世界领先、中国特色的司法领域区块链应用模式具有重大意义。债权公证制度作为一种司法辅助工具，在结合区块链的背景下，可批量化解金融借贷纠纷，也有利于实现诉源治理，提高司法效率。区块链技术赋能下的智能合约与赋予执行效力的债权文书的公证的特征非常契合。而互联网金融贷款和小额贷款合同纠纷的法律关系较为简单，可将合同内容限制在货币的交付上。从技术角度而言，当整体合同代码表达难度不断压缩，可将该合同的代码逻辑体系降低到错误率几乎为零的程度，这在目前的技术下可以保证实现。区块链的分布式、不可逆性、不可篡改性等技术特点也高度符合债权赋强公证执行问题的解决方向。通过区块链智能合约，可以将用户、金融机构、小贷公司、公证机构、法院作为数据节点，从而形成完整的一体化数据链。

一、区块链智能合约的技术演进

区块链是一项具有去中心化、可溯源、可编程、不可篡改特性的新兴技术，在区块链上，每个节点的区块由区块头和区块体组成[①]。区块体储存相应信息,区块头作为一种衔接点,在加盖时间戳后,再将该头部的信息进行哈希,产生的哈希值形成了另一个区块头,继续重复操作,通过一定逻辑顺序将每个区块以链的形式串联,形成一个具有时间维度的区块链条。作为一种划时代的科技革命产物,“区块链”自2008年11月1日,一位自称中本聪(Satoshi Nakamoto)的人提出后,一直在不断发展及完善。2008年,以“比特币”为代表的数字虚拟货币开启了区块链1.0时代,该阶段可利用区块链技术作为数字货币的加密方式[②],借助分布式账本模式,实现了货币交易的去中心化与去信任化,但此时智能合约还无法与区块链技术相结合。2013年,“以太坊”的提出,让区块链-智能合约技术得到了发展,开始了区块链2.0时代。“以太坊”凭借良好的技术支持,使过去对区块链智能合约构想转换为现实。但“以太坊”受制于交易核验时间过长等技术因素影响,仅用于期货、股票等部分金融领域中。而区块链3.0时代,将从区块链智能合约过渡到智能化、高度信任化的社会治理体系,与仅应用到金融领域的2.0时代相比,3.0时代还涵盖了传媒、电子商务、物流、医疗等领域。目前,我们正处于区块链2.0时代到3.0时代的过渡阶段。

(一)智能合约与传统合同的特征区分

智能合约并不是随着区块链的诞生而诞生,它出现在区块链前,但受当时技术因素限制,并未得到迅速发展。1995年由尼克·萨博首次提出智能合约的概念,他将其定义为“一组以数字形式定义的承诺,并包括合同各方可以执行这些承诺的协议”。[③] 相较于

---

① SHEN X Q,PEI Q Q,LIU X F. Overview of blockchain technology,Journal of Network and Information Security,Vol. 2:11,P. 11-20(2016).

② 何蒲,于戈,张岩峰,鲍玉斌:《区块链技术与应用前瞻综述》,载《计算机科学》2017年第4期,第1-7页。

③ 王延川:《智能合约的构造与风险防治》,载《法学杂志》2019年第2期,第43-51页。

传统合同模式,智能合约具有以下特点:(1)自助性。传统智能合约的模型是“自动售货机”,是由计算机代码组成的程序,遵循“如果X发生,则Y亦发生”的模式运行,并通过计算机读取和执行,以编程代码运行代替人工操作。(2)自动执行性。当预先设定的触发条件满足时,合同将按照条件所指向的路径自动执行,无须进行人工操作和干预。(3)明确性。智能合约是用计算机代码预先编程的,优势在于机器会对满足设定条件的操作行为输出唯一预设的结果,机器正常运行情况下不会造成违约后果。

(二)传统智能合约与区块链智能合约的特征区分

随着科技水平的发展,区块链技术进入人们的视野,自进入区块链2.0时代后,区块链与智能合约逐渐结合并推动了智能合约和区块链的发展,区块链的应用领域从过去的单一货币支付延伸到现在社会生活的各个方面。区块链智能合约以区块链技术为基础,呈现出许多不同于传统智能合约模式的特点:(1)不可逆性(可追溯性)。区块链中的区块在“记账”时,会将发生时间以时间戳的形式记录在“账本”里,储存于区块体,并随着区块的上链延伸下去,形成一条具有时间维度的区块链条。(2)匿名性。非对称加密密码学的原理,使得区块链智能合约的交易过程公开、交易双方匿名。(3)独立性(去中心化)。区块链智能合约的交易不同于传统智能合约,后者依托于信任机制,需信任第三方中央处理器,具体操作方式是要约方先发出邀约信号,中央处理器将信号转向受要方,受要方再通过中央处理器将承诺信号转达给要约方。而区块链智能合约为达到去信任化及去中心化的目的,直接于两个节点间交易,可不存在第三方信任机构。(4)不可篡改性。区块链中每一个节点都记录了所有区块中与设定的智能合约相关交易信息①。若要强行篡改某一数据，需对后面节点以及该区块同时修改，要求的算力体量巨大，保障了链上数据的不可篡改性，这一特性也使得合同的执行具有强制性和可信性。因此，借助区块链技术，可以“促进社会治理结构扁平化、治理及服务过程透明化，提高政府社会治理数据可信性和安全性”等②，同时区块链智能合约可以在一定程度上消除部分信用风险，在金融领域可解决信息不对称造成的市场失灵，降低市场交易成本，提高交易效率，实现资源和市场信息的利用和共享，从而提高市场运行效率。

（三）区块链智能合约的应用场景

区块链智能合约实质上是一种计算机协议，目的是基于信息方式传播③、验证及执行合约预设程序，由于区块链智能合约具有不可逆性、匿名性、独立性及不可篡改性，允许在没有第三方信任平台的情况下进行可信交易，其提供优于传统合约方式的安全性保障，可减少与合约相关的其他交易成本。因此，智能合约能够与区块链技术完美兼容④，具有精度高、效率高、成本低等特点。从区块链智能合约的基本运作原理上看，区块链智能合约的应用具有广泛的前景，包括：(1)“以太坊”平台的出现给区块链智能合约的应用开启了大门，能用以设计独立性的程序、智能合约，当前“以太坊”平台覆盖了物联网、金融交易、智能电网等领域。(2)EOS(enterprise operation system)技术，这是一个商用分布式应用设计的区

---

① 王子凯，朱健，张伯钧，胡凯：《区块链与智能合约并行方法研究与实现》，载《计算机科学》2022年第9期，第312-317页。

② 孙福辉：《〈最高人民法院关于加强区块链司法应用的意见〉理解与适用》，载《中国应用法学》2022年第4期，第31-42页。

③ 杨力：《论数字金融司法一体化》，载《政法论丛》2022年第4期，第50-60页。

④ 林诗意，张磊，刘德胜：《基于区块链智能合约的应用研究综述》，载《计算机应用研究》2021年第9期，第2570-2581页。

块链底层公链操作系统，目的是解决现有的区块链应用性能低、安全性差、开发难度高以及过度依赖手续费的问题①，并实现分布式应用的性能扩展。EOS 去中心化应用主要有电子商务、金融科技和市场等。（3）Hyperledger Fabric 技术，主要基于许可分布式账本技术开发运行，可配置具有高度模块化的结构体系，能用于企业或行业内部，可创新和优化金融、保险、医疗健康、供应链、数字音乐交付、图书版权交易等领域运营模式。

在公证领域中，泗阳县司法局将银行在线赋强公证列为 2022 年改革创新重点任务，将依托网络赋强数字平台，实现金融系统与公证系统互通，以事前区块链存证及事后网络申请的模式办理公证。江苏苏州首先在全国搭建了苏州公证链，即“1 + 10 + N”区块联盟链，包括昆山赋强公证平台、“苏城存证”App、区块链摇号系统等应用产品。② 从区块链应用的功能上看，公证领域现阶段主要为利用区块链的存证功能，智能合约的交互型信任机制并未应用到实践领域中。

二、区块链智能合约嵌入网络赋强公证的现实逻辑

赋强公证制度作为一种预防性法律制度，一是可以预防纠纷，基于诚实信用原则，对当事人形成心理上的威慑和压迫，促使债务人履行合同、恪守诺言；二是具有强制执行的效果，无须经过审判程序即可强制执行，有利于简化债权实现程序，节约债权实现成本，减少因诉讼程序而产生债务延迟履行的风险。2017 年 7 月，最高人民法院、司法部、中国银监会联合发布了《关于充分发挥公证

---

① PORTMANN E, Rezension“Blockchain: Blueprint for a New Economy”, Praxis Der wirtschaftsinformatik, Vol. 55:6, P. 1362-1364(2018).

② 丁国锋，唐梦恬，程乐：《“链”接全域打造科技公证应用新高地》，载《法治日报》2021 年 11 月 29 日，第 007 版。

书的强制执行效力服务银行金融债权风险防控的通知》(以下简称《通知》),《通知》将各类融资合同(包括各类授信合同,借款合同、委托贷款合同、信托贷款合同等各类贷款合同,票据承兑协议等各类票据合同,融资租赁合同,保理合同,开立信用证合同,信用卡融资合同等)明确规定为符合《公证法》第37条规定的债权文书。此后,金融借贷合同赋强公证逐渐被各方接受并运用。从金融风险防控的视角上讲,赋强公证的嵌入提高了银行业金融机构金融债权实现效率,降低了金融债权实现成本,有效提高了银行业金融机构防控风险的水平。2021年6月,司法部下发了《关于深化公证体制机制改革 促进公证事业健康发展的意见》(以下简称《公证意见》),指出要建立全国统一的公证链平台,探索开展区块链应用。对有法律意义的事实、文书的公证业务,尽快实现全程在线受理、办理。该《公证意见》对利用区块链网络赋强公证优势,减少相关诉讼案件,实现繁简分流,充分发挥公证制度的司法辅助价值具有重大意义。

(一)区块链技术对网络赋强公证的赋义

传统模式下的赋强公证主要办理流程为:(1)当事人线下申请;(2)公证处受理并审查申请材料;(3)公证处认为有必要的需要求补充相关材料或自行核实;(4)公证人员再询问及告知当事人相关情况,制作现场笔录,当事人对无异议债权文书签字确认;(5)公证处出具公证书。当前,在线赋强公证的区别主要为公证处通过远程数据系统将上述(3)步骤转移到线上进行,并加以数字化固定、存储,其他程序步骤主要还是通过其中一方当事人线下办理或委托办理。新时代下,随着科学技术水平的提高,可建立区块链网络赋强公证智慧平台,实现网络赋强公证全过程线上办理、线上发证,重新定义“网络赋强公证”。

（二）区块链智能合约技术自证的局限性

2018年9月，最高人民法院审判委员会审议通过了《最高人民法院关于互联网法院审理案件若干问题的规定》（以下简称《互联网法院若干规定》），其中，第11条第2款规定：“当事人提交的电子数据，通过电子签名、可信时间戳、哈希值校验、区块链等证据收集、固定和防篡改的技术手段或者通过电子取证存证平台认证，能够证明其真实性的，互联网法院应当确认。”因此，在电子数据的真实性审查方面，区块链存证得到了司法机关的认可。虽然从技术保障上来看，区块链下的电子数据本身存在不可篡改性，即证明在特定时间点已有特定信息的存在，但在这一阶段，区块链只对“存在性”负责，而信息本身的真实性则需由区块链以外的手段来鉴别。因而产生的问题有二：其一，如果电子数据并非自产生时便同步存证于区块链平台，而是在生成于其他系统之后才上传至区块链平台，区块链存证仅作为一种技术加密或验证手段，此时，仅能确保上传之后这一期间存证的电子数据的完整性，无法保证电子数据在上传至区块链平台之前是否被蓄意篡改，如此则无法判断电子数据内容的真实性，更不能从根本上克服传统电子数据真实性认定的窘境。其二，完整上传存证仅为事后存证的一种理想模式，并不能表明所有的事后存证均能实现技术自证，由于可能存在非完全上传的风险，如果事后存证并未将完整的电子数据存证于区块链平台，则无法实现技术自证的预期效果。

（三）区块链智能合约与网络赋强公证的技术契合

随着科技水平的发展，区块链智能合约实现了突破式发展。从1.0时代的“if-then”简单逻辑程序语句，到2.0时代的“if-then”语句作为代码存储在区块链上并循序自动履行合同，再到3.0时代应用于全社会领域的“自动执行”化，区块链智能合约强化社会信用制度的研究在逐步发展。但就目前的发展来看，无法达到“完全自动执行”的地步。若强行将自动执行的“智能合约”等同于合同,会不可避免地出现相应的法律问题。法律于社会发展而言具有天然滞后性,技术开发、人工智能等亦落后于层出不穷的社会问题。因此,解析区块链新技术背景下智能合约和传统合同之间的法律关系异同显得尤为重要。由于区块链智能合约的权利义务具有多样性、复杂性,合约中的权利、义务及违约责任的意思表达也可表现出多种多样的形式,例如在金融借贷纠纷中,由于银行、小额贷款公司的普惠贷款业务主要以金额较小、批量大等为特征,因而相较于大额贷款,金融机构多以效率为先,而提高效率最直接的方式是简化贷款程序,尤其对象是以线上方式申请的贷款用户。因为线上申请的贷款用户对事先预设的电子合同里的重要条款重视程度不足,加上对法律条文的理解不清晰或存在偏差,易影响其对于合同内容的判断,造成意思表达不真实的情况。现阶段,赋强公证可弥补区块链智能合约技术上的偏差与不成熟带来的不利影响。对银行、小额贷款公司而言,处置此类小额不良贷款纠纷存在立案难、举证固证难、执行难、成本高及周期长等特点。在化解该金融借贷领域中的问题,赋强公证具有独特的优势。

(四)网络赋强公证化解金融借贷纠纷的优势

受各种因素影响,2021 年商业银行不良贷款率持续上升,给金融机构业务发展和资金安全带来巨大挑战。化解不良贷款风险,提高资金回收效率是金融机构需研究的重要课题。贷款违约,除了部分债务人是由于还款能力问题外,相当一部分债务人是还款意愿较低,甚至故意逃避债务。金融机构的不良贷款率上升,加剧了金融机构的风险积累。而要降低不良贷款率,必须建立有效的防控机制[①]。特别是银行的不良贷款是我国金融业面临的最大风险，如果不采取相关措施加以解决，将威胁到我国的金融安全。同时，大量的普通金融借贷案件堆积，使得有些地方的法院出现了人少案多和事实明确的债权执行期限过长的情况，影响银行的资金回收率，不利于金融安全的保障。由于赋强公证具有预防纠纷、快速实现债权的作用，具有债权文书执行效力的公证越来越受到银行业金融机构的青睐和重视。

1. 互联网金融借贷的社会特性

互联网金融贷款具有资金流动方便、手续方便、融资渠道广、借款范围广等优点，对于活跃经济市场、资本流通具有多方面的意义。但与此同时，互联网金融贷款多为无担保、无抵押的小额信用贷款，借款主体多为个人，其地域分布较广，导致互联网金融贷款违约率居高不下，不良贷款大量存在，其全程网络的运营模式存在大量社会风险，容易在具体执行过程中出现催收成本高、方式暴力、矛盾激化等问题。

2. 网络赋强公证在金融借贷中的实践探索

随着金融风险显著增加，金融机构的不良贷款率逐年增高，大量金融借贷纠纷不仅使银行负担烂账风险，也消耗法院的诉讼资源。因此，在批量化解金融借贷纠纷中引入网络赋强公证，可减少诉讼环节，节约诉讼成本。在互联网金融借贷案件中，当事人关系和双方的权利义务比较明确，符合《民事诉讼法》中关于公证赋予强制执行效力的债权文书的规定[②]。同时，互联网金融借款人分布地域不定，若通过异地办理线下赋强公证，徒增了较多公证程序，

① 孙茂林，王树恩：《我国商业银行信贷风险识别与管理研究》，载《山东社会科学》2013年第5期，第168-171页。

② 龙飞，赵毅宇：《赋强公证制度在多元化纠纷解决机制中的功能定位》，载《人民法院报》2018年6月6日，第005版。

易给当事人造成负担。所以在金融借贷领域引入网络赋强公证具有一定合理性,例如昆山公证处的区块链网络赋强公证平台系统,通过在线公证将贷款合同等文件进行网络公证,并赋予金融借贷合同执行效力;通过电子数据存证,提供实时、有效的公证便捷保障服务,真正让网络赋强公证项目融入银行普惠金融业务、小微贷款业务流程中。网络借贷电子合同执行效果的公证也可以有效缩短维权时间,简化执行程序,降低不良贷款率,有效降低社会成本,促进社会纠纷解决,实现资源的合理配置和高效利用。

三、区块链智能合约在网络赋强公证中的嵌入路径

(一)智能合约与网络赋强公证一体化基本范式

网络赋强公证实质上由两部分组合而成,一是对以支付为内容的合同本身进行公证,公证的主要事项有:(1)合同是否合法、合理,既对合同中描述的涉及当事人实体权益的内容进行核实,也要对合同内容自身是否合乎法律、法规,是否违反司法部禁止性规定进行审查。(2)对债务人履行相应告知义务。需告知当事人违约责任及法律后果,同时也要询问当事人所申请办理公证的目的等。二是在金融机构申请对债务人赋予强制执行力时,主要核实债务人对违约事实是否有异议等。因此,当嵌入区块链智能合约后,网络赋强公证亦需保证公证程序中必要的告知、审查、核实义务,在具体的告知、审查、核实过程中如何应用区块链智能合约,可从赋强公证的"债权文书公证"及"申请赋予强制执行力"两个阶段探究嵌入路径。

1. 债权文书公证阶段

从金融借贷合同的公证分析,借贷合同本质上可以看成由多个规则构成的复杂结构,智能合约的构建也是一个设定多项交织运行规则的动态化过程。区块链本身并不具有解构规则的特性,

但其本身的去中心性、不可篡改性、信息可追溯性等为智能合约提供了技术保障。因此，从技术上讲，以区块链智能合约机制为基础，搭建“区块链智慧公证平台”具有可行性。具体来看：第一，运用身份三要素核验、生物活体识别、OCR、第三方人像比对等技术在网络赋强公证平台对借款人身份进行核实，确保了借款人主体的真实性。第二，公证处、金融机构、借款人三方在“区块链智慧公证平台”进行网络公证，运用数字签名等关键技术在强隐私账户上签署合同，盖章、签字行为过程完成后利用同态加密技术进行电子数据存储。与此同时，数字证书认证功能也可确保盖章和签字行为的不可篡改性，保证整个签约行为的真实性、客观性。第三，利用智能合约原理对合同中的具体内容进行信息分类、程序划分，并对相关程序步骤标准化、模块化设计，构建智能合约公证体系。第四，调用公证员的电子签名及签章、公证机构电子公章，通过“区块链智慧公证平台”生成区块链电子公证书，在系统上将电子公证书生成链接一键式发送给金融机构及借款人。该区块链技术现已在多个省份进行应用实践，以区块链电子公证书代替纸质公证书，在传统的直接送达和邮寄送达方式中增加了电子送达。

2. 申请赋予强制执行力阶段

因当前债权赋强公证申请执行立案时，法院对公证过程的合规性审查往往缺乏客观依据，立案材料的完整性主要依靠人工审查，效率较低，且数据流转不畅。通过对收案数据进行实时上链与可信验证，可以形成公证债权文书可信数据资产，解决数据流转效率问题。在链上公证债权文书智能合约方面，基于环签名技术的强隐私账户模型的链上“赋强公证”智能合约，银行、小贷公司将经营数据事实经过数字签名后上链存证并与公证处实现互通互认，当债权人申请强制执行时，可将存证数据、存证执行公证书推送给法院，自动转入执行环节。基于区块链技术，还可以构建公证债权文书辅助立案服务、公证债权可信验证服务、公证债权文书存证服务及公证债权文书执行合约服务等。根据具有公证信息、债权信息以及相关约定信息的执行计划,可以自动生成公证债权执行的智能合约实例,实现公证债权文书对接法院强制执行的线上流转及自动校验的一体化功能。

(二)技术自证与国家信用认证共同构成双重保障

1. 数源规制:区块链信用与个人信用的协同

单一"技术自证"在证据的证明力上有着亟须解决的问题,区块链智能合约是区块链技术可信交互机制的升级版,其以代码的方式实现既定的复杂业务,从数据产生的源头就开始规制电子数据区块链存证,用户真实意思通过代码表达于区块链上并记录于分布式账本中,经过一系列数据存证步骤后,完整的交易内容及操作痕迹存在于链上,具有不可篡改性。在区块链产生之后,智能合约得到更为广泛的运用,尤其是在金融领域,作用更为显著,也丰富了区块链司法存证系统的操作空间。正如前文所述,区块链能够使电子数据自产生之时起就同步存证于区块链平台,这是技术自证的关键环节,也表明其运用价值不仅存在于末端单一的数据存证环节,还能提前进入合同订约阶段。此时区块链存证的"公证"功能绝不仅仅是省去备案环节,其可提供的无法篡改、随时参与、公开查询等技术特性依然是诸多传统公证服务无法企及的。[①] 区块链技术作为一种工具,可以更好地服务于公证领域。

2. 风险规制:技术自证与国家信用认证的协同

以金融借贷合同的网络赋强公证为例,一方面,金融借贷合同与区块链智能合约具有契合性。区块链智能合约是合同的新发展

---

① 陈爱飞:《电子数据区块链存证的法律规制——基于66份判决书的分析》,载《苏州大学学报(哲学社会科学版)》2022年第5期,第85-97页。

阶段,两者亦有着许多契合之处,智能合约可作为法律合同的载体。区块链智能合约基本面可分为两层结构,一是适应人之表达的合同文本层,二是适应程序系统表达的智能合约代码层。通常,传统合同内容可以人之自然语言显于文本,文本中主要记录合同双方达成一致之主要规则或条款。区块链智能合约的数据基础是合约代码,区块链智能合约代码可作为法律合同的外在形式或载体,从中抽取概括出当事人的合同权利义务关系,以相应计算机语言代码表征记录合约条款或规则,并被计算机系统读取执行。① 因此,合同及当事人意思表示能由代码呈现,智能合约可通过代码语言将人之自然语言表达并存储于区块数据结构中。同时,金融借贷合同作为一种以金钱给付为内容的简单合同,代码表达难度也相对较低,具有可操作性和可实现性。另一方面,网络赋强公证可与区块链智能合约形成证据链闭环。上述提到区块链技术自证主要有信息真实性无法确认及数据生成时记录不完全的风险,网络赋强公证的嵌入正好解决以上问题。公证机构本身具有公权力属性与公信力,是公民对法律事实进行国家信用认证的一种方式,公证程序贯穿着事实确认的全过程,同时也可以以技术自证辅助人员的角色,对未上传、记录不完全等技术原因造成的失误进行弥补。如金融借贷合同的赋强公证,首先构建金融借贷智能合约,以金融机构、债务人、公证机构三方节点为基础,其次智能合约自动执行相应程序,公证机构作为合约规则及条款的设定者审查及插入借贷关系等内容,事中对电子数据存证过程监控,防止出现数据生成记录不完全的风险。

(三)网络赋强公证中“智能合约背后的法律关系”

智能合约在法律上是一种较特殊的新型合同,属于可编程代

① 郭少飞:《区块链智能合约的合同法分析》,载《东方法学》2019 年第 3 期,第 4-17 页。

码程序[1]。随着区块链网络技术的发展,合约交易开始从人工操作向智能合约的自动执行转变。所谓的"智能合约",在技术层面上是一种可供编程的在线交易管理应用程序,这意味着它是一段可按照合约方的意思内容编程的代码,而不是一份明确表意下制成的客观存在合约。但法律层面上,智能合约可以实现财产交换,无论是加密货币还是虚拟财产或其他财产。在区块链交易中,核心元素亦为智能合约,另外科学界和金融界对智能合约和传统合同之间的异同也有着较多解释角度。但不难发现,智能合约也具有其独特的法律特性,其外部载体虽然是程序代码,但能识别交易各方对即将自动执行内容作出意思表示的结果。另外,智能合约本身无法主动获取相关信息并评估风险,缺乏合约违约后的惩治功能等,因此,如果智能合约独立存在,易出现无法按照预期履行义务、合约程序本身编码错误等漏洞。而如果智能合约作为传统合同实现的工具,并通过赋强公证弥补缺乏评估风险机制、惩治机制的空白,将智能合约与传统合同法下的法律规则协同运作,以实现效益价值最大化。[2] 一方面,自动执行的操作步骤里人的内心表示同样需通过一系列的编码程序来显化,设计者需要先将人类语言转换成程序设计语言。在这种转换中的表意很容易产生个性理解上的偏差,有可能程序设计语言不能完全表达当事人的真意[3]。在这样的背景下,怎样判断以代码形式代表当事人授予意思表示的智能合约是否具有合同效力,这不是一件容易的事情。另一方面,智能合约其具有不可撤销性,这意味着一旦代码程序上的预设发

---

① 熊志钢,汪倩,解庆利:《"区块链+网络赋强公证执行"路径探讨》,载《中国公证》2021年第11期,第48-53页。

② JIANG Jiaying, The Normative Role of Smart Contract, US-China Law Review, Vol. 15:3, P. 141-143(2018).

③ 郎芳:《区块链技术下智能合约之于合同的新诠释》,载《重庆大学学报(社会科学版)》2021年第5期,第169-182页。

生条件得到满足,它们就会自动执行。在这种情况下,实际上容易出现强制缔约的情形。

根据《民法典》中对有效民事法律行为的规定,当事人之间订立合约时应有相应的真实意思表示。而《公证程序规则》第36条将"当事人的意思表示真实"作为民事法律行为公证出具公证书应满足的条件之一,意味着公证员出具公证书的前提必须确保当事人的真实意思表示①。在实践中,公证审查的方式是与当事人进行交谈,询问当事人表述的含义是否真实、是否存在胁迫及欺诈,以及拟出具的公证合同的内容是否符合其真实意思表达,并履行对应告知义务,通知当事人该公证事项的法律后果及法律意义,预防当事人误解有关法律法规而作出与其本意相反的陈述。当事人对内容的意思有疑问的,公证人员应当行使核实权,了解有关公证事项,并将核实结果和判断告知当事人。当事人对事实和法律规定有误解的,经公证员告知和解释后,或许会重新考虑其法律行为的必要性和有效性,从而避免今后可能发生的诉争。因此,在缔结智能合约的过程中,公证可对"自动执行"代码程序中的意思表示做效力上的补强。

四、结语

在当前技术背景下,区块链技术的发展毫无疑问使智能合约的应用范围得到了极大拓展,其解决了传统智能合约中网络安全保护不足、交易信息易篡改、电子数据信息证明力较弱等缺陷。理论上,以实物作为标的的合同都能看作一套较复杂的程序规则,能以计算机语言表达成智能合约信任机制。但应当注意,当前技术

① 王洪三:《意思表示成立的公证审查》,载《中国公证》2012年第10期,第49-50页。

并不能以裁判者风险防控者的身份处理复杂的法律问题,区块链技术自证也很难完全回避国家信用认证单独发挥作用。由于区块链智能合约技术具有工具性,构建“国家信用认证 + 区块链智能合约技术自证”双重信任体系既能弥补技术缺陷,也能节约成本,提高合同交易效率。质言之,既要利用好智能合约的“自动执行”核心属性,也要针对易引发诉争的金融借贷合同的解决机制不足问题,通过第三方机构进行“把关”。引入网络赋强公证,使得以亲历性为原则的公证机构以监督者、中立者的身份介入,不仅可以解决合约自动执行而导致的合同法律效力问题,实现赋予强制执行力的法律功能,还有助于节约司法资源,从诉前阶段批量化解借贷纠纷,实现诉源治理。

征信机构个人信息侵权损害赔偿责任研究

张　路　王立颖*

摘　要:征信机构在提供信用服务的过程中,涉及一系列个人信息处理活动。征信机构自身的特殊属性,个人信息侵权本身具有的强技术性、损害后果的潜伏性、不确定性等,使得司法实践中运用传统侵权法救济自然人合法权益时存在理解与适用的困难。征信机构个人信息侵权损害赔偿责任可从归责原则与四要件角度展开分析。针对当前个人信息侵权一元归责原则的现实困境,以是否使用自动化处理技术为标准,对传统征信及市场征信模式区分适用二元归责原则。侵权行为以行为方式及场景划分,并对其中典例进行分析。认可自然人为补救信息权益受损所为的必要支出及信息主体预

* 张路,1989 年出生,现任湘潭大学信用风险管理学院讲师,硕士生导师。地址:湖南省湘潭市雨湖区湘潭大学校内;邮箱:xtuxingyongzl@ sina. com。

王立颖,1997 年出生,湘潭大学信用风险管理学院硕士研究生。地址:湖南省湘潭市雨湖区湘潭大学校内;邮箱:wlywly0526@ 163. com。

期利益的丧失，对其数额认定，分三个层次逐步检验。对于精神损害赔偿，根据征信机构特殊类型的侵权区分认定。因果关系上，单一侵权主体采传统相当因果关系理论证成；复数侵权主体，类推适用高空抛物规则。过失的判断上，征信机构应较一般社会主体负有更高的注意义务，依据严重程度，分为严重过失与一般过失。

关键词：征信机构；个人信息；损害赔偿

一、问题的提出

我国正在稳步推进社会信用体系建设，个人征信业是其中的重要一环。征信机构的日常业务中，充斥着大量的个人信息处理行为。征信机构作为特殊的信息处理者，在运用传统的归责原则与四要件对其个人信息侵权损害赔偿责任进行分析时，产生了一系列问题。

第一，一元归责原则难以适应不同的侵权情形。在个人信息侵权问题上，我国经历了从一般过错责任原则向过错推定责任原则转变的过程。《中华人民共和国个人信息保护法》（以下简称《个保法》）第69条规定，处理个人信息侵害个人信息权益造成损害，个人信息处理者不能证明自己没有过错的，应当承担损害赔偿等侵权责任。不同的信息处理主体，在资源拥有量及技术能力上相差甚远。不同的个人信息处理行为，所运用的技术手段不尽相同。对各种不同的侵权行为，适用过错推定的一元归责原则难谓公平。

第二，出现新的个人信息侵权行为。一般的个人信息侵权行为主要表现为未经同意收集、处理个人信息、泄露个人信息等，而征信机构在提供信用服务时，出现了诸如信用评价不当的新型侵权行为。有必要对侵权行为做类型化、场景化研究。

第三，征信机构个人信息侵权损害后果难以认定。大数据时代，个人信息侵权给信息主体带来的损害后果，往往具有无形性、不确定性,损害发生时点和实现时点的分离加剧了损害认定的困难。[①] 在财产损害部分,难以直接适用《中华人民共和国民法典》(以下简称《民法典》)第 1182 条的规定确定赔偿数额。在精神损害部分:一方面,面临通过名誉权路径救济征信机构个人信息侵权的困境;另一方面,面临着"严重"要件证明的难题。

第四,侵权行为与损害后果之间的因果关系难以证成,主要体现在以下两个方面:第一,从技术层面出发,征信机构在个人信息处理的过程中,广泛运用自动化决策,产生了大量的算法黑箱,信息主体因为专业知识的欠缺,很难证明征信机构的行为与损害后果之间存在因果关系。第二,从侵权主体层面出发,个人信息本身具有传播速度快、范围广的特征,且数据共享模式的应用使得信息处理的众多环节可以在多个信息处理者之间瞬时完成。同时存在多个信息处理者,受害人无法确定具体的侵权人。

第五,过错要件认定困难。我国侵权法对过错采取的是客观化的判断标准,也即"善良管理人标准"。征信机构本身的专业属性决定了其不同于一般的信息处理者,无法简单地直接适用上述标准。而主观过错程度是考量侵权责任承担的一大要素,且区分故意与过失是有条件适用惩罚性赔偿及相关保险求偿的前提,应予明确。

二、征信机构个人信息侵权损害赔偿责任归责原则明确

(一)过错推定原则的理论与现实考察

在《个保法》出台前,我国没有关于个人信息侵权的特殊规定,因而依据《民法典》第 1165 条,对个人信息侵权统一适用一般过错

---

① 张建文,时诚:《个人信息的新型侵权形态及其救济》,载《法学杂志》2021 年第 4 期,第 39-52 页。

责任原则。《个保法》第 69 条第 1 款对归责原则作出了特殊规定，改一般过错责任原则为过错推定责任原则。学界关于个人信息侵权归责原则的探讨从未停止，观点主要分为一元归责原则说与多元归责原则说。

主张一元归责原则说的学者较少，持此种观点者主要主张适用无过错责任。[①] 随着互联网和信息技术的普及，个人信息已经从简单的沟通工具转变为一类催生信息化产品及服务的特殊要素，并由此表现出巨大的商业价值。[②] 个人信息保护必不可少，但一味强调保护而忽略正常的流通使用，会造成资源浪费，这与我国的大数据战略背道而驰。持此观点的学者，也在其之后的文章中更正了这种看法，认为个人信息处理者类型众多、处理场景千差万别，个人信息处理活动在现代生活中不可或缺，一律采取无过错责任，过于严厉。[③]

主张多元归责原则说的学者，主要细分为两种观点：侵权主体说与处理手段说。支持侵权主体说的学者认为，应当将侵权主体划分为国家机关与非国家机关，前者适用无过错责任，后者适用过错推定责任。[④] 我国台湾地区《计算机处理个人数据保护法》即采用此种分类方式，理由在于国家机关拥有公权力行使之便利，掌握更多的信息资源，且其收集、分析信息的能力更强，因此有必要施加更高的注意义务。[⑤] 笔者不赞同此种观点，一方面，在义务履行

---

① 程啸：《论侵害个人信息的民事责任》，载《暨南学报（哲学社会科学版）》2020 年第 2 期，第 39-47 页。

② 朱晓武，黄绍进：《数据权益资产化与监管》，人民邮电出版社 2020 年版，第 14 页。

③ 程啸：《侵害个人信息权益的侵权责任》，载《中国法律评论》2021 年第 5 期，第 59-69 页。

④ 齐爱民：《中华人民共和国个人信息保护法示范法草案学者建议稿》，载《河北法学》2005 年第 6 期，第 2-5 页。

⑤ 张建文，时诚：《个人信息的新型侵权形态及其救济》，载《法学杂志》2021 年第 4 期，第 39-52 页。

层面上,国家机关和非国家机关均需遵从个人信息处理合法、正当、必要和诚信原则,并不能因其特殊身份而降低信息处理的要求,这一点从《个保法》第2章第3节“国家机关处理个人信息的特别规定”的内容可以看出。另一方面,在资源能力上,国家机关并非绝对强于非国家机关,一些互联网行业巨头拥有的资源及技术远超国家机关,已达世界领先水平。[①]

支持处理手段说的学者认为,应当以是否使用自动化处理技术为区分标准,使用自动化处理技术的适用过错推定原则,未使用的采一般过错原则。[②] 在算法为王的大数据时代,自动化决策的技术优势间接造成了争讼双方举证和诉讼能力上的差异[③],不区分情况适用相同归责原则不合理。笔者赞成此种观点,原因有二:第一,双方主体间的不平等地位,是由自动化处理技术造成的。“人们期待法服务于正义,并实现正义”[④],不同处理场景运用同种归责原则,将造成实际不公。第二,存在相当数量未使用自动化处理技术的情形。即使在大数据时代背景下,信息处理者运用自动化处理技术是惯常状态,但这并不意味着不存在未使用此技术的情况。[⑤] 不能以偏概全,因为两者数量的差异,牺牲少数情况下信息处理者的利益。这相当于变相鼓励信息处理者尽可能多地运用自动化处理

---

① 陈吉栋:《个人信息的侵权救济》,载《交大法学》2019年第4期,第40-53页。

② 叶名怡:《个人信息的侵权法保护》,载《法学研究》2018年第4期,第83-102页。

③ 陈吉栋:《个人信息的侵权救济》,载《交大法学》2019年第4期,第40-53页。

④ [德]魏德士:《法理学》,丁晓春,吴越,译,法律出版社2013年版,第153页。

⑤ 有学者以“个人信息”“信息泄露”“民事判决书”为共同关键词,在“无讼案例”软件上进行检索,以2010年至2019年为时间区间进行搜索,排除完无关案例后,共有1007份民事判决书,其中被告来自未采取自动化处理技术的传统行业的比例为25%,采取自动化处理技术的被告占比为75%。参见唐墨华,苏昊,胡贤君:《信息处理者安全保障义务的实践检视与规则续造——以〈民法典〉第1038条为中心展开》,载《山东法官培训学院学报》2021年第2期,第90-101页。可见,在信息泄露这一部分,未采用自动化处理技术的比例即占25%,所谓的少数情况并不少。

技术,法律不应当有这样的指向性。

(二)征信机构个人信息侵权归责原则的具体适用

随着信息网络的高速发展,大数据时代不断涌现新的行业,个人征信业就是一个典型代表。我国个人征信体系建设始于 1999 年上海资信有限公司试点,2004 年中国人民银行开始组织商业银行建设全国统一的个人征信系统。2006 年 3 月中国人民银行征信中心正式成立。[①] 市场经济是信用经济,以中国人民银行为中心的传统征信已无法满足市场需求。2018 年 2 月,百行征信有限公司获批国内首张个人征信业务牌照。随后,在 2020 年 12 月,中国人民银行向朴道征信有限公司颁发了第二张许可牌照。我国个人征信业正处于从以中国人民银行为中心的传统征信变为以个人征信机构为主的市场征信的重要转型时期。作为信息处理者的一种,征信机构侵犯个人信息权益也同样适用过错推定原则,但个人征信业的特点决定其不能完全适用一元归责原则。

征信机构与信息主体之间是否存在技术能力上的差异,来源于自动化处理技术的使用与否,且据此衍生出传统征信与市场征信两种不同模式。中国人民银行公布的“个人信用报告(个人版)展示样本”显示,中国人民银行提供的传统个人征信服务主要采集个人的信贷记录、公共记录以及查询记录。[②] 中国人民银行的传统征信服务仅是对个人与信用相关信息的简单汇总,直观展现自然人的各项记录内容。以个人征信机构为主的市场征信,相较于传统征信而言,提供的服务类型更丰富。以百行征信有限公司为例,除个人信用报告的查询服务外,其推出的个人征信产品中还包含增

① 余雅:《芝麻信用公司个人信用评价比较研究》,湖南大学 2017 年硕士学位论文。

② 中国人民银行征信中心:《个人信用报告(个人版)展示样本》,http://www.pbccrc.org.cn/zxzx/grzx/201401/2141558a28cd4f8dae8e2a6e70728210.shtml,访问时间 2022 年 11 月 5 日。

值征信服务产品,如场景定制评分,利用机器学习算法,对用户的信用风险作出预测;共债预警,基于权威数据源和百行征信自身数据,帮助金融机构对贷中客户进行风险监测。以上服务中,除与中国人民银行类似的传统个人信用报告未使用自动化处理技术,其他增值服务均在自动化处理技术的基础之上为授信主体提供信用服务。

征信机构个人信息侵权责任问题类似于医疗损害责任。在医疗场景中,一般情形下,医疗侵权适用一般过错责任原则。但医疗机构和患者二者在医疗专业上存在知识壁垒,患者很难在涉及专业问题时,证明医疗机构有过错。因而,《民法典》第 1222 条即规定了三种推定医疗机构有过错的情形。市场征信主要依靠自动化处理技术运作,正如医疗侵权损害中涉及专业性问题一样,而传统征信就如同一般的常规医疗场景。

综上,针对征信机构个人信息侵权损害赔偿责任,应以是否使用自动化处理技术为标准,适用二元归责原则。在未使用自动化处理技术的传统征信模式下,采用一般过错原则;在使用自动化处理技术的市场征信模式下,适用过错推定责任原则。

三、征信机构个人信息侵权构成要件之侵权行为分析

(一)作为的侵权行为和不作为的侵权行为中的典例剖析

依据侵权行为的类型方式,可将征信机构个人信息侵权行为划分为作为的侵权行为与不作为的侵权行为。笔者将上述两类侵权行为各归纳总结为 5 种具体的行为。其中,作为的侵权行为包括:(1)未经同意处理个人信息;(2)过度收集个人信息;(3)泄露信息;(4)收集信息不准确;(5)信用评价不当。不作为的侵权行为具体包括:(1)未履行告知义务;(2)未尽到公开义务;(3)未及时删除个人信息;(4)未履行信息安全保障义务;(5)侵犯自然人的异议、查阅、复制权。下文针对上述几种典型侵权行为展开分析。

1. 未经同意处理个人信息行为之阐释

依据《民法典》第 1035 条第 1 款,除法律、行政法规另有规定外,处理个人信息需获得信息主体的同意。当信息处理目的、处理方式及信息种类发生改变时,应重新获取信息主体同意。《个保法》第 14 条第 1 款对同意作出了要求,需要“个人在充分知情的前提下自愿、明确作出”,排除了概括同意的适用。《征信业管理条例》(以下简称《条例》)第 19 条规定了征信机构采用格式合同获取信息主体同意的,应当在合同中作出足以引起信息主体注意的提示。这是格式合同的应有之义,之所以在《条例》中列明,就是为了强调处理个人信息中获取同意的重要性。

《个人信用信息基础数据库管理暂行办法》(以下简称《暂行办法》)第 13 条规定,除对已发放的个人信贷进行贷后风险管理的,商业银行查询个人信用报告时应取得被查询人的书面授权。此条文应当如何理解,是无须获取信息主体的同意还是需要获得同意,但不要求书面形式存在争议。本文认为此种情形属于无须经过同意即可查询的情况,原因有二:一是商业银行与自然人之间办理业务、签订合同多采用书面形式,目的是规范操作流程,且书面协议的确定性在很大程度上降低了未来纠纷发生的可能性。此规定目的是在特殊情形下简化商业银行的操作流程,如若只是规定不需要书面同意,出于贷后管理目的的情形依旧需要经过信息主体同意,且形式为口头,未来发生纠纷时不利于信息处理者举证其已获得同意。

二是获取信息主体同意方可查询是原则性规定,但并非绝对。《条例》第 18 条规定了在法律允许的情况下可以不经过同意查询,商业银行出于贷后管理的情形即可当作特殊情形。在“周雅芳诉中国银行股份有限公司上海市分行名誉权纠纷案”中①，被告提供的个人信用报告上记载查询原因系“贷后管理”，法院认为本案中仅有原、被告能够查阅征信系统中的内容，社会公众能否查询，无从体现。这也从侧面证明了出于贷后管理的目的，可以不经信息主体同意查询信用信息。

2. 信用评价不当行为之明晰

过往熟人社会的信用评价，经由自然人之间分散的多次经济交易、生活交往累积产生，评价结果具有主观性，对自然人的社会影响有限。② 而现在征信活动普遍推广，信用评价转由专业的征信机构依循统一、确定的评价标准进行。征信机构作为中立第三方，有严格的行业准入限制，对于经由其产生的信用评价结果，更具可信度。在信用经济的大环境下，“信用”作为社会交往的通行证，若信用评价不当，则可能给当事人带来严重的权益侵害。《征信业务管理办法》(以下简称《办法》)第 29 条规定，征信机构应当建立客观、公正的评价标准，审慎确定具体的评价要素，将与信用无关的要素排除在外。

笔者通过查阅信用评价的相关案例，发现司法实践中对于保证期间已过，保证人实际未偿还欠款情形下的信用评价结果存在争议。在“山东惠民农村商业银行股份有限公司、肖军保证合同纠纷”一案中③，法院认为被申请人的保证责任免除后，不良行为终止。而在“陕西洛川农村商业银行股份有限公司与马国强名誉权纠纷”一案中④，一审法院认为，在保证期限内银行怠于主张担保责

---

① 中华人民共和国最高人民法院公报:《周雅芳诉中国银行股份有限公司上海市分行名誉权纠纷案》,http://gongbao.court.gov.cn/Details/43bf538f679e49f2123fe32be499ad.html? sw,访问时间 2022 年 9 月 8 日。

② 胡大武:《侵害信用权民事责任研究》,《西南政法大学》2008 年博士学位论文。

③ (2021)鲁民申 4786 号民事裁定书。

④ (2021)陕 06 民终 2356 号民事判决书。

任,超出担保期间应及时上报删除该笔不良信用记录。[①] 二审法院认为,不良记录的形成并非银行怠于主张权利所致,而是保证人未依约履行保证责任所产生的违约后果,银行如实向征信机构推送信贷交易信息,不存在故意降低保证人社会评价的侵权行为。[②]

本文认为,保证责任的免除并不意味着不良信用评价的终止。债权人在担保期间内未向保证人主张担保责任,保证人的担保责任免除,双方之间的债权债务关系消灭。但征信系统记录的未在保证期间内履行相应担保责任的信息,是对保证人客观行为的记录。"法律不保护躺在权利上睡觉的人",债权人要对自己不积极行使权利的行为负责——丧失该权利;保证人也因违反诚实信用原则担负相应的责任——获得负面的信用评价。

3. 未履行告知义务行为之解读

征信机构对于信息主体负有告知义务,分为主动告知与被动告知两种情形。依据《民法典》第 1035 条及《个保法》第 17 条,征信机构在处理个人信息前,应当主动向信息主体告知三方面内容:一是信息处理者的相关信息,包括但不限于征信机构的名称和联系方式;二是处理的信息内容,如处理目的、方式和范围、信息种类、保存期限等;三是个人维权的途径。被动告知是指征信机构在自然人理解具体内容存在困难时,有帮助自然人理解的义务。根据《办法》第 13 条的规定,征信机构通过信息提供者取得个人同意的,告知义务的履行主体为信息提供者。但这并不意味着在此情形下,征信机构可以完全免责。笔者认为,无论是直接还是间接收

---

① 持相同观点的判决还有(2021)吉 06 民终 549 号民事判决书、(2021)川 07 民终 3138 号民事判决书、(2021)陕 03 民终 2068 号民事判决书、(2022)豫 05 民终 100 号民事判决书等。

② 持相同观点的判决还有(2021)宁 01 民终 2676 号民事判决书、(2022)鲁 1503 民初 340 号民事判决书等。

集信息，征信机构都是处理个人信息的主体。在前述情形下，征信机构仍须负起相应的审查义务，对信息的来源仔细审核。

4. 未及时删除个人信息行为之辨析

依据《个保法》第19条、47条及《条例》第16条的规定，征信机构在处理个人信息时，当信息超过保存期限或违规、违约处理信息时，应及时删除信息，否则构成侵权行为。超期保存的情形具体包括信息处理目的已实现或无法实现、信息保存期限已满、针对不良信息的保存超过五年。个人撤回信息处理同意后，征信机构仍处理信息的属于违约处理的情形。未及时删除个人信息的侵权行为，在认定上存在以下两个问题：

第一，不良信息保存期限的起算方式问题。在“承德市郊区农村信用合作联社西地信用社、刘子祥等确认合同效力纠纷”一案中[①]，一、二审法院均认为保证人的保证责任免除已满5年，不良信息应予删除。而在“孙峰、宁夏黄河农村商业银行股份有限公司名誉权纠纷”一案中[②]，一、二审均认为不良信息系担保人未积极履行借款担保义务而生，因而不予删除不良信息。本文认为，民法的诚信原则、担保合同的约定，均指向担保人应积极履行担保义务。虽担保责任免除，但实际状态仍是未履行对应义务，不符合《条例》第16条删除不良信息中的“不良行为终止”情形。但此种情形，属于经过法定期间的特殊情况，可以理解为《条例》第16条中的“事件”。因此，自担保责任被免除之后满5年，应删除不良信用信息。

第二，明确删除不良信用信息的主体。实践中，有银行以自己仅为报送主体无权删除信息为由，辩称主体错误[③]，法院以相同理

---

① (2021)冀08民终3528号民事判决书。
② (2021)宁01民终2676号民事判决书。
③ (2021)陕03民终2068号民事判决书。

由驳回自然人删除不良信息的诉请。[①] 但也有二审法院在当事人以主体错误上诉时,驳回了上诉人的请求。[②] 依据《暂行办法》第9、10条的规定,征信服务中心对于商业银行报送的个人信用信息进行客观整理、保存,不能擅自更改原始数据,发现信息可疑时,应及时向商业银行发出复核通知。据此,信息处理的主体实际上是商业银行,征信服务中心仅保存信息。因而,征信服务中心虽然是删除信息的主体,但其删除需要商业银行的积极协助,若银行以主体错误拒绝履行义务,征信机构可以依据法院的判决直接删除不良信用信息。

(二)特殊部分侵权行为要点提示

1. 自动化决策过程中的侵权行为分析

《个保法》第73条给出了自动化决策的定义,其特殊性在于借助计算机算法的技术优势,作出更准确、高效的决策。科技是一把双刃剑,在帮助征信机构作出决策的同时,也大大增加了信息主体权益受到侵害的可能性。因而,法律需要保证人们在享受技术红利的同时,尽可能降低技术风险。

征信机构在利用个人信息进行自动化决策时,需要担负相较于一般信息处理行为更高的义务,尽量保证决策的透明度,防止算法黑箱,以期促成决策结果的公平、公正。当征信机构利用自动化决策方式作出对个人权益有重大影响的决定时,个人有权要求征信机构作出说明;当征信机构仅通过自动化决策方式作出决定时,个人有权拒绝。为充分保障个人的自主权,防止算法歧视,《个保法》第24条规定,若征信机构通过自动化决策方式进行商业推送,应同时提供不针对个人特征的选项或便捷的拒绝方式。征信机构应审慎运用自动化决策,当其违反上述任何一项规定时,都将构成

① (2021)鲁06民终7106号民事判决书。

② (2021)鲁09民终2306号民事判决书。

对自然人信息权益的侵害。

2. 针对敏感个人信息的侵权行为评析

依据《个保法》第 28 条第 1 款的规定,敏感个人信息是一旦泄露或非法使用,容易导致自然人的人格尊严受到侵害或者人身、财产安全受到危害的个人信息,包括生物识别、宗教信仰、特定身份、医疗健康、金融账户、行踪轨迹等信息,以及不满十四周岁未成年人的个人信息。敏感个人信息被不法利用后,自然人权益被侵害的可能性增大且侵害后果更为严重。敏感个人信息分为绝对禁止采集的信息和相对禁止采集的信息,前者无一例外禁止采集,后者在明确告知提供该信息可能产生的不利后果并取得书面同意后可以采集。《条例》第 14 条规定绝对禁止采集的信息包括个人的宗教信仰、疾病等信息,相对禁止采集的信息包括个人的收入、不动产信息等。

针对敏感个人信息的特殊规定,主要集中在获取同意的方式上。征信机构处理敏感个人信息,需要取得个人的单独同意。单独同意对应的并非概括同意①,我国《民法典》和《个保法》都规定需清晰、明确地告知处理个人信息的种类、方式等,显然针对一般个人信息也已排除概括同意的适用可能。单独同意是法律针对敏感个人信息提出的更高要求,征信机构既不能将敏感个人信息与其他一般信息混同,也不能将处理目的、方式、信息种类不同的敏感个人信息混在一起概括取得同意。②《条例》第 18 条规定,除开单独同意外,向征信机构查询个人信息的,应取得信息主体的书面同意。依据《条例》第 29 条,从事信贷业务的机构向征信机构提供信息,也应事先取得自然人的书面同意。

---

① 韩旭至:《个人信息保护中告知同意的困境与出路——〈兼论个人信息保护法(草案)〉相关条款》,载《经贸法律评论》2021 年第 1 期,第 47-59 页。

② 程啸:《论个人信息处理中的个人同意》,载《环球法律评论》2021 年第 6 期,第 40-55 页。

四、征信机构个人信息侵权构成要件之损害认定

大数据时代，个人信息侵权给信息主体带来的损害后果，往往具有无形性、不确定性，损害发生和实现时点的分离加剧了损害认定的困难。[①] 如单纯的信息泄露，自然人很难证明实际损害的存在[②]，即使能证明损害的存在，也很难确定损害赔偿的具体范围。[③]

（一）财产损害数额计算方式的细化

《民法典》第 1182 条对财产损害数额的计算方式进行了规定，共分为三个层次：首先，依照被侵权人受到的损失或侵权人获得的利益赔偿。其次，在受到损失和获得利益难以确定时，被侵权人和侵权人可以就赔偿数额进行协商。最后，被侵权人和侵权人对协商数额无法达成一致的，可向法院起诉，由法院根据实际情况确定赔偿数额。征信机构个人信息侵权的财产损害赔偿数额也应按照上述三个层次检视。依照个人信息侵权的特性，可对每一个层次的具体计算方法进行细化，以期为司法实践提供指引。此部分将财产损害进一步分为直接财产损害与间接财产损害。

1. 直接财产损害认定

目前理论和实务界虽未否认个人信息的财产属性，但并未将其界定为财产权，更多看作是一种人格权益。因此，征信机构个人信息侵权并不存在直接作用于受害人财产权客体造成的财产损害，在直接财产损害部分，仅存在自然人为补救信息权益受损所为的必要支出。此直接财产损害即是《民法典》第 1182 条规定逻辑

---

① 张建文，时诚：《个人信息的新型侵权形态及其救济》，载《法学杂志》2021 年第 4 期，第 39-52 页。

② 叶名怡：《个人信息的侵权法保护》，载《法学研究》2018 年第 4 期，第 83-102 页。

③ 闫申：《信用报告错误中征信机构责任的建构》，载《征信》2022 年第 6 期，第 18-27 页。

层次中的第一层——侵权人受到的损失。具体的赔偿数额,可参照知识产权领域“制止侵权行为所支付的合理开支”规定确定。

在知识产权领域,侵权损害赔偿中有一项为“制止侵权行为所支付的合理开支”[①],这是因为该费用完全是由侵权行为所引起的,只有将该部分合理开支纳入赔偿范围,才能消除被侵权人的财产损失。从另一个角度看,这是为了降低被侵权人的维权成本,提高侵权人的违法成本。[②] 征信机构个人信息侵权案件中,最常见的信息错误、信用评价不当等情形,只要该信息没有被纠正,自然人的合法权益就一直处在被侵害的状态下。当事人为了制止征信机构的侵权行为,使其个人信息恢复至未被侵害前的圆满状态,所支出的合理费用理应由侵权行为人赔偿。

“合理费用”既要求赔偿损失的种类合理,又要求赔偿数额合理。没有侵害行为就不会有制止侵权的支出,因而只要是当事人为了制止侵权行为的开支均应算在直接财产损害赔偿范围内,具体包括鉴定费、律师费、交通费、误工费等。而在司法实践中,由于个人信用权益受损导致的直接经济损失得到法院支持的案件占比不足 30%,绝大多数法院对此持谨慎态度。[③] 法院对于制止侵权行为的合理支出的证据关联性认定不宜过严,只要是属于正常情形下制止侵权可能的费用,在当事人提供相关证据之后,即可认定,

---

① 《中华人民共和国著作权法》第 54 条第 3 款、《中华人民共和国商标法》第 63 条第 1 款、《中华人民共和国专利法》第 71 条第 3 款。

② 李昊:《个人信息侵权责任的规范构造》,载《广东社会科学》2022 年第 1 期,第 249-260 页。

③ 有学者统计由于个人信用权益受损导致的直接经济损失,法院判决支持该项诉请的占 27.5%,参见张继红:《个人信用权益保护的司法困境及其解决之道——以个人信用权益纠纷的司法案例(2009—2017)为研究对象》,载《法学论坛》2018 年第 3 期,第 138-148 页;还有学者统计原告主张用于证明信用权受损的直接支出获法院支持的占相关案件的 20%,参见林浩鼎:《论信用利益的范围与信用权损害赔偿的探讨》,载《齐齐哈尔大学学报(哲学社会科学版)》2019 年第 9 期,第 115-120 页。

无须其他证据加以佐证。[①] 如在实践中，当事人未提供相关扣发工资证明，法院对于其主张的误工费不予支持[②]；而当事人提供相应请假条及所在单位出具的因请假处理侵权事宜扣发的工资及奖金的证明的，法院支持误工费的诉请。[③]《最高人民法院关于审理著作权民事纠纷案件适用法律若干问题的解释》第 26 条规定，可将律师费计算在制止侵权行为的合理开支内。但当事人主张的律师费不一定可获全额赔偿，在具体数额上需参照司法部规定的律师收费标准，还需综合案件的复杂程度、律师工作量大小等因素，由法院酌定合理的赔偿数额。鉴定费、交通费、误工费等可参考当地平均水平确定。

目前，对于单纯的信息泄露行为，如何认定损害存在争议。有学者认为个人信息是一种消极性、防御性利益，只有在侵犯个人信息进而导致自然人其他民事权益被侵害时，才有权要求侵权人承担损害赔偿责任[④]，此观点等于否定了信息泄露本身会造成损害。也有学者认为被泄露的个人信息涉及敏感信息，一旦泄露会使产生下游损害的风险大大提升，即使不承认该风险本身为一种损害，但也确定存在精神损害和预防费用这两种损害。[⑤] 笔者更赞同后一种观点，当前社会信息泄露事件频发，自然人日渐重视个人信息的保护，防范意识加强。在面对信息泄露的侵扰时，自然人可通过提前更换密码、加强信息防护等级、更换账号等措施，避免因信息

---

① 窦玉梅：《因制止侵权行为所支付的合理费用之确定》，载《人民司法》2008 年第 11 期，第 42-44 页。

② (2013)沂南民初字第 3277 号民事判决书。

③ (2017)黔 0103 民初 6487 号民事判决书。

④ 程啸：《论大数据时代的个人数据权利》，载《中国社会科学》2018 年第 3 期，第 102-122 页。

⑤ 谢鸿飞：《个人信息泄露侵权责任构成中的"损害"——兼论风险社会中损害的观念化》，载《国家检察官学院学报》2021 年第 5 期，第 21-37 页。

泄露引发其他更严重的损害。这一系列举措,是为了制止单纯信息泄露造成损害后果的扩大,也可看做是制止侵权行为而支出的费用,应将其涵盖在直接经济损失的范围内,由侵权人予以相应赔偿。

2. 间接财产损害认定

我国目前并未完全承认间接财产损失可获赔,学界有不少学者认为若受害人不受侵害,这一财产权益是必然或极有可能获得的,侵权人应予赔偿。[①] 在征信机构个人信息侵权的具体情形下,间接财产损害是普遍存在且影响巨大的损害来源。征信机构个人信息侵权较之于一般侵权而言,其特殊性即在于主要导致信息主体预期利益的丧失,也即造成间接财产损害。[②]

信用和人们日常生活的联系愈渐紧密,小到日常出行,大到购房购车都离不开对自然人信用状况的评估。生活中经常出现自然人因信用记录不良遭到银行拒绝贷款,从而无法购房或者日后房价上涨而无力购房的情形。[③] 若是因为征信机构的原因产生不当的信用评价,而自然人所受损失却要自己承担,那将陷入一种矛盾境地:一边大力推进社会信用体系建设,提倡大家讲信、用信,但另一边却在侵权损害后果上一反常态,认为其是一种不值得被确认的损害事实,不予救济。这既不能实现微观层面的全面赔偿原则,也不能体现宏观层面法律公平、公正的理念。[④] 应当对侵权损害事实予以

---

① 张新宝:《侵权责任构成要件研究》,法律出版社2007年版,第152-153页;杨立新:《侵权损害赔偿》(第六版),法律出版社2016年版,第94-96页;程啸:《侵权责任法教程》,中国人民大学出版社2020年版,第400页。

② 翟相娟:《征信机构侵犯个人信用权的构成要件新探》,载《华侨大学学报(哲学社会科学版)》2011年第2期,第69-74页。

③ 李莉:《市民遭遇不良信用记录烦恼 买房不给贷款》,https://www.51credit.com/creditcard/hangye/guonei/21559.shtml;高晗:《贷款买房屡屡碰壁 别让信用记录成为你的绊脚石》,http://money.sohu.com/20111215/n329028839.shtml,访问时间2022年7月19日。

④ 覃有土,晏宇桥:《论侵权的间接损失认定》,载《现代法学》2004年第4期,第28-33页。

确认,由侵权行为人也即征信机构赔偿相关的间接财产损害。

征信机构个人信息侵权造成的间接财产损害数额,按照《民法典》第1182条规定的三个层次逐步检视。首先,对于可以确定具体数额的间接财产损害,按确切数额进行赔偿。例如贷款利率差额①、房价差②的计算方式。若当事人无法获取贷款是由于多种原因导致的,那可按照比例赔偿规则确定具体的赔偿数额,以征信机构自身原因导致贷款审核不通过的概率乘以总房价差。③

其次,对于不能够确定具体数额的间接财产损害④,在最低和最高限额之间由法官根据案件具体情况酌定赔偿数额。不易量化的间接损失更多体现在对自然人能动性和未来选择权利的剥夺上,而非客观的物质损失,因而带有更强的主观性特点。⑤ 为了切实发挥损害赔偿的补偿作用,既避免出现酌定过低数额的象征性赔偿,又避免出现过高的天价赔偿额,需事先确定间接财产损害的最低和最高限额。我国台湾地区的《个人资料保护法》对于个人信息侵权即采纳了此种做法。

---

① 在"中国农业银行股份有限公司阜新蒙古族自治县支行、赵伟名誉权纠纷"一案中,银行工作人员的失误,给当事人造成错误的信用记录,致使其无法办理住房公积金贷款。当事人无奈之下选择以离婚的方式避免违约,并申请商业贷款购房。法院判决当事人的合理经济损失为商业贷款与住房公积金贷款利率差额乘以贷款数额及贷款周期。参见(2019)辽09民终1779号民事判决书。

② 若征信机构出具错误的信用报告导致自然人贷款失败从而无法购房,后面临房价上涨的情形,间接财产损害可通过当时房价与纠纷解决时的房价差额计算。参见李巧玲:《论个人信用报告错误的损害赔偿》,载《温州大学学报(社会科学版)》2009年第3期,第100-105页。

③ 黄玉珊:《个人征信报告中不良信用记录失真侵权责任研究》,兰州大学2020年硕士学位论文。

④ 根据《民法典》第1182条规定,逻辑层次中的第二层为协商确定数额。协商是当事人双方意思自治的过程,赔偿与否、赔偿多少完全由当事人自主决定,因而没有探讨的空间,此处直接探讨第三层次法院确定赔偿数额的部分。

⑤ 覃有土,晏宇桥:《论侵权的间接损失认定》,载《现代法学》2004年第4期,第28-33页。

最后,针对征信机构故意侵害自然人信息权益的情形,适用惩罚性赔偿。我国目前对于惩罚性赔偿的规定较为保守,有学者呼吁应扩大惩罚性赔偿的适用范围,考虑在个人信息侵权领域引入该制度。[①] 个人信息侵权造成的损害,具有持续性、发展性,其普遍后果在于增大了下游侵害发生的可能性[②],且这种损害的不确定性使得被侵权人很难获得足额赔偿。个人征信机构作为国家批准设立的从事征信业务的专门机构,中立性是其存续的首要要求和本质内涵,机构内的从业人员也都经过专业化的培训。因而,若其故意侵害自然人个人信息权益,主观恶性相较于一般主体而言程度更甚,对其适用惩罚性赔偿制度更为合理。

(二)非财产损害中的请求权基础与“严重”要件认定

在非财产损害部分,主要讨论精神损害赔偿。在个人征信领域,实践中法院对相关侵权案件当事人提出的精神损害赔偿,普遍持保守态度,诉请的支持率不足50%,且认定的数额普遍都在5000元以下。[③] 法院大多以侵权行为影响程度尚不足以达到严重程度或

---

① 林平:《张新宝谈民法典:网络侵权越发复杂,应强化个人信息侵权责任》,载澎湃新闻,https://www.thepaper.cn/newsDetail_forward_7459941,访问时间2022年7月23日。

② 商希雪:《侵害公民个人信息民事归责路径的类型化分析——以信息安全与信息权利的“二分法”规范体系为视角》,载《法学论坛》2021年第4期,第100-111页。

③ 有学者统计在个人信用权益侵权责任成立的案件中,支持原告精神抚慰金诉请的占47.5%,金额在1000元至40000元之间,其中5000元以下的占84%,仅有2个案件超过1万元,参见张继红:《个人信用权益保护的司法困境及其解决之道——以个人信用权益纠纷的司法案例(2009—2017)为研究对象》,载《法学论坛》2018年第3期,第138-148页;有学者针对选取的60个不良信用记录失真侵权样本案例进行统计,原告主张精神赔偿的案例共计37个,占62%,其中该项诉请获得支持的为15个,占总案件的25%,占提出精神损害赔偿请求案件的40.5%,参见黄玉珊:《个人征信报告中不良信用记录失真侵权责任研究》,《兰州大学》2020年硕士学位论文;在“何敏诉中国工商银行股份有限公司贵阳中西支行一般人格权纠纷”一案中,原告在一审中主张精神抚慰金3万元,一审判决赔偿精神抚慰金2万元,二审认为一审认定过高,改判为5000元,参见(2017)黔0103民初6487号民事判决书、(2018)黔01民终3196号民事判决书,其他类似判决参见(2019)渝0107民初11900号民事判决书、(2019)鄂01民终8578号民事判决书。

证据不足以证明精神遭受严重损害为由，不予支持。[①] 个人征信领域侵权精神损害难以获赔的主要原因有二：一是个人信用信息侵权采取名誉权救济路径难以认定侵权；二是精神损害后果难以证明达到“严重”程度。

1. 精神损害赔偿的人格权请求权基础判定

在20世纪90年代，我国就有学者提出对个人信用信息侵权应以名誉权为参照确定赔偿范围。[②] 随着《民法典》出台，其中第1024条将信用纳入有关名誉的社会评价范围内，近年来司法实践中以名誉权路径救济个人信用信息侵权也成为普遍选择。笔者在中国裁判文书网以“征信机构”“个人信用信息”“民事案由”作为关键词进行检索，截至2022年7月底，共找到相关裁判文书948篇，其中2020年共152篇，以名誉权纠纷作为案由的共57篇，占比38.0%；2021年共109篇，以名誉权纠纷作为案由的共38篇，占比34.9%。

名誉权的侵害方式包括侮辱、诽谤等，是侵权主体捏造或故意歪曲事实的行为。在“周雅芳诉中国银行股份有限公司上海市分行名誉权纠纷案”中，法院认为银行按照相关法律法规报送的信息为真实欠款记录，并非捏造，不存在虚构事实或侮辱的行为，故不构成名誉侵权。可见，对于因他人原因造成信息主体错误信用记录的情形，名誉权无法救济相关主体的合法权益。

除此以外，名誉权侵权还需满足社会公开性评价降低的要件，法院经常以征信系统具有封闭性，只有特定主体才能查阅相关记录为由，认定未产生社会公开性评价降低的损害后果，从而不构成

① 相关案例参见(2013)宝民一(民)初字第14号民事判决书、(2018)陕01民终3696号民事判决书、(2019)云01民终632号民事判决书。

② 杨立新，尹艳：《论信用权及其损害的民法救济》，载《法律科学》1995年第4期，第48-54页。

名誉侵权。[①] 但有关个人信用的评价与传统名誉权中的社会评价并不能完全等同,个人信息受到告知同意原则的限制,因而个人信用报告仅有信息主体及获得授权的第三人才可查询。这说明个人信用报告的内容本身就不为公众所知,也即在正常情况下不可能造成公开性的社会影响。[②] 既然如此,其本身的特性决定了不可能满足名誉侵权的社会公开性评价降低的要件。

用名誉权来救济个人征信领域自然人的信息权益,从根本上无法认定侵权行为,更不用谈精神损害赔偿了。《民法典》人格权编第六章对个人信息保护作出了具体的规定,应当以《民法典》第1034至1039条,作为征信机构个人信息侵权精神损害赔偿的人格权请求权基础。

2. 精神损害赔偿中“严重”要件分析

依据《民法典》第1183条第1款,侵害自然人人身权益造成严重精神损害的,有权请求精神损害赔偿。精神损害本质为一种心理损失,带有强烈的主观色彩,这导致此种损害既难被证实也难被证伪。[③] 对精神损害加上严重程度的限制,是为了防止不确定损害的无限扩大。但其实损害是否严重,本身也是一种主观判断,并没有统一的判断标准,如有学者提出应以被侵害权益的位阶来确定严重程度[④],也有观点认为应将违反社会公共利益、社会公德作为判断依据。[⑤] 有关严重程度的判断在根本上并未解决精神损害难

---

① 相关案例参见(2019)豫01民终17247号民事判决书、(2021)陕03民终2068号民事判决书等。

② 张继红:《个人信用权益保护的司法困境及其解决之道——以个人信用权益纠纷的司法案例(2009—2017)为研究对象》,载《法学论坛》2018年第3期,第138-148页。

③ 谢鸿飞:《个人信息泄露侵权责任构成中的“损害”——兼论风险社会中损害的观念化》,载《国家检察官学院学报》2021年第5期,第21-37页。

④ 程啸:《侵权责任法》(第三版),法律出版社2021年版,第233页。

⑤ 郭北南:《个人信息的民事法保护与救济》,载《国家检察官学院学报》2021年第2期,第151-161页。

以量化的问题,个案中还需要结合具体因素认定损害。严重标准的划定,意味着达到这一标准即可请求精神损害赔偿,未达到则不可请求,即使侵权行为给受害者造成了一定的精神侵害,也未必能获得对应的赔偿,这并不符合侵权损害赔偿法损害填补的要旨。

欧盟《一般数据保护条例》规定,信息主体可获得充分且有效的赔偿,并未对非物质损害规定"严重性"要件。有学者从《个保法》第 69 条第 2 款中的"损失"入手,以法解释论的角度突破"严重性"要件,认为该款没有像《民法典》第 1182 条使用"财产损失"的概念,损失既包括财产损失也包括精神损失,这是对精神损害赔偿范围的扩张。[①] 损害概念的发展历史和趋势表明,非物质性损害是现代损害扩张的主要方向。精神损害赔偿规则创设之初就有填补法律漏洞的功能,根据法律保护的情况,应扩大精神损害赔偿的保护范围,将个人信息纳入其中。[②]

对于征信机构特殊类型的侵权,如敏感个人信息侵权,可以直接推定存在精神损害的结果;对于一般个人信息侵权案件,可以根据案件具体情况确定是否存在精神损害。对于精神损害赔偿的具体数额,可按照《民法典》第 998 条以及《最高人民法院关于确定民事侵权精神损害赔偿责任若干问题的解释》第 5 条,结合侵权人的过错程度、行为方式、造成的后果、侵权人获利情况等因素综合确定。

五、征信机构个人信息侵权构成要件之因果关系剖析

(一)单一主体侵权情形:相当因果关系理论重申

当仅存在征信机构这一个侵权主体时,只需考虑征信机构的

---

① 程啸:《侵害个人信息权益的侵权责任》,载《中国法律评论》2021 年第 5 期,第 59-69 页。

② 刘云:《论个人信息非物质性损害的认定规则》,载《经贸法律评论》2021 年第 1 期,第 60-72 页。

侵权行为与损害结果之间的因果关系，也即普通的“一因一果”情形。针对个人信息侵权，有学者主张传统的相当因果关系理论已无法解决现实问题，需要创新理论。但实际上，个人信息侵权因果关系认定的困难并非源于理论层面法理的滞后，更多的是事实层面个人信息的高度流动性、自动化处理技术的专业性、算法壁垒等。①

相当因果关系理论足以解决只有征信机构一个信息处理者的场景中因果关系判定的问题。判断的难点在于如何认定侵权行为造成的某种损害后果，即证明“相当性”。未经同意收集、处理、提供个人信息，泄露信息等侵权行为，在侵权主体明确的情形下，其与损害之间的因果关系十分明确。因果关系难以认定的情形，集中在征信主体信用评价不当的侵权行为中。自然人向金融机构申请贷款时，查询信用报告是审批流程中必不可少的步骤。金融机构作为授信人向征信机构申请查询自然人的信用报告时，征信机构理应预见到其出具的信用报告内容会给自然人的贷款申请结果带来决定性影响。因而其信用评价不当的行为，与自然人为恢复其信用支出的直接经济损失、失去贷款机会从而带来的间接经济损失和可能遭受的精神损失之间存在因果关系。

在征信机构运用自动化处理技术的场景中，信息主体一般不具备专门的知识背景，在诉讼过程中，往往很难对征信机构存在的操作违规或技术漏洞等涉及技术性的关键事实和证据作出具体陈述。此时，应当允许信息主体就因果关系进行摸索证明，适当降低其事实主张的具体化程度，通过法院的证据调查获取可能的必要事实。②

---

① 陈吉栋：《个人信息的侵权救济》，载《交大法学》2019年第4期，第40-53页。

② 刘丹：《个人信息网络侵权的认定及其司法救济》，载《学习与实践》2020年第1期，第47-54页。

（二）复数主体侵权情形：高空抛物规则类比引入

面对同时存在多个可能的侵权主体时，有学者主张在因果关系的判定标准上采条件说，只要是涉及个人信息处理任何一个环节的主体，均可当作侵权主体追诉。[①] 条件说从表面看，确实大大降低了侵权主体不明情况下因果关系的证明难度，但这种做法同时也会无限扩大信息处理者的责任[②]，阻碍信息的正常流通，牺牲信息社会的效率价值，不合理且无必要。

还有学者主张运用共同危险行为理论来解决问题，具体分为两种观点：一种主张直接适用共同危险行为规则，另一种主张类推适用共同危险行为规则。主张直接适用共同危险行为规则的观点认为，现代社会高度分化，因果关系十分复杂，有必要将所有信息处理者视为一个整体，扩张适用共同危险行为的规则。[③] 持相似观点的学者还有从域外个人信息保护立法的角度阐明，如欧盟《一般数据保护条例》、德国《联邦数据保护法》均规定多主体承担连带责任，认为其与共同危险行为具有相同的理论基础。[④] 共同危险行为中的危险程度须达到客观上具有导致人身、财产损害的高度可能性，正是因为此种高度可能性，法律才对该种情况下的可能侵权人科以更大的责任。信息处理的行为虽然具有一定的风险，但难以证明是达到共同危险行为中的危险程度，如此则不存在适用共同危险行为制度的现实基础。除此以外，共同危险行为属于一般侵

---

① 徐明：《大数据时代的隐私危机及其侵权法应对》，载《中国法学》2017 年第 1 期，第 130-149 页。

② 余远芳：《个人信息的侵权法救济——〈民法总则〉第 111 条的司法适用》，载微信公众号“互联网法治研究”，https://mp.weixin.qq.com/s/hY5Lyg-iPATZZRuVmXx6dg，访问时间 2022 年 8 月 10 日。

③ 谢鸿飞：《个人信息处理者对信息侵权下游损害的侵权责任》，载《法律适用》2022 年第 1 期，第 23-36 页。

④ 程啸，阮神裕：《论侵害个人信息权益的民事责任》，载《人民司法》2020 年第 4 期，第 60-65 页。

权行为,应适用一般过错原则,这与我国《个保法》中规定的过错推定原则相冲突。

主张类推适用共同危险行为规则的观点认为,共同危险行为理论基础在于各个行为人实施的行为互相连接,使受害人陷于无法辨别真正加害人的困境,即“证据损害现象”。不应由无辜的受害人来承担举证不利的责任,应当由造成此种困境的可能侵权行为人来承担相应后果。[①] 类推说以“证据损害现象”作为个人信息侵权人不明与共同危险行为的相似之处,从而解决了个人信息处理行为非危险行为的理论问题,得以类推适用该规则。但类推说忽略了理论基础之间的关系,共同危险行为制度并非只有“证据损害现象”这一个理论基础,其仅是共同危险行为的必要非充分条件。[②] 如高空抛物的特殊侵权中,也存在一定的“证据损害现象”。共同危险行为最主要的内核是多个主体在客观上实施了容易现实化的高度危险行为,个人信息侵权多个信息处理者场景下仅满足“证据损害现象”,无法类推适用共同危险行为规则。

有观点主张类推适用高空抛物规则,形式上两者都有具体侵权人不明、可能加害人范围特定的特点,且实质上当事人之间损失分担能力与风险控制成本相类似。[③] 笔者赞同此观点。

首先,从侵权行为本身入手,共同危险行为是所有行为人均实施了特定的危险行为,高空抛物侵权责任中,通常情况下只有一个

---

① 阮神裕:《民法典视角下个人信息的侵权法保护——以事实不确定性及其解决为中心》,载《法学家》2020 年第 4 期,第 29-39 页;张建文,时诚:《个人信息的新型侵权形态及其救济》,载《法学杂志》2021 年第 4 期,第 39-52 页。

② 田野,张耀文:《个人信息侵权因果关系的证明困境及其破解——以相当因果关系理论为进路》,载《中南大学学报(社会科学版)》2022 年第 1 期,第 58-69 页。

③ 张春龙,梁三利:《大数据时代个人信息的侵权法救济路径——以复数信息控制者情形下加害人不明为切入点》,载《理论月刊》2022 年第 3 期,第 126-134 页。

人实施了具体的侵权行为。[①] 在个人信息侵权案件中，数个主体虽都实施了信息处理行为，但处理行为本身并非侵权行为，通常有且仅有一个主体实施了特定的侵权行为，这与高空抛物的行为模式一致。

其次，从双方责任能力层面分析，在侵权人不明情形下，如何分配责任是受害人与可能的侵权人之间利益平衡的选择。现代侵权法关心的基本问题已不再是侵权行为在道德上应否非难，而是加害人是否具有较佳之能力分散损害。[②] 信息处理者多为大型企业或具备一定资质的征信机构，其本身对于风险的承受能力要远高于自然人。让可能的侵权人分担损失产生的成本将会远低于受害人自担损失的成本[③]，且分担损失的做法，可以倒逼信息处理者在事前增加对个人信息保护的投入，提高信息安全性，充分尽到安全保障义务。

最后，从法律效果层面看，在“方月明与北京金色世纪商旅网络科技股份有限公司、中国东方航空集团有限公司等合同纠纷”一案中，被告中国东方航空股份公司提交了一系列有关其制定严密的安全管理制度，对数据存储安全进行专门认证、执行个人信息保护和数据安全方面最严格的国际规范等证据，从而证明其不存在信息泄露的行为。[④] 信息控制者通过积极的举证证明其自身未实施侵权行为，尽可能缩小侵权人范围，提高查明真正侵权人的可能性。

综上，对于复数主体侵权情形，应类推适用高空抛物规则，用

---

① 王成，鲁智勇：《高空抛物侵权行为探究》，载《法学评论》2007年第2期，第141-150页。

② 王泽鉴：《民法学说与判例研究》，北京大学出版社2015年版，第492页。

③ 重庆市第三中级人民法院课题组，张国庆，王红君：《权衡与博弈：高空抛物致害责任的路径抉择——兼评〈侵权责任法〉第87条》，载《法律适用》2012年第12期，第63-67页。

④ (2018)粤0306民初23342号民事判决书。

于解决征信机构个人信息侵权因果关系认定难题。

六、征信机构个人信息侵权构成要件之过错考察

(一)主观要件之故意认定

征信机构作为中立的第三方机构,为授信主体和信息主体提供信用服务,其本身不存在和前述两主体间的利益冲突,且从其自身长远发展考虑,提供专业的服务内容更有利于树立正面的机构形象。这意味着在征信机构个人信息侵权中,主观要件呈现故意形态的为少数情形,但不排除存在的情况。且分清楚主观状态为故意还是过失,对于惩罚性赔偿的适用及相关保险的申领有重要意义,因此,有必要对故意侵权的情形进行具体研究。

故意指行为人预见自己的行为结果,仍然希望或听任它发生的一种主观心理状态。[①] 其由认识要素与意愿要素两部分组成,前者指行为人对其行为将发生侵害他人民事权益的后果之认识;后者指在对行为后果有所认识后具有的实现该后果的意愿。[②] 在具体案例中,很难直接探明侵权人主观层面的认识要素与意愿要素,因而仍需先经过客观层面的判断,再结合侵权行为人的主观状况进行综合判断。

以征信机构收集信息不准确这一类侵权行为为例,既存在恶意篡改个人信息的故意情形,也存在未采取合理措施,如未及时更新、比对不同来源信息等的过失情形。应先在客观层面结合征信机构的特定行为进行分析,将收集的个人信息与来源信息进行比对,若二者一致则不存在征信机构恶意篡改的情形,主观层面则非故意。若二者比对不一致,则存在征信机构工作人员恶意篡改信

---

① 杨立新:《侵权损害赔偿》(第六版),法律出版社 2016 年版,第 113 页。

② 程啸:《侵权责任法》(第三版),法律出版社 2021 年版,第 291-292 页。

息的可能。此时,进入主观层面判断,结合侵权行为人的行为动机、案件具体情况判断究竟是故意还是过失。目前,我国《个保法》对于个人信息侵权规定了过错推定原则,征信机构作为侵权人,若不能举证证明自己无过错,则须承担举证不能的后果。

征信机构作为获得国家许可开办个人征信业务的专业机构,其故意侵权情形主观恶性大,不利于我国个人征信业的发展。且从侵权主体的责任承担能力上看,征信机构有能力承担相应的损害赔偿责任。为了避免出现此种故意侵权的情形,可以考虑适用惩罚性赔偿。除此以外,故意侵权还会影响征信机构保险责任的求偿。保险的设立是为了替责任人分担一部分损害,使得受害人在特定情形下获得足额的赔偿,更大程度保护受害人的合法权益。在故意侵权的情形下,征信机构主动追求损害结果的发生,其行为不应得到保险法的保护,这部分损害不应由社会分担,由其自担损害更为公平合理。

(二)主观要件之过失认定

过失是指行为人对侵害他人民事权益之结果的发生应注意或能注意却未注意的一种心理状态,其同样由认识要素及意愿要素两部分组成。[①] 在认识要素部分,对于可预见性的具体内容,学界存在着不同的观点。有观点认为可预见性规则要求行为人预见到可能发生的具体损害类型[②],也有观点认为只要求能预见到行为会侵害他人的民事权益,不要求预见到具体后果,尤其是不要求预见到损害的类型和范围。[③]

笔者更赞同后一种观点,理由有三:第一,从损害本身出发,作

① 程啸:《侵权责任法》(第三版),法律出版社 2021 年版,第 295 页。

② 谢鸿飞:《个人信息处理者对信息侵权下游损害的侵权责任》,载《法律适用》2022 年第 1 期,第 23-36 页。

③ 程啸:《侵权责任法》(第三版),法律出版社 2021 年版,第 295 页。

为四要件之一,损害应单独分析,不应混杂在过错要件中考量,更不能将损害要件的内容作为判断过错要件的标准。第二,从侵权行为人角度出发,过错要件考量的是侵权人主观层面是否有可非难性,当行为人意识到其行为会造成损害,但仍然实施具体行为已能体现其可责性。尤其是当前侵权法更强调补偿和预防功能,无须将认定标准提高到明确具体损害类型的程度。第三,从维护受害人权益角度出发,在明知特定的侵权行为会造成损害后果的情形下,征信机构以不知损害的具体类型为由免责,结果难谓公平。

我国侵权法针对过失采取的是客观化标准,不因行为人的年龄、性别、知识水平等主观因素区别对待,采纳基于社会生活共同需要而提出的"善良管理人标准"。[①] 而征信机构作为特殊的侵权主体,不同于一般的社会主体。在业务资质上,《办法》颁布之前,已存在很多实质从事征信业务的机构,为整顿处于萌芽期乱象丛生的征信行业,限期整改要求所有开办个人征信业务的机构均需获得中国人民银行许可。在人员任用上,在《办法》的第五章信用信息安全中,规定了征信机构在人员录用、考核、培训、管理等方面的内容。可见,个人征信是一项需要具备专业能力才可从事的业务。行业准入门槛将其从业人员与从事一般职业的人员区分开,实质上属于需要具备专门知识和技术、提供专业性服务的人员,如医生、律师、会计师等。因为征信机构的专业属性,对其过失的判断不能简单适用一般"善良管理人标准",作为接受过专业训练、具备专业资质的从业人员,其本身负有相较一般社会主体更高的注意义务。

关于征信机构个人信息侵权过错的判断标准,有学者主张借鉴他国经验,对征信机构设置一系列在先程序性义务,若违反这些

---

① 程啸:《侵权责任法》(第三版),法律出版社2021年版,第301-304页。

义务,即推定征信机构存在过错。[①] 但也有学者反对如此,认为我国信用体系仍处于起步阶段,此标准具有很强的弹性,在实务中难以把握,可能成为征信机构逃避责任的工具。[②] 学界建议征信机构设置一系列在先程序的判断方式有一定的借鉴意义,但此判断标准还不够全面,不足以囊括实践中的所有情形。

违反在先设置的程序性义务即认定行为人存在过失,相当于违法视为过失[③],但法律天生存在的滞后性决定了其不可能预先设置所有的在先义务,以法定义务的违反作为过失的判断标准无法应对那些未被设置成程序性义务,但实质侵害了自然人权益的行为。除了违法视为过失的判断方法外,我国还存在违法推定过失的做法[④],其中典型的就是《民法典》第 1222 条关于医疗机构侵权的规定。征信机构个人信息侵权中也可采纳此种方式,通过对行为人特定行为违法性的分析推断是否具有过失。例如信用评价中采用的模型和评估过程具有很强的专业性,普通人未接受专业的技能培训,在此方面与征信机构从业人员存在一定的知识壁垒。当评价结果存在争议时,若征信机构拒绝提供评价所运用的模型、参数等或拒绝对其信用评价结果作出解释,则可推定其存在过失。在对征信机构行为的违法性进行具体分析时,可引入专利法中“本领域技术人员”的概念辅助判断。[⑤] 对于征信机构的行为以该领域内人员的一般标准去检视,其不得以能力不足作为免责事由。

---

① 翟相娟:《征信机构侵犯个人信用权的构成要件新探》,载《华侨大学学报(哲学社会科学版)》2011 年第 2 期,第 69-74 页。

② 李巧玲:《论个人信用报告错误的损害赔偿》,载《温州大学学报(社会科学版)》2009 年第 3 期,第 100-105 页。

③ 程啸:《侵权责任法》(第三版),法律出版社 2021 年版,第 309-310 页。

④ 程啸:《侵权责任法》(第三版),法律出版社 2021 年版,第 309 页。

⑤ 易玲,魏小栋:《多维度视角下的“本领域技术人员”之界定》,载《知识产权》2016 年第 7 期,第 60-66 页。

依据过失的严重程度,将征信机构个人信息侵权的过失分为严重过失与一般过失,在责任承担上依据过失不同程度对征信主体施加不同责任。严重过失主要包含两类:一是对敏感个人信息的侵害,二是特定义务的违反。敏感个人信息作为特殊的信息类型,侵害其更容易导致自然人个人尊严、人身和财产安全受到损害。因而征信机构应当对敏感个人信息施加更高的注意义务,若侵害敏感个人信息,则其主观层面存在严重的过失。以侵权行为类型作划分,征信机构未经同意收集、处理、提供个人信息的行为可认定其存在严重过失。告知同意原则是开启整个信息处理流程的闸门,是把控风险的重要开关。法律规定征信机构须依照处理目的确定需要收集的个人信息种类,否定了概括同意的适用空间。同意原则贯穿了信息处理的全流程,其基础地位决定了征信机构未经同意的处理行为存在严重过失。除上述两种情形外,其他侵权行为在主观上为一般过失。

结　语

大数据时代,信息已然与物质、能量并列,成为人类第三大重要资源。[①] 人们的生活离不开个人信息的交互使用,信息社会的格局已然形成并将长期发展下去。如何平衡信息主体与信息处理者的利益关系,是当前法律面临的重要价值判断难题。法律人是静态法律与动态社会之间的桥梁,社会发展过程中会不断出现新的难题。法律人应当尽可能重新解读法律条文,用解释论使传统法学理论焕发生机。面对个人信息与个人征信业两块新兴领域,两者交叉发生征信机构个人信息侵权问题。首先厘清新兴领域的自身属性,再运用传统侵权理论的归责原则及四要件对其进行分析。

① 金海卫:《信息管理的理论与实践》,高等教育出版社2006年版,第23页。

在对事实难题及理论难题区分清楚的情形下，对应提出针对法条的解读与重构。

我国自古以来便注重诚信，当前发生的信用危机，对我国的社会、经济生活造成严重打击。个人征信业是我国社会信用体系建设的重要一环，当前正处于由传统征信向市场征信转变的关键时期，必须确保个人征信业稳步健康发展。自然人作为信息主体，当发生个人信息侵权时，使其合法权益得到充分救济不仅仅是出于受害者的利益考量，同时也是个人征信业良性发展必不可少的条件。法律是一个协调的整体，对个人信息权益的保护不仅仅依靠侵权法，还需其他法律部门协同努力，共同保障自然人的合法权益。

我国信用奖惩地方立法的实证研究*

——以22份省级信用法规为样本

郑令晗　欧阳婷婷**

摘　要：信用奖惩是社会信用治理的核心措施，分析我国信用奖惩地方立法的现状，有助于呈现信用奖惩地方立法的基础问题，提升信用奖惩的法律治理质量。以22份省级信用法规为样本，运用扎根理论方法剖析信用奖惩地方立法整体状况和具体内容。研究发现，当前使用的立法工具较单一，信用奖惩法律规范集中运用权威工具和激励工具；守信激励与失信惩戒推进力度不一，立法存在"轻激励，重惩戒"

---

* 本文系2019年湖南省社科基金项目"信用法治的概念内核、生成基础与秩序格局"（项目批准号：19YBQ099）和2020年湘潭大学科研项目"社会信用体系建设研究"（项目批准号：2020BSQDF41）的阶段性研究成果。

** 郑令晗，1991年出生，现任职于湘潭大学信用风险管理学院，讲师、硕士生导师，法学博士，通讯地址为湖南省湘潭市雨湖区羊牯塘街道湘潭大学永雄楼，电子邮箱zhenglh4847@163.com；

欧阳婷婷，1999年出生，现就读于湘潭大学信用风险管理学院，硕士研究生，通讯地址为湖南省湘潭市雨湖区羊牯塘街道湘潭大学校内永雄楼，电子邮箱：o1459019346@163.com。

的倾向;立法关注问题较为全面,但具体的法规内容有待细化。因此,未来信用奖惩地方立法需要优化地方立法结构,适度调整失信惩戒的立法力度,从创新激励措施及优化惩戒程序两方面细化信用奖惩的地方性法规,增强信用奖惩地方性法规的可操作性。

关键词:信用奖惩;信用法规;地方立法;扎根理论;计量分析

自《社会信用体系建设规划纲要(2014—2020年)》出台以来,运用守信激励与失信惩戒措施推动社会信用治理成为社会信用建设的工作重点。2022年3月,中共中央办公厅、国务院办公厅印发的《关于推进社会信用体系建设高质量发展促进形成新发展格局的意见》中提出"完善守信激励和失信惩戒措施,进一步规范市场秩序",不仅彰显了信用奖惩在市场中的规范作用,也表明完善信用奖惩这一问题亟待解决。

从研究成果来看,国内学者主要是围绕信用奖惩的机制、应用领域、措施、实施原则等方面展开。(1)信用奖惩机制方面,例如王微、韩忠亮[①]认为信用奖惩机制是德治的核心内容,郑兴华、杨庆[②]认为在个人破产制度中运行信用奖惩机制能够发挥诚实守信债务人品格的应有作用,李伟超等人[③]通过研究提出搭建图书馆用户信用奖惩机制能够提高用户的失信成本并减少信用风险;(2)信用奖惩的应用领域方面,类延村、邱钦沛[④]认为信用奖惩是城市信用治

---

① 王微,韩忠亮:《信用视域下乡村治理中德治与法治的博弈研究》,载《首都师范大学学报(社会科学版)》2020年第4期,第52-58页。

② 郑兴华,杨庆:《论个人破产制度建构中的信用奖惩机制》,载《南海法学》2021年第5期,第78-84页。

③ 李伟超,王慧等:《大数据环境下用户信用管理体系建设研究》,载《图书馆理论与实践》2021年第3期,第102-108页。

④ 类延村,邱钦沛:《城市信用治理的问题管窥与治道变革——以全国首批社会信用体系建设示范城市为例》,载《征信》2021年第10期,第12-21页。

理的核心机制,朱洪军等人①认为体育赛事信用奖惩是集合司法、行政、行业等主体实施的多元化、多层次的联动行为;(3)信用奖惩措施方面,周荣华②认为在实践中应注重稳定保持信用奖惩实质性措施的主导地位,郭秉贵③认为在把握信用奖惩机制运作机理的基础上精细化设置信用奖惩措施能让信用奖惩功能得到充分发挥;(4)信用奖惩实施原则方面,黄利红④认为信用奖惩须遵循法治原则且不同的信用状况应该适用不同的信用奖惩措施以体现平等的公法原则,施歌⑤认为信用奖惩的实施应当遵循依法行政、宽严相济、惩戒适当以及权利救济原则。

因综合分析信用奖惩的国外研究成果偏少,故分别检索了与守信激励和失信惩戒相关的外国文献。(1)守信激励方面,Zhu Wenlong 等人⑥提出一种将信用积分运用在交通高峰期以为旅行者提供便利的机制,Jiang Qingfeng 等人⑦提出了基于信用的安全激励

---

① 朱洪军,李伟标等:《体育赛事信用监管体系构建研究》,载《体育科学》2020 年第 11 期,第 53-63 页。

② 周荣华:《信用的便捷性:信用奖惩的实质决定与措施选择》,载《征信》2021 年第 8 期,第 38-45 页。

③ 郭秉贵:《社会信用地方立法精细化问题研究——以 18 部地方性法规为考察对象》,载《河南财经政法大学学报》2021 年第 4 期,第 17-27 页。

④ 黄利红:《社会治理视野下农村社会信用制度的法治之维》,载《求是学刊》2021 年第 3 期,第 43-52 页。

⑤ 施歌:《在法治框架内完善信用奖惩机制研究与构想》,载《中国信用》2021 年第 11 期,第 117-121 页。

⑥ Zhu Wenlong, Ma Shoufeng, Tian Junfang. Optimizing congestion and emissions via tradable credit charge and reward scheme without initial credit allocations. Physica A: Statistical Mechanics and its Applications, 2017, 465: 438-448.

⑦ Jiang Qingfeng, et al. A Secure Credit-based Incentive Scheme for Opportunistic Networks. 2015 7TH INTERNATIONAL CONFERENCE ON INTELLIGENT HUMAN-MACHINE SYSTEMS AND CYBERNETICS IHMSC 2015, VOL I, 2015: 87-91.

方案,Craig Cory[①] 围绕作者权利与信用奖励两者之间的关系开展研究;(2)失信惩戒方面,Noel Hyndman 等人[②]重点研究了爱尔兰国家的信用合作社集中反映出来的信用问责制度,Ha-Thu Nguyen[③] 运用模型评估用户信用违约后所造成的损失及可能面临的后果,Schmitt Thilo A 等人[④]用蒙特卡罗模拟等模型计算信用平均损失分布并提出对应的信用约束措施。

综上,国内外关于信用奖惩的研究成果虽比较丰富,但尚未有学者从实证层面开展信用奖惩的地方立法研究。故选择运用扎根理论方法,剖析各省信用奖惩的地方立法现状,分析现存问题并提出具有针对性的调整建议,从而提升信用奖惩的地方立法质量。

一、我国信用奖惩地方立法的实证设计

(一)信用奖惩地方立法样本的获取

因信用法规是各省开展社会信用体系建设的指导性文件,且信用奖惩的立法规定包含在其中,将其作为研究样本具有极高的价值和意义,故于2022年11月1日至11月7日,在Wolters Kluwer法律信息数据库检索各省的信用法规为研究样本,运用法律信息数据库中的高级检索功能,搜索范围选择"标题",搜索模式选择"常规",时效范围选择"现行有效",效力级别勾选"法律、行政法规、地方法规",以"社会信用条例"作为关键词进行检索。运用此

---

① Craig Cory. Contributorship and Authorship Hierarchy as a Form of Credit, CREDIT WHERE CREDIT IS DUE: RESPECTING AUTHORSHIP AND INTELLECTUAL PROPERTY, 2018, 1291: 37-49.

② Noel Hyndman, et al. The Financial Accountabilityof Irish Credit Unions: An Initial Empirical Study. Financial Accountability & Management, 2004, 20(03): 253-279.

③ Ha-Thu Nguyen. Default predictors in credit scoring: evidence from France's retail banking institution. Journal of Credit Risk, 2015, 11(02): 41-66.

④ Schmitt Thilo A, Schaefer Rudi & Guhr Thomas. Credit risk: taking fluctuating asset correlations into account, Journal of Credit Risk, 2015, 11(03): 73-94.

方式检索可保证检索结果符合以下要件:(1)检索得到的样本名为省或市颁布的“社会信用条例”;(2)检索出的样本已经生效且到目前为止具有法律效力;(3)命中结果类型限于法律、行政法规、地方法规以及部委规章这四类。经检索后,获取样本共计24份。

再以信用中国作为检索平台,首页所在位置选择“政策法规”并选择“信用立法”版块,可以发现部分省将该地方的信用法规命名为“公共信用信息条例”“社会信用信息条例”,因这些地方法规的作用以及内容契合本研究主题,将检索获得的6份样本纳入研究范围。最后通过检索中国政府网站等平台,未发现新的研究样本,可以确定检索获得的30份总样本量已能够涵盖当前出台的信用法规,故开展下一步研究。

(二)信用奖惩地方立法样本的筛选

在已获得的30份样本中,存在标题中含有“社会信用条例”这一关键词但实际与社会信用条例关联程度不高的样本,如“江苏省应急管理厅关于组织学习宣传《江苏省社会信用条例》的通知”“关于《湖南省社会信用条例》立法前期工作遴选结果的公示”等,这类样本仅具有宣传或公示社会信用条例的作用,与本研究主题不符,应当予以剔除。逐一核对所获取的样本,发现不符合条件的样本8份,予以剔除后,共得到22份信用法规作为研究样本(见表1)。

表1 信用奖惩地方立法的样本①

编号	名称	生效日期	发文机关	主题词/出现频次
01S	山西省社会信用条例	2022.10.01	山西省人民代表大会常务委员会	守信激励清单制管理/1、……、失信惩戒措施清单/1

① 注:编号采用“阿拉伯数字+字母”的方式,阿拉伯数字从01开始编号,字母“S”是“样本”的英文首字母,如此编号有利于后期快速定位到原始资料内容。此外,因样本中主题词较多且基于文章篇幅,仅展示部分主题词。

续表

编号	名称	生效日期	发文机关	主题词/出现频次
02S	湖南省社会信用条例	2022.09.01	湖南省人民代表大会常务委员会	守信激励措施范围/1、……、失信惩戒措施期限/1
03S	黑龙江省社会信用条例	2022.07.01	黑龙江省人民代表大会常务委员会	守信激励主体名单/1、……、失信惩戒措施期限/1
04S	江西省社会信用条例	2022.03.01	江西省人民代表大会常务委员会	守信激励措施清单/2、……、失信惩戒措施原则/1
05S	陕西省社会信用条例	2022.03.01	陕西省人民代表大会常务委员会	守信激励机制/1、……、失信惩戒对象信息/1
06S	吉林省社会信用条例	2022.01.01	吉林省人民代表大会常务委员会	守信激励机制/1、……、失信惩戒措施提示/1
07S	海南自由贸易港社会信用条例	2022.01.01	海南省人民代表大会常务委员会	守信激励制度/1、……、失信惩戒措施清单/3
08S	江苏省社会信用条例	2022.01.01	江苏省人民代表大会常务委员会	守信激励原则/1、……、违规实施失信惩戒/1
09S	辽宁省社会信用条例	2022.01.01	辽宁省人民代表大会常务委员会	守信激励机制/1、……、违规实施失信惩戒措施/1
10S	甘肃省社会信用条例	2022.01.01	甘肃省人民代表大会常务委员会	守信激励措施/1、……、失信惩戒措施补充清单/2

续表

编号	名称	生效日期	发文机关	主题词/出现频次
11S	重庆市社会信用条例	2021.07.01	重庆市人民代表大会常务委员会	失信惩戒措施提示/1、……、守信激励措施范围/1
12S	广东省社会信用条例	2021.06.01	广东省人民代表大会常务委员会	守信激励制度/1、……、实施失信惩戒措施/1
13S	内蒙古自治区公共信用信息管理条例	2021.06.01	内蒙古自治区人民代表大会常务委员会	守信激励机制/1、……、实施失信惩戒的力度/1
14S	青海省公共信用信息条例	2021.05.01	青海省人民代表大会常务委员会	实施失信惩戒/1、……、守信激励措施范围/1
15S	天津市社会信用条例	2021.01.01	天津市人民代表大会常务委员会	守信激励措施/2、……、失信惩戒对象名单/2
16S	山东省社会信用条例	2020.10.01	山东省人民代表大会常务委员会	守信激励机制/1、……、及时更新失信惩戒信息/1
17S	河南省社会信用条例	2020.05.01	河南省人民代表大会常务委员会	失信惩戒机制/1、……、失信惩戒对象名单/2
18S	河北省社会信用信息条例	2018.01.01	河北省人民代表大会常务委员会	守信激励事项/2、……、终止实施失信惩戒措施/1

续表

编号	名称	生效日期	发文机关	主题词/出现频次
19S	浙江省公共信用信息管理条例	2018.01.01	浙江省人民代表大会常务委员会	实施守信激励/1、……、失信惩戒对象名单的程序/1
20S	上海市社会信用条例	2017.10.01	上海市人民代表大会常务委员会	守信激励具体内容/1、……、违规实施失信惩戒措施/1
21S	湖北省社会信用信息管理条例	2017.07.01	湖北省人民代表大会常务委员会	失信惩戒依据/1、……、终止实施失信惩戒措施/1
22S	陕西省公共信用信息条例	2012.01.01	陕西省人民代表大会常务委员会	守信激励机制/1、失信惩戒机制/1

由于法律术语能够体现立法意图,加之语言具有“同意不同词”的特性,故可对立法意图相同但用语存在细微差别的条款作出相近的理解,即不管是“信用激励与约束”还是“信用激励和惩戒”,最终均可理解为“守信激励和失信惩戒”。

(三)信用奖惩地方立法样本的处理

为了能够更具针对性地开展研究,手动摘取条例中含有信用奖惩的法律条款,统计“守信激励”和“失信惩戒”在语段中的出现频次,并将所摘取的语句与样本组合编号,形成原始资料样本库。

摘取样本语段内容。手动摘录含有“守信激励”和“失信惩戒”的语句作为原始资料,如《重庆市社会信用条例》从失信惩戒措施提示、失信惩戒管理方式、失信惩戒清单以及失信惩戒措施原则等方面规定了“失信惩戒”,便在这一条例中摘取 5 条含有失信惩戒的原始语句;而该条例仅从守信激励措施实施范围规定了“守信激励”,故仅摘取 1 句含有守信激励的原始语句。通过上述方法共摘取171条原始语句，为后续扎根理论的应用奠定了样本基础。

原始资料编号。按照01S—22S的方式给22份信用法规编号，并按照001、002……的方式给原始语句排序，将编号与原始语句序号合并，得到原始资料编号。编号的作用在于解决样本库内容繁多且混乱的情况，快速定位到条例中的具体条款。以表2中的"06S003"为例，"06S"是指第6个样本文件《吉林省社会信用条例》，"003"代表这一原始语句是已摘录条款中的第3条。

（四）信用奖惩地方立法样本的编码

当前研究的信用法规样本主要为省级条例，选取其中的一部分条款作为示例，展示原始资料语句的开放式编码过程（见表2）。在制定法律条款时，制定主体通常倾向使用精炼化的表达，这虽然有助于缩短法律文本篇幅，但是会影响扎根理论方法的使用，也不利于还原立法意图。所以，在将条文内容初始概念化时，不仅要全面提取原始含义，还需要尽可能还原立法意图，即在初始语句概念化和范畴化时，若一语段中包含多个关键词，应逐一提取并总结，如表2中的06S003，这一条文的初始概念为"按照守信激励措施清单认定守信激励对象"，在提取范畴时，应当分别提取"守信激励措施清单"和"守信激励对象"，以保证初始概念和范畴的客观性。

表2　信用奖惩地方立法开放式编码示例①

原始资料编号	信用奖惩语段内容	初始概念	范畴
06S003	国家机关和法律、法规授权的具有管理公共事务职能的组织，应当按照守信激励措施清单规定认定相关领域守信激励对象。	按照守信激励措施清单认定守信激励对象	守信激励措施清单/守信激励对象

① 注：条文中可能包含多个初始概念和范畴，为便于分析，采用"/"的方式将提取出的多个初始概念和范畴予以区分。

续表

原始资料编号	信用奖惩语段内容	初始概念	范畴
06S007	实施失信惩戒应当遵循合法、关联、比例原则,依照全国失信惩戒措施基础清单和地方失信惩戒措施补充清单,根据失信行为的性质和严重程度,采取轻重适度的惩戒措施。不得擅自增设失信惩戒措施、扩大清单内惩戒对象范围或者超出法定惩戒标准加重惩戒。	实施失信惩戒的原则/禁止违规实施失信惩戒措施/采取适度的失信惩戒措施	失信惩戒实施原则/禁止违规实施失信惩戒/失信惩戒措施实施力度

完成171条原始语句开放编码并分别整合守信激励和失信惩戒的初始概念和范畴后,得到含有"守信激励"的初始概念44条、范畴24类,含有"失信惩戒"的初始概念59条、范畴28类(见表3)。以表3提取得到的范畴为基础再次进行主轴编码,得到7类守信激励主范畴和8类失信惩戒主范畴(见表4)。

表3　信用奖惩地方立法开放式编码汇总

守信激励开放式编码			
概念化/出现频次	范畴/出现频次	概念化/出现频次	范畴/出现频次
a1 制定更新守信激励措施清单/5、……、a5 公布守信激励措施清单/3	A1 守信激励措施清单/14	a28 违规实施守信激励措施应追究责任/10、a29 未经公布的守信激励措施不得实施/2	A13 禁止违规实施守信激励措施/12

续表

守信激励开放式编码			
概念化/出现频次	范畴/出现频次	概念化/出现频次	范畴/出现频次
a6 确定守信激励措施清单范围/8、……、a8 采取守信激励措施范围/9	A2 守信激励措施清单范围/20	a30 列为守信激励对象评定标准/1、a31 组织制定守信激励对象名单认定标准/2	A14 守信激励对象评定标准/3
a9 明确守信激励措施清单内容/6、a10 列明守信激励的具体内容/1	A3 守信激励措施清单内容/7	a32 认定相关领域守信激励对象/3、a33 公示守信激励对象信息/1	A15 守信激励对象/4
a11 守信激励措施实行清单制管理/5	A4 守信激励清单制管理/5	a34 推进守信激励合作/1	A16 守信激励合作/1
a12 联合制定守信激励政策/1	A5 守信激励政策/1	a35 实施守信激励措施的原则/4	A17 守信激励措施原则/4
a13 制定守信激励对象评定方法/1	A6 守信激励对象评定方法/1	a36 实施守信激励的力度/2	A18 守信激励实施力度/2
a14 制定守信激励对象名单的认定标准/1	A7 守信激励对象名单认定标准/1	a37 公布守信激励措施/3	A19 公布守信激励措施/3
a15 确定守信激励事项/1、……、a17 公布守信激励事项/1	A8 守信激励事项/3	a38 制定守信激励对象名单认定的程序/1	A20 守信激励对象名单认定程序/1
a18 鼓励开发守信激励产品/1	A9 守信激励产品/1	a39 守信激励措施清单实施动态制管理/1	A21 守信激励措施清单动态制管理/1

续表

守信激励开放式编码			
概念化/出现频次	范畴/出现频次	概念化/出现频次	范畴/出现频次
a19 移出守信激励名单的情形/1	A10 移出守信激励名单/1	a40 确定守信激励对象名单的有效期/1	A22 守信激励对象名单有效期/1
a20 鼓励实施守信激励措施/4、……、a25 采取守信激励措施/6	A11 实施守信激励措施/19	a41 公布守信激励主体名单/1、……、a43 明确守信激励名单/1	A23 守信激励对象名单/5
a26 建立守信激励机制/12、a27 建立守信激励制度/2	A12 守信激励机制/14	a44 营造守信激励氛围/1	A24 守信激励环境/1
失信惩戒开放式编码			
概念化/出现频次	范畴/出现频次	概念化/出现频次	范畴/出现频次
c1 失信惩戒实施清单管理制度/9	C1 失信惩戒清单制管理/9	c26 审慎认定失信惩戒的情形/1	C15 审慎认定失信惩戒/1
c2 执行失信惩戒措施基础清单/6	C2 失信惩戒措施基础清单/6	c27 限制失信惩戒措施实施范围/12	C16 失信惩戒措施范围/12
c3 制定更新失信惩戒措施补充清单/5、……、c7 公布失信惩戒措施补充清单/7	C3 失信惩戒措施补充清单/33	c28 认定相关领域失信惩戒对象/3、c29 拟认定为失信惩戒对象的程序/2	C17 失信惩戒对象/5

续表

失信惩戒开放式编码			
概念化/出现频次	范畴/出现频次	概念化/出现频次	范畴/出现频次
c8 违规实施失信惩戒措施应追究责任/10、……、c10 未经公布的失信惩戒措施不得实施/3	C4 禁止违规实施失信惩戒/26	c30 规定失信惩戒措施清单内容/1、c31 明确失信惩戒措施补充清单的具体内容/1	C18 失信惩戒措施清单内容/2
c11 地方失信惩戒措施补充清单的范围确定/4、c12 限制失信惩戒措施补充清单的范围/7	C5 失信惩戒措施补充清单范围/11	c32 失信惩戒对象信息接入服务系统/1、c33 公示失信惩戒对象信息/1	C19 失信惩戒对象信息/2
c13 建立失信惩戒机制/13、c14 建立失信惩戒制度/2	C6 失信惩戒机制/15	c34 定期通报失信惩戒实施情况/1	C20 失信惩戒实施情况/1
c15 编制地方失信惩戒措施补充清单程序/3、c16 拟纳入失信惩戒措施补充清单项目的程序/1	C7 失信惩戒措施补充清单程序/4	c35 鼓励实施失信惩戒措施/3、……、c41 依法采取失信惩戒措施/1	C21 实施失信惩戒措施/26
c17 载明失信惩戒措施提示/9	C8 失信惩戒措施提示/9	c42 推进失信惩戒合作/1	C22 失信惩戒合作/1

续表

失信惩戒开放式编码			
概念化/出现频次	范畴/出现频次	概念化/出现频次	范畴/出现频次
c18 实施失信惩戒措施不得超出必要限度/3、c19 采取失信惩戒措施的力度/13	C9 失信惩戒措施实施力度/16	c43 移除失信惩戒对象名单/3、……、c47 失信惩戒对象名单的有效期/1	C23 失信惩戒对象名单/12
c20 失信惩戒措施查询期限/1、c21 规定失信惩戒措施的期限/1	C10 失信惩戒措施期限/2	c48 公布失信惩戒措施/1、……、c55 公布失信惩戒事项/2	C24 失信惩戒措施/9
c22 采取失信惩戒措施的原则/10	C11 失信惩戒措施原则/10	c56 告知解除失信惩戒的条件/1	C25 解除失信惩戒的条件/1
c23 免于失信惩戒的范围/4	C12 免于失信惩戒范围/4	c57 信用修复后及时终止失信惩戒/3	C26 终止失信惩戒/3
c24 终止实施失信惩戒措施情形/2	C13 终止实施失信惩戒/2	c58 不得作为失信惩戒依据的情形/2	C27 失信惩戒依据/2
c25 未及时移出失信惩戒对象名单享有异议权/1	C14 失信惩戒对象异议权/1	c59 营造失信惩戒氛围/1	C28 失信惩戒氛围/1

表4 信用奖惩地方立法主轴编码

守信激励主轴编码		失信惩戒主轴编码	
范畴	主范畴/出现频次	范畴	主范畴/出现频次
A1、A2、A3、A4、A21	B1 守信激励措施清单/47	C1、C2、C3、C5、C7、C18	D1 失信惩戒措施清单/65
A6、A7、A10、A20、A22、A23	B2 守信激励对象名单/10	C4、C9、C11、C13、C20、C21、C22、C27	D2 失信惩戒的实施/84
A14、A15	B3 守信激励对象/7	C17、C19	D3 失信惩戒对象/7
A5、A9、A13、A16、A17、A18	B4 守信激励的实施/21	C6	D4 失信惩戒机制/15
A8、A11、A19	B5 守信激励措施/25	C8、C12、C14、C15、C25、C26	D5 审慎执行失信惩戒/19
A24	B6 守信激励环境/1	C10、C16、C24	D6 失信惩戒措施/23
A12	B7 守信激励机制/14	C23	D7 失信惩戒对象名单/12
		C28	D8 失信惩戒环境/1

二、我国信用奖惩地方立法的整体概况

(一)信用奖惩地方立法的主题词频

当前共有22份信用法规,通过检索“守信激励”“失信惩戒”在信用法规中的出现频次并统计关键词占比,发现当前我国信用奖惩的地方立法存在“轻激励、重惩戒”的倾向。“守信激励”在信用法规中的出现次数为1~12次,词频分布区间主要集中在3~9之

间,“失信惩戒”在信用法规中的出现次数为1~20次,词频分布区间主要集中在8~15之间(见图1)。《河南省社会信用条例》是所有信用奖惩地方性法规中规定最为细致的,不仅从守信激励对象认定标准、守信激励对象名单、守信激励对象认定程序、守信激励对象措施范围以及公示守信激励对象信息等方面详尽地规定了守信激励,还从确定被列为失信惩戒对象的主体、失信惩戒对象名单、失信惩戒名单退出方式以及失信惩戒措施等方面规定了失信惩戒。

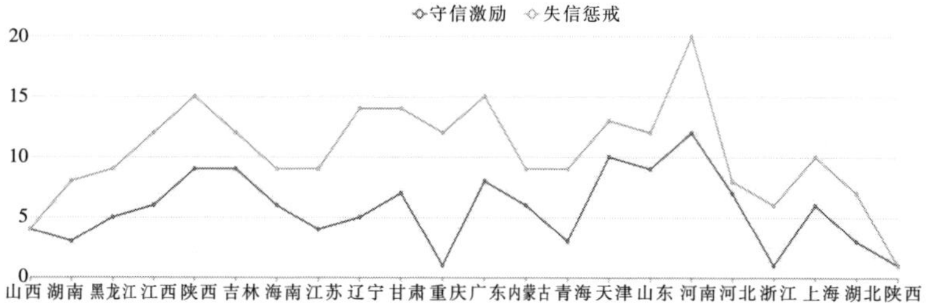

图1 信用奖惩地方立法的主题词频分布

《社会信用体系建设规划纲要(2014—2020年)》指出,当前我国社会信用体系建设还存在守信激励措施不足、守信激励机制尚不健全等问题,从已统计的主题词频分布情况可以直观看出,当前社会信用体系中失信惩戒的相关规定远多于守信激励的规定,这反映出当前立法对守信激励的关注度还不够,在制定新的社会信用条例时可以将制定重点落在守信激励,以平衡守信激励和失信惩戒的天秤,构建更具激励功能的社会信用体系。

(二)信用奖惩地方立法的颁布年份

我国信用奖惩地方立法的发展分为两个阶段:(1)2012—2020年,我国信用奖惩地方立法尚处于萌芽和探索阶段。2012年颁布的《陕西省公共信用信息条例》是我国第一部省级层面的信用建设指导性文件，虽然在这一阶段出台的条例数量不多，仅占总条例数量的31.82%，但这一阶段涉及信用奖惩的法律规范是较为详尽的。如《河北省社会信用信息条例》不仅规定建立守信激励和失信惩戒机制、明确奖惩内容、公布奖惩事项以及不得违规实施奖惩措施等内容，还额外规定了当信用主体完成了信用修复后应及时停止失信惩戒措施。说明在这一阶段，地方立法机关从多个角度研究信用奖惩，意在制定和出台具有示范性的地方性法规，为之后的信用奖惩立法奠定基础。（2）2021—2022年，我国信用奖惩的地方立法处于扩大覆盖范围且内容日趋成熟的阶段。这一阶段出台的社会信用条例占比达到了总条例数量的68.18%，其中2022年出台的信用法规数量达到总条例数量的45.45%（见图2）。这一阶段的法律规范内容存在同质化趋向，各省的立法机关均围绕守信激励和失信惩戒措施的实施范围、失信惩戒两类清单（全国基础清单和地方补充清单）、载明失信惩戒提示以及守信激励和失信惩戒的实施原则等方面制定法规，法规的创新力度有所降低。这表明地方立法机关放缓了对信用奖惩的探索步伐，这一阶段更加注重的是推动信用奖惩立法规定的地方覆盖。

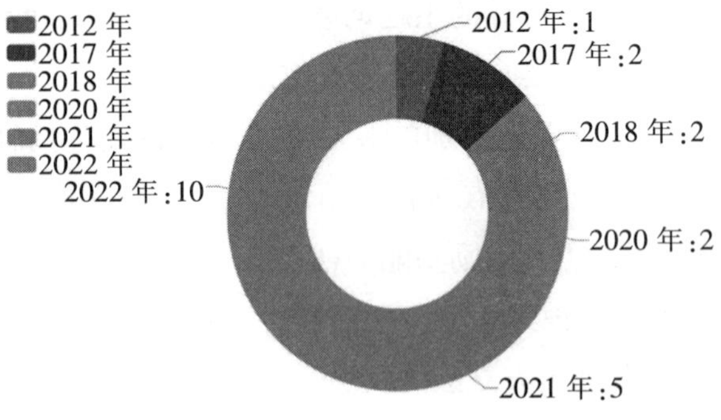

图2　信用奖惩地方立法的年度分布

(三)信用奖惩地方立法的内容表现形式

不同的地方性法规通常会采用不同的立法形式规定立法内容,通过梳理22份省级地方性法规,发现当前信用奖惩地方性法规的相关内容主要分为两种形式,即“条”或“章”(具体见表5)。(1)内容表现形式为“章”的地方性法规。绝大多数省份的地方性法规设置了“章”规定信用奖惩,占比为72.73%,以《河南省社会信用条例》为例,其第四章的标题即为“守信激励与失信惩戒”,在这一章中,河南省立法机关重点规定了守信激励和失信惩戒对象的认定标准、守信激励和失信惩戒措施清单的相应范围、免于实施失信惩戒措施的范围以及实施失信惩戒措施的依据等内容,还附带详细列举了严重失信行为的情形,并将这些情形作为列入失信联合惩戒对象名单的判定依据。(2)内容表现形式为“条”的地方性法规。在22份省级地方性法规中,有6份法规以“条”的形式进行规定,占比为27.27%,以《湖南省社会信用条例》为例,信用奖惩的相关规定散落分布在法规中名为“社会信用信息应用”“信用主体权益保护”以及“法律责任”的章内,未设置“守信激励与失信惩戒”的单独一章,信用奖惩的规定与公共信用信息查询、信用监管措施以及信用修复等内容混合规定,未能集中体现信用奖惩的威慑力,也无法凸显地方立法机关对信用奖惩的重视程度。

表5 信用奖惩地方立法的内容表现形式

内容表现形式	具体省份	数量/占比
条	湖南省、辽宁省、重庆市、河北省、湖北省、陕西省	6/27.27%
章	山西省、黑龙江省、江西省、陕西省、吉林省、海南省、江苏省、甘肃省、广东省、内蒙古自治区、青海省、天津市、山东省、河南省、浙江省、上海市	16/72.73%

三、我国信用奖惩地方立法的具体内容

(一)信用奖惩地方立法的立法工具

信用奖惩立法的最终目的是服务社会信用体系建设,这需要立法者围绕“奖”与“惩”两个方面制定激励性或约束性的条款推动目标群体付诸行动。政策工具是将政策由理念生产转化为实践行动的手段和方法①,而法律规范被包含在广义政策之中,故本研究借鉴 Schneider 和 Ingram 的政策工具分类标准②,将信用奖惩地方立法中使用的立法工具分为权威工具、激励工具、象征和劝诫工具、能力建设工具和系统变革工具 5 类。权威工具是立法者运用政治权威约束立法目标人群实施强制性行为的立法工具;激励工具是立法者设置一定的回报以诱导目标人群实施符合立法预期行为的立法工具(回报可以是积极的也可以是消极的);象征和劝诫工具是立法者从价值观层面引导目标人群实施符合立法预期行为的立法工具;能力建设工具是立法者提供理论方法、技术、资源等支持供目标人群实施或遵守相关法律规范的立法工具;系统变革工具是立法者分配权威以提高法律规范执行效率、实现立法预期目标的立法工具。

由于层层提取得到的信用奖惩立法范畴能够大致体现信用奖惩的本质和内涵,故以表 3 中 A1—A24、C1—C28 为基础,将其分别归入五类立法工具之中,得到守信激励和失信惩戒中立法工具的具体数据(见表 6)。

---

① 周付军,胡春艳:《政府信息公开政策工具:结构、选择与优化》,载《图书馆》2020 年第 9 期,第 14-21 页。

② Schneider A, Ingram H. Behavioural assumptions of policy tools. The journal of politics, 1990, 52(02):510-529.

表6　信用奖惩地方立法的立法工具分析

守信激励立法工具								
工具类型/占比	具体要素	数量	工具类型/占比	具体要素	数量	工具类型/占比	具体要素	数量
权威工具50/40.00%	A2	20	权威工具50/40.00%	A20	1	系统变革工具7/5.60%	A4	5
	A3	7	激励工具46/36.80%	A1	14		A16	1
	A6	1		A8	3		A21	1
	A7	1		A9	1	能力建设工具17/13.60%	A5	1
	A10	1		A11	19		A12	14
	A13	12		A19	3		A18	2
	A14	3		A22	1	象征和劝诫工具5/4.00%	A17	4
	A15	4		A23	5		A24	1
失信惩戒立法工具								
工具类型/占比	具体要素	数量	工具类型/占比	具体要素	数量	工具类型/占比	具体要素	数量
权威工具127/56.19%	C2	6	权威工具127/56.19%	C21	1	能力建设工具32/14.16%	C9	16
	C3	12		C22	12		C16	15
	C4	26		C24	9		C20	1
	C5	11		C27	2	象征和劝诫工具12/5.30%	C11	10
	C7	4	激励工具43/19.03%	C6	33		C15	1
	C8	9		C12	4		C28	1
	C14	26		C13	2	系统变革工具12/5.30%	C1	9
	C17	5		C25	1		C10	2
	C18	2		C26	3		C23	1
	C19	2						

在守信激励立法中，权威工具占比40.00%，激励工具占比36.80%，能力建设工具占比13.60%，系统变革工具占比5.60%，

使用最少的是占比为4.00%的象征和劝诫工具；失信惩戒立法中权威工具占比达到56.19%，激励工具占比19.03%，能力建设工具占比14.16%，系统变革工具以及象征和劝诫工具均占比5.30%。由此看出，信用奖惩立法运用的立法工具主要是权威工具和激励工具，权威工具是信用奖惩地方立法中使用占比最高的工具类型，体现当前信用奖惩的落实主要依靠强制性的规定规制目标群体的行为活动，以提高地方性法规的执行力度和执行效率；激励工具作为占比第二的立法工具类型，其内涵是希望目标群体在了解法律规范后实施使自身效益最大化的行为活动，当前地方立法通过明确守信激励和失信惩戒的范围、内容等，为目标群体参与社会活动提供了良好的引导；能力建设工具在信用奖惩地方立法中占比第三位，主要是从机制、政策以及实施的力度等方面进行规定，为信用奖惩立法的实施提供理论和技术层面的支撑；而后占比较多的是系统变革工具，在守信激励的地方立法中占5.60%，在失信惩戒的地方立法中占5.30%，这类工具主要运用在信用奖惩地方立法中的管理方式、促进奖惩合作等方面，以提升地方信用奖惩的执行效率；占比最低的是象征和劝诫工具，这类工具在守信激励中占比4.00%，在失信惩戒中占比5.30%，虽然地方立法从信用奖惩的实施原则以及营造信用奖惩的社会氛围两方面进行了规定，但由于地方立法较为偏向实践层面，忽略了从价值观层面引导目标群体自觉遵守信用奖惩进行规定，未来地方立法可以着重从此方面制定内容。

（二）信用奖惩地方立法的推进力度

分析立法条款的推进力度有助于探究立法机关对于实施信用奖惩的态度，故运用“情感分析”思维并借鉴Zhu等人[①]提出的情感

---

① Zhu R S, et al. Geo-tagged Social Media Data-based Analytical Approach for Perceiving Impacts of Social Events. ISPRS International Journal of GeoInformation, 2018, 8(01): 15.

词分析方法,将守信激励和失信惩戒的相关条款分为积极的“命令型”、中立的“倡导型”以及消极的“宣示型”,开展对信用奖惩地方立法的推进力度分析。因法律规范具有可操作性,所以地方立法机关在制定条文时通常会使用“应当”“禁止”“可以”“鼓励”等词语,让公众知晓哪些行为可为、哪些行为不可为。将含有“应当”“禁止”的法律条款归入“命令型”中,基于法律法规的强制性,含有这类词的条款意味着公众必须遵守条款且执法机关必须严格按照条款执法;将含有“可以”这一主题词的法律条款归为“倡导型”中,含有这类词的法律规范表明公众可以在规定范围内选择性遵守且执法机关也拥有一定的执法自主权;将含有“建立”“组织”一类的主题词归入“宣示型”中,这一类主题词体现了地方立法机关对当前该地区信用奖惩发展动态的把握以及对日后信用奖惩发展趋势所持有的态度。

以原始资料样本库为基础,通过分类、提取和总结后,得到当前信用奖惩地方立法推进力度的具体数据(见表7)。守信激励地方立法中,“命令型”占比61.02%,主要从违规实施守信激励措施应当追究责任、明确激励措施清单内容、公布激励清单以及建立守信激励机制等方面进行规定;“倡导型”占比27.96%,主要从鼓励其他机构实施守信激励措施、制定和更新守信激励措施清单等方面展开;“宣示型”占比11.02%,主要围绕守信激励清单制管理、建立守信激励机制等方面展开。失信惩戒地方立法中,“命令型”占比72.73%,主要从禁止违规实施惩戒措施、限制惩戒措施清单范围、惩戒实施力度、应遵循的原则以及应当依法实施失信惩戒措施等方面展开;“宣示型”占比14.54%,主要是围绕失信惩戒实施清单制管理、执行失信惩戒措施清单以及建立惩戒机制等方面展开;“倡导型”占比12.73%,主要是鼓励地方立法机关制定当地失信惩戒措施补充清单和设置可以采取失信惩戒措施的范围。

表7 信用奖惩地方立法的情感词分析

守信激励立法推进力度					
属性/占比	具体内容/词频	属性/占比	具体内容/词频	属性/占比	具体内容/词频
命令型72/61.02%	应当公布守信激励措施清单/10	命令型72/61.02%	应当实施守信激励/8	倡导型33/27.96%	可以给予守信激励的范围/11
	应当确定守信激励措施范围/6		实施守信激励应当遵循的原则/4		可以制定激励对象名单认定标准/2
	应当联合制定守信激励政策/1		应当确定守信激励的实施力度/1		可以认定相关领域守信激励对象/1
	违规实施守信激励措施应追究责任/11		应当确定守信激励对象名单的认定程序/2	宣示型13/11.02%	建立守信激励清单管理制度/4
	应当公布守信激励主体名单/1		应当确定守信激励对象名单的有效期/1		建立守信激励机制/3
	应当制定守信激励对象名单认定标准/2	倡导型33/27.96%	可以制定更新守信激励措施清单/3		推进守信激励合作/1
	应当明确守信激励措施清单内容/9		可以根据范围确定守信激励措施清单/4		建立守信激励制度/2
	应当移出守信激励名单的情形/1		鼓励开发守信激励产品/1		组织实施守信激励/1
	应当公示守信激励对象名单/5		鼓励其他机构实施守信激励措施/9		守信激励措施清单实行动态管理/1
	应当执行守信激励措施清单/1		可以列为守信激励对象的行为/1		形成守信激励的氛围/1
	应当建立守信激励机制/9		鼓励实施守信激励措施清单制管理/1	—	

续表

失信惩戒立法推进力度					
属性/占比	具体内容/词频	属性/占比	具体内容/词频	属性/占比	具体内容/词频
命令型160/72.73%	应当限制失信惩戒措施实施范围/13	命令型160/72.73%	列入失信惩戒对象名单的程序/2	宣示型32/14.54%	建立失信惩戒清单管理制度/9
	违规实施失信惩戒措施应追究责任/12		应当将失信惩戒对象信息接入系统/1		执行失信惩戒措施清单/4
	应当确定编制失信惩戒措施补充清单/16		应当定期通报失信惩戒实施情况/2		实施失信惩戒不超出必要限度/2
	应当载明失信惩戒措施提示/9		执行失信惩戒措施清单/2		失信惩戒措施查询期限/1
	失信惩戒措施应遵循的原则/10		免于失信惩戒的情形/2		免于失信惩戒的范围/1
	应当规定失信惩戒措施的期限/1		告知解除失信惩戒的条件/2		信用修复后终止失信惩戒/2
	应当终止实施失信惩戒措施情形/5		不得作为失信惩戒的实施依据/2		建立失信惩戒机制/4

续表

失信惩戒立法推进力度					
属性/占比	具体内容/词频	属性/占比	具体内容/词频	属性/占比	具体内容/词频
命令型160/72.73%	禁止违规实施失信惩戒措施/13	倡导型28/12.73%	可以制定更新失信惩戒措施补充清单/6	宣示型32/14.54%	确定失信惩戒措施的范围/1
	应确定采取失信惩戒措施的力度/15		鼓励实施失信惩戒措施/5		失信惩戒措施补充清单内容/4
	应当明确失信惩戒措施补充清单内容/11		失信惩戒对象享有异议权/1		制定失信惩戒对象认定标准/1
	应当审慎认定失信惩戒/2		推进失信惩戒合作/1		列入失信惩戒名单/1
	应当实施失信惩戒措施/20		可以采取失信惩戒措施范围/11		失信惩戒对象名单的有效期/1
	应当建立失信惩戒机制/15		免于失信惩戒的范围/1		营造失信惩戒氛围/1
	应当认定相关领域失信惩戒对象/5		可以列入失信惩戒对象名单的标准/3	—	

对比守信激励和失信惩戒的地方立法推进力度，可以发现守信激励和失信惩戒的地方立法中“命令型”条款偏多，总体基调偏向务实，但是失信惩戒地方立法中“倡导型”与“宣示型”这两类规定的占比远低于“命令型”规定的占比，失信惩戒作为信用体系建设的强力建设工具之一，严格设定相关规定固然有效，但在某些内容的规定上可以适度放宽，使政策达到“宽紧合一”的状态。

（三）信用奖惩地方立法的关注问题

以表4的B1—B7、D1—D8为基础，计算主范畴的总频次和占比,展示守信激励和失信惩戒立法中关注问题的重要程度(见表8)。守信激励立法中最受关注的是守信激励措施清单问题,如守信激励措施清单的公布、制定与更新、明确守信激励措施清单的具体内容、确定守信激励措施清单的范围等,受关注程度达到37.60%;其次是守信激励措施问题,包括守信激励措施的具体事项、守信激励措施的实施以及应当向社会公布守信激励措施等,受关注程度达到20.00%;再次是守信激励的实施问题,涵盖守信激励政策、产品、原则、力度以及禁止违规实施守信激励措施等问题,这一问题的受关注度是16.80%;而后是守信激励机制问题,包括守信激励的机制构建、守信激励的制度建设这两类,占比达到11.20%;在守信激励对象(5.60%)之前,还有占比8.00%的守信激励对象名单;其他关注问题因为占比过低(等于0.80%),不再纳入讨论范围。

表8 信用奖惩地方立法的关注问题

	范畴	数量占比		范畴	数量占比
守信激励	B1 守信激励措施清单	47/37.60%	失信惩戒	D1 失信惩戒措施清单	65/28.76%
	B2 守信激励对象名单	10/8.00%		D2 失信惩戒的实施	84/37.17%
	B3 守信激励对象	7/5.60%		D3 失信惩戒对象	7/3.09%
	B4 守信激励的实施	21/16.80%		D4 失信惩戒机制	15/6.64%
	B5 守信激励措施	25/20.00%		D5 审慎执行失信惩戒	19/8.41%
	B6 守信激励环境	1/0.80%		D6 失信惩戒措施	23/10.18%
	B7 守信激励机制	14/11.20%		D7 失信惩戒对象名单	12/5.31%
—				D8 失信惩戒环境	1/0.44%

失信惩戒立法中受关注程度最高的是失信惩戒的实施问题,涉及失信惩戒的实施情况、实施原则、禁止违规实施惩戒措施以及实施的力度等,受关注程度达到了37.17%;其次是失信惩戒措施清单,失信惩戒清单分为全国失信惩戒基础清单和地方失信惩戒补充清单,地方性法规主要集中在规定地方失信惩戒补充清单的范围、内容、程序以及全国失信惩戒基础清单的执行上,受关注程度占比28.76%;然后是失信惩戒措施,主要关注失信惩戒措施的公布、调整、更新等问题,占比为10.18%;再后是审慎执行失信惩戒,包括载明失信惩戒提示、免于实施失信惩戒的范围以及失信惩戒的解除条件等,占比达8.41%;其他关注问题因为占比过低(小于7.00%)不纳入讨论范围。

从上述内容来看,当前信用奖惩地方立法重点关注守信激励和失信惩戒清单、措施的实施以及制度构建等方面。立法的覆盖范围较为全面,但也可以看出法规中的立法侧重点较为突出,营造良好的信用奖惩环境、明确信用奖惩的对象以及公布信用奖惩对象名单等内容在地方立法中的受关注程度还有待提高,法律规范的相应内容也存在细化空间,如守信激励清单的范围可供更新、守信激励的应用领域有待拓展、失信惩戒措施的执行程序更为优化等。未来的地方立法可在已有信用奖惩条款的基础上进行调整与细化,确保条款的可操作性。

四、我国信用奖惩地方立法的调整建议

(一)优化信用奖惩的地方立法结构

总结22份信用法规中的信用奖惩地方立法工具后发现,当前信用奖惩地方立法工具以权威工具为主、激励工具为辅,其他类型的立法工具占比不高。运用权威工具和激励工具的主要目的在于运用强制性法律规范约束或设置正、负向的回报引导社会参与主

体落实法律规范的具体事项,但若要实现社会信用治理,不能仅运用这两项立法工具。

国务院于2016年出台的《关于建立完善守信联合激励和失信联合惩戒制度加快推进社会诚信建设的指导意见》中指出“逐步将守信激励和失信惩戒机制推广到经济社会各领域”,但若要将信用奖惩落实到经济社会各领域,必然需要资源、技术、制度等方面的支持和配合,故未来的立法应当加强能力建设工具、系统变革工具以及象征和劝诫工具的运用,通过内外部奖惩措施并行的方式,优化并平衡立法工具结构。例如通过开展学术会议、宣传活动等方式加大信用奖惩地方性法规的宣传力度,营造良好的社会信用环境;搭建并推广使用守信激励和失信惩戒系统,推动信用奖惩与各领域结合,解决信用奖惩的运行能力问题;提高守信主体的回报价值,并相应提高失信主体的失信成本,激发社会示范效应。

(二)适度调整失信惩戒的立法力度

如表7所示,在守信激励和失信惩戒的地方立法中,“命令型”的规定占比均为第一位,说明当前我国信用奖惩地方立法的总体基调属于务实向。但在对比守信激励和失信惩戒中三类规定的占比后发现,守信激励政策推进力度的结构较为稳健,失信惩戒中“命令型”规定的占比远超过“宣示型”规定与“倡导型”规定的占比,立法推进力度较为强势,反映出我国确实存在“重惩戒”的现象,失信惩戒的立法推进力度有待调整。

失信惩戒机制具有强大的惩罚和威慑功能,授信主体在获得权力后,有权大幅提高失信主体实施失信、欺诈和违规等行为的成本①,但这不意味着任何有关失信惩戒的内容都需要运用命令式的

① 林钧跃:《论公共和市场两种不同类型的失信惩戒机制及其互补关系》,载《征信》2022年第1期,第11-25页。

内容去规定，这不仅不利于营造良好的信用奖惩氛围，也容易导致“矫枉过正”。例如，大多数地方法规均运用“命令型”的内容规定失信惩戒的清单范围、失信惩戒的实施力度以及赋予地方一定权力制定失信惩戒措施补充清单，但对于失信主体享有的惩戒异议权、免于实施失信惩戒的情形以及失信惩戒的有效期限，却仅有较少一部分的地方立法机关给予关注。故地方立法机关应当把握好失信惩戒的实施程度，在地方立法中不仅要关注到失信惩戒自身的威慑和惩罚作用，也需要适度多制定一些“倡导型”和“宣示型”的政策，营造良好的信用奖惩社会氛围。

（三）完善信用奖惩地方立法的内容

具体措施若不确定，既不能让公民法人形成稳定的预期，又容易滋生权力滥用的空间[①]。从信用法规的整体来看，信用奖惩地方法律规范存在同质化以及程序待优化两大问题。针对守信激励，守信激励措施清单是最受关注的问题，且大多数地方立法机关更为关注的是守信激励措施清单的具体内容，但各地立法机关普遍围绕便利化行政服务、公共资源便利交易、优先评先评优、公开推广宣传守信事迹以及给予政策或项目支持等五个方面开展，法律规范同质化现象严重，且部分激励措施对于普通民众来说不具备吸引力，如此不仅不利于守信激励的开展，也会在很大程度上影响守信激励的实施效果。在此可以借鉴《南京市社会信用条例》的规定，即可以通过市民卡等方式让具有良好信用记录的个人享受交通出行、文旅消费、金融信贷、公共停车场收费、医疗就诊等方面的优惠和便利，如此不仅能够保证守信激励规范的易落实性，也会大幅提升社会守信的积极度。

---

① 朱春华：《信用联合奖惩机制的探索与实践——基于湖北省的考察》，载《中南民族大学学报（人文社会科学版）》2021 年第 2 期，第 103-114 页。

针对失信惩戒，当前信用法规中关于失信惩戒的措施清单、实施范围以及两类清单的执行有了较为明确且详尽的规定，但就失信惩戒立法关注的问题来看，地方立法机关应当重视并优化失信惩戒的制定程序。面对层出不穷的惩戒措施，须警惕只追求手段的严厉有效而忽视相对人合法权益的现象①。失信惩戒作为能够预防和规制社会失信行为的信用治理手段，其制定程序不仅应当规范化，还需要公众参与其中，保证失信惩戒设置的合理性。故建议在制定失信惩戒相关规定时，开放公众参与的渠道，并通过组织听证、专家评估及论证等方式，合理且规范的制定失信惩戒法律规范，在发挥惩戒作用的同时保障当事人的合法权益，提高惩戒的实施质量和实施效果。

五、结语

国务院《关于建立完善守信联合激励和失信联合惩戒制度加快推进社会诚信建设的指导意见》指出要逐步将守信激励和失信惩戒机制推广到经济社会各领域，而推广到各领域的前提是要将信用奖惩的地方性法规落到实处。运用扎根理论方法剖析22份省级信用法规中信用奖惩地方立法的立法工具、立法推进力度以及立法关注问题，并提出了对应的建议，为日后信用奖惩立法的细化和调整提供参考。本研究整体分析了信用奖惩的相关条例，尚未细化到信用奖惩机制、信用奖惩在各领域的实施情况等方面，有待在后续研究中进一步深入探究信用奖惩的机制构建，以及各领域中信用奖惩的实际应用等问题。

---

① 王瑞雪：《政府规制中的信用工具研究》，载《中国法学》2017年第4期，第158-173页。

限制失信人高消费边界问题研究

申江华*

摘　要：限制失信人高消费是一种公权力，其由司法审判权派生而来，具有强制性、不特定性、惩罚性等特点，对被执行人的财产处分权、人身自由权、名誉权、其子女的受教育权以及交易相对方的自由交易权都进行了限制。在承认这些限制的存在有其正当性的同时，保护被执行人权利也是非常有必要的，解决两者之间的矛盾就需要找到一种平衡方式——确定限制失信人高消费权力的边界。限制失信人高消费权力边界不清的问题体现在限制范围过广、限制主体范围过多、入侵私法领域过深等方面，需要以私权优位主义为原则、以比例原则为标准确定限制失信人高消费权力的具体边界。

关键词：限制高消费；失信人；权力边界；权利保护

---

* 申江华，1997 年生，湘潭大学信用风险管理学院在读硕士研究生，地址：湖南省湘潭市雨湖区湘潭大学校内；电子邮箱：2505022708@ qq. com。

为解决“执行难”的问题,2010 年最高人民法院颁布了《最高人民法院关于限制被执行人高消费的若干规定》,旨在通过限制被执行人高消费迫使被执行人履行债务。在 2015 年进行了修订,将其修改为《最高人民法院关于限制被执行人高消费及有关消费的若干规定》(以下简称《限制高消费规定》),规定对“纳入失信被执行人名单的被执行人,人民法院应当对其采取限制消费措施”,将失信人纳入限制高消费范围之中。限制高消费措施的出现有其必然性和合理性,对民事判决执行与失信惩戒体系建设也有积极意义。但作为一种公权力措施,其对市民生活的干涉、限制是否合法、适当,是应当考虑的问题。近年来关于失信人被限制高消费的新闻屡见不鲜,在惊叹于限制高消费作用效果的同时,一些负面新闻也渐渐出现,例如失信影响子女上学、失信人的女儿无法上大学、失信人无法住宿、失信人不得进行经营性活动致工厂倒闭等新闻时常出现,这应当引起我们对这一制度的全面和深层次的思考。限制高消费是国家有权机关用手中权力对私主体的权利加以干涉、限制的活动,涉及公民的财产权、人身自由权、受教育权、交易自由权等。为保护债权人的利益而减损债务人与其他不特定人的权利是否适当、规制是否过度,值得思考。

一、限制失信人高消费权力本质分析

(一)限制失信人高消费权力性质

限制失信人高消费的权力性质,从最大范围的意义上而言,是一种公权力,且是由审判权作为基础权力派生而来的。公权力是指“国家机关及其授权机关为维护国家与社会的公共利益和调整各方主体利益分配所拥有的权力”。[①] 根据《限制高消费规定》的

① 陈秀平,陈继雄:《法治视角下公权力与私权利的平衡》,载《求索》2013 年第 10 期,第 191-193 页。

内容,限制失信人高消费是为维护申请执行人的权利与司法权威、公信力,对失信人采取限制消费措施,限制其非生活或经营必需的消费。由此可见,限制失信人高消费是一种公权力,由国家机关人民法院行使,通过限制被执行人的权利,在申请执行人与被执行人之间进行利益权衡的权力,目的是维护公共利益,即执行利益。限制失信人高消费是一种派生权力。公权力有基本权力与派生权力之分,基本权力是《宪法》规定的国家机关赋予的权力,如立法权、审判权、行政权、军事权、监督权等;派生权力则是由其他法律法规、司法解释规定的经正当程序产生的权力。[①] 毫无疑问,限制失信人高消费的权力是一种派生权力,其是经由《限制高消费规定》与《最高人民法院关于公布失信被执行人名单信息的若干规定》(以下简称《失信被执行人名单规定》)两份司法解释产生的公权力。进一步讲,限制失信人高消费是一种间接强制执行方式[②],是法院执行权体系中的组成部分[③],而司法机关的执行权通说认为是审判权的系属[④],所以限制失信人高消费权力是由审判权派生而来。

确定限制失信人高消费的公权力性质后,对其权力性质也可以做出进一步的讨论。第一,限制失信人高消费权力具有强制性。

---

① 刘作翔:《法治社会中的权力和权利定位》,载《法学研究》1996 年第 4 期,第 69-79 页。

② 潘伟峰:《限制被执行人高消费制度的合宪性研究》,浙江工商大学 2020 年硕士学位论文;宋春龙:《限制高消费的制度嬗变与法理辨析》,载《交大法学》2021 年第 4 期,第 180-194 页。

③ 执行权的上位权力有学者认为是审判权,也有学者认为属于执行权,但目前通说认为属于审判权。具体见张卫平:《民事诉讼法教程》,法律出版社 1998 年版,第 404-406 页;高执办:《论执行机构内部的分权与制约》,载《人民司法》2001 年第 6 期,第 23-26 页。

④ 谭秋桂:《民事执行权定位问题探析》,载《政法论坛》2003 年第 4 期,第 157-164 页。

一方面，对失信人有强制性。《限制高消费规定》第 3 条规定了失信人不得作出的高消费行为，若违反，轻则拘留、罚款，重则追究刑事责任。另一方面，对其他协助单位具有强制性。《限制高消费规定》第 6 条、第 11 条规定相关单位有义务协助执行，若违反按照《民事诉讼法》第 114 条追究责任。司法解释规定强制限制失信人高消费行为，且强制要求相关单位协助配合，并规定了对应责任，公权力强制性凸显。

第二，限制失信人高消费具有不特定性。这是指限制高消费制度不仅单方面对失信人的非必要消费行为进行限制，对于相关单位，如铁路部门、航空公司、酒店、宾馆、学校等其他市场高消费单位也进行了限制。限制高消费的义务协助单位是不特定的，只要并非生活生产必需的消费，该交易相对方就不得与失信被执行人进行交易。

第三，限制失信人高消费具有惩罚性。惩罚性措施当然是由公权力机关为达到国家治理的目的而做出的，司法机关为维护司法判决权威，解决"执行难"问题，对拒不履行生效判决书确定义务的失信被执行人施以限制高消费措施，确有必要。《限制高消费规定》与《失信被执行人名单规定》规定禁止失信人在乘坐交通工具时选择飞机、列车软卧、轮船二等以上舱位，禁止在星级以上宾馆、酒店、夜总会、高尔夫球场等场所进行高消费，禁止购买不动产或者新建、扩建、高档装修房屋等，限制其权利行使范围，剥夺其本身利益，对失信人来说，是一种来自公权力机关的惩罚。

（二）限制失信人高消费的权力来源

"权力只有授予才能行使，现代法治社会在权力问题上所要解决的首要问题是权力来源和取得形式的合法性问题。”[①]探求公权力的权力来源是否合法、正当是分析所有权力问题的必要前提，所以，分析限制失信人高消费的权力来源也是解决限制失信人高消费权力边界问题的前提。有关限制失信人高消费的权力来源，最高人民法院法官认为[②]，《民事诉讼法》第251条第1款的规定[③]是其渊源，也有观点[④]认为是《民事诉讼法》第262条[⑤]，这两条是否是限制失信人高消费的权力来源，下文将对这两种看法分别展开讨论。

笔者认为，将《民事诉讼法》第251条作为限制高消费的法律依据是不妥帖的。该条规定内容意在说明，可以限制被执行人的非生活必需消费，但是前提是采取“查封、扣押、冻结、拍卖、变卖”被执行人的财产等直接执行措施，而限制高消费被最高人民法院与其他学者认为是间接执行措施，故本条并不能说明限制失信人高消费可以限制其所有非生活经营必需的消费活动，本条并没有赋予该司法解释如此的权力触角。退一步讲，《民事诉讼法》第251条从内容上看，并没有赋予人民法院可以对失信人的非生活必需消费限制的权力，只是规定执行措施可以对被执行人的财产进行限制，但要保留生活所需，可以认为是限制高消费制度中“高消费”

---

① 刘作翔：《法治社会中的权力和权利定位》，载《法学研究》1996年第4期，第69-79页。

② 刘贵祥，林莹：《关于修改〈关于限制被执行人高消费的若干规定〉的决定的理解与适用》，载《人民司法(应用)》2016年第1期，第26-31页。

③ 文章中所依据的是《民事诉讼法》(2017年修正)第二百四十四条，《民事诉讼法》(2021年修正)为二百五十一条。该条第一款为“被执行人未按执行通知履行法律文书确定的义务，人民法院有权查封、扣押、冻结、拍卖、变卖被执行人应当履行义务部分的财产。但应当保留被执行人及其所扶养家属的生活必需品”。

④ 张洁：《限制被执行人高消费制度研究》，西南政法大学2015年硕士学位论文。

⑤ 《民事诉讼法》(2021年修正)第二百六十二条：被执行人不履行法律文书确定的义务的，人民法院可以对其采取或者通知有关单位协助采取限制出境，在征信系统记录、通过媒体公布不履行义务信息以及法律规定的其他措施。

之限制范围的权力来源,而并非限制高消费权力的授权条文。

《民事诉讼法》第 262 条也并非是限制高消费的授权条文。该条规定了对于不履行法律文书确定义务的被执行人可以采取限制出境、征信系统记录、通过媒体公布不履行义务信息以及法律规定的其他措施。本条规定了我国执行制度中的间接执行措施,并且规定的间接强制执行措施并非封闭列举,除了明确规定的以上三种措施,还包括法律规定的其他措施。那么,限制失信人高消费作为一种在司法解释中的间接强制执行措施,是否属于“法律规定的其他措施”?“法律”一词有广义与狭义之分,若采狭义,则无其他法律规定限制高消费措施,无授权;若采广义,则《限制高消费规定》与《失信被执行人名单规定》两个司法解释可以成为限制高消费的权力效力来源吗?《立法法》中明确某些事项只能制定法律,其中就包括各级人民代表大会、人民政府、人民法院和人民检察院的产生、组织和职权,以及对公民政治权利的剥夺、限制人身自由的强制措施和处罚。涉及人民法院职权和对公民人身自由的限制,只能制定法律,而不能由司法解释规定。司法解释是司法机关在适用法律过程中,对法律具体应用问题所做的解释。限制高消费的司法解释,并非针对法律应用问题进行解释,而是直接创设出了一种间接强制执行措施。司法解释并没有立法的功能,到现在为止我们仍然把它作为一种法律适用行为,不是一种立法行为。在这个意义上,限制失信人高消费并不属于“法律规定的其他措施”,进而,《民事诉讼法》第 262 条并非限制高消费的权力来源。

因此,从严格意义上讲,限制失信人高消费并没有合法的权力来源,没有得到法律授权,退一步讲,限制失信人高消费并没有法律层次上的权力授权,只有司法解释层面的权力来源。

(三)限制失信人高消费权力所限制的私权利

限制失信人高消费制度,体现的是强制与服从的关系,实质是国家公权力对私人权利的限制。分析限制失信人高消费权力对何种私权利有影响亦是研究该权力边界问题的前提。

限制被执行人的财产处分权。根据《限制高消费规定》第 3 条第 1 款[①],被限制的被执行人不得有除生活与工作必需以外的消费行为,包括但不限于在星级以上宾馆、酒店、夜总会、高尔夫球场等场所进行高消费,购买不动产或者新建、扩建、高档装修房屋,租赁高档写字楼、宾馆、公寓等场所办公,支付高额保费购买保险理财产品等。这干涉了公民对于自己财产的处分,明显限制了公民的财产处分权。《民法典》第 240 条规定,所有权人对自己的不动产或者动产,依法享有占有、使用、收益和处分的权利。完整的财产所有权,包括占有、使用、收益与处分四大权能,对财产处分权的限制,也是对财产所有权行使的限制。

限制交易相对方的自由交易权。限制高消费的对象是失信被执行人,限制其进行生活与工作必需以外的消费活动,但是消费活动是一种交易,涉及交易双方,在对失信人造成限制的同时,也对交易相对方的交易自由造成了限制。具体来说,剥夺了高铁、航空、轮船公司与失信人达成运输合同的机会,剥夺了星级以上宾馆、酒店、夜总会、高尔夫球场等高消费场所与失信人交易的可能,以及不动产出卖商、房屋装修商、车辆售卖商和保险理财公司等的交易机会。而且限制对象并不是封闭的,除以上列举之外,失信人进行所有非生活工作必需的消费活动的相对方,都是被限制主体,

---

① 《限制高消费规定》第三条第 1 款:被执行人为自然人的,被采取限制消费措施后,不得有以下高消费及非生活和工作必需的消费行为,(一)乘坐交通工具时,选择飞机、列车软卧、轮船二等以上舱位;(二)在星级以上宾馆、酒店、夜总会、高尔夫球场等场所进行高消费;(三)购买不动产或者新建、扩建、高档装修房屋;(四)租赁高档写字楼、宾馆、公寓等场所办公;(五)购买非经营必需车辆;(六)旅游、度假;(七)子女就读高收费私立学校;(八)支付高额保费购买保险理财产品;(九)乘坐 G 字头动车组列车全部座位、其他动车组列车一等以上座位等其他非生活和工作必需的消费行为。

也就是说被限制对象是不特定的，所有市场交易主体都可能与失信人进行高消费，而被法院下达协助执行的命令，进而限制这部分市场主体的自由交易权。

限制被执行人的人身自由权。人身自由权是一种宪法权利，限制高消费的这些措施虽然没有完全剥夺被执行人的人身自由，但是限制了其行动的地域范围、消费行为选择，这也是对被执行人人身自由权一定程度的限制。[①]

限制被执行人子女的受教育权。《限制高消费规定》第3条第1款第7项，明确禁止失信被执行人子女就读高收费私立学校，这是限制子女受教育权的表现。受教育权指的是公民依法享有的要求国家积极提供均等的受教育条件和机会，以获得平等的生存和发展的机会的基本权利。根据受教育权产生、发展的时间顺序，可以将受教育权进一步划分为三个子权利，即“学习机会权”“学习条件权”“学习成功权”。其中“学习机会权”又可分为“入学升学权”“受教育的选择权”以及“学生的身份权”。[②] 限制子女就读高收费私立学校就涉嫌限制被执行人子女的“学习机会权”中的前两项权利。

限制被执行人的名誉权。被限制高消费是一种由司法机关施与的负面评价，被限制高消费就意味着公权力机关在告知社会公众，该被执行人不履行生效法律文书，是失信人，故被失信惩戒。这种由公权力发出的负面评价，具有很强的呼吁性、权威性和公信力，引领社会公众形成对该被执行人的社会负面评价，有很强的社会舆论效果，会对该被执行人名誉造成很大影响。这也是限制高消费的作用原理，利用社会舆论压力促使债务人尽快偿还债务，但

---

① 李继：《失信被执行人权利保护的路径选择——基于执行行为正当性的探讨》，载《政法论坛》2018年第5期，第136-143页。

② 龚向和：《受教育权论》，中国人民公安大学出版社2004年版，第29页。

同时也可能会损害被执行人的名誉权。因目前限制高消费制度存在很多问题,不乏错误评价或者过度贬损的现象,侵犯被执行人的名誉权。

二、限制失信人高消费权力边界确定的必要性分析

限制失信人高消费权力对被执行人的私权利限制是必然的,也是正当的,但对被执行人权利进行保护也是应然的、必要的,这两者之间的冲突非常明显。因此需要在两者之间寻找一种平衡方式,这种平衡方式即是确定限制失信人高消费的权力边界。

(一)限制失信人高消费的正当性

限制失信人高消费制度,即是公权力对于失信被执行人权利限制的表现,这种限制的正当性一方面体现在公权力存在的意义与价值上,另一方面体现在限制失信人高消费制度具体的正当性意义上。

公权力对私权利的限制是与生俱来的,公权力出现的意义与目的在于保护私权利。洛克认为,“自然状态或自然社会由于有着自身不可克服的种种弊端”,因此“必然要过渡到市民社会或政治社会,而这种过渡是通过处于自然状态中的人们订立社会契约的方式让渡自己的部分或全部权利给国家以换得后者的保护而完成的”。[①] 人民让渡部分权利给国家,目的也正是希望国家凝聚力量实现以个体之力所不能实现的利益追求与价值目标。[②] 原先由个人所占有的权利通过契约而转让给某个人或某个组织从而产生了

---

① [美]詹妮弗·内德尔斯基:《美国宪政与私有财产权的悖论》,载[美]路易斯·亨金主编:《宪政与民主》,邓正来,译,生活·读书·新知三联书店1997年版,第241页。

② [法]卢梭:《社会契约论》,何兆武,译,商务印书馆2003年版,第21页。

国家的权力。[①] 人们所让渡的自然权利形成了国家政府权力,以使在复杂的社会协作中,存在一种超越于单纯暴力与个人能力的权威保护个人利益。

公权力保护权利的方式之一即是限制私权利。现代民主宪政国家理论强调"权力至上""天赋人权""人权保障"等理念,承认、维护和实现公民权利是民主国家的使命,但权利行使与实现却并非是毫无边界的。恰如罗尔斯所言:"限制自由的理由来自自由原则本身。"[②]权利内部本身就存在一种制约与限制,即某一主体的权利对另一主体权利的制约,一种权利对一种基本权利的制约。为了自身基本权利的享有,也为了他人基本权利的实现,对权利进行限制是必然的。但公权力为实现秩序、福利及公序良俗等而对权利设定的限制[③],这种限制必须是符合宪法精神,具有正当性的。

具体而言,限制失信人高消费的正当性在于,其一,防止被执行人责任财产的不当减少。失信被执行人被限制高消费的原因是被执行人不履行生效裁判文书确定的义务,这种义务多是向申请执行人偿付金钱,向债权人偿还债务。[④] 申请执行人最本质的权利也就是债权人的权利,只不过该种权利原本是一种私权利的要求,

---

① 张亚楠:《试论福柯的权力观》,载《和田师范专科学校学报》2011 年第 4 期,第 13-15 页。

② [美]约翰·罗尔斯:《正义论》,何怀宏,何包钢,廖申白,译,中国社会科学出版社 1988 年版,第 241 页。

③ 胡肖华,徐靖:《论公民基本权利限制的正当性与限制原则》,载《法学评论》2005 年第 6 期,第 5-12 页。

④ 限制高消费的原因是被执行人不履行生效裁判文书确定的义务,民事诉讼的裁判文书可分为解决身份关系纠纷的裁判文书和解决财产关系纠纷的裁判文书,财产关系纠纷又可分为物权纠纷与债权纠纷,所以基本可分为以上三类。而人身关系纠纷多是离婚争议,一般不会存在执行困难,物权关系纠纷的责任承担方式较多,如返还原物、赔偿损失、恢复原状等,若被执行人不执行,法院会进行强制执行;债权关系纠纷是民事诉讼案件数量最多的民事纠纷,且纠纷解决方式基本就是偿还债务,但金钱隐蔽、转移方式多,所以不履行生效法律文书的案件多是这一类。

现在附加公权力帮助债权人实现债权。是故申请执行人的权利就是要求被执行人还债的权利,也就是一种财产权利。在实现申请执行人权利过程中,被执行人责任财产的多少直接决定执行的结果,决定申请执行人权利是否可以实现以及能够在多大程度上实现。所以,人民法院发现并有效控制债务人的财产是金钱债权实现的必然要求。作为间接强制执行措施的限制高消费制度,其发挥着执行威慑机制的作用,限制被执行人除生活与工作必需以外的消费行为,可以有效帮助申请执行人实现权利。一方面因为限制高消费制度对被执行人的生活工作的负面限制作用,会迫使被执行人偿还债务以求解除限制;另一方面,这种限制非必需消费活动,有利于维持债务人的责任财产,防止其财产的不当减少,具有保全债务人财产、保护申请执行人合法权益的功能。

其二,维护国家司法权威,解决"执行难"的问题。申请执行人身份和一般债权人身份最大的区别在于是否有公权力介入,帮助其实现债权。在法院判决生效后,被执行人仍然拒绝偿付债务,不但表明债权的给付利益发生了风险、信赖利益和交易安全遇到了损害威胁,而且意味着国家法律制度的权威性受到了挑战。债务人有履行能力但拒绝履行生效法律文书确定的义务,甚至在不履行义务的同时大肆消费,购房买车、花天酒地,不但会导致债权人的强烈不满,而且危害国家法律制度(包括解决民事纠纷的程序制度)的权威性。为了化解风险,维护正常的法律秩序和国家法律制度的权威性,明确规定进入执行程序后债务人不得实施可能造成责任财产变化的高消费行为,是维护国家法律制度权威性不可或缺的内容。同时,"执行难"一直是困扰人民法院的一大难题,也是人民反映最为强烈的问题之一。特别是有的被执行人一方面隐匿财产,拒不履行生效法律文书确定的义务,另一方面又通过各种高消费行为大肆挥霍,既侵害了申请执行人的合法权益,又对法律的严肃性、权威性构成了严重挑战。限制失信人高消费制度目的就是要通过限制被执行人高消费,迫使其主动履行义务,最大限度保护申请执行人的合法权益,同时有效维护司法尊严与权威。

其三,限制失信人高消费是社会信用惩戒体系的组成部分。最高人民法院在2015年对限制高消费司法解释进行了修改,《最高人民法院关于修改〈最高人民法院关于限制被执行人高消费的若干规定〉的决定》提到,"为进一步加大执行力度,推动社会信用机制建设……制定本规定"。可以认为,最高人民法院修改限制高消费司法解释的必要原因在于推动社会信用体系的建设,加强司法公信建设。最高人民法院将限制高消费制度作为推动社会信用体系建设的关键制度予以修改完善,体现了限制高消费制度对于社会信用体系建设的意义与作用。

(二)保护失信被执行人权利的必要性分析

符合国家尊重和保障人权的要求。我国《宪法》第33条第3款规定,"国家尊重和保障人权",确立了人权保障的最高法律地位,尊重和保障人权是国家社会发展的核心目标之一,也是依法治国的价值基准。① 在任何社会里,法律始终是认可保障人权最基本的手段。人权的主体是个人(除集体人权,例如民族自决权等),每个人都享有人权,都应该得到法律的保护。失信被执行人的人身自由权、财产权、受教育权都是人权保障的权利内容,应该得到国家权力的保护。需要明确的是,国家权力对失信被执行人权利的认可不是绝对的,"这表现在权利与义务的设定与实现是有界限的,这种界限应该由法律作出明确的规定。"②

---

① 广州大学人权理论研究课题组,李步云:《中国特色社会主义人权理论体系论纲》,载《法学研究》2015年第2期,第56-79页。

② 广州大学人权理论研究课题组,李步云:《中国特色社会主义人权理论体系论纲》,载《法学研究》2015年第2期,第56-79页。

符合《民事诉讼法》对人权保障的规定。自2004年《宪法》第四修正案确定人权保障原则以来,其他部门法也对人权保障原则做出了规定。我国《民事诉讼法》第244条、第245条[①]规定体现了保障被执行人基本权利的要求,确立了对被执行人的财产豁免与执行有限原则。与刑事诉讼法保护被告人、犯罪人权利目的相同,在民事执行程序中,被执行人是天然弱势方,为避免执行权力滥用、扩张造成被执行人基本权利受损,在对失信被执行人限制高消费时,也要以人权保障为指导原则,对其权利的限制不能侵害基本人权,也不能超过必要限度。

失信被执行人权利本身易受到伤害。在执行的过程中,失信被执行人相对于执行法院以及国家强制力而言,是一个较为弱势的群体,其个人的合法权益很容易在公权力行使的过程中遭受侵害。在执行过程中,法院有权对不履行义务的被执行人实施财产查封、扣押、罚款等强制措施,严重情况下也可以对被执行人实施拘传、拘留等人身强制措施。[②] 除此之外,还可以对失信被执行人采取限制高消费措施,对失信被执行人限制出行、限制子女就读私立学校、公布失信被执行人信息等。执行权不同于审判权之处在于其具有强烈的主动性、偏重性、命令性与强制性,这种积极主动

---

① 《民事诉讼法》(2017年修正)第二百四十四条:被执行人未按执行通知履行法律文书确定的义务,人民法院有权查封、扣押、冻结、拍卖、变卖被执行人应当履行义务部分的财产。但应当保留被执行人及其所扶养家属的生活必需品。采取前款措施,人民法院应当作出裁定。第二百四十五条:人民法院查封、扣押财产时,被执行人是公民的,应当通知被执行人或者他的成年家属到场;被执行人是法人或者其他组织的,应当通知其法定代表人或者主要负责人到场。拒不到场的,不影响执行。被执行人是公民的,其工作单位或者财产所在地的基层组织应当派人参加。对被查封、扣押的财产,执行员必须造具清单,由在场人签名或者盖章后,交被执行人一份。被执行人是公民的,也可以交他的成年家属一份。

② 姜维娜:《联合信用惩戒下失信被执行人权利保障问题研究》,上海财经大学2020年硕士学位论文。

的倾向与审判权的中立性、谦抑性完全不同。[①] 而且，面对审判权，当事人有提出异议、反对的权利，且程序保障完善，但面对执行权，失信被执行人权利救济困难，缺乏对其权利救济的程序设计，没有反抗国家公权力的能力。这固然是失信被执行人的“苦果”，但只有对弱势方的权利进行维护才体现法律的意义与价值。

“重惩戒、轻保障”的执行格局要求保护被执行人权利。在执行中，由于存在被执行人不配合执行的情况，加上人民法院执行机关追求执行效率和执行结果、执行制度规范不完善、缺少执行救济程序与被执行人权利保障机制，因此我国在执行层面上形成了“重惩戒、轻保障”的格局。实践中由于司法解释规定的不完善以及各地方法院拥有较大的自由裁量权，各级法院多采取更加严厉的举措来全方面限制失信被执行人的权利。建立失信被执行人惩戒机制的目的是实现申请执行人的权利，解决“执行难”的问题，提升全社会的诚信水平，但是只注重对失信被执行人的惩戒，不断加大限制力度与扩大限制范围，也必然导致其他新的矛盾出现。忽视对弱势一方的权利保护，对限制高消费权力不断扩充加码，短时间内会迅速看到执行“成效”，但这种方式无异于“饮鸩止渴”，只会加剧公权力扩张，压缩权利生存空间，与依法治国原理背道而驰。

（三）两者达至平衡的方式——明确限制失信人高消费的权力边界

限制失信人高消费权力与失信被执行人权利保护之间存在冲突。从上文可以看出，限制失信人高消费制度存在三组矛盾，一是权力之间的矛盾，即公权力有必要实现申请执行人的利益，也有必要保护被执行人利益；二是权利之间的矛盾，即申请执行人权利与失信被执行人权利间存在冲突；三是权力与权利之间的矛盾，即限

---

① 程方伟，伍小冰：《强制执行权研究》，载《行政与法》2003 年第 2 期，第 85-89 页。

制失信人高消费权力与失信被执行人权利存在冲突。“个人权利与国家权力的冲突和对抗是最主要的权利冲突之表现形态,而权利与权力冲突的实质仍然是权利之间的冲突,是未掌握国家权力的被统治阶级与掌握着国家权力的统治阶级围绕权利分配活动的冲突”。[①] 因此这三组矛盾中,核心矛盾是第三组权力与权利之间的矛盾。限制失信人高消费权力目的本身就是维护申请执行人权利,失信被执行人权利的重要性也使公权力有义务保护被执行人利益。本质上来说,一方面是维护申请执行人(债权人)合法利益,维护国家司法权威的价值,另一方面是维护失信被执行人利益,保障人权的价值,这两种价值之间存在对立与冲突,是此起彼伏、你进我退的关系。

应当寻求限制失信人高消费权力与失信被执行人权利保护之间的平衡。现代文明社会中“惩罚”是作为促进制度目的实现的一种手段,其本身并不是制度目的,为避免将制度手段与目的混淆导致本末倒置,就需在制度设计与实行过程中注意在手段与目的间找到平衡点。[②] 法律在对这两种对立的价值进行选择时,不能选择某个端点,而是要择“中间”(但却不是五五分),使这两种价值追求达到平衡。体现在上文矛盾中,便是使限制失信人高消费权力和失信被执行人权利达到平衡。在执行过程中,既要通过信用惩戒使生效法律文书得以顺利实现,从而保障申请人的权益;同时,在信用惩戒的过程中,又要兼顾被执行人的人权保障。当前我国法治社会发展进步凸显,正向着层次更高的方向发展,对于人权的保护不应该被弱化或者轻视。对于申请执行人与失信被执行人的权

---

① 李琼:《权利边界、冲突及其衡平》,载《湘潭大学学报(哲学社会科学版)》2012年第1期,第135－138页。

② 徐登峰:《被执行人惩戒的人权冲突与建议——以人权的司法保障为视角》,载《河南科技大学学报(社会科学版)》2016年第3期,第103-107页。

利冲突、国家司法权威与保障人权的价值冲突,固然不可双向并进,但也不能舍一逐一,应当兼顾保护两种权利、实现两种价值,不过度重视一方,也不过于忽略一方。

平衡方式——确定限制失信人高消费的权力边界。若要使申请执行人的权利和失信被执行人权利之间、国家司法权威和保障人权价值之间达到平衡状态,必须借助法律、借助公权力,才能实现。因为法律本就是价值选择与价值平衡的文本,而权力存在的目的与来源则是保障权利实现。所以达成平衡的关键在于限制失信人高消费这一执行权力。限制失信人高消费制度天然是保护申请执行人利益的,但若要达至平衡,也不能忽略失信被执行人的权利保护。当然法律可以制定另外一项保障失信被执行人的制度,以对抗限制失信人高消费权力,通过权力制衡方式达至平衡,但这种方式成本太高,没有必要。面对具备侵略性、扩张性的公权力,在与之对抗中要实现权利保护的目的,法治社会成熟的方式便是确定该权力边界,明确权力行使的范围,控制权力触角以确保另一端的弱势权利和价值得到尊重和保护。即确定限制失信人高消费权力边界以兼顾维护申请执行人利益和保护失信被执行人权利,找到边界线以达到平衡点。

三、限制失信人高消费边界不清问题分析

(一)限制边界范围过宽

1. 不区分主观履行不能与客观履行不能

《限制高消费规定》第 2 条规定:“人民法院决定采取限制消费措施时,应当考虑被执行人是否有消极履行、规避执行或者抗拒执行的行为以及被执行人的履行能力等因素。”该条规定表明:第一,人民法院在采取限制高消费措施时要考虑以上因素,判断被执行人是否具有这些因素,再做出是否采取限制高消费措施的判断。

第二,以上考量因素有主客观之分,主观因素是指有履行能力,但故意不想履行,如司法解释中的“消极履行”“规避执行”“抗拒执行”,客观因素是指客观上就没有履行能力,如司法解释中“被执行人的履行能力”。主客观因素的区别对于限制高消费的效果有很大不同,限制高消费的目的是迫使被执行人配合执行,偿还债务,目的实现完全基于被执行人有偿还债务的能力,如果被执行人本身就没有履行能力,经济条件只能满足生活生产消费需求,对其采取限制高消费措施也达不到执行效果。司法解释第2条虽然提到了要考量主客观因素,但在表述上未将二者区分后的效果予以明确,将“消极履行、规避执行、抗拒执行与被执行人的履行能力等”并列,使人民法院可自由、任意决定出现以上因素时是否选择限制高消费。且司法解释并没有细致规定人民法院选择适用该因素的情形,以上因素对适用限制高消费仅起宣示性而非约束性作用,人民法院对究竟考量何种因素、如何考量这些因素具有完全的自由裁量权。[①] 另外,《限制高消费规定》第1条规定了限制高消费措施针对的对象,第一类是未按执行通知书指定的期间履行生效法律文书确定的给付义务的被执行人,第二类是纳入失信被执行人名单的被执行人。针对第一类人,该条规定可以采取限制消费措施,对于第二类人,应当采取限制消费措施。也就意味着,对于第一类对象,人民法院在采取限制高消费措施时才会考虑主客观因素,才适用第2条规定;对于第二类对象,司法解释规定对被纳入失信被执行人名单的被执行人应当采取限制消费措施,直接适用限制高消费措施而不必考量主客观因素。

在司法实践中,并没有区分主客观因素,而是直接对不履行法

① 宋春龙:《限制高消费的制度嬗变与法理辨析》,载《交大法学》2021年第4期,第180-194页。

律文书的被执行人限制高消费。“有无履行能力”是判断被执行人是否应当被采取限制消费措施的基础事实，但人民法院多回避对“有无履行能力”这一客观因素的考察。例如 2022 年 6 月，陈某因欠债不还被债权人诉至福建某一基层法院，后判决生效，陈某仍未归还借款。在案件进入执行阶段后，通过执行查控系统查询得知被执行人陈某，其名下均无财产可供执行。然而执行法官并未放弃，将陈某列入失信名单，向其发出限制高消费令，让被执行人陈某在微信支付、银行贷款、坐动车、乘飞机等许多方面受到限制。① 该案例中，法院已经查明被执行人陈某并无财产可供执行，在没有经过其他渠道查询确认陈某是否有履行能力时，径直对陈某采取限制高消费措施，忽视司法解释规定中要考量履行能力的因素，与限制高消费制度出台的初衷相反，这样不仅无法有效实现信用惩戒功效，而且会侵害不具备履行能力的被执行人的合法利益。

2. 不区分金钱给付债务与行为给付债务

司法解释规定中对被执行人采取限制消费措施的前提是不履行生效法律文书确定的给付义务。按照《限制高消费规定》第 1 条第 1 款的规定，“被执行人未按执行通知书指定的期间履行生效法律文书确定的给付义务的，人民法院可以采取限制消费措施，限制其高消费及非生活或者经营必需的有关消费。”可知，被执行人被限制消费的前提条件是不履行生效法律文书确定的给付义务。另第 1 条第 2 款规定：“纳入失信被执行人名单的被执行人，人民法院应当对其采取限制消费措施。”而根据《失信被执行人名单规定》第 1 条，被执行人被纳入失信被执行人名单的前提条件之一是“被执行人未履行生效法律文书确定的义务”，并无“给付”二字。

---

① 陈芳，肖达筠：《福建清流：拒执人尝失信苦果 忙托父亲代履行》，载全国法院切实解决执行难信息网，https://jszx. court. gov. cn/main/ExecuteNewsletter/305039. jhtml。

民事诉讼法理论中，诉按照原告的诉讼请求可以分为三种，分别是给付之诉、形成之诉与确认之诉，不同的诉讼请求有不同的裁判结果，不同的执行内容。形成之诉的判决结果并不需要当事人履行，法律文书生效即发生法律变动效果；而确认之诉亦然，判决文书生效即发生确定民事法律行为有效或者无效的法律效果，不涉及当事人履行问题，当然也不会产生“执行难”的结果。涉及执行问题的只能是给付之诉，只有给付之诉才会产生给付义务，从而涉及当事人履行的问题。

限制高消费的对象应当是不履行金钱给付义务的被执行人。限制被执行人消费的目的是保证被执行人的财产不被挥霍流失，以偿还申请执行人的债务，所以限制消费措施从构建目的与初衷来看是解决金钱给付债务难以执行的问题，对于行为给付债务作用并不明显。是故，从设立目的及意义上看，限制高消费的对象应当是不履行金钱给付义务的被执行人，而不包括不履行行为给付义务和其他义务的被执行人。司法解释并没有区分这两种债务，也没有做出细致划分规定，导致实践中法院只要遇到被执行人不履行生效法律文书确定的义务，就对其无差别地采取限制消费措施，徒劳增加负有行为给付义务的被执行人的负担，也达不到目标效果。

（二）限制主体范围过宽

1. 涉及债务人的子女受教育权

《限制高消费规定》第 3 条第 1 款规定被执行人为自然人的，被采取限制消费措施后，子女不得就读高收费私立学校。该条文存在很多问题。第一，何为“高收费”，其界定标准模糊。我国各地区的经济发展水平不一，人民的收入水平和消费水平不同，家庭的生活消费水平亦不同，对于“高收费”的标准难以界定，若“高收费”的标准由各地法院根据当地经济状况而定，又会涉及其自由裁量权过高的问题。各地高级人民法院并没有针对“高收费”私立学校做出细致规定,基本只要是私立学校一概禁止就读。第二,“高收费私立学校”的参照对象不确定,参照的对象是公立学校还是私立学校?是否所有私立学校相较于公立学校,都属于“高收费私立学校”?这些问题,目前都没有解决。第三,“子女”的认定宽泛,使得成年子女在大学入学时存在限制。根据我国《民法典》的有关规定,父母对于子女的法定抚养义务到其成年就结束,所以对于成年子女,并不是所有的父母都会继续提供财产上的帮助。而且我国还有助学贷款、勤工俭学等政策,我国大学生在目前的政策下已经完全有能力不依靠父母的扶养而完成学业。因此,成年子女上学并不一定导致父母财产减少。第四,已过义务教育阶段的子女是否应当受到限制,最高人民法院在制定该条文时,认为失信被执行人子女被限制就读高收费私立学校后,可以转至公立学校就读,并不会侵犯该子女的受教育权。但司法实践中,法院并不理会子女转学的难题,侵犯受教育权。

由于现行规定过于简陋,法院在具体执行中没有一个明确的操作标准。以我国目前的实务做法来看,法院只负责限制失信被执行人子女入学,而缺乏相应的后续措施来帮助被执行人的子女就读当地公办学校。现实中往往是一旦被执行人的子女被禁止在私立学校就读,那么法院会要求学校将其退学,然后只能依赖父母为其寻访新学校。而且被执行人的子女所上私立学校的学费来源不一定就是被执行人本人,其子女的其他亲属也有可能为其负担学费,甚至有的学生自己通过假期工作挣取学费,因此,即使被执行人的子女在私立学校就读也不一定就会直接影响债权人的利益。

2. 限制其他市场主体的消费自由

《限制高消费规定》第 3 条第 1 款对限制高消费的具体内容做出了规定,分别从乘坐交通工具、购买动产或者不动产、租赁办公场所、出入高档消费娱乐场所等方面对失信被执行人做出了限制。同时,该司法解释第6条[①]规定了市场主体有义务协助人民法院执行,对失信被执行人的高消费行为限制。从另一角度看,这也是对交易的相对方做出了限制,禁止以上市场主体与失信被执行人交易,剥夺了其他市场主体与失信被执行人的交易机会,限制其消费自由,侵害了市场主体消费自由的权利。

其一,限制范围广。涉及铁路公司、航空公司、轮渡公司等交通业务主体,星级以上宾馆、酒店、夜总会、高尔夫球场、旅游景点、度假消费等场所,动产或者不动产销售方、租赁方,以及保险金融产品公司等。而且这些交易对象并不是封闭式规定,司法解释兜底规定了"其他非生活和工作必需的消费行为"。对于失信被执行人来讲,所有超越生活和工作必需的消费行为,都有可能被法院限制。同样的,对于失信被执行人限制越大,相对应的交易对方限制也越大,开放性规定使得市场主体都可能被剥夺与失信被执行人交易的机会,这种不特定性、开放性、随机性的特点使得市场交易的风险增加,利润降低。

其二,市场交易主体违法成本过高。该司法解释第11条第2款[②]规定如果协助单位不配合限制失信人高消费活动,根据情节轻重对不予配合的协助单位予以罚款,或对单位主要负责人、直接责任人员予以罚款、拘留或予以纪律处分的司法建议。公民有配合公权力机关行使权力的义务,但这种义务不能负担过重,损害公民自身权利与利益。在限制高消费制度中,司法解释分配给失信被

---

① 《限制高消费规定》第六条:人民法院决定采取限制消费措施的,可以根据案件需要和被执行人的情况向有义务协助调查、执行的单位送达协助执行通知书,也可以在相关媒体上进行公告。

② 《限制高消费规定》第十一条第二款:有关单位在收到人民法院协助执行通知书后,仍允许被执行人进行高消费及非生活或者经营必需的有关消费的,人民法院可以依照《中华人民共和国民事诉讼法》第一百一十四条的规定,追究其法律责任。

执行人对应的交易相对方协助执行义务过重。交易相对方并无过错,且该制度保护的也并非为交易相对方,按照“有过有罚”“过罚相当”的法治思想,在交易相对方并无过错的情形下,并不应当对其施与过重的义务负担。

(三)入侵私法领域过深

1. 依职权启动限制高消费程序,忽视了债权人的意志

赋予法院依职权启动限制高消费措施的做法并不恰当。关于限制消费执行措施的启动,《限制高消费规定》第4条规定“限制消费措施一般由申请执行人提出书面申请,经人民法院审查决定;必要时人民法院可以依职权决定”。这两种方式简化一点就是申请执行人申请加法院决定或者由法院决定,法院在启动限制高消费措施时居于主导地位。法院依职权启动信用惩戒制度显示出司法程序的简化以及司法权威的加强,但是也折射出对私权尊重与公权干预的矛盾,民法领域更注重对当事人意志的尊重,因此依职权启动限制高消费措施可能有滥用公权力之嫌。更重要的是,一旦赋予法院依职权启动的权力,法院为解决执行难问题有可能会对所有被执行人无差别地适用限制高消费措施。而且,执行过程中法院依职权直接实施限制高消费措施并不一定能最大限度地保障申请执行人的利益。因为,我国的民事纠纷处理过程不但涉及双方当事人的权利义务关系,很大一部分的案件还涉及双方的社会关系。此时,如果法院依职权采取限制高消费措施,那么很有可能会对双方当事人的社会关系造成重要影响,综合考量可能不符合申请执行人的利益最大化。

2. 债权债务关系突破,从当事人之间扩展到不特定的交易主体之间

法院和失信被执行人之间的执行法律关系,是由原本的债权债务关系转化而来,因债权人债权得不到实现,无法私力救济,而

诉诸法院或者仲裁机构,希望权力机关可以帮助其实现债权,在其胜诉且法律文书生效后,由公权力机关介入,运用强制性手段实现债权人的债权。限制高消费措施是法院帮助债权人实现债权的工具,但因其同时也限制了其他市场主体的消费自由,突破原本的债权债务关系,将两个人之间的矛盾纠纷进而扩大到其他不特定的交易主体之间,破坏了市场领域自由交易和自律自治的运行逻辑,过度侵入私法规制领域。

四、限制失信人高消费权力边界之确定

(一)原则:私权优位主义

上文已论及限制失信人高消费权力与被执行人权利之间存在矛盾,调和这对矛盾的方法就是明确限制高消费权力的边界。在探寻该权力行使边界时,应当坚持私权优位主义,以保护私权利为价值站位确定限制高消费权力的边界。

从公权力与私权利的关系角度来谈,在两者发生矛盾时,应当以私权保护为原则。“私权利是公权力行使的最终目的,公权力的行使应当以扩大个人权利为目的。”①公权力一方面在有关社会利益分配的立法和政策制定过程中反映权利主体的利益需求,另一方面也通过政治参与不断寻求私权利存在和发展空间,并且为私权利寻求更全面的权利保障措施。私权利在和公权力的较量中,两者之间存在着此消彼长的关系,且两者地位往往并不是平等的,公权力往往处于强势地位,私权利相对而言就处于弱势地位。为了实现公权力与私权利的平衡,限制公权力,加强对私权利的保护就显得尤为重要。权力客观上存在着易腐性、扩展性、强制性和对权利的侵犯性,因此在这对矛盾中,法律的价值选择应当以权利优

---

① 潘爱国:《论公权力的边界》,载《金陵法律评论》2011年第1期,第46-60页。

先。公民权利只有通过立法、执法与司法,在国家权力的保障下才能实现,因为权利本身不具有直接强制力量,需要借助国家权力的影响。① 不受保护的权利是无法交易和实施的,不受保护的权利等于没有权利。

私权优位主义也是由市场交易的运行逻辑和市场经济的发展需要决定的。市场经济建立在社会交换的基础上,所谓交换就是市场交易,如果阻碍市场交易,资源的优化组合和利用就会受到限制,社会财富难以得到增加,所以,主体必须享有充分的消费自由与财产支配权。在市场交易领域,最核心的原则就是私法自治,尊重市场主体的意思自治,公权力应避免和减少对于私主体与私权利的管制和倾轧。限制失信人高消费制度不仅在司法领域,对申请执行人与被执行人产生强制效果,对失信被执行人子女和其他不特定市场交易主体也会产生影响,已较深地触及私法控制领域。故在市场交易方面、私法领域中,坚持私权优位主义是必然的。

(二)标准:比例原则

在权力的行使范围内划定一条边界,类似于现实中在一片区域内界定房屋边界、划定国界等,需要找到标准和尺度才能准确界定,那么划定限制高消费权力行使边界的标准和尺度,毫无疑问应当是比例原则。以保护公共利益为目的对私权进行限制的行为,只有符合比例原则才具有法律上的正当性。比例原则是行政法领域乃至整个公法领域的基本原则,是指行为者应当选择有助于正当目的实现的必要手段,并且该手段所造成的损害同其所促进的利益应当成比例。②"比例原则的本质在于调整目的与手段之间的

① 包玉秋:《法治进程中的权力与权利》,载《沈阳师范大学学报(社会科学版)》2008年第6期,第31-33页。

② 刘权:《比例原则适用的争议与反思》,载《比较法研究》2021年第5期,第172-187页。

理性关系，追求损益平衡。”①

比例原则的规范逻辑决定了其是确定公权力边界的唯一标准。比例原则以限制国家权力为根基，贯通人权保障、正义、理性的现代公法理念，是规范所有公权力行为的基本准则，是调整权力和权利、权利与权利冲突的根本准则，其为国家与公民的行为划定了合理界限，在公法领域，任何权力的行使都应当遵守比例原则。②比例原则的默认前提为权力至上，与保护失信被执行人权利理念一致；在公权力与私权利发生冲突时，并不唯公权力维护的利益至上，如国家司法权威、解决“执行难”问题、保护申请执行人权利等公共利益，比例原则并不绝对认为这些利益一定大于另一方主体权利；而是在两者发生冲突时，用比例原则追求一种平衡，寻找一个平衡点，可以保护个人权利的前提下达到最大化维护公共利益的目的。

比例原则的规范结构目前在学界有三阶和四阶的争论，三阶比例原则是学界基本认同的观点，即比例原则包括三个子原则，分别是适当性原则、必要性原则和均衡性原则③；赞同四阶比例原则的学者即认为完整的比例原则应当有四个子原则，分别是目的正当性原则、适当性原则、必要性原则和均衡性原则。也就是在原本的三阶规范结构之前增加目的正当性原则。④ 本文同意四阶比例原则的观点，即

---

① 刘权：《比例原则》，清华大学出版社 2022 年版，第 20 页。

② 刘权：《比例原则》，清华大学出版社 2022 年版，第 298 页。

③ 黄学贤：《行政法中的比例原则研究》，载《法律科学》2001 年第 1 期，第 72-78 页；余凌云：《论行政法上的比例原则》，载《法学家》2002 年第 2 期，第 31-38 页；郝银钟，席作立：《宪政视角下的比例原则》，载《法商研究》2004 年第 6 期，第 69-73 页；蒋红珍：《论比例原则——政府规制工具选择的司法评价》，法律出版社 2010 年版，第 19 页；姜昕：《比例原则研究——一个宪政的视角》，法律出版社 2008 年版，第 3 页；

④ 谢立斌：《药店判决》，载《德国宪法案例选释：基本权利总论》（第 1 辑），张翔主编，法律出版社 2012 年版，第 66 页；许玉镇：《比例原则的法理研究》，中国社会科学出版社 2009 年版，第 55 页；刘权：《目的正当性与比例原则的重构》，载《中国法学》2014 年第 4 期，第 133-150 页。

在讨论手段与目的关系时，需要预先对公权力的目的进行正当性审查，只有目的正当，才能产生正当的行为，如果作为起点的目的不正当，由此产生的行为也自然不正当，后续的审查也就没有必要了。本文在第二部分已经论证了限制高消费权力的目的正当性，符合比例原则的第一层审查。下文将依据适当性原则、必要性原则和均衡性原则判断限制高消费的具体措施是否合比例。

（三）规制边界具体化

1. 仅适用于主观履行不能，否则不符合适当性原则

申请执行人在裁判文书生效后依然还没有实现债权，直接执行措施没有产生预期效果的原因有很多，和被执行人相关的原因有两个：第一是当事人确实没有履行债务的能力。当事人确实无充分财产可供执行或不具备履行特定义务的能力，此时即使采取直接执行措施，也无法实现执行依据所载的义务，属于直接执行措施客观上无法适用；第二是当事人故意不履行执行债务。当事人故意不履行是指当事人具有履行能力，但主观上采取转移、隐瞒财产，虚报履行能力等多种方式故意逃避执行，致使人民法院的直接执行措施无法产生积极效果。[①]

第一种情形下，债务人客观上没有履行能力，此时若仍对其采取限制高消费措施不符合比例原则中的适当性原则。适当性原则要求手段应有助于目的的实现，若手段于目的实现无益，便不符合比例原则的要求，该手段不具有正当性。对客观上确无履行能力的债务人，其并无可供执行的财产，禁止乘坐高铁、飞机，禁止购买动产、不动产等措施并不会使被执行人财产增加，被执行人也没有财产可供挥霍，限制高消费措施并不会产生预期效果，客观上背离

① 宋春龙：《限制高消费的制度嬗变与法理辨析》，载《交大法学》2021 年第 4 期，第 180-194 页。

限制失信人高消费制度的初衷,并不会有助于实现执行目的。而在第二种情形下,直接执行不能的原因则可归咎于被执行人的主观故意,被执行人客观上有财产可供执行,但因为主观故意不偿还债权人的债务而采取转移、隐匿财产等方式,在这种情况下对这类被执行人采取限制高消费措施不但可对其主观逃避执行的行为进行惩戒,也可督促其主动履行,实现债权。对主观故意不履行的人施以限制高消费措施会迫使其偿还债务,达到执行目的,符合适当性原则。

司法解释应当明确限制高消费的适用范围限于被执行人主观不愿履行的情况,而不得适用于被执行人客观上没有履行能力的情况。在司法实践中,法官在面对申请执行人提出限制高消费申请时,应当查明被执行人确有财产可供履行或者要求申请执行人提供证据证明被执行人有可供执行的财产,在明确被执行人有余力履行判决却逃避执行的情况下,再发出限制高消费令。对于确无可供执行的财产的被执行人,经查明后,不必签发限制高消费令。即使该被执行人已无多余财产进行高消费活动,但这种限制对于被执行人的名誉也会造成侵害。

2. 仅适用于金钱给付义务,否则不符合均衡性原则

给付义务可分为行为给付义务和金钱给付义务,限制高消费措施施以不履行行为给付义务的被执行人不符合比例原则中的均衡性原则。均衡性原则要求手段所造成的损害同其所增进的公共利益成比例,也就是说按照该原则的要求,对不履行行为给付义务的被执行人采取限制消费措施,所得到的收益应当大于对该类被执行人所造成的损害。目前看来,对不履行行为给付义务的被执行人限制高消费,收益较小。

第一,从限制高消费的作用机理来看,主要针对的是负有金钱给付义务的被执行人,而非行为给付义务人。限制高消费的目的在于禁止有能力偿还债务的人挥霍财产,防止债务人责任财产的

不正常流失，通过对被执行人的生活施加限制，以此促使其履行债务。行为给付义务人有义务向债权人为特定行为，其财产多少并不能影响其履行债务。

第二，在限制高消费制度实施过程中，最高人民法院在评价该制度效果时，最重要的数据就是"执行金额"，执行到位金额越多，即认为其执行效果越好，执行措施越有力得当。而且最高人民法院并没有将行为给付效果纳入评判标准之中，这说明，限制高消费措施的制度收益集中在金钱债务的履行方面，对金钱履行成效显著，对于行为给付履行收益较低，甚至没有效果。

第三，限制高消费对于行为给付被执行人的作用可能在于其威慑力，限制高消费的财产保全作用对于这类被执行人并不会发生效果，但限制高消费对其生活带来的不便以及社会舆论的压力可能会迫使其履行。但限制高消费的威慑作用产生的执行收益并不大于对被执行人造成的损害，这样不符合均衡性原则。限制高消费措施对被执行人权利限制范围大、程度深，被执行人的财产处分权、人身自由权、子女受教育权以及名誉权等权利都受到了不同程度的限制，但在行为给付领域相对应的收益却很低，只是对其产生一个履行义务的压力，并没有财产保全的作用。

3. 不应牵涉子女受教育权，否则不符合必要性原则

必要性原则要求有助于正当目的实现的手段具有必要性，对当事人造成的损害最小，如果有多种手段，应当选择更温和的手段。① 该项措施不符合必要性原则的理由如下：

第一，"高收费"规定不明确。实践中由法院自由决定"高收费"的标准，只要认为并非生活和生产必需就是"高收费"，致使很多收费水平并不高的学校也不得允许失信被执行人的子女入学，

---

① 刘权：《比例原则》，清华大学出版社2022年版，第118页。

只要是私立学校便一律禁止。这样的做法明显不是最小损害的做法,可以对“高收费”做出细致规定,比如“禁止子女就读超出当地公办学校学费一倍的私立学校”。

第二,以我国目前的实务做法来看,法院只负责限制失信被执行人子女入学,而缺乏相应的后续措施来帮助被执行人的子女就读当地公办学校。现实中往往是一旦被执行人的子女被禁止在私立学校就读,那么法院会要求学校将其退学,然后只能依赖父母为其寻访新学校。这样的做法明显不是损害最小的做法,比如该项规定可以改成“被执行人的子女禁止就读高收费私立学校,在读子女由教育部门负责就近转校至公办学校,在转校前不得妨碍其正常就学”,相比现行规定,这样的做法明显损害更小。

第三,该项规定对于“子女”的定义过于宽泛,导致实务当中出现了对成年子女就学的限制,使得部分被执行人子女在大学入学上受到限制,这样的规定明显存在问题。父母对子女的法定抚养义务到其成年就结束,所以对于成年子女,并不是所有的父母都会继续提供财产上的帮助。而且我国还有助学贷款、勤工俭学等政策,我国大学生在目前的政策下已经可以有能力不依靠父母的扶养而完成学业。因此,成年子女上学并不一定导致父母财产减少。司法解释只是规定禁止就读“高收费私立学校”,目前我国大学几乎没有私立大学,都是教育部或者各省市教育厅办学,即是“公立学校”,限制子女大学入学,不仅不符合司法解释的规定,也是对子女受教育权的侵犯。相比规定“不限制子女就读大学”,如此规范显然损害更大。

4. 排除依申请启动限制高消费程序,否则不符合必要性原则

按照《限制高消费规定》,限制高消费措施的启动方式有两种:一是申请执行人提出限制高消费申请后法院决定;二是法院直接依职权决定。这样的程序设置不符合比例原则中的最小损害原

则，相比现行司法解释规定的启动方式，仅依申请启动限制高消费程序，排除依职权启动方式的损害更小，对申请执行人权利和被执行人权利保护都更加周全。

第一，限制高消费的目的在于保全被执行人的责任财产，以免其挥霍而不履行债务，以及利用这种失信惩戒的方式威慑、迫使其履行债务。核心目的是使被执行人履行债务，但相比法院，一般债权人可能更为了解债务人的财产状况，对自己的财产利益实现最为关注，被执行人是否确有履行能力而逃避执行，债权人可以自己做出判断，进而决定是否向法院申请对被执行人采取限制高消费措施，并不会减损执行效果与收益。

第二，避免法官自主裁量，一律对被执行人采取限制高消费措施，造成不必要的损害。启动程序这种两可的规定会造成各地法院对失信被执行人的认定标准与程序存在较大差异，例如有的法院对于被执行人不履行生效判决义务的，直接依职权将其纳入名单，有的法院则要求必须由申请执行人提出书面申请并提供相关证据后方可纳入名单。实践中面对庞大的待执行案件数量和有限的执行资源，法院只能采取一刀切的方式处理，导致部分不符合条件或存在特殊情况的被执行人也被纳入了失信被执行人名单。[①]这样不经申请执行人同意，直接适用限制高消费措施，可能会对申请执行人社会关系造成损害，违背申请执行人意志，使依申请启动模式形同虚设。同时，在不了解被执行人财产状况时，法院依职权直接对客观上确无履行能力的被执行人采取限制高消费，对其生活造成更大的负担，也难以达到执行目的。对申请执行人和被执行人都造成不必要的损害。

① 高山：《失信被执行人名单制度：理论透析、问题维度和改进路径》，载《法学论坛》2020 年第 2 期，第 74-82 页。

认缴资本视阈下有限责任公司股东人合性的商事信用考究

肖仕刚[*]

摘　要:有限责任公司"认缴出资"资本制度的施行,源动力为对股东信用承诺的信用义务履行和信用责任承担的信赖。股东道德信用、经济信用、法律信用以及社会信用的公共评价,是有限责任公司股东人合性建立及维持的信用合作基础。有限责任公司外部商事信用合作考察,从公司资本信用、资产信用向股东异质性人格信用的社会评价穿透。为维持股东人合性稳定,提升公司市场主体活力,面对"认缴出资"股东持有股权的非对价性和负外部性的客观事实,应建构"认缴出资"股东信用承诺的"非破产加速到期制度""认缴出资信用担保制度"。未实缴出资股东持有的"瑕疵股权转让",应将股东人合性维持的"优先购买权"保障与公司章程"另有规定"及股东"另有约定"意思自治规则

* 肖仕刚,重庆大学法学院博士研究生、安顺学院政法学院副教授。E-mail:343536194@qq.com。

相结合,设置商事信用守信激励与失信预防反信用约束并重的防范评价机制。关于有限责任公司资产信用、股东权益、债权人利益保护等平衡保护机制的建构,《公司法》修订与社会信用体系建设应保证法治协同,予以体系化重塑“认缴出资”制度设计。

关键词:认缴出资;商事信用;人合性;资产信用;人格信用;股权转让

引 言

市场主体经济的活跃程度与参与人的商事信用密切相关,商事营业行为的交互融合依赖于商主体商事信用的践行与履约。商事信用是对商主体的经济能力与履约水平的评价[①],包括商主体对外信用以及商主体内部成员之间的信用评价。“认缴出资”有限责任公司的合作发起设立及对外营业行为的实施,为股东商事信用践约的信赖,包括股东个体“人”的商事信用及股东之间“合意共识、合作信赖”两个层面。前者的信用评价程度决定股东合作成立基础及存续的合作期限,股东人合性意涵凸显。

在有限责任公司股东人合性维持与“认缴出资”股权自由转让、股权财产性价值实现的选择中,《公司法》第 71 条偏重于前者,不但强调需要“过半数股东同意”,且还需“征求同意为前置”以及“优先购买得以保证”。股权转让合同无效观点多不予支持,只要不违反法律、行政法规强制性规定,即为有效。股东优先购买权支

① 王建文:《论我国商事权利的体系化构建》,载《当代法学》2021 年第 4 期,第 93-103 页。

持与否，取决于法定期限内优先购买请求权的主张。[①] 当下尚未查询到若对股东“认缴出资”信用履行能力存疑、股东异质性“失信”以及公司章程对于股东信用社会评价否决优先购买之判例，也尚未发现学界关于“认缴出资”“人合性”“商事信用”等融合的专门学术论著。

信用承诺“认缴出资”的加速到期，2019 通过的《全国法院民商事审判工作会议纲要》(以下简称《九民会议纪要》)第 6 条支持条件过于苛责，加之商主体对于出资不能预期承担法律责任无“敬畏之心”，“认缴出资”股东人合的商事信用制度践行，遭遇“空壳公司”“僵尸公司”以及有限责任公司偿债无力破产的现实挑战。我国社会信用体系建设已纳入立法议程，《公司法》修订应与社会信用体系建设保持法治协同，建构商事信用激励与失信风险预防的反信用约束机制，在维持有限责任公司人合性与实现股权财产价值利益、公司债权人利益保护之间找寻平衡。

一、“认缴出资”合作的人合性基础：信赖股东商事信用

(一)信赖股东“认缴出资”的“熟人社会”道德信用

诚信是安身立命之本，承诺必须遵守。[②] 市场交易活动的展开，商人须遵守道德信用，践行承诺并接受信用约束，维护当事人之间的利益平衡。[③] 道德信用是行为主体在约定前、履约中的责任

---

① 湖北省咸宁市中级人民法院(2015)鄂咸宁中民终字第 709 号民事判决书；内蒙古自治区呼和浩特市中级人民法院(2017)内 01 民终 3823 号民事判决书；贵州省铜仁市中级人民法院(2019)黔 06 民终 505 号民事判决书。

② 姚辉：《民法总则基本理论研究》，中国人民大学出版社 2019 年版，第 172-173 页。

③ 梁慧星：《诚实信用原则与漏洞补充》，载《法学研究》1994 年第 2 期，第 22-29 页。

感[1],商事主体基于合作产生的一切权利的行使与义务的履行均应遵守此原则。[2]

有限责任公司发起人信赖选择人合对象,来源于"熟人社会"能够长久交往的籍合组织成员[3],具有国人"缘分文化"的情感性和地域性特征[4],而仅具有经济资本的"陌生人"为非首选项。发起人对"熟人社会"成员的优选,根植于道德诚信"义利价值观"的彼此认同,信赖互助共济,承担信义义务[5],不同程度地蕴含或借助了"身份"的构建和解释力。[6]

有限责任公司股东道德信用的自我规范约束与信赖,具有"轻契约形式重信守承诺"的国人"熟人信赖"社会学意涵。按照费孝通先生的观点,基于熟悉得到的信任最为可靠,且无需法律制度保障。[7] 发起人对公司章程条款设定的重视程度,远逊于对股东异质性品德、信任等关于商事人格信用的社会评价。股东合意合作形式上从"身份到契约"成立有限责任公司,实质为股东"认缴出资义务"信赖的道德信用初始认同。在认缴出资视阈下,以"股东身份—权利—义务—责任"为主线观察,股东"投资所有、经营管理""缘聚缘散"的信用人合依赖,强调权利与责任的统一,制约或限制

---

① 刘宗胜:《社会信用法》,高等教育出版社 2021 年版,第 9 页。

② 王泽鉴:《民法学说与判例研究(第一册)》,北京大学出版社 2009 年版,第 150 页。

③ 陈甦:《籍合组织的特性与法律规制的策略》,载《清华法学》2018 年第 3 期,第 26-40 页。

④ 冯果,李安安:《家族企业走向公众企业过程中的公司治理困局及其突围——以国美控制权争夺为视角》,载《社会科学》2011 年第 2 期,第 98-107 页。

⑤ 施天涛:《公司法论》,法律出版社 2006 年版,第 102-105 页。

⑥ 梁开银:《论公司法上的身份归责原则》,载《法制与社会发展》2021 年第 4 期,第 87-103 页。

⑦ 费孝通:《乡土中国》,北京出版社 2005 年版,第 8 页。

特权。[①] 由此决定了有限公司人合性本质特征，而不是资合性。[②]

达尔文“物竞天择”竞争主义，在社会分工的初级阶段，大多为个体商人之间的合作、交换、选择。只要私人个体之间存在相互交往的需求或前景，就存在通过共同合作来促进个体目的、发扬个性的可能性。[③] 东方社会的公司迄今仍然带有浓厚的亲缘合作因素[④]，有限责任公司强调股东人合性的维持，股东间对于信用承诺的践行，是个体竞争主义走向合作主义的具体体现。

有限责任公司通过股东“人财物”聚合以及充分有效利用，实现投资收益最大化，为团体法人合作主义的效能彰显。有限责任公司发起人达成合作共识，道德信用价值理念为人合认同基础，认可其他发起人的商事信用社会评价。《中华人民共和国公司法修正案(草案)》第43条在股东出资范围增加“股权、债权”类项，以及未强制股东在认缴期限届满前绝对加速出资义务的出资期限利益保护等，印证股东“认缴出资”信用承诺的信赖基础为道德信用。在公司经营发生重大变化、资产清偿信用显著不足、不能足额清偿的情形下，信赖股东会本着“公司为我，我为公司”的道德信用，勤勉、尽责且各尽所能，避免合作设立的公司破产清算。由此，有限责任公司股东人合性制度蕴含的道德信用予以显现。

(二)信赖股东具有履行“认缴出资”能力的经济信用

有限责任公司为保证营业资本充足，公司资产信用得以信赖，

---

① 马俊驹，童列春：《私法中身份的再发现》，载《法学研究》2008年第5期，第74-85页；马俊驹，童列春：《身份制度的私法构造》，载《法学研究》2010年第2期，第59-71页。

② 王义松：《论有限公司人合性的理性回归》，载《政法论丛》2006年第1期，第74-77页。

③ 熊丙万：《私法的基础：从个人主义走向合作主义》，载《中国法学》2014年第3期，第138-155页。

④ 蒋大兴：《走向“合作主义”的公司法——公司法改革的另一种基础》，载《当代法学》2021年第6期，第82-97页。

一方面信赖公司以其名义对外融资自洽；另一方面信赖股东主动履行分期认缴义务的信用承担，或公司股东会决议股东加速提前履行认缴出资义务。“认缴出资”的原始股东或概括继受股东，其“认缴出资”履行能力的经济信用评价，是确定吸收为有限责任公司股东成员的重要评价指标参数。经济信用是公司股东人合建立及维持的重要信用基础，也是权衡股东信用承担“认缴出资”能力的重要考量因素。信奉股东“守信用”“惜信誉”，积极践行“认缴出资”信用义务。

《德国民法典》第 242 条依诚实信用给付，推导出了支配整个法律生活的基本原则，即都应当依照诚实信用行为。[①] 为预防公司经营资本不足、偿债不力风险，股东非对价性享有的股东出资期限利益，及股东内部认缴出资约定可能有损公司债权人利益实现，股东守信践约的经济信用履行能力存疑为先天基因，须进行“经济信用测试”。公司、股东或公司债权人等基于各自经济利益保护，要求股东提供履行“认缴出资能力”的经济信用信息并给予社会信用评价，为自我“信赖利益”保护的合理请求。由此，有限责任公司资产信用对外公示以及股东人合性维持所需，股东异质性经济信用能力验证成为必然，需考虑构建非破产情形下单个债权人主张股东认缴出资加速到期的基本原则与例外制度。[②]

（三）信赖股东履行法定出资义务的法律信用

“认缴出资”信用承诺的践行，为股东应当履行的法定义务，系

---

① 杜景林、卢谌：《德国民法典全条文注释（上册）》，中国政法大学出版社 2015 年版，第 160 页。

② 黄学里：《原则与例外：股东认缴出资加速到期的司法适用之思》，载《财经理论与实践》2022 年第 5 期，第 155-160 页。

有限责任公司发起人、股东应当信守的法律信用①。面对"认"而不"缴"可能承担的法律责任,信赖股东珍惜自身商事信用社会评价,会积极履行认缴出资义务并承担信用责任,公司股东及董事、监事、高级管理人员诚实信用且勤勉、尽责履职,相互督促。

《最高人民法院关于适用〈中华人民共和国公司法〉若干问题的规定(三)》(以下简称为《公司法解释三》)第 13 条、17 条、18 条及《中华人民共和国公司法修正案(草案)》第 46 条、47 条、48 条的规定,股东履行出资义务后抽逃出资的,公司及公司的董事、监事以及高级管理人员负有催告之义务。股东未足额出资则将承担失权、除名等不利后果。有限责任公司发起人明知其他发起人的认缴出资义务未履行,负有连带责任而主动催缴;出资期限届满前认缴出资义务尚未履行的"瑕疵股权"转让,若股权转让双方明知则负有连带承担责任、概括受让义务而应主动催告或履行。

(四)信赖股东的社会信用公共评价

《信用 基本术语》(GB/T 22117—2018)将信用定义为个人或组织履行承诺的意愿和能力。个人或组织在社会与经济活动中产生的与信用有关的记录,以及与评价其信用价值的相关各类信息,为信用信息。信用信赖评价程度,依赖信用主体的信用信息来反映或描述。民法上关于信用的理解,史尚宽先生、王利明教授认为是民事主体的"商誉",是经济能力的社会评价;杨立新教授认为"是民事主体所具有的经济能力在社会上获得别人的信赖和社会

① 法律信用是法律社会关系所作的具有必行性和普遍性、约束性的规则安排以及法律运行时对社会关系按照规则安排之调整,包括立法信用、法律运行信用和法律保障信用。参见刘宗胜:《社会信用法》,高等教育出版社 2021 年版,第 9 页。

评价”。[①] 在“僵尸公司”“空壳公司”的破产清算、解散中，面对无力履行全部或部分“认缴出资”信用义务的股东，其他发起人或股东因未曾要求进行经济信用、社会信用社会评价测试，仅基于道德信用信赖建立合作而懊悔不已。

公共信用制度具有正当性基础，包括目的正当性、理念正当性、法律正当性和工具正当性。[②] 社会信用信息公示制度，当前主要包括《征信业管理条例》《企业信息公示暂行条例》以及人民法院“失信人名单”制度等。有限责任公司发起人或继受股东的商事信用信息的存储、评价，主要来源途径为金融机构征信管理系统、国家企业信用信息平台公示系统、最高人民法院失信人平台以及第三方出具的信用评估报告。公司设立发起人或股东的社会信用评价，包括履约信用和守法信用两个作为衡量信用的基本维度，统合经济信用和公共信用制度[③]，是合作设立有限责任公司、维持公司人合性、支持优先购买请求权等客观信用评价和主观信用评价的集合。

社会信用体系建构日趋健全，通过信用评估报告、信用评级及信用评分对商事信用的考察，商主体异质性的社会信用评价将是商事信用合作以及市场交易安全信赖的主要路径。股东社会信用获得良好评价者，更易获得商业机会，实施商业信用合作，获取投资收益而实现投资目的。大数据时代的商事信用不依赖于主体自

---

① 史尚宽：《债法总论》，中国政法大学出版社 2000 年版，第 153 页；王利明：《民法·侵权行为法》，中国人民大学出版社 1993 年版，第 299 页；杨立新：《人身权法论（修订版）》，人民法院出版社 2002 年版，第 695 页。转引自刘宗胜：《社会信用法》，高等教育出版社 2021 年版，第 11 页。

② 王伟：《公共信用的正当性基础与合法性补强——兼论社会信用法的规则设计》，载《环球法律评论》2021 年第 5 期，第 34-51 页。

③ 王伟：《社会信用法论纲——基于立法专家建议稿的观察与思考》，载《中国法律评论》2021 年第 1 期，第 113-124 页；林钧跃：《信用立法和诚信规则体系总体设计同等重要》，载《中国信用》2021 年第 3 期，第 112-114 页。

身的主观因素，而是由其客观信息和数据如实反映出来[①]，商主体知情同意、信息共享提供的数据信用信息，为商事信用评价的主要依据。如有学者所言，商事信用是商法的灵魂，藉此搭建商法“大厦”，构建商法的规范性体系，是新时期商事立法的必由之路。[②]

二、商事信用合作：股东人格信用优位公司资产信用

（一）认缴资本制的有限责任公司资产信用缺失

1. 实缴资本时代的有限责任公司资本信用不再

有限责任公司实缴注册资本时代，公司债权人对于有限责任公司的商事信用信赖，为股东实缴注册资本 + 公司资产累积的“物的信用”，称之为资本信用。

有限责任公司法定资本，强调实缴资本的货币验资、非货币资产的价值评估以及公司营业资产负债表的真实性、合法性。有限责任公司“资本维持三原则”，注重公司资本信用的偿债能力，股东习惯根据注册资本额度来主观判断有限责任公司的经济实力、信任基础及人合性维持信赖程度。公司债权人注重查阅公司登记注册资本金额，这也是传统有限责任公司商事信用的体现。

实缴资本制背景下的公司信用，通过注册资本，公司对外实现资本信用，增强交易信赖与保障交易安全，繁荣市场交易。实践中，实缴注册资本与公司经营资本实际需求不同步，致使实缴资本闲置，增加投资成本。股东“过桥借款验资”后的“抽逃出资”出现为必然，实缴资本的法定资本制度与商主体营业资本真实需求存在缝隙，《公司法》及《中华人民共和国公司法修正案（草案）》立法

---

① 赵磊：《“从契约到身份”——数据要素视野下的商事信用》，载《兰州大学学报（社会科学版）》2020 年第 5 期，第 49-56 页。

② 赵磊：《商事信用：商法的内在逻辑与体系化根本》，载《中国法学》2018 年第 5 期，第 160-180 页。

态度采纳注册认缴资本制度，最高人民法院《九民会议纪要》的加速到期认缴出资条件确立，注定学界、实务界形成共识将法定实缴注册资本制度抛弃。但有学者认为，基于股东出资义务法定性，倡导并呼唤公司法应明确鼓励投资人实缴出资设立公司，以创造诚实守信的商业环境。[①] 有学者还认为，在维持公司信用的公司法机制中，“资本信用说”及其制度体现仍具有不可替代的现实效用。[②]

2. 认缴资本时代有限责任公司的资产信用存疑

为推动市场交易，促进市场流动，提高经济效率，《公司法》确立以激励投资创业、降低公司设立成本、平衡各方利益的规则体系之构建为导向[③]，建构有限责任公司认缴出资注册资本制度，《中华人民共和国公司法修正案（草案）》沿用这一路线，有限责任公司的商事信用从资本信用向资产信用转变。

有限责任公司以公司资产独立对外承担责任，公司偿债能力信心以及商事交易合意达成，取决于公司资产信用信赖程度。但交易相对人对有限责任公司提供的财务账簿真实性、合法性存疑，公司资产信用信赖程度较低。实践中有限责任公司股东或实际控制人等对于财务账簿设立、制作重视程度不足，财务账簿不规范、不健全乃至存在虚假制作，提供财务账簿的真实性、合法性未能得到其他证据的有效印证。由此，基于“数字化时代中信息的不对称，公司财务信息的透明度、公司登记信息的公示公信效力”[④]等存

① 朱慈蕴：《股东出资义务的性质与公司资本制度完善》，载《清华法学》2022 年第 2 期，第 75-92 页。

② 张旭昕，房绍坤：《资本认缴制下的公司信用保障》，载《烟台大学学报（哲学社会科学版）》2017 年第 2 期，第 22-33 页；陈甦：《资本信用与资产信用的学说分析及规范分野》，载《环球法律评论》2015 年第 1 期，第 41-54 页。

③ 李建伟：《授权资本发行制与认缴制的融合——公司资本制度的变革及公司法修订选择》，载《现代法学》2021 年第 6 期，第 106-122 页。

④ 刘俊海：《债权人友好型〈公司法〉理念和制度重塑》，载《国家检察官学院学报》2022 年第 3 期，第 140-160 页。

疑,公司资产信用的社会信用评价缺失,交易安全信心不足。

3. 认缴资本时代有限责任公司人格独立信心不足

有限责任公司作为具有独立人格的团体法人,对外能够作出独立的意思表示,是公司商事行为意思自治的体现。

《中华人民共和国公司法修正案(草案)》第48条对于认缴出资股东承担加速到期义务,最为关切公司是否"明显缺乏清偿能力"。视角似乎尚未触及公司债权人交易安全、债权清偿顺位、公司资产信用缺失等问题。认缴出资的有限责任公司商事营业资本的充足来源,股东可通过公司章程约定在认缴出资期限到来之前,采用融资方式获取资本自治,通过公司担保或者股东提供担保发生交易。尚需研判,一旦公司偿债无力,公司债权人的普通债权位次于担保债权,公司债权人担心得不到足额清偿而拒绝与之交易,此则与认缴出资设立有限责任公司的立法意旨相背离。另,有限责任公司人格混同、关联交易、财产混同、过度控制等情形依然存在,公司债权人对于有限责任公司人格独立的信心不足。一言以蔽之,"认缴出资"的有限责任公司人格独立信心不足,且人格否认引发的维权成本较高,交易相对人与之交易的信心缺失。或许,有限责任公司"认缴出资"股东、发起人等责任连带的担保制度建构,可缓解交易相对人一定程度上的担忧和顾虑,此为当下商事行为实践的惯常交易习惯。

有限责任公司部分发起人"认缴出资"信用责任的连带承担,是股东身份信用义务、责任的转化,蕴含着丰富的身份归责思想,反映了公司的组织和身份特征。[①] 发起人承担的这类责任已经超

① 吴越:《公司设立民事责任归责模式研究——兼评最高法院的司法解释意见稿》,载《法学研究》2007年第4期,第42-54页。

越了传统民法责任理论的辐射范围[①],蕴含了从契约到身份的回归。公司既是契约的连结[②],也是身份体的构造。从公司内部来看,公司不过是各种不同身份主体通过契约形成的身份体系或组织。[③] 有限责任公司资产信用不足以及公司人格混同、财产混同引起的人格否认,难以让有限责任公司的人合性得以维持。究而源之,忽视了公司内部的身份性质,惯性地运用契约法思维解决公司实践中的责任归咎问题。[④]

(二)有限责任公司资产信用向股东人格信用穿透

1. 有限责任公司股东商事信用具有人格性

在罗马法中,"信用"是人格的一部分,从民事人格权的范畴向商事人格权的范畴转化。[⑤] 有限责任公司股东认缴出资的承诺通过公司章程等契约形式载明,是公司、其他股东以及公司债权人对其承诺之商事信用的认同,实质为对其商事人格信用的信赖,即对承诺股东商誉的信任。商事信用得到信赖,得益于信用主体社会品格、诚实信用的道德内心约束、践行,脱胎于道德、伦理的人格利益。

人格信用保护,域外法典型规定为《德国民法典》第 824 条。我国《民法典》第 1024 条第 2 款明确信用为名誉权的内涵之一,第 1029 条规定民事主体信用评价保护制度,第 1030 条确立信用权准

---

① 梁开银:《论公司法上的身份归责原则》,载《法制与社会发展》2021 年第 4 期,第 87-103 页。

② See R. H. Coase, "The Nature of the Firm", Economics, Vol. 4, No. 16 (1937), pp. 386-405.

③ 梁开银:《论公司法上的身份归责原则》,载《法制与社会发展》2021 年第 4 期,第 87-103 页。

④ 梁开银:《论公司法上的身份归责原则》,载《法制与社会发展》2021 年第 4 期,第 87-103 页。

⑤ 刘宗胜:《社会信用法》,高等教育出版社 2021 年版,第 11 页。

用个人信息保护规定。商誉权是商事人格权的一部分[1]，有限责任公司股东的商事信用权的社会评价，包含其异质性商誉的商事人格信用。商事信用权，是商事主体就其所具有的履行义务、清偿债务的能力及其社会评价所享有的保有和维护的人格权。[2] 基于民商合一的立法架构，《民法典》《个人信息保护法》《数据安全法》等关涉信用权、数据信用信息安全保护等之规定，适用包括《公司法》在内的商法场域。对于存在损害自身信用评价的行为或事实，商事主体有权提出异议、要求更正以及删除等请求，维护自己信用权的合法权益，并提供用于商事信用评价。

2. 有限责任公司商事合意共识偏重于股东人格信用评价

认缴出资资本制度的实施，有限责任公司商事信用的社会评价，通过公司资产信用以及经营偿债能力等综合评价，不再偏重于公司资本信用。实践中，股东未理解“认缴出资但并未否定出资义务法定”的立法旨意，在不需要实际缴纳出资背景下，肆意、任性填报的认缴注册资本与股东经济信用不相匹配，市场监管部门基于“营商环境”“放管服”的需要而备案登记即可。市场主体看似繁荣的背后，“空壳公司”“僵尸公司”不乏鲜见，甚至成为“空手套白狼”的违法载体。

公司债权人对于公司资产信用信赖的合理怀疑，对“认缴出资”公司股东人格信用测试值得肯定。一方面，有限责任公司财务信息不透明、财务账簿真实性存疑，交易相对人对公司人格独立的信心不足。另一方面，在市场交易相对熟人化的场合，资产信用判断价值要大于资本信用，而人的信用判断价值要大于物的信用判

---

① 程合红：《商事人格权刍议》，载《中国法学》2000 年第 5 期，第 86-97 页。

② 赵旭东：《商事信用的界定与制度构成》，载《浙江工商大学学报》2019 年第 5 期，第 6-16 页。

断价值。[①] 在有限责任公司的交易行为中,相对人通过审查公司实际控制人或控股股东的身份、信用以及商誉,能够进一步判定有限责任公司的商事信用程度以及履约、守信程度。

考察有限责任公司商事信用,从公司资产信用向公司实际控制人、控股股东等个体商事人格信用透视,对实际控制人、控股股东包括商誉在内的社会信用进行评价,蕴含其职务代理的诚信、勤勉、尽责程度等要素。对于是否存在关联交易、股东权利滥用,将公司人格独立、公司治理合规等信用信息进行收集、整理、归集,并作为人格信用社会评价的依据。公司实际控制人、控股股东等异质性的商事人格信用的社会评价,是公司债权人的债务清偿满足、交易信赖利益实现等内心确信的外在证明的信赖依据。进而言之,也是对公司实际控制人、控股股东以及其他股东身份及人格信用的认同评价基础。公司法应从关注物的信用与合同信用转向关注人格信用,重视股东信用要素的公示。[②]

有学者认为,实务界对公司信用基础的判断基准,早已超越了传统公司法的理论范畴,已经进入"股东人格信用判断"阶段。[③] 商主体视角转向、穿透审查认同有限责任公司股东人格信用,与之发生商事行为,系从公司资产信用向股东身份、人格信用及信义融贯的外在体现。

---

① 陈甦:《资本信用与资产信用的学说分析及规范分野》,载《环球法律评论》2015年第1期,第41-54页。

② 蒋大兴:《公司法改革的文化拘束》,载《中国法学》2021年第2期,第84-106页。

③ 蒋大兴:《公司法改革的文化拘束》,载《中国法学》2021年第2期,第84-106页。

三、人合性维持与利益平衡:“认缴”信用义务履行与信用承担

(一)“认缴出资”信用守信激励与失信预防约束

1. “认缴”信用义务破产加速到期制度反思

关于有限责任公司股东“认缴出资”义务加速到期,《九民会议纪要》第6条仅支持无财产可供执行且具备破产原因而不申请破产、公司债务产生而股东会延长出资期限两种情形。此外常态下即便公司清偿不力,但股东认缴出资期限未届满,也不承担加速到期的缴纳义务。对于“认缴出资”股东出资期限利益的保护,实务界与理论研究存在异同。审判实践观点支持“股东出资期限利益保护的绝对化”超过“股东出资期限利益保护的限制”①;学界倾向认为有限责任公司经营发生重大变化且偿债不力,股东信用承诺的“认缴出资”采用“非破产加速说”②,导入股东出资加速到期制度③,股东提前承担认缴出资法定义务。④ 然而,有学者认为对不诚信认缴出资行为的规制,现行法已经提供若干可用制度,完全不必

---

① 陈妮:《非破产下股东出资期限利益保护限度实证研究》,载《法学评论》2020年第6期,第183-193页。

② 当公司存在“不清偿到期债务”之情形,应允许债权人主张加速股东出资义务之履行。这不是对“契约严守”的背离,而是对契约诚信的遵守;支持“非破产加速说”有助于形成“理性的股东认缴秩序”及“理性的公司偿债秩序”;“非破产加速说”也是交易成本更小的“加速到期方法”,应优先得到适用。参见蒋大兴:《论股东出资义务之“加速到期”——认可“非破产加速”之功能价值》,载《社会科学》2019年第2期,第98-113页。

③ 刘俊海:《债权人友好型〈公司法〉理念和制度重塑》,载《国家检察官学院学报》2022年第3期,第140-160页。

④ 在非破产情形下,所谓股东出资加速到期的本质不是股东丧失出资期限利益而履行约定的出资义务,而是股东应以其认缴的出资额为限承担对公司出资的法定义务,是股东有限责任的实质内容。参见钱玉林:《股东出资加速到期的理论证成》,载《法学研究》2020年第6期,第114-127页。

引入副作用极大的常态加速到期制度。①

“认缴出资”合作设立有限责任公司,依赖于股东具有缴纳出资的经济信用能力以及信守承诺缴纳的信用义务履行。商事行为实施目的为“风险最小化,利益最大化”,获取营业利润,进行盈余分配。公司债权人不可能明知股东存在“认缴出资”履行不能、公司资产信用缺失、公司资本显著不足以及公司实际控制人或控股股东个人商事信用评价层级较低等风险,仍与之交易,承担对方失信风险继续商业合作、商事交易的概率较低。所谓“违约诉请追责观点”,更为国人“厌讼、怕诉”的本性所不喜。当然,风险投资交易为例外予以排除,不在讨论之范畴。在我国社会信用体系尚未全面建立、社会信用信息共享体制机制尚需完善、社会信用法治有待健全的背景下,股东违背“认缴出资”信用义务的事后责任追究制度,与股东社会信用评价的事前信用激励及失信风险反信用约束防范机制设置,为有限责任公司人合性制度保障的“两架马车”,缺一不可。为进一步保障交易安全,增强交易信心,有学者认为引入封闭公司的偿债能力声明机制,以高级管理人员的信用担保作为法院确认减资程序的替代性安排。② 还有观点认为可增设认缴出资担保制度,能对股东和债权人之间的制度利益倾斜起到再一次的矫正作用。③

股东“认缴出资”义务的期限届满前分期、一次性的加速到期履行,均是履行股东缴纳出资的法定义务。股东是否对公司债务承担责任,取决于法律是否规定其承担有限责任,与公司有无法人

---

① 郗伟明:《股东出资义务“常态加速到期理论”之反思——兼论对不诚信认缴出资行为的可行规制》,载《法商研究》2022 年第 3 期,第 85-98 页。

② 罗培新:《论资本制度变革背景下股东出资法律制度之完善》,载《法学评论》2016 年第 4 期,第 139-147 页。

③ 刘敏,温长庆:《论认缴出资担保制度的构建》,载《社会科学家》2018 年第 11 期,第 115-122 页。

资格无关。[①] 立足于维持有限责任公司人合性基础与保障股权财产性权益实现的平衡，可建构“认缴出资”信用义务加速提前履行制度，在《公司法》修订与社会信用体系建设中保证法治协同。

2.“瑕疵股权”转让“认缴”信用义务履行的守信激励

(1)主动履行“认缴”信用义务的出让意思自治尊重

《民法典》第125条确认股权为投资性权利，股东持有之股权为“成员权”[②]“社员权”。[③]《公司法》第4条规定股东权利包括资产收益权，该权利本质上为股东对于公司出资获得的经济收益，包括获得盈余分配以及通过自主转让股权收取对价收益，体现股权财产性价值，具有资本和流转性。[④] 有限责任和股权自由转让是现代公司制度的两大基石[⑤]，股权转让自由包括转让意愿、对象选择以及转让的时间、出让持股比例、转让对价等五方面的内容。[⑥] 股东合作设立有限责任公司意旨为追求经济收益，通过公司营利行为获取盈余分配，或通过股权转让收回投资。有学者从股东利益保护、股权财产性权益实现的角度出发，认为股权的可转让性正是其价值所在。其流通性越强，其价值就越高。股权是财产之一种，股权转让不应受到限制。[⑦] 还有观点认为有限责任公司的资合性本质决定了股东的出资对价即股权应被充分尊重，无正当充分理由，不得以维系人合性、公司自治为说辞，对股权尤其是股权之流

---

① 王军：《中国公司法》，高等教育出版社2015年版，第47页。

② [德]卡尔·拉伦茨：《德国民法通论》，王晓晔等，译，法律出版社2003年版，第221页；柯芳枝：《公司法论》，三民书局2004年版，第643页。

③ 谢怀栻：《论民事权利体系》，载《法学研究》1996年第2期，第67-76页。

④ 最高人民法院民法典贯彻实施工作领导小组：《中华人民共和国民法典总则编理解与适用(下)》，人民法院出版社2020年版，第643页。

⑤ 伍坚：《股东优先购买权制度之比较研究》，载顾功耘主编：《公司法律评论》(2004年卷)，上海人民出版社2004年版，第36页。

⑥ 陈立斌：《股权转让纠纷(第3版)》，法律出版社2015年版，第111页。

⑦ 施天涛：《公司法论》，法律出版社2014年版，第279-280页。

转增加额外限制。①

股权转让应由股东本人独立行使②,法理基础均是有限责任公司的人合性。③“瑕疵股权”自由转让,应预先排除被催缴除名或失权之可能。“认缴出资”“瑕疵股权”转让,出让人应当信守自身具有经济信用能力,对公司、股东、公司债权人践行信用义务。有限责任公司的其他股东即便放弃优先购买权,原认缴出资义务人并不能因为转让而当然免除认缴出资的受信义务,或通过转让绝对移转给受让人概括承受。保护其股权自由转让的同时,补足其“认缴出资额”为首要责任,其认缴出资义务应当加速到期主动先行履行。

《中华人民共和国公司法修正案(草案)》第89条第1款确认其具有缴纳法定义务,但并未规定提前加速到期认缴。“瑕疵股权”转让,建议考虑建构出让人主动履行加速提前到期“认缴出资”义务规则,尊重出让人受让对象、受让价格的意思自治,强化公司资产信用信赖,提升公司债权人信心和促进公司资本运营。

(2)主动履行“认缴”信用义务的优先受让

“瑕疵股权”转让,对于出让人“认缴”等信用义务履行以及出让股权的形态,受让人具有审慎调查、审查的义务,包括出让股权“认缴”义务的概括移转,受让人应当概括承受。《中华人民共和国公司法修正案(草案)》第89条第1款规定出让人未届满“认缴出资义务”,受让人承担“认缴”责任;第2款规定出资期限已届满,则由受让人承担补充责任。受让人为公司新增股东受让“认缴”,若

① 吴飞飞:《有限责任公司人合性的裁判解释——基于220份裁判文书的实证分析》,载《环球法律评论》2021年第6期,第140-155页。

② 钱玉林:《民法总则与公司法的适用关系论》,载《法学研究》2018年第3期,第51-65页。

③ 王毓莹:《隐名股东的身份认定及其显名路径——基于最高人民法院76份裁判文书的实证分析》,载《国家检察官学院学报》2021年第2期,第53-67页。

受让人经济信用未测试，可能引发公司、公司债权人乃至公司其他股东利益受损风险。《中华人民共和国公司法修正案（草案）》第89条对此并未建构预防失信风险约束配套制度。

在“缴”的阶段，股东出资须服从于债权人保护和公司经营，这符合建立公司资本制度的根本目的。[①] 原因为：第一，预防出让人将“认缴”出资义务向无能力者转让逃逸、避让，损害公司利益以及公司债权人利益，更避免发起人股东被连带承担。第二，受让股东也许道德信用、法律信用或公共评价信用良好，但是否具有认缴出资能力的经济信用尚不可知，损害公司、公司债权人利益，以及股东被连带承担的可能性不能被排除。预防主张优先购买权的股东“心有余而力不足”，受让后却无力履行“已认缴”+“新受让”的出资总和，诱发公司资本显著不足清偿被追缴、破产清算风险。第三，预防有限责任公司资产不足清偿公司债务，股东认缴出资义务被执行追加或破产被动加速到期。

出让人无力足额缴纳或补充缴纳的情形下，“瑕疵股权”概括受让人“缴纳”信用义务的连带提前履行，受让人在股权变动登记前主动代位缴纳，以足额缴纳圆满状态为受让成就条件，建构优先受偿规则，股权财产价值实现的股权自由转让。“瑕疵股权”转让，鼓励概括受让人先行承担认缴出资信用义务制度，有强烈的现实需求基础。

3.“认缴”信用义务加速到期的失信预防反信用约束

商事行为本质上为经济活动信用交易，信用是所有交易的基础，因为信用关涉交易安全。[②] 诚信原则要求商主体在从事商行为

---

① 袁碧华：《“认”与“缴”二分视角下公司催缴出资制度研究》，载《中国法学》2019年第2期，第202-220页。

② 张德峰：《“资本可变”冲击下我国合作社资本信用功能的法律再造》，载《现代法学》2021年第3期，第183-194页。

时善意、信用、诚实，不得欺诈、胁迫。[①] 实践中，股东任性认缴资本虚增市场信用[②]，滥用信赖任性认缴出资注册设立，违背经济信用缴纳不能，失信违约收益高于守约成本，守约人的维权成本高于受益成本。《民法典》585 条第 2 款关于“违约金约定过高调整”规则，违约人常据此要求降低调整违约金且在自由裁量权的主观判断下获得支持，违约过错人从自己的违约行为中获益或减轻损失。传统观点认为对于“认缴出资”违约责任追究，可通过主张“认缴出资”本息以及其他损失赔偿来获得弥补。实践中公司金融借款尤其是民间融资成本，在司法实践中大多得不到全部支持，超出法定部分则由行为人自己承担。“认缴出资”违约人，违背“缴纳出资义务”，承担的违约责任降低或减损，更有甚者从中获利。

有学者认为信用责任是第四大法律责任，具有人格信用减损性、行为能力剥夺性。[③] 有限责任公司注册资本认缴出资义务的履行，应当考虑预防股东认缴出资承诺失信的预防约束制度，承担信用责任。《中华人民共和国公司法修正案(草案)》第 48 条认缴出资加速到期条件为“不能清偿到期债务，且明显缺乏清偿能力”，条件过于苛刻，公司债权人难以提供证据证明公司明显缺乏清偿能力，应当以公司债权人主张到期债权未获清偿为分水岭，较为妥当，凸显股东“认缴出资”信用义务履行的法定性。有学者认为，股东的认缴出资额构成以价值形态而非以股东出资方式存在的公司

① 徐学鹿，梁鹏：《商法中之诚实信用原则研究》，载《法学评论》2002 年第 3 期，第 32-41 页。

② 罗培新：《论资本制度变革背景下股东出资法律制度之完善》，载《法学评论》2016 年第 4 期，第 139-147 页。

③ 刘俊海：《信用责任：正在生长中的第四大法律责任》，载《法学论坛》2019 年第 6 期，第 5-17 页。

财产,公司债权人可以通过追加股东强制执行。[①]

有限责任公司章程包括“认缴出资”的股东姓名、认缴金额、认缴出资期限等内容,为主动公开型信用承诺[②]。股东“瑕疵股权”的自由转让,可建构预防股东“缴纳出资”失信的预防约束催缴制度。基本思路为:(1)“瑕疵股权转让”,无论其他股东主张优先购买还是对外转让,公司变更登记股权转让至受让人名下前,转让双方连带将“瑕疵股权”的“认缴出资额”货币出资实缴完毕,非货币出资转移至公司名下且重新予以价值评估,出资不实或不足部分由转让双方连带补足。(2)“瑕疵股权”转让双方经公司法定代表人、董事、监事以及高级管理人员等催缴而拒不履行,则公司有权拒绝为受让人办理变更登记,股权变动未生效。(3)股东“认缴出资”失信的预防约束催缴制度设计,应坚持《公司法》明确规定 + 公司章程另有约定双重结合。

《公司法解释三》第 16 条对“瑕疵股权”股东规定了股东权利限制的“失权”制度,第 17 条规定失信履行“认缴出资”信用义务的股东“除名制度”。一方面建议《中华人民共和国公司法修正案(草案)》(二稿)予以吸收;另一方面,“瑕疵股权”股东“失权”“除名”制度,尚未纳入“瑕疵股权”转让的“认缴出资”加速缴纳信用义务规则。由此,建议考虑构建加速缴纳的信用义务失信预防约束机制。

(二)股东优先购买形成权的信用测试

1. 股东优先购买请求的保护与支持

有学者认为,认缴出资股东未履行出资义务的对外转让,不是

---

① 钱玉林:《股东出资加速到期的理论证成》,载《法学研究》2020 年第 6 期,第 114-127 页。

② 主动公开型信用承诺是指市场主体将包含服务质量、安全标准等相关内容的专项承诺主动向社会公开,公开的平台包括“信用中国”网站和企业信用信息发布系统等。参见刘宗胜,朱金鑫:《论信用承诺及其制度完善》,载《征信》2022 年第 5 期,第 15-21 页。

股东与受让人能够决定之事,必须取得公司的同意①,有学者结合债权债务概括转移的法理,认为瑕疵股权转让不但需要获得公司的许可,还应该获得公司设立时的其他股东、公司增资时董事的许可②,以保障公司资产信用。

股东优先购买权为形成权,包括股东优先购买请求权以及股权变更登记权。根据《最高人民法院关于适用〈中华人民共和国公司法〉若干问题的规定(四)》(以下简称《公司法解释四》)第21条第2款之旨意,主张优先购买请求权为前提,还需一并主张受让股权变更登记,目的是预防股东以主张优先购买为名的恶意磋商缔约,导致出让股东丧失股权让与机会。由此尚需考虑如何评价、认同拟受让股东的经济信用?优先购买合同有效但受让"认缴出资"缴纳不能,如何避免公司、公司债权人以及其他股东的合法权益受损?股东优先购买请求权以支持为原则,但若主张优先购买权的股东的社会信用评价信赖存疑,则赋予出让股东、公司或其他股东、公司债权人等享有催缴出资权以及受让排除权。有学者认为,对于优先购买请求权特别保护,在股东优先购买权和间接收购的利益衡量中,应当倾向于间接收购而非股东优先购买权,股东的人合性需求则可通过设定合同特别条款来实现。③

有限责任公司的"人合性"决定了股权的人身属性更为重要。④股权对外转让建构优先受偿规则,"保证商事主体的人合性"⑤得以

---

① 朱慈蕴:《中国公司资本制度体系化再造之思考》,载《法律科学》2021年第3期,第56页。

② 梁上上:《有限公司股权对外转让的自由与限制——以利益位阶理论为视角展开》,载《清华法学》2022年第2期,第93-108页。

③ 彭冰:《股东优先购买权与间接收购的利益衡量——上海外滩地王案分析》,载《清华法学》2016年第1期,第171-189页。

④ 王军:《中国公司法》,高等教育出版社2015年版,第274页。

⑤ 刘凯湘,张海峡:《论商法中的人合性》,载《商事法论集》2009年第2期,第25-43页。

维持。《中华人民共和国公司法修正案(草案)》第87条第2款融贯、吸收《公司法》第71条第2、3款以及《公司法解释四》第18条"同等条件"、19条"通知、30日"关于优先购买请求权等规定,删除股权对外转让需要"过半数同意"以及"征求其他股东同意"字样,明确"同等条件"包括为"股权转让的数量、价格、支付方式和期限等",说明有限责任公司股权对外转让,已经抛弃"股东绝对许可主义",股权自由转让的路径拓宽,股权财产性权益实现得到提升保护。但《中华人民共和国公司法修正案(草案)》关于要求"公司股东30日内答复"尚需明确、细化,毕竟股权财产性价值在时间等待的消耗中容易贬损,还可就优先购买形成权以及股东财产权利益的平衡再作制度权衡。有学者认为,合作主义公司法应当致力于构建更便捷、更多元包括"金融"方式在内的利益主体退出机制,维护公司合作基础的同时,保障退出股东的收益。①

2. 股东优先购买"同等条件"信用义务履行能力测试

"认缴出资"的"瑕疵股权"受让,在公司资产信用向股东人格信用穿透的当下,应当对受让股东满足"同等条件"予以信用测试,测试内容包括履行出资经济信用能力以及履行出资信用义务的守信程度。运用征信评级方法,将股东出资承诺纳入信用评估程序,从公法与私法两个向度,有效约束股东私人出资承诺的设定及履行。②

主张优先购买权股东的经济信用,通过审查受让股东的自有货币存款、非货币财产价值评估,以此验证受让股东受让"瑕疵股权"的"缴纳出资"经济信用履行可能;其他信用义务主要审查股东的金融机构征信信用、司法信用、企业信用信息公示等,综合评价

---

① 蒋大兴:《走向"合作主义"的公司法——公司法改革的另一种基础》,载《当代法学》2021年第6期,第82-97页。

② 蒋大兴:《"合同法"的局限:资本认缴制下的责任约束——股东私人出资承诺之公开履行》,载《现代法学》2015年第5期,第33-48页。

受让股东的社会信用信赖程度。另,主张优先购买权股东的信用测试最佳路径,可考虑以公司章程另有约定或法律明确规定的方式,设定原有股东“认缴出资”信用义务加速到期,一次性足额实缴认缴资本,方可主张优先购买权。

有学者将“私法自治原理”和“信赖原理”作为“二阶理由”的适用,认为转让股东的“交易自由”利益和其他股东的“交易安全”利益必须同时得到保护。[①]《公司法解释(四)》第20条肯定转让股东“反悔权”正当性的同时,股东为“同等条件”准备且条件已成就,对出让股东“反悔”给股东造成的损失以及合理受让的信赖利益,主张赔偿请求获支持,以此保护受让股东的交易安全。

《公司法解释四》第20条设定转让股东享有“反悔权”,若股权财产价值权益未能满足出让人期望值,即便其他股东行使优先购买请求权,出让股东享有拒绝继续转让的“反悔权”,肯定转让自由。这一规定形式上维护有限责任公司人合性稳定,实质上股权价值得到最大化利益对价保护,突破“股东绝对许可主义”桎梏。

(三)公司章程另有规定的尊重与排除

1. 公司章程另有规定:尊重维持信用人合为原则

《公司法》第71条、《中华人民共和国公司法修正案(草案)》第85条之立法本意,股东出资法定义务并非免除,而是有期限履行认缴出资;非禁止股权转让,而是以维持公司人合性稳定为原则进行股权自由转让。且,“认缴出资”的期限、分期缴纳次数以及股权转让自由与限缩,尊重公司章程的另有规定。

公司章程作为有限责任公司的内部宪法性文件,以章程类型化区分为视角,初始章程是全体股东之间达成的合意,是一种契约

---

① 于莹:《股权转让自由与信赖保护的角力——以股东优先购买权中转让股东反悔为视角》,载《法制与社会发展》2020年第2期,第166-179页。

行为，公司修正章程是公司的自治规范。① 发起人“认缴出资”责任、义务以及股权转让等规定，为示范性公司章程文本内容。实践中，行政机关将该示范性文本作为设立时的强制采用文本，发起人只能填充不能修改，增添了行政审查许可权力色彩，违背了尊重公司章程意思自治的立法旨意。

2. 审查与排除：过度信用人合保护与股权价值利益实现阻却

发起人常碍于情面或基于“和为贵”的思想，未将公司章程示范文本结合拟设立公司实际进行修订，对公司章程关于股权自由转让等关涉中小股东切身利益的条款等未审慎考量，对于条款的合法性、合理性不予注重评价，关注焦点为公司设立后投资经营营业利润的取得与分配。应区分制定公司章程与修订公司章程的不同机理对限制股权转让效力的影响②，如果公司章程禁止股权转让，该种条款因其违反法律强制性规定而应做无效处理。③

实践中，股东未实际缴纳出资而滋生蔓延浮夸填报认缴注册资本的现象，设立后的市场主体信用虚化；控股股东、实际控制人等满足自我“帝王”思想，绝对禁止股权对外转让；为逃避承担“认缴出资”责任、避免认缴出资期限的到来，股东滥用权利认缴注册资本为“1 元”、设置认缴期限 100 年等。对于此类情形，应审查股东“认缴”信用义务设置动因，经由法律解释规则和法律续造规则的指引，实现公司经营管理利益和债权人利益的双重有效保护。④

“公司章程另有规定除外”约定条款，围绕《公司法》立法目的、

---

① 申文君：《有限公司章程限制股权转让的效力认定——以章程类型化区分为视角》，载《社会科学家》2022 年第 2 期，第 129-135 页。

② 蒋华胜：《有限责任公司股权转让法律制度研究——基于我国〈公司法〉第 71 条规范之解释》，载《政治与法律》2017 年第 10 期，第 77-90 页。

③ 施天涛：《公司法论》，法律出版社 2014 年版，第 279-280 页。

④ 吴冬兴：《论“股东出资期限约定”效力的法教义学构造》，载《济南大学学报（社会科学版）》2021 年第 3 期，第 30-37 + 157-158 页。

宗旨来审查公司章程“认缴出资”条款的合法性、合理性及正当性，维护公司、股东、债权人各方合法权益平衡。尊重、认同公司章程“另有约定”“立法强制合作”和“引导合作”的制度需求也呈现出流动性变化，从弱到强。[①] 以尊重股权转让自由为原则，以股东社会信用评价激励与预防约束为轴心，支持股东优先购买形成权，尊重股东意思自治，保证公司章程“另有规定”任意性规范得以确立和充分有效利用。

结 语

发起人同意“认缴出资”合作设立有限责任公司或吸收“认缴出资”第三人为有限责任公司股东，主要为发起人之间、股东之间信赖“认缴出资”法定义务的信用承诺履行，是股东人合性维持的信用基础，是对股东异质性商事信用社会评价的认同。有限责任公司资产信用评价向公司实际控制人、控股股东以及公司其他股东的人格信用评价穿透，“认缴出资”股东信用承诺的“非破产加速到期制度”“认缴出资信用担保制度”的建构，增强公司债权人与公司交易安全信心，公司、股东、债权人利益得到平衡保障。“瑕疵股权”的自由转让与股东“认缴出资”经济信用能力应匹配一致。“认缴出资”义务人主动加速到期履行的守信激励与失信预防反信用约束机制，二者不可或缺，《公司法》修订可考虑重塑体系化“认缴出资”制度设计。或许，“认缴”信用义务加速到期履行的信用激励与失信风险预防约束构想，与降低股东经济成本、缓解股东融资压力、促进市场主体繁荣的思路不够完全契合，如何平衡还需要进一步深入研究。

---

① 熊丙万：《私法的基础：从个人主义走向合作主义》，载《中国法学》2014 年第 3 期，第 138-155 页。

市场监管领域信用监管措施的行政行为法检视及其完善

陈韵欣　蒋都都*

摘　要:信用监管是市场监管领域创新的重要成果,在实践中存在多种样态。公布违法行为、纳入黑名单、限制高消费等信用监管措施产生了新增义务或限制权利的法律效果,属于行政法律行为;差别化监管、直接公开监管信息、信用评级、限制收益类资格等信用监管措施未产生新增义务或减损权益的效果,属于行政事实行为。在实践中。信用监管存在缺乏法律依据、标准不一、自由裁量权过大导致监管权过度涉入私权领域等问题。因此,信用监管的行政法律规范制定时应明确权限要件,符合法律保留、比例原则和程序正当原则;在信用监管执法上,应分类提升信用监管执法法治化水平,保

* 陈韵欣,湘潭大学信用风险管理学院2020级本科生。

蒋都都,男,湖南邵阳人,湘潭大学法学部/信用风险管理学院,硕士生导师,主要研究方向为行政法、宪法学、信用法。

障信用监管实施的实质正义，完善执法结果的审查和救济机制。

关键词：信用监管；行政行为法；市场监管

随着社会主义市场经济的发展，传统监管方式发挥的作用日渐式微，以信用为基础的监管模式成为探索解决市场监管困境的重要措施。但作为创新型行政方式，信用监管在实践中尚且存在诸多问题，这与其理论基础不足、法律性质不明有着莫大关系。从行政行为法视角对市场监管领域信用监管措施进行检视，通过明晰法律性质，分析信用监管存在问题，探寻信用监管措施完善途径，对于理清信用监管在市场监管领域的地位和规范监管行为有着实践意义。

一、市场监管领域信用监管措施的实践现状

社会信用体系建设不断深化，国家牵头出台各类政策指导性文件，各地纷纷响应颁布信用条例、信用管理办法等。信用监管作为社会信用体系建设的一部分也备受重视，《中华人民共和国国民经济和社会发展第十四个五年规划和2035年远景目标纲要》将信用监管纳入第十四个五年规划，提出健全以“双随机、一公开”监管和“互联网＋监管”为基本手段、以重点监管为补充、以信用监管为基础的新型监管机制，推进线上线下一体化监管。

（一）信用监管的兴起及其在市场监管领域的发展

信用监管是市场监督管理机关旨在创新监管方式，“提高监管能力和水平方面的基础性作用，更好激发市场主体活力，推动高质量发展”[①]的新手段。受管理本位思想的影响，长期以来政府大包大揽，重审批轻监管。但随着市场经济体制的发展，我国企业中制

---

① 《国务院办公厅关于加快推进社会信用体系建设构建以信用为基础的新型监管机制的指导意见》，国办发〔2019〕35号。

假售假、欠债逃债、恶意违约等行为层出不穷，诚信缺乏成为市场运行中的重要问题。以传统的前端封控的行政审批手段为主的市场监管方式已与经济发展要求相悖。虽然必要的行政审批是解决市场失灵问题的有效行政手段①，但泛滥使用行政审批，控制市场主体的准入，则会制约市场在资源配置中发挥决定性作用。为适应市场经济的发展，政府开始转变职能，商事制度改革不断深化。“宽进严管”是商事制度改革的重点，通过降低市场准入门槛，激发市场活力。但市场主体大量涌入，市场形态也日趋复杂，政府在市场监管中也陷入任务繁重和精力不足的窘境。②

信用监管作为一种更为精准的监管方式成为解决困境的现实途径。采取信用监管的方式，将政府有限的精力集中于信用记录不良的企业上，减少对信用良好企业的干扰，既提高监管的科学性与合理性，符合效率原则，又有助于引导企业自律，形成市场主体共治的局面。2015 年，《国务院关于“先照后证”改革后加强事中事后监管的意见》出台，将信用约束作为监管基本原则，构建以信息归集共享为基础、以信息公示为手段、以信用监管为核心的监管制度。在此背景下，信用承诺制度被大力推行，监管重心从事前逐步转移到事中事后，创新信用工具成为缓解市场监管压力的手段之一。同时有关部门又推出“双随机、一公开”监管改革，市场监管部门利用信用工具改变了通过分片区、划网格、包商户进行巡查巡视和运动式专项执法检查的无差别传统监管方式，将监管与市场主体信用情况挂钩，实行信用激励与约束并行。

此后，信用监管机制建设迅速发展，一系列政策文件陆续出

---

① 应松年：《行政审批制度改革：反思与创新》，载《人民论坛·学术前沿》2012 年第 3 期，第 48-53 页。

② 王湘军：《商事登记制度改革背景下我国市场监管根本转型探论》，载《政法论坛》2018 年第 2 期，第 141-149 页。

台。2019 年,国务院办公厅印发的《关于加快推进社会信用体系建设构建以信用为基础的新型监管机制的指导意见》进一步为信用监管提供方向。2021 年,《市场监管总局关于加强重点领域信用监管的实施意见》出台,明确要求推进直接涉及公共安全和人民群众生命健康的市场监管重点领域的信用监管。国家市场监督管理总局出台三部新规,《市场监督管理严重违法失信名单管理办法》将限制授益、加强监管、资格限制等作为对严重违法失信当事人的管理措施;《市场监督管理行政处罚信息公示规定》进一步突出信用监管框架下"公示即监管"的理念;《市场监督管理信用修复管理办法》提出推进信用修复制度的构建,形成从信用信息收集,到公开惩戒,再到信用修复的闭环,完善信用监管程序,是信用监管的一大突破。

(二)市场监管领域信用监管的实践样态

商事登记制度改革背景下,政府部门大力强调加强事中事后监管,充分运用大数据手段建立起新型信用监管制度。市场监管领域信用监管被分为以信用承诺制和信用报告应用为主的事前监管,以信用信息归集、行政评级、分类监管为主的事中监管,以联合奖惩、信用修复为主的事后监管。

1. 事前的信用监管实践样态。事前的信用监管是预防性监管,主要包括信用承诺制和信用报告应用。

(1)信用承诺制。信用承诺制是事前监管的重要措施,是企业主动按照要求对注册经营等活动做出承诺,并承担违背承诺的后果。企业信用承诺及其履约践诺情况录入信用门户网站,并向社会公开。2014 年国务院印发的《社会信用体系建设规划纲要(2014—2020 年)》将信用承诺纳入规划,随后地方出台的信用条例都对信用承诺做出相关规定。信用承诺被应用于行政审批、行政确认等多个领域。市场监管部门将信用承诺作为事中事后监管的依据。

(2)信用报告应用。《国务院办公厅关于加快推进社会信用体系建设构建以信用为基础的新型监管机制的指导意见》中指出,需积极拓展信用报告的应用。2021 年,国家发展改革委办公厅印发《公共信用信息报告标准(2021 年版)》,为推动信用报告结果实现异地互认提供条件。信用报告是信用主体以报告形式展现的信用记录,实践中存在中国人民银行征信报告、第三方信用报告、公共信用报告和行业信用报告四种类型。① 在市场监管领域中,信用报告主要被用于政府采购、招标投标、行政审批、市场准入、资质审核,是容缺办理的承诺书,有利于提升行政审批效率。

2. 事中的信用监管实践样态。事中的信用监管由一系列关联性措施组成,主要包括信用信息归集、行政信用评级、分类监管等。

(1)信用信息归集。2020 年,国家市场监督管理总局与国家标准化管理委员会联合发布了《公共信用信息分类与编码规范》,这是第一部国家层面的公共信用信息管理规范,该规范将监督检查信息、信用监管信息等纳入二级分类。地方层面上,各省市在进行社会信用条例的地方性立法的基础上,也制定了公共信用信息归集和使用的专门规定,对公共信用信息实行目录清单管理。市场监管领域信用信息归集的内容以企业信用信息归集为基础,包括市场主体登记时产生的基本信息、司法判决信息、违约信息,以及监督检查、执法监管、投诉举报、合同履约等与监管相关的信息。信用信息归集主要用于事前审批,提供执法线索、信用评价依据等。

(2)行政信用评级。分析各地各领域行政信用评级办法,不难

---

① 刘叶婷,陈立松,金双龙:《信用报告在社会治理中的应用价值探究》,载《南方金融》2020 年第 8 期,第 81-91 页。

看出其标准并不统一,存在较大的地区和行业差异,对于食品药品等与人身健康安全相关的重点领域规定较多、较全面,其他行业领域规定较少。信用分级划分类别不一,存在六类别分、五类别分、四类别分等情形。在评价周期上,存在三种情形:一是年度调整式,以一年为一个信用评级周期,评价结果每年更新,这种是被普遍采用的情形,但具有滞后性,不能及时反映市场主体的信用状况;二是动态调整式,不规定特定期间,根据信息更新情况定期调整①,此种形式虽具有灵活性,但随机性过强,容易出现更新频率过快或过慢的情形,造成行政负担;三是年度动态调整式,以一年调整一次为原则,以特殊情况为例外,在发生严重非法违规行为时于短期内重新做出评价②,兼具固定性与灵活性。

(3)分类监管。分类监管建立在信用评估的基础之上。早在2003年,国家工商行政管理总局下发《关于对企业实行信用分类监管的意见》,提出构建企业信用监管指标体系,定制企业信用分类标准,并对不同信用类别的企业实施针对性、差异性监管措施,利用网络技术推动以信用监管为核心的企业监管机制等。推行信用监管以前,市场监管实施的是分片区、划网格、包商户进行巡查巡视和运动式专项执法检查的无差别传统监管方式。这种做法给了监管者极大的操作空间,选择性执法、凭借执法权"吃拿卡要",甚至与被监管市场主体形成"猫鼠共谋"利益链条的情形屡见不鲜③。分类监管发展至今,差异性监管方式日趋丰富,体现在检查方式、检查频次、检查内容等多方面。信用良好的企业通报表彰,采用书

---

① 《济南市企业信用分级分类监管办法(试行)》,2020年9月8日发布。

② 《浙江省商品交易市场信用分类监管实施意见》,浙江省工商行政管理局2013年11月27日发布。

③ 王湘军,刘莉:《冲击与重构:社会变迁背景下我国市场监管手段探论》,载《中共中央党校(国家行政学院)学报》2019年第2期,第100-109页。

面自查的方式，监管主体随机抽查；信用较差的主体采用现场检查的方式，提高检查频次，各监督环节全面检查。

3. 事后的信用监管实践样态。事后的信用监管主要是行政机关在发现信用主体违法失信后所采取的相关监管措施。目前实践中事后的信用监管主要包括守信激励、失信惩戒和信用修复等措施。

(1)守信激励措施种类。在市场监管领域，守信激励是对守信主体给予特定便利。当下实践中的守信激励可归纳为如下几种：减少审批程序环节、适用容缺办理、优先行政管理安排、优先提供资金支持、进行表彰奖励、优先取得政府投标等资格、合理降低抽查比例和频次。

(2)失信惩戒措施种类。失信惩戒是通过信用记录和信用信息公开等方式约束市场主体信用行为，包含多种惩戒措施和监管工具。重点领域联合惩戒备忘录中行政性惩戒措施主要包括列入行政黑名单、限制招标投标、限制取得政府优惠优待资格、限制高消费、限制出境等。

(3)信用修复。信用修复在《信用 基本术语》(GB/T 22117—2018)中被定义为依法改善对受信方的负面记录和评价，允许受信方对其失信行为的客观原因进行解释的技术手段。在实践中信用修复起到引导相对人主动改错的积极作用。信用修复从提出至今不断完善，不同失信行为的修复条件并不相同，但能归纳为时间条件、行为条件。时间条件要求在公示期届满后方可申请修复①，行为条件要求已经自觉履行行政处罚决定中规定的义务、主动消除

---

① 如《市场监督管理严重违法失信名单管理办法》(2021 年 7 月 30 日国家市场监督管理总局令第 44 号公布)第 16 条第 2 款规定：“依照法律、行政法规规定，实施相应管理措施期限尚未届满的，不得申请提前移出。”

危害后果和不良影响后方可申请信用修复。①

总的来说,信用监管一直在创新,能有效规制市场主体行为,提升市场主体信用意识,但作为行政机关的新型监管方式,信用监管措施的性质并不明晰,其合法性也饱受质疑,配套措施并未跟上步伐。各地方社会信用条例多强调信用评级分类监管以及监管信息公开共享,但普遍存在规定泛化,缺少细则难以落实等问题,且各地评级分类标准不一,实施起来较为困难。实践中信用监管多出现在政策文件中,缺乏高位阶的法律支持,且信用监管中的惩罚性措施与行政处罚界限不明,也不能完全被行政许可、行政强制所吸纳。市场监管领域信用监管行为在行政行为法中的界定直接关乎行为法律责任的确定、可诉性及救济途径,准确认定信用监管的行为性质是完善市场监管体制不可或缺的一步。

二、市场监管领域信用监管措施法律属性的行政行为法分类检视

(一)行政行为与信用监管之关系

行政行为是行政法中的一个枢纽性概念,是行政主体与行政相对人的纽带与桥梁。从行政行为法的角度检视信用监管行为,能起到正确定义信用监管行为,判断其合法性、必要性的作用。有关行政行为的概念,不同学者有不同的观点,且分歧较大。最狭义的行政行为仅局限于"具体行政行为"或"行政处分",但随着实践中行政主体做出的行为内容越来越丰富,出现许多新型行政手段和方式,最狭义的行政行为概念不足以适应现实的需要。信用监

① 《市场监督管理严重违法失信名单管理办法》(2021 年 7 月 30 日国家市场监督管理总局令第 44 号公布)第 16 条第 1 款规定:"当事人被列入严重违法失信名单满一年,已经自觉履行行政处罚决定中规定的义务、已经主动消除危害后果和不良影响、未再受到市场监督管理部门较重行政处罚,可以依照本办法规定向市场监督管理部门申请提前移出。"

管作为一种新型行政手段,若仅用狭义的行政行为概念来检视是无法完全将其涵盖的,故本文采用的是广义的行政行为概念——行政行为是行政主体履行行政职责,运用行政职权而对内或对外实施行政管理或提供行政服务的行为①,包括行政法律行为和行政事实行为。行政法律行为和行政事实行为二者的区别在于是否直接产生法律效果。行政法律行为是行政主体做出的直接产生、变更或消灭行政法律关系的行为;行政事实行为是不以设定、变更或消灭行政法律关系为目的的行为。后续信用监管措施的法律属性也将基于此讨论。

总的来看,信用监管属于行政行为范畴。市场监管领域的信用监管是政府部门基于监管权力,为实现市场规制而进行的行为,符合行政行为应由行政主体基于职权因素做出,且做出该行为是为实现行政目的的要求。但各信用监管措施具体属于何种行政行为,学界观点不一,形成以行政行为论为方法和行政过程论为方法两大类观点。前者将信用监管纳入既有的行为类型,做出整体的、唯一的界定;后者则是将信用监管划分为不同环节,分别讨论各个环节的法律性质②。随着信用监管的创新发展,监管手段不只局限于某一方面,更趋向于综合性、体系化,涉及多个过程多个方面。将信用监管措施归类于某一个行政行为类型,已经无法全面地揭示信用监管的本质。为更深层次地认识信用监管的内容和特征,有必要对其措施进行分类研究。本文根据是否存在新增义务或限制权利将信用监管措施分为两类。

---

①　应松年:《当代中国行政法(第三卷)》,人民出版社2018年版,第829页。

②　周莉,赵燕,王伟等:《信用监管标准化有关问题思考与探讨》,载《征信》2022年第3期,第32-36页。

（二）存在新增义务或限制权利的惩罚类信用监管措施之法律性质

1. 贬损声誉类惩戒措施

声誉罚是“行政机关向违法者发出警戒，申明其有违法行为，通过对其名誉、荣誉、信誉等施加影响，引起其精神上的警惕，使其不再违法的处罚形式”①。声誉罚之所以具有惩罚效果，一是因为基于耻感文化，声誉、名誉的减损能给人带来精神压力和心理负担，二是因为能造成相对人基于良好声誉、名誉所可能获得的预期派生利益的贬损。②

根据对现有市场监管领域信用监管所涉文件的梳理，信用监管中可能涉及声誉罚的措施包括公开监督检查情况、公布市场主体信用等级、列入行政“黑名单”等。这几种情形都是将相对人信息向社会公开，都有可能降低社会对相对人的评价，使相对人声誉受损，间接影响相对人的生产经营。但在行为属性上，这几种情形还是有所区别。

首先是公开监督检查情况这一措施。一般来说，监督检查情况的公开有两种形式：第一类是直接公开型，通过报纸、公众号、政府信息公开平台等渠道将监督信息以新闻、公告形式进行公开；第二类是由检查人员将检查结果信息录入业务系统，归集到企业名下，再通过企业信用信息公示系统向社会公示。二者在公开内容上有所区别，前者公开内容全面，基本包含检查对象、检查方式、检查范围、检查内容、检查时间、检查结果等所有监督检查情况；后者范围则较小，虽然并无明文规定哪些监督检查信息应纳入信用信息平台，但查看公共信用信息平台，仅能发现检查中涉及行政处

---

① 姜明安：《行政法与行政诉讼法（第六版）》，北京大学出版社、高等教育出版社 2015 年版，第 268 页。

② 贺译葶：《公布行政违法信息作为声誉罚：逻辑证成与制度构设》，载《行政法学研究》2020 年第 6 期，第 78-89 页。

罚、异常经营和列入严重失信主体名单等负面情况被公布。

显而易见,第一类公开的信息是中性信息,无论企业检查是否合格,这些基本检查信息都会被公布,不针对单个企业,不具有处分相对人权利义务的意思表示,其目的是使行政行为公开透明化,使公布的信息服务于公共大众。这与政府信息公开的目的是趋同的,从行政行为法的角度分析,其当属行政事实行为。

第二类通过信用信息平台公布则对象更明确,信息负面特征更强,与公布违法行为有交叉之处,并且针对性更强,惩戒意图更明显,对相对人影响更大,其他人只要在信用信息平台上查询相对人便能获取到信息,对相对人声誉造成贬损是政府所期待的。因此,这类措施属于行政处罚中的声誉罚。

与之类似的是列入行政“黑名单”。由“黑名单”这个极具贬义色彩的名称便能推出行政主体对失信主体声誉贬损的态度。通过将相对人纳入名单,给予相对人负面评价,借助公众舆论向其施加压力,造成声誉减损,且这种减损是政府所期待的,该措施是行政制裁行为。与政府信息公开不同,列入违法失信名单有明确的期限,期限届满则可退出,如《市场监督管理严重违法失信名单管理办法》第 21 条规定:“当事人被列入严重违法失信名单之日起满三年的,由列入严重违法失信名单的市场监督管理部门移出,停止公示相关信息,并解除相关管理措施”,这符合行政处罚具体化的要求。

行政信用评级是行政主体依据评分标准对相对人信用情况进行等级划分的行为,体现行政主体对相对人的价值评价。公布信用等级具有荣誉表彰和声誉贬损两重效果,故将行政信用评级定义为声誉罚不能涵盖整个行为。但若将产生荣誉表彰效果的行政信用评级和造成声誉贬损效果的行政信用评级分别定性,显然是双重标准,不符合逻辑。行政信用评级实质上是行政主体的管理行为,利用社会舆论达成表彰与贬损的效果并不是行政主体的直接目的，其目的更类似于激励相对人提高信用意识。行政信用评级被用于后续的分类监管以及信用奖惩措施，评级优秀主体因享受各种优先优待而更为守信，评级较低的信用主体因受到约束而形成反向激励①。但行政信用评级又是独立的行政行为，不依赖于其他行政行为而存在，是对相对人在一定期间内守信情况的确认，本身并无授益或侵益属性，造成相对人实体权益减损的是后续的行政行为。因此，用行政确认的法律行为对行政信用评级进行定义更为准确。

2. 限制资格类惩戒措施

限制资格类的惩戒措施是信用监管的重要手段，涵盖内容十分丰富，可以将其分为限制市场活动类和限制授益资格类的资格限制②。限制市场活动类的资格限制主要包括限制行政许可、限制招标采购、限制任职资格，限制授益资格类的资格限制包括限制享受行政优惠优待、限制取得评优资格。这些措施均对相对人的资格产生了限制，看起来似乎满足资格罚的表现形式，实则并非如此。依据行政处罚的特性，资格罚限制的是相对人当下已拥有的资格，未来资格与过去资格都不是资格罚的对象③。

限制授益资格类的行为本质上来说是相对人不满足授益的条件，失去该资格是相对人自身失信行为导致的，而非行政主体的限制行为导致其失去该资格，行政主体对其不具有该资格的认定并没有改变行政法律关系，当属于行政事实行为。限制市场活动类措施的认定应当分为取得与未取得两种情况进行讨论，当已取得

① 李沐：《激励型监管的行政法思考》，载《政治与法律》2009年第10期，第86-91页。

② 马骁萌：《信用惩戒的法律性质与法律救济》，中南民族大学2018年硕士学位论文。

③ 蒋都都，封星琦：《行政性失信惩戒的法律控制》，载《法治论坛》2021年第2期，第63-76页。

该资格而后被剥夺的,属于行政处罚中的资格罚;未取得资格而被限制的,不属于资格罚。

(三)未新增义务或减损权益的监管类信用措施之法律性质

1. 差异化检查行为

市场监管领域的信用监管中,监管检查是做出后续行政决定行为的前提和基础。在分类监管之下,依据监管检查结果做出的信用评级、列入违法名单等行为又反作用于监督检查,为监督检查的对象、方式、内容、频率提供选择依据,以帮助行政主体实现更精准化的监管。信用监管中的检查行为是行政检查的一种形式,与行政检查具有相同的性质。它只对相对人事实状况进行了解,主观上不具有改变行政法律关系的意思,客观上不会直接影响相对人的实体权利,能够影响相对人实体权利的是后续决定行为。因此,监管检查行为是行政事实行为。

差异化检查的实现有两种途径。一是通过投诉举报、转办交办发现的违法违规个案线索,进行检查、处置的行为①,这属于行政检查中的临时性行政检查,是行政主体得知行政相对人可能存在违法违规情况突然发起的检查。不同于定期行政检查权在法律法规中有明确规定,临时性检查的行政主体有较大的自由裁量权。二是根据行政信用评级或“黑名单”选择重点监督检查对象,对信用较差的行政相对人加强检查频次和力度。

实行差别性监管是否违反了行政检查中的平等原则?答案是否定的。平等原则更倾向于强调程序平等,即不同信用等级的市场主体虽然在监管频次和力度上有差别,但在程序上是一致的,都享有申诉权、知情权等同等的权利。

---

① 《湖南省市场监管部门“双随机、一公开”监管工作实施细则(暂行)》,湖南省市场监督管理局2019年7月19日公布。

2. 自由裁量权下的执法资源调配行为

在商事制度改革背景下,“宽进严管”取代了原有的监管理念,以信用监管为核心的市场监管将监管重心从事前转移到事中事后。事前的行政检查是为预防违法行为的发生,事中监管检查是为了维护市场秩序。在执法资源有限的情况下,行政主体不能兼顾市场各个环节、各个领域,因此有必要对其进行合理配置,但法律无法涵盖所有情况,为达到行政目的应该给予行政主体在既有的规定之下具体判断和选择的权利。若响应监管重心转移的政策方针,如何在法定范围内放松事前监管,加强事中事后监管;分类监管中,守信的市场主体和失信的市场主体的监督频次定为多少才适宜……这些都需要行政主体依据自由裁量权做出决定。需要明确的是,这些行为并不针对特定的行政相对人,属于抽象的行政事实行为。

3. 行政执法方式的优化行为

在新型监管体制之下,双随机抽查逐步取代原有的巡查和随意检查,将行政检查与信用挂钩,提高行政检查的科学性;容缺办理、简政放权成为简化行政审批的方式。此类创新型检查方式旨在对行政执法方式予以优化,提高执法效率,强化执法时效的作用。抽查是行政检查的方式之一,并没有给相对人增加新的义务或限制其权利。

4. 行政执法中的守信激励行为

信用监管中,要求行政主体对信用良好的相对人给予特定的便利的制度安排,例如在行政管理中简化程序、优先办理、容缺受理,在行政监管中降低监管频率、适用较低的查验标准。毋庸置疑这一系列优惠优待政策是对守信者的激励措施,但这是否属于对守信者的行政奖励呢?讨论这个问题的前提是理清行政奖励的概念。

学术界主流观点是将行政奖励限定于赋予权利的奖励，少有学者将减免义务的奖励纳入行政奖励的范畴。依据姜明安学者的定义，"行政奖励是指行政主体为了表彰先进、激励后进，充分调动和激发人们的积极性和创造性，依照法定条件和程序，对为国家、人民和社会作出突出贡献或者模范地遵纪守法的行政相对人，给予物质或者精神的奖励的具体行政行为。"[①]此定义下，行政奖励限于物质或精神奖励，且对奖励对象要求较高。而上述所提的激励监管措施中，简化程序、容缺受理是对相对人义务的减免，并不包括在行政奖励的形式之中，不属于行政奖励的范畴。

那对这类行为应该如何进行界定呢？简化程序、容缺受理这类激励监管措施，是为相对人提供便利，实质上减免了相对人的义务，属于行政法律行为。优先办理、减少监管频次并不涉及相对人权利义务的变更，属于行政事实行为。

5. 行政执法的信用承诺

信用承诺作为创新型事前监管，是行政相对人自愿向政府作出承诺，并愿意承担后果的行为。执法实践中，信用承诺被分为提高行政执法效益类和加强监管类[②]，二者区别在于信用承诺作出后行政主体是否会做出行政决定。前者与行政审批紧密相连，信用承诺的作用在于促进审批行为的简化，行政主体依据信用承诺不需要进行实质审查，提高了执法效率；后者则不涉及后续的行政行为，是独立的行政行为。无论哪种类型，信用承诺都在相对人与行政主体间产生了新的行政法律关系，通过签署信用承诺书，增加了行政相对人的义务。依据信用承诺书的不同，相对人义务的增加

---

① 姜明安：《行政法与行政诉讼法（第六版）》，北京大学出版社、高等教育出版社2015年版，第240页。

② 王青斌，付小彦：《作为公法上单方允诺的信用承诺制度》，载《东北师大学报（哲学社会科学版）》2021年第3期，第146-155页。

也不同,如福州市商务局提供的《信用承诺书》模板要求相对人“严格遵守报告制度,及时如实地报告有关情况,不瞒报、不虚报”,这增加了相对人的告知义务。大部分信用承诺书都需要相对人承诺满足申请事项的所有条件,增加了相对人的审查义务。同时,相对人若违反信用承诺的要求,将承担额外的法律责任。这种增加相对人义务的行政行为属于行政法律行为。但其又与行政合同有所区别,信用承诺不属于双方行为,行政主体作为被承诺方不需要做出实质行为。这种将政府的部分义务转移给行政相对人的行为应定性为合作治理行为。合作治理是一种新兴的治理方式,是行政主体与行政相对人处于平等地位共同达成某项政策的行为。近年来,随着简政放权理念的深入,政府职能逐步转变,信用承诺作为一种合作治理方式在行政执法中被运用的比例逐渐增多。

6. 行政强制执行的强化行为

行政强制执行,目的不在于处罚,而是运用强制性手段促使相对人履行义务的行为。信用监管中具有行政强制执行属性的措施存在很多,如限制高消费、列入失信违法名单、公布信用等级等。

限制高消费是限制有关人员高消费及非生活或者经营必需的有关消费。从目的上来说,限制高消费是为促使相对人履行义务,行政主体没有惩罚的意思表示;从形式上来说,行政处罚需要具备具体性,限制高消费没有具体时限,直到相对人义务履行完毕后才停止。因此,限制高消费不属于行政处罚,而应定性为行政强制执行。

列入失信违法名单、公布信用等级等也具有行政强制执行的属性。前文已分析列入失信违法名单具有声誉罚的属性,但这并不能完全反映它的全貌。该行为作为新型行政方式本身具有复杂性,设立目的和产生的事实或法律效果并不单一。声誉罚体现在其产生的法律效果,而行政强制执行性体现在事实效果。例如,

《市场监督管理严重违法失信名单管理办法》规定,“当事人被列入严重违法失信名单满一年,且符合下列条件的,可以依照本办法规定向市场监督管理部门申请提前移出:(一)已经自觉履行行政处罚决定中规定的义务;(二)已经主动消除危害后果和不良影响;(三)未再受到市场监督管理部门较重行政处罚。”能看出行政机关具有利用列入失信违法名单的方法迫使相对人履行义务的意思表示,事实上也利用相对人恢复名誉的迫切要求来促使其履行义务。因此列入失信违法名单属于行政强制执行的行为。

三、市场监管领域信用监管制度之行政行为法完善

前文对市场监管领域信用监管定位是便于寻找法律依据,为监管制度的完善寻找可行性途径。信用监管制度作为新型监管制度,存在缺乏法律依据、标准不一、自由裁量权过大导致监管权过度涉入私权领域等问题,需要从信用监管的行政规范制定与行政执法两个方面完善。

(一)信用监管的行政规范制定之完善

我国目前并没有专门的信用法律,有关信用监管的规定零星出现在其他法律中,较为系统的规定也主要在地方立法中,以建立信用信息记录制度和将违法行为向社会公布为主,少数条文涉及信用评价和分类监管。一部法律的制定往往需要经过充分的实践,信用监管作为新型监管手段,一时难以形成统一的、稳定的全国性法律。与法律相比,行政规范就更具灵活性。执行性的行政规范是法律法规过渡到行政行为的重要桥梁,创制性行政规范能够填补法律空缺。但“地方政府既是制度设计者又是制度的实施

者,同时也是制度的最大需求者”①,在此背景之下,政府往往容易为满足需求而扩大监管权力,造成信用监管的滥用。因此,规制相关行政规范的制定是当下解决信用监管问题最具现实意义的措施。

1. 明确权限要件

信用监管的行政法规设定应控制在应有权限范围内。信用承诺制作为行政法律事项,增加当事人的义务,减轻行政部门的法定审查职责。而地方政府规章不得在无授权的前提下设定减损公民、法人和其他组织权利或者增加其义务的规范②,因此信用承诺制的设定应当遵循《行政许可法》等上位法规定。行政信用评级作为行政事实行为,不属于法律保留事项,但能间接对相对人的权利义务产生较大影响,应由法律、法规设定行政评级权。③ 纳入信用信息平台和对违法行为进行公示等措施作为其他行政处罚类型,应由法律、法规作出规定。容缺办理等属于行政给付的行为,可由行政规范直接规定。

2. 设定监管措施应符合法律保留与比例原则

首先,行政规范不得与法律、法规、规章相抵触,应符合法律保留原则。法律法规规定不能公开的事项,行政规范不得设定公开;《行政许可法》规定的必要程序,在无授权的情况下行政规范不得以守信激励之名随意简化。其次,监管措施的设定应合理必要,符

① 卢护锋:《信用惩戒滥用的行政法规制——基于合法性与有效性耦合的考量》,载《北方法学》2021 年第 1 期,第 77-90 页。

② 《立法法》(2015 年修正)第 80 条第 2 款规定:“部门规章规定的事项应当属于执行法律或者国务院的行政法规、决定、命令的事项。没有法律或者国务院的行政法规、决定、命令的依据,部门规章不得设定减损公民、法人和其他组织权利或者增加其义务的规范,不得增加本部门的权力或者减少本部门的法定职责。”

③ 王瑞雪:《论行政评级及其法律控制》,载《法商研究》2018 年第 3 期,第 27-37 页。

合比例原则。为符合信用监管目的可将信用监管措施裁量基准纳入行政规范之中。自由裁量权是行政主体行使行政权时必要的权力,但不加限制的裁量权会导致权力的滥用,偏离法律授予裁量权的原有目的。信用监管作为新型的监管手段,需要一定的自由裁量权保证监管灵活性,也需规定裁量权的限度。制定自由裁量基准是规范行政执法裁量的重要手段之一。监管内容、监管频次、监管方式都应作出裁量基准,通过对措施的量化、细化合理缩小自由裁量空间,尽可能避免监管人员由于自身原因过失导致监管不利以及限制其故意滥用监管权的行为。

3. 措施之设定应遵循正当程序原则

法律设立其他处罚类型的规定应严格按照《行政处罚法》要求,通过举行听证会等形式广泛听取意见,给予公众和有关机关参与的机会,并依法说明备案。

(二)信用监管的行政执法之完善

1. 分类提升信用监管执法法治化水平

信用监管权力的行使需要于法有据。监管主体严格依照法律规定实施监管权。信用信息的归集应在法定范围内进行;开展行政信用评级的信用主体需有法律授权,应根据行政法律规范制定的标准进行;信用承诺制不得适用于法律法规未规定的领域;纳入失信违法名单也应符合法律法规的标准。

信用监管执法程序需要合法。程序上,首先应限制启动程序。信用承诺制的启动应遵循相对人自愿原则,不得由政府强制启动;行政检查实施前应经负责人批准;行政信用评级中,出现重大违法事项需要变更信用等级应按照规范向上级备案后再重新开启评级程序;行政处罚类监管措施应按照《行政处罚法》规定启动。其次是告知程序。告知是行政程序中重要的一环,是对相对人权利的保障,也是防止行政主体滥用权力的监督手段。信用监管措施中应始终贯彻告知程序。在措施执行前告知相对人，听取行政相对人的陈述。信用承诺制下需告知相对人有选择是否采用该制度的权利以及签订信用承诺书后应承担的义务；公共信用信息归集虽不用征得当事人同意，但也需保障相对人的知情权；行政信用评级结果无论是否对外公布，相对人都有知晓自身信用等级状况和理由的权利；行政检查中出于保障检查结果真实性的目的，检察机关在实施行政检查之前可不予通知检查对象，但检查时需有相对人在场，并告知相对人检查内容和方式，并在检查结束后将结果予以告知；列入失信违法名单等属于行政处罚的监管措施，当遵循《行政处罚法》的程序规定，在列入名单之前告知相对人，听取相对人的陈述，争议较大、处罚较重时履行听证程序，避免因错误列入给当事人声誉造成损害。

行政主体侵权责任承担机制需要完善。信用监管措施关乎市场主体的声誉，声誉是市场主体的立足之本，若错误评判市场主体的信用等级或公布错误的信息，都将给市场主体造成难以弥补的损失，因此必须严格规范行政主体的监管行为，建立行政主体侵权责任追究机制。在信用监管中，违规征集信用信息、泄露个人隐私、违法违规篡改市场主体信用等级、越权行使信用惩戒措施、未依程序处理异议信息等滥用职权行为应依法处理，追究侵权责任，给相对人造成损失的应消除影响，弥补损失。

2. 保障信用监管实施的实质正义

市场监管重心从事前转向事中事后是为减少政府的干预，更好地激发市场活力。信用监管作为市场监管领域的新型监管措施，对市场行为过度治理和干预，无疑是违背了政府转型的初衷。对于市场和社会组织能够自主管理的方面，政府应将管理职能交回社会和市场①,这既能减少行政机关的管理成本,又能充分尊重市场的主导地位。同时,维护市场公共利益也不能以过分牺牲私人即单个市场主体利益为代价。如何衡量公益与私益的关系是行政法中不可规避的问题。在行使行政权的同时,应对行政行为所损害的利益与所保护的利益进行充分衡量,用以考虑手段和目的之间是否必要、适当,否则即使形式上符合法治的要求,实质上也是非正当的。为保障信用监管的实质正义,防止信用监管扩张公权侵犯私权,可从比例原则与关联性原则入手。

一是遵循比例原则。依据行政法比例原则的要求,监管主体应当在能达到监管目的的前提下选择对相对人侵害最小、成本最低的方式。在信用信息归集中,应最低程度地收集相对人的信息。监管者需要科学制定信用信息纳入范围,仅对与相对人信用有直接关联的信息进行归集,血型、病史、学历、婚姻状况等不能直接反映相对人信用的信息不在信用信息收集范围之类。公开违法行为和将失信行为纳入信用信息平台作为行政惩戒的一种,会对相对人造成较大影响,根据比例原则,对于社会危害性较小的失信行为和已受其他规制足以达到惩罚目的的违法行为,可考虑不予公开。

二是遵循关联性原则。信用监管的举措应与监管目的相关联。尤其是在失信惩戒中,僵化的“一处失信、处处受制”并不可取。行政惩戒范围应限制在失信人自身,涉及亲属则是违背了关联性原则,且行政失信惩戒不能超出失信行为所在的领域。信用修复手段的设定也应与失信行为相关。信用修复是对失信行为的纠正,但通过公益捐赠、志愿服务等方式进行信用修复与失信行为的纠正之间并无直接关联,反而有倒逼捐赠的嫌疑,可能造成失信

---

① 沈开举,程雪阳:《比例原则视角下的社会管理创新》,载《现代法学》2012 年第 2 期,第 42-49 页。

主体通过捐赠变相购买信用的不守信行为的发生①。

3. 完善执法结果的审查和救济机制

行政信用评级和公共信用信息平台需要对信用信息定期审查,对错误、遗漏的信用信息进行更正,对过期信息进行清除,在相对人提出异议申请后及时进行处理。行政信用评级既非内部行政行为,也非行政行为的中间环节,是独立的确认行为,属于《行政诉讼法》列举的可诉讼范畴。② 相对人不服行政信用评级结果的可以提起诉讼。纳入失信违法名单等行政法律行为具有可诉性,能通过行政复议或诉讼程序进行救济。部分激励行为直接关系到相对人权益,如在政府采购中给予优先采购地位、给予财政资金补贴或税收优惠支持、列入"红名单"等应纳入可诉的具体行政行为范畴之中。③

① 徐明轩:《自然人信用修复制度研究》,河北大学2020年硕士学位论文。

② 杨杰:《论行政信用评级的属性及其法律控制——基于行政过程论视角的分析》,载《交大法学》2021年第4期,第123-138页。

③ 王文婷:《联合激励措施纵横谈》,载《中国信用》2020年第12期,第115-119页。

图书在版编目（CIP）数据

第五届“信用法治·韶山论坛”优秀论文集 / 顾敏康主编. -- 湘潭 : 湘潭大学出版社, 2023.6 （2024.1 重印）
ISBN 978-7-5687-1280-4

Ⅰ. ①第… Ⅱ. ①顾… Ⅲ. ①信用制度—建设—中国—文集 Ⅳ. ①F832.4-53

中国国家版本馆 CIP 数据核字（2023）第 193191 号

第五届“信用法治·韶山论坛”优秀论文集

DIWUJIE XINYONG FAZHI · SHAOSHAN LUNTAN YOUXIU LUNWENJI

顾敏康　主编

责任编辑：丁立松
封面设计：张丽莉
出版发行：湘潭大学出版社
社　　址：湖南省湘潭大学工程训练大楼
电　　话：0731-58298960 0731-58298966（传真）
邮　　编：411105
网　　址：http://press.xtu.edu.cn/
印　　刷：长沙印通印刷有限公司
经　　销：湖南省新华书店
开　　本：880 mm×1230 mm 1/32
印　　张：14
字　　数：365 千字
版　　次：2023 年 6 月第 1 版
印　　次：2024 年 1 月第 2 次印刷
书　　号：ISBN 978-7-5687-1280-4
定　　价：98.00 元